中国会计理论研究丛书

会计史专题 (2015)

中国会计学会 编

中国财经出版传媒集团

经济科学出版社

Economic Science Press

图书在版编目（CIP）数据

会计史专题.2015/中国会计学会编.—北京：
经济科学出版社，2017.1
（中国会计理论研究丛书）
ISBN 978 - 7 - 5141 - 7790 - 9

Ⅰ.①会…　Ⅱ.①中…　Ⅲ.①会计史 - 学术会议 -
文集　Ⅳ.①F23 - 09

中国版本图书馆 CIP 数据核字（2017）第 032077 号

责任编辑：黎子民
责任校对：王肖楠
责任印制：邱　天

会计史专题（2015）
中国会计学会　编
经济科学出版社出版、发行　新华书店经销
社址：北京市海淀区阜成路甲 28 号　邮编：100142
总编部电话：010 - 88191217　发行部电话：010 - 88191522
网址：www. esp. com. cn
电子邮件：esp@ esp. com. cn
天猫网店：经济科学出版社旗舰店
网址：http：//jjkxcbs. tmall. com
北京天宇星印刷厂印装
787 × 1092　16 开　17.75 印张　480000 字
2017 年 1 月第 1 版　2017 年 1 月第 1 次印刷
ISBN 978 - 7 - 5141 - 7790 - 9　定价：45.00 元

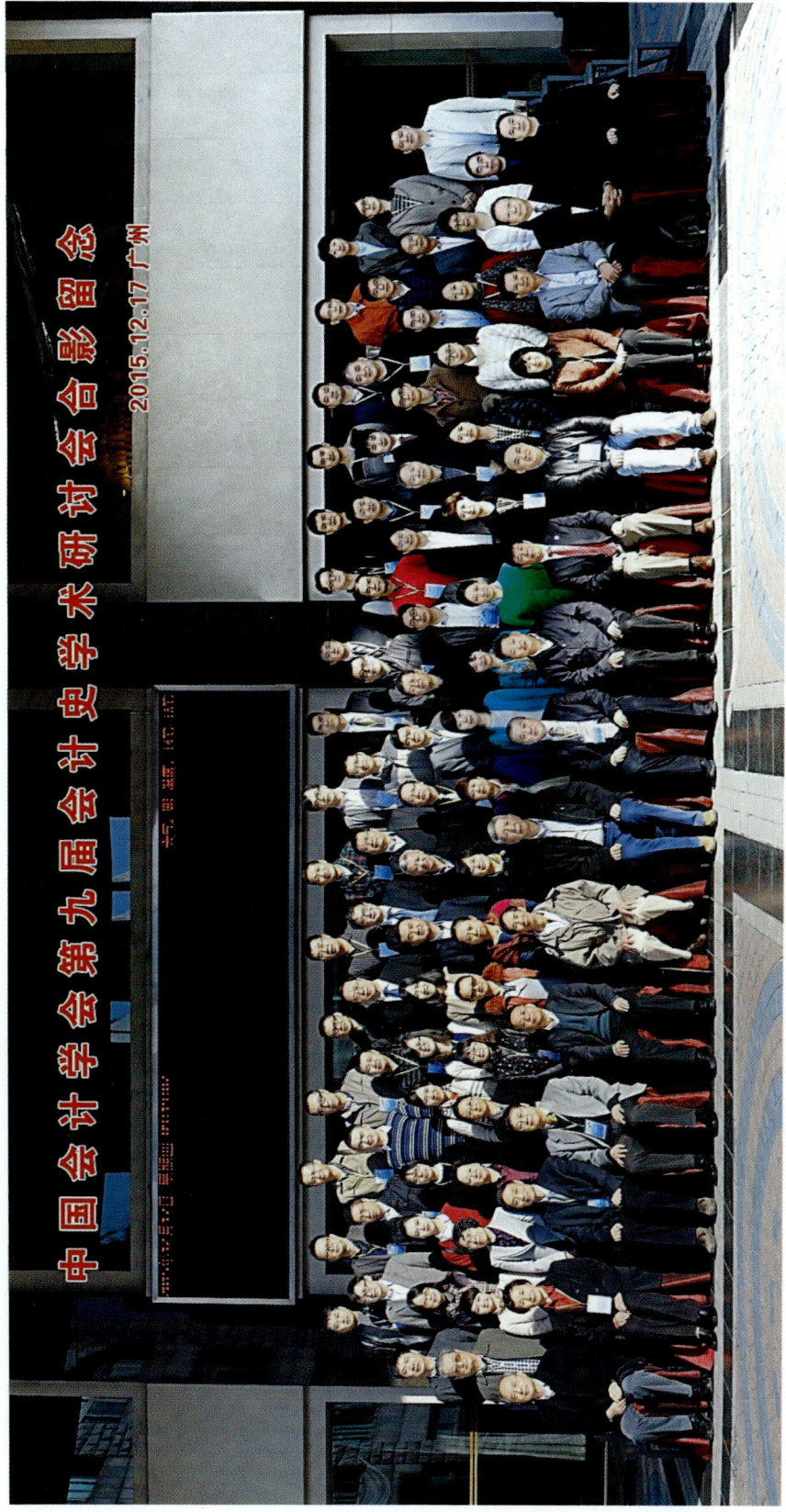

中国会计学会第九届会计史学术研讨会合影留念

2015.12.17 广州

中国会计学会第九届会计史学术研讨会合影留念

会议主会场

会议分会场

卷 首 语

聚首羊城　共创辉煌

　　广东位于我国岭南地区，是中国的南大门。《吕氏春记》称之为"南越"，《汉书》则将其定名为"南粤"，至今。广东先民很早就在这片山峦起伏、江河纵横的土极高的峒中岩人遗址距今已有3万余年，4 000年前的马名。公元前222年，秦王嬴政南征百越成功后，在此设立郡，自此广东地区正式纳入中国行政区划。

　　历史发展至近代，广东成为民主革命的策源地，从辛亥革命，到北伐战争，广东的民主革命一直走在全国前的革命运动中，广东更是以创立了第一块革命根据地、创建了第一家红色银行"劳动银行"而居功甚伟，为中国贡献。

　　改革开放以来，经过多年的跨越式发展，广东省的综进步，经济总量先后超过新加坡、中国香港和中国台湾，截止到2014年年底，全省共有会计从业人员200余万人，首位，其中，具有中高级以上职称的会计人员数量、具有的高校数量，以及在广东工作的全国会计领军（后备）人再一次印证了马克思的名言：经济越发展，会计越重要。

　　广东财经大学成立于1983年，经过30多年的发展，已大省级优势学科为核心、学科门类齐全的省属重点建设高校规模达24 000余人，成为广东省重要的经、管、法人才培养会计学院是我校骨干学院之一，现拥有珠江学者特聘教授1人32人，近五年来获国家级科研项目10项、省部级项目30余论文20余篇，并涌现了以3名全国会计领军（后备）人才为教师，呈现出强劲的科研发展潜力。藉此学术盛会，优选会议出版，以期对我国会计史研究，尤其是革命根据地会计史研究

目　　录

政管理上始终处于统一状态，而欲实现红色政权在财政上的稳固与统一，就必须以统一会计制度建设作为财政经济管理的基础性保障。

陈美华全面考察了不同时期分布于广东地区的各革命根据地会计的产生及发展情况，进而形成结论：（1）过于激进的产权变革加大了农民革命的风险性，增大了农民革命失败的可能性。（2）统一货币计量单位的选择与货币发行既是稳定革命根据地经济秩序的重要手段，也是会计系统建立不可或缺的重要基础。（3）会计的基本方法具有通用性，而无政治性和地域性，但会计的服务对象不同，在具体会计方法的选择上就会有其特殊性。（4）利用会计信息参与经济组织的管理活动不能仅凭个人的革命觉悟和道德素养，而必须建立科学的预算控制方法。赵丽生依据所收集到的191条历史资料，总结了山西革命根据地会计的历史贡献。他认为，山西革命根据地会计为我党摸索出了一套领导会计工作的正确路径：（1）服从政治需要是正确开展会计工作的思想保证；（2）设立会计机构是正确开展会计工作的基础；（3）建立系统的会计制度是正确开展会计工作的核心；（4）培养优秀的会计队伍是正确开展会计工作的关键；（5）积极推动会计学术研究是开展会计工作的有效途径。

宋小明以1938年涉县陡贡村战勤所账簿为考察对象，通过对账簿资料、账簿格式与账簿记录方法进行分析，并结合文献资料，研究了抗战初期晋冀豫边区军资供应、核算及管理的一些细节性问题，进而得出结论，抗战初期根据地会计核算与管理对革命根据地建设发挥了重要的支持作用。王海民在对延安时期中直机关会计工作进行研究后认为，延安时期，中直机关把借贷记账法与供给制很好地结合起来，形成了一套比较完整的以战时供给制为特点的财务管理与会计核算方法体系，完成了保障供给的任务。杨智杰在分析了"晋察冀边区政府财计制度"后指出，当时晋察冀边区政府一切从抗战出发，整顿财政，开源节流，制定了一系列战时财经政策，并建立健全了配套有效的财计制度，保障了军需和民用，为支持持久抗战奠定了物质基础。

二、古代会计史料的收集与整理

会计史料的收集、考证与整理是本次会议的重要创新与特色。陈敏、程水金和周斌考察了河南新郑郑韩故城出土的战国牛肋骨墨书账簿。该账簿的记账载体为牛肋骨，所书文字经识别为战国时期牛肉店铺所记"卤"和"鲞"，即卤牛肉和新鲜牛肉，所载内容为"收入"与"支取"分类流水记录，并分别采用"束"与"分"为量词记录"卤"和"鲞"的数量。牛肋骨会计账使用"收"和"取"为收入、支付记账符号，以"上收下取"为记账规则，除收取记录外，偶见有中间结余记录。账目内容包括原始凭证编号、收入和支取的人名、物品及数量，是迄今为止发现的战国时期唯一的韩国民间会计账簿。谢甲天对三国时期长沙走马楼出土的简牍进行了考证，并从会计记账凭证分类的角度进行了初步研究。研究结果表明，长沙走马楼出土的十余万枚简牍中，至少有数千枚简牍堪称是标准的三国时期原始记账凭证。该记账凭证能够较为全面地反映三国时期孙吴政权的官方经济活动过程。无论是从形式，还是从内容上看，这批简牍的记录都是相当完整，就当时的历史条件而言，这些简牍均属于比较规范的会计凭证。张涛考察了天津三条石历史博物馆馆藏会计账簿资料，发现天津三条石地区会计账簿设置有以下特点：（1）"三账"设置齐全，"出入银钱总流水账"作为计算盈亏的工具；（2）往来账较多，单独分类核算；（3）成本核算完整，收货和流水账反映销售收入和成本；入洋铁碳账反映原材料的购进与消耗，与其他流水账共同反映生产费用；（4）主要账簿均采用四柱式。

曾军、冯选选和雨田木子以我国西南地区 35 个少数民族为调查对象，采用野外调查、走访调查和文献收集等方法，分析和研究我国西南少数民族的记录计量文化、财资租借文化、民族商贸文化等会计文化形态，并研究了记事文化、计数文化、计量文化、租佃文化、借贷文化、契约文化、商帮文化、货币文化和贸易文化等九类文化的具体形态，总结概括出少数民族会计文化的多元性、民俗性、差异性、制约性和外来影响性五大总体特征，明确了少数民族会计文化研究对会计史研究体系的补充作用。

曹巧波介绍了中国会计视野网"会计口述历史"项目。该项目旨在抢救性记录会计学界、实务界及政界前辈的会计经历。截至 2015 年 9 月 30 日，该项目一共录制了 114 小时的视音频，被记录人数达 35 人，平均年龄为 81 岁。项目成果发布在中国会计视野网、《中国会计报》等媒体，受到了广泛关注。这一项目及其所采用的创新性会计历史研究方法，对补救一些重要的、缺少纸质资料佐证的近现代会计史遗迹具有重要的方法学意义。

三、近代会计规程的历史演变

自复式记账法产生以来，会计规程与会计方法随着经济环境的改变而发生了一系列重大变化，考察不同经济环境下会计规程与会计方法变化的原因及其影响对总结会计发展规律具有重要历史意义。满一兴在考察了复式记账法的历史演进过程后提出，卢卡·帕乔利在《簿记论》中所提及的复式记账符号是一对拉丁词汇"Per/A"，而不是至今通行近 500 年的"借/贷"。"Per/A"被改成"借/贷"是一场历史误会，中国长期使用的单式记账符号"收/付"比"借/贷"更适合作为复式记账的符号。宋丽梦对此观点有不同看法，他认为，在意大利语中，有两对记账符号，即 Per/A 和 Dare/Avere，前者在日记账中使用，而后者则主要在总账中使用，二者均有借和贷的含义，只是不易于为其他国家会计人员所理解，才广泛使用借/贷（Dr/Cr）作为记账符号，因而不能简单将其定性为错误。

孙青霞、黑广菊和韩传模以天津市档案馆所保存的银行档案为依据，梳理了天津盐业银行 1929 年的会计规则与会计实务，并将其与现时商业银行会计规则与实务进行比较，最终得出结论：人才是会计改良与发展的基础和关键；会计目标的受托责任观已有所凸显；中央银行的缺位和银行公会的有限作用不利于银行的发展。付磊认为，清末商法调查案理由书有关对清末商事立法的建议中，提出并应用了一系列符合当时会计和财务发展潮流的概念和做法，包括公司法人会计主体、会计期间、财产计价、资产减值处理、利润计算、利润分配、公积金提取、资本保全、信息披露等。表明清末的会计现代化进程不仅仅限于引进了西式复式记账法，在会计确认、计量、报告和若干会计基本理论方面也有了一定的认识和运用，且与当时的世界先进理论相接近。杜建军以全球资本市场规模、监管要求、股市作用为背景，分别从资本市场发展的不同阶段，即酝酿期、成长期、成熟期及全球化四个阶段，阐述了资本市场对会计的影响，以及会计与资本市场发展的交互作用。

四、新中国的会计改革与未来发展

新中国会计的产生与发展，既是革命根据地会计的历史延续，也是现行会计制度建立与改进的重要基础。这一时期的会计变革深刻反映了经济环境对会计发展的影响。Lina Xu 以中国 1958 ~ 1976 年这段特殊时期的生产队会计为例，利用葛兰西领导权主义理论中的政治意识形

"瑞金时代"的统一会计制度研究[*]

——一个具有世界性影响的光辉典范

郭道扬　　郝继伟　　彭　岚[**]

【摘要】 在毛泽东战时统一财政思想规划范围内，1932 年 12 月 16 日，瑞金苏区临时中央政府人民委员会部所属财政委员部，颁发了《中央财政委员部训令——统一会计制度》第十二号，揭开了"瑞金时代"统一苏区财政下的统一会计制度的序幕。"瑞金时代"在中外近代会计发展史上的这一开拓创新成就，以及它在"延安时代"毛泽东统一抗战财政之下的统一会计制度的发展，十分深刻地影响到新中国成立六十六年以来，尤其是改革开放以来社会主义市场经济下统一财政与会计制度的全面发展。中国共产党领导之下的新中国八十多年来在统一财政与会计制度方面所建立的伟大历史成就，是中国会计发展史上的一座里程碑，也是世界近、现代会计发展史上一个具有创新价值的光辉典范。

【关键词】 "瑞金时代"　"延安时代"　统一财政　统一会计制度

导言

党史研究者一般把中国共产党于"红色中华"时期所创建的农村革命根据地划分为两大时代，即"瑞金时代"与"延安时代"。从 1927 年 10 月秋收起义，至 1928 年毛泽东与朱德在井冈山建立第一个农村革命根据地，把革命中心由城市转向农村，井冈山成为中华红色政权的重要时期。1930 年 10 月，中共中央通过了《关于苏维埃区域目前工作计划》，决定"以湘鄂赣联接到赣西南为一大区域"（中央档案馆，1989），使大区在巩固与发展中成为苏区的中央根据地。1931 年 11 月，通过在瑞金叶坪村召开的中华工农兵苏维埃第一次全国代表大会，宣告了中华苏维埃共和国临时中央政府成立，自此，形成了以瑞金为首都的中央革命根据地，中国革命进入"瑞金时代"。井冈山革命根据地时期的成就，奠定了党和苏维埃国家在"瑞金时代"的基础，井冈山时期成为革命进入"瑞金时代"的必经阶段，被看作是"瑞金时代"的前期，是整个"瑞金时代"的一个组成部分（井冈山革命根据地党史资料征集编研协作小组、井冈山革命博物馆，1987）。1931 年 11 月至 1933 年 8 月，瑞金建立了四个省级与六十个县级地方苏维埃政权，红军人数达到十二万，党员超过十三万。苏维埃政府的最大管辖范围占地八点四万平方公里（魏建克，2013），区域内人口达到二百五十万，瑞金苏区达到一定规模。1934 年，第五次反围剿失败后，中央主力红军撤离瑞金根据地，经历了二万五千里长征，实

* 参见《会计研究》2016 年第 3 期。
** 郭道扬、郝继伟、彭岚：中南财经政法大学会计学院。

门在内的管理与协调相统一的组织关系，基层财计组织建制与中央的统一组织指挥完全保持一致。

在根本法和财计基本法与组织法建立完备之后，1932 年初，苏维埃政府便把改革的基本工作目标集中到会计方面。这一年 3 月 16 日，知名学者德峰在《红色中华》上发表了题为《对于财政统一的贡献》一文（德峰，1932），引起苏区社会的广泛重视。文章认为，统一财政、开源节流是目前工作中的当务之急。统一财政，必须首先确定会计制度，才能树立财政统一的基础。可见，早在“瑞金时代”一些学者便已认识到会计工作在财政经济工作管理中的基础性作用，也反映出当时毛泽东的财政经济思想与理论已深入人心。稍后，1932 年 12 月 16 日，由财政部部长邓子恢签发了《中央财经人民委员会训令——统一会计制度》（第十二号），迈出了毛泽东统一财政必须统一会计制度思想中的关键性的一步，把统一财政推进到实质性运作阶段。统一会计制度训令公开在当时苏区刊物《红色中华》1932 年第 64 期刊发（见图 1），中央动员苏区财政与会计界都投入到为统一财政而统一会计制度运动中来。

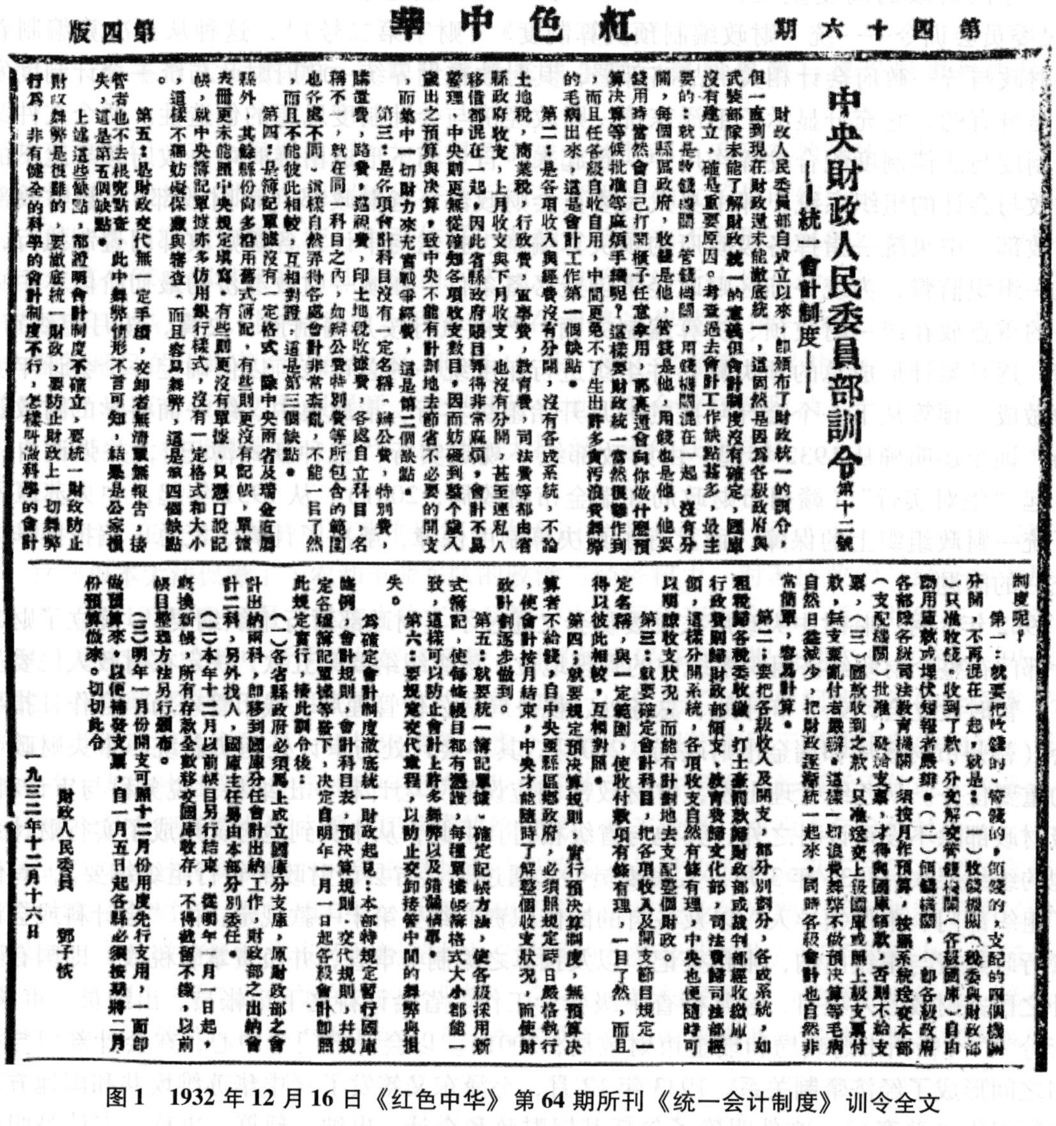
第四十六期　紅色中華　第四版

中央財政人民委員部訓令第十二號

——統一會計制度——

財政人民委員部自成立以來，即頒布了財政統一的訓令，但一直到現在財政還未能徹底統一，這固然是因爲各級政府與武裝部隊未能了解財政統一的意義，但會計制度沒有確定，國庫沒有建立，確是重要原因。考查過去會計工作缺點甚多，最主要的：就是收錢機關，管錢機關，用錢機關混在一起，沒有分開，每個縣區政府，收錢是他，管錢是他，用錢也是他，他要錢用時當然會自己打開櫃子任意拿用，那裏還會向你做什麼預算決算等候批准等麻煩手續呢？這樣要財政統一當然很難作到，而且任各級自收自用，中間更免不了生出許多貪污浪費舞弊的毛病出來，這是會計工作第一個缺點。

第二：是各項收入與經費沒有分開，沒有各成系統，不論土地稅，商業稅，行政費，軍事費，教育費，司法費等都由省縣政府收支，上月收支與下月收支，也沒有分開，甚至連私人移借都混在一起。因此省縣政府賬目弄得非常麻煩，會計不易整理，中央則更無從確知各項收支數目，因而妨礙到整個歲入歲出之預算與決算，致中央不能有計劃地去節省不必要的開支，而集中一切財力來充實戰爭經費，這是第二個缺點。

第三：是各項會計科目沒有一定名稱，辦公費，特別費，膳宿費，路費，雜視費，印土地稅收據費，各處自立科目，名稱不一，就在同一科目之內，如辦公費特別費等所包含的範圍也各處不同，這樣自然弄得各處會計非常紊亂，不能一目了然，而且不能彼此相較，互相對證，這是第三個缺點。

第四：是簿記單據沒有一定格式，除中央兩省及瑞金直屬縣外，其餘縣份尚多沿用舊式簿記，有些則更沒有記帳，單據表冊更未能照中央規定填寫，有些則更沒有單據，只憑口說記帳，就中央簿記單據亦多仿用銀行樣式，沒有一定格式和大小，這樣不獨妨礙保藏與稽查，而且容易舞弊，這是第四個缺點。

第五：是財政交代無一定手續，交卸者無清單無報告，接管者也不去根究點查，此中舞弊情形不言可知，結果是公家損失，這是第五個缺點。

上述這些缺點，都證明會計制度不確立，要統一財政防止財政舞弊是很難的，要徹底統一財政，要防止財政上一切舞弊行爲，非有健全的科學的會計制度不行，怎樣叫做科學的會計制度呢？

第一：就要把收錢的，管錢的，領錢的，支配的四個機關分開，不再混在一起，就是：（一）收錢機關（稅委與財政部）只准收錢，收到了款，分文解交管錢機關（各級國庫）自由動用庫款或埋伏短報者嚴辦。（二）領錢機關，（即各級政府各部隊各級司法教育機關）須按月作預算，按照系統經交本部（支配機關）批准，發給支票，才得與國庫領款，否則不給支票，（三）國庫收到之款，只准經交上級國庫或照上級支票付款，無支票亂付者嚴辦。這樣一切浪費舞弊不做預決算等毛病自然日益減少，把財政逐漸統一起來，同時各級會計也自然非常簡單，容易計算。

第二：要把各級收入及開支，都分別劃分，各成系統，如租稅歸各稅委收繳，打土豪罰款歸財政部或裁判部經收繳庫，行政費劃歸財政部領支，教育費歸文化部，司法費歸司法部經領，這樣分開系統，各項收支自然有條有理，中央也便隨時可以明瞭收支狀況，而能有計劃地去支配整個財政。

第三：就要確定會計科目，把各項收入及開支節目規定一定名稱，與一定範圍，使收付款項有條有理，一目了然，而且得以彼此相較，互相對照。

第四：就要規定預決算規則，實行預決算制度，無預算決算者不給錢，自中央至縣區鄉政府，必須照規定時日嚴格執行，使會計按月結束，中央才能隨時了解整個收支狀況，而使財政計劃逐步做到。

第五：就要統一簿記單據，確定記帳方法，使各級採用新式簿記，使每條帳目都有憑證，每種單據的格式大小都能一致，這樣可以防止會計上許多舞弊以及錯誤情事。

第六：要規定交代章程，以防止交卸接管中間的舞弊與損失。

爲確定會計制度澈底統一財政起見：本部特規定暫行國庫條例，會計規則，會計科目表，預決算規則，交代規則，并規定各種簿記單據等發下，決定自明年一月一日起各級會計即照此規定實行，接此訓令後：

（一）各省縣政府必須馬上成立國庫分支庫，原財政部之會計出納兩科，即移到國庫分任會計出納工作，財政部之出納會計二科，另外找人，國庫主任暫由本部分別委任。

（二）本年十二月以前帳目另行結束，從明年一月一日起，概換新帳，所有存款全數移交國庫收存，不得截留不繳，以前帳目整理方法另行頒布。

（三）明年一月份開支可照十二月份用度先行支用，一面卽做預算來，以便補發支票，自一月五日起各縣必須按期將二月份預算做來。切切此令

財政人民委員　鄧子恢

一九三二年十二月十六日

图 1　1932 年 12 月 16 日《红色中华》第 64 期所刊《统一会计制度》训令全文

训令第一部分,说明了人民委员会在统一财政训令发布之后,尚未彻底实现财政统一的主要原因。文件认为,除政府与武装部队对于统一财政之意义还缺乏足够认识外,其原因还在于未制定统一会计制度与建立国库。正是由于这两项缺失,导致了苏区财政收支上的混乱,而造成这种混乱的主要原因又集中在会计方面。具体而言,一是财政收支失去内部控制制度的约束,财政单位收钱的与管钱、用钱的机关相混淆,收支的预决算控制缺位;二是收与支界限划分不清楚,时限不明确,因此无法分别会计期间;三是没有统一的会计科目,分类核算缺乏统一性与一致性,会计坚持及时性、正确性的工作原则失常;四是没有统一的会计凭证应用,凭证缺乏确定的内容与划一的格式,甚至还存在以口说为凭的现象,对会计事项处理缺乏证据力;最后,财政与会计责任关系不明确,在财物环节新旧交替过程中没有盘点制度的保障。以上诸多问题存在的经济后果表明,会计制度不统一便无法实现财政的统一,财政经济便失去会计管理的基础保障。训令第二部分以毛泽东主席统一战时财政经济的思想与理论为依据,具有针对性地提出统一会计制度的改进意见,并进一步围绕率先建立预决算制度这个中心,提出统一会计收支管理程序,严格划清收与支界限;统一制定会计科目,实现会计核算的科学分类;统一会计凭证,包括统一各类凭证的专属内容与确定划一的格式;采用科学的记帐方法,坚持记帐、算帐的及时性与正确性原则;最后,训令还强调把统一会计制度落实在各种会计方法应用方面,以建立统一的会计方法体系,保证各种方法在应用中相互配合。训令中的规定,反映在会计学原理上的进步十分突出。

《统一会计制度》训令发布后,实现了对苏区会计工作的拨乱反正,自上而下,而又自下而上统一了各级单位的理财步伐,实现了对预决算的一体控制,会计制度的统一对实现苏区财政统一的效果显著,苏区财政经济处于有序运作状态。统一会计制度在"瑞金时代"是一项改革力度很大的系统工程,在复杂的会计状况下,为保持统一会计成效的持续性,1932年12月16日,人民委员会部又配套制定了《会计规则》(江西省税务局等,1985)。《会计规则》共计八章,具体对收支程序、帐簿设置、记帐方法、收支凭证,以及会计报告编制等,从操作规则统一上加以立定。《会计规则》的详明内容对《统一会计制度》训令起到密切配合作用,具有统一会计制度指南的功能,它已初步具有现代会计制度或会计准则所具有的科学性。《会计规则》的先进性在于:(1)确定了会计期间。从上一年度7月1日开始,截至次年6月30日为止,实行年度轧帐制度,编制总预算与总决算;(2)帐簿设置分类,明确划分主要帐与补助帐两大类,在主要帐簿记录、总帐与传票(分为收入、支出与转帐传票三种),以及在决算报表之间,形成了证帐表统一一致的关系;(3)实行现金收付制,以中华苏维埃共和国货币作为记帐本位币;(4)坚持会计帐项处理以简明扼要为原则,规定尽可能采用复式记账方法;(5)明确每一会计年度终了,应正确编制营业实际报告表、损益表、资产负债表、资产目录与负债目录等会计报告文件,及时报经财政部转送国库管理局,并送审计部门审定。《会计规则》对推行《统一会计制度》具有切实保障作用,它使苏区统一会计制度具有与针对性,在新中国会计制度建设史上占有重要地位。此外,1932年12月24日,中央财政人民委员会部又下达了《整理旧帐手续》的文件,文件指出:"本部已决定明年(1933年)一月一日开始国库制度",因此决定对旧帐作一个结束。旧帐内容主要包括,凡私人向政府移借之款,或政府向群众、团体所借之款,以及现有存款,都须进行清理结算。文件对清理与结束旧帐的决心,进一步表明1932年《统一会计制度》的坚定性与彻底性。1933年8月,毛泽东又签署了《中央政府关于整顿财政部工作的训令》,此项训令追究以往在执行财政方针方面存在的问题,追究领导者执行不力的责任,并责令新任财政人民委员会财政部部长林伯渠进一步整顿苏区财政，坚持统一财政下的统一会计制度的既定方针。根据这次整顿财政训令的精神，财政人民委员会于 1934 年 1 月又发布了《为统一财政收据防止舞弊》的第七号布告，布告从事关各项岁入收据的印发、签署与使用管理出发，严格会计收支制度，以从会计制度统一的角度维护财政的统一。七号布告对岁入收据监控的严格与细致程度如表 1 所示（赣州市财政局和瑞金市财政局，2001）。

1934 年 8 月，中央粮食人民委员会部发布了（中字第十七号）关于《粮食的记帐转帐方法》的通知，开创粮食主管部门统一粮食系统会计制度之先，随后，部门性质的统一会计制度逐步深入到国有工厂、商业、供销合作社、银行等各方面，使统一会计制度的执行全面展开。

"瑞金时代"在毛泽东财政经济思想与理论指引下，切实做到了以支持苏区经济发展为基础，以统一财政经济与财政制度为纲领，以落实国库制度建设为重点，最终把管理与算的基础工作放在统一会计制度方面。在统一会计制度实现之后，整个苏区又切实做到了落实预决算和坚持正确收支与合理收支，其结果充实了苏维埃政府的财政储备，保障了政府与军队的需要，彻底粉碎了敌人的经济封锁。"瑞金时代"在统一财政与统一会计制度方面的辉煌业绩，直接影响到"延安时代"，乃至中华人民共和国成立之后，其开创性贡献与在举世造成的深远影响将永远铭记于史册。

表 1　　　　　　　　　　　　　1934 年苏维埃政府的统一财政收据

中华苏维埃共和国收据	会收征收委员没收据	富农捐款	地主罚款收据	店房租收据	钨砂出口特许证	关税出口特许证	关税免单	商业税收据	山林收据
国有山林拍卖款、矿产租金、其他退还款、司法罚款、及粟谷节省款	没收款、地主罚款、富农捐款	富农捐款	地方罚款	店房租、作坊租、摊察租	钨砂出口税	米谷出口特许证	关税	各种商业税	木梓款
三联	三联	三联	三联	三联	两联	两联	两联	三联	两联
中央或省财政部	中央财政部	中央或省财政部	中央或省财政部	中央或省财政部	中央财政部	中央财政部	中央财政部部	中央或省财政部	县苏维埃
	这种是新印的以后一律要用此收据	这种是旧印的现金在尚可使用	这种是旧印的现金在尚可使用						

三、"瑞金时代"统一会计制度的深远影响

（一）"延安时代"

1935 年 10 月，中央红军到达陕北，开始了党的"延安时代"。1937 年 7 月，陕甘宁边区政府成立，8 月 22 日至 25 日，中共中央洛川会议通过了《抗日救国十大纲领》，自此党的基本路线与工作方针，转移到抗日战争方面。在进入"延安时代"之初，中央政府组织经济的发展，进行财力的分配与调动，也以战时财政为转移。"瑞金时代"统一财政与统一会计制度的思想、理论和实践为"延安时代"传承与发扬。1937 年 2 月，由财政部与审计委员会联合签发了《关于各机关经费开支问题的通知》，从会计与审计两方面协同控制各机关的经费支出。1937 年 4 月，边区苏维埃政府颁布了《苏维埃政府关于财政措施的新规定》，从统一管理的角度，进一步强化了会计收支与审计检查制度。这是"延安时代"统一会计制度的最初步骤。1937 年 12 月，边区政府正式发布了《统一财政问题的通令》，文件以统一财政为方针，把统一会计和审计作为落实与巩固边区财政统一的重要举措，并将起点工作放在强化边区各行政机关与单位的预决算工作方面。早在 1936 年 6 月 6 日边区政府审计处就根据《边区施政纲领》颁发了《陕甘宁边区审计处关于预决算编制及其报销的通知》，把预决算审计作为实现会计制度统一的重要步骤。1939 年 6 月，中共中央书记处又发布了《中央关于严格建立财政经济制度的决定》，决定不仅指出严格执行统一的会计与审计制度，对边区解决抗战时期财政问题的重要性，而且把严格执行预决算制度与对这个制度的严格审计，看作是统一财政工作的重中之重。史实表明，"延安时代"把统一财政、统一会计制度与统一审计制度三者关联，并进一步在工作中突出对单位预决算制度的集中统一控制。显然，这是根据抗战时期在财政管理上的特殊要求，在"瑞金时代"历史经验基础上的发展。

（二）新中国经济恢复时期（1949 年 10 月~1952 年 12 月）

1949 年 10 月中华人民共和国宣告成立，统一会计制度发展进入到一个新的历史时期。在新中国经济建设的过渡时期，党和国家为恢复国民经济，争取新中国建设初期的财政收支平衡，在"瑞金时代"与"延安时代"统一会计制度历史成就的基础上，确定了统一会计制度改革的目标，即"建立统一的会计工作秩序，实现会计工作的统一"（余秉坚和高一斌，1991）。1950 年 3 月，中央人民政府政务院第 22 次会议，通过了《关于统一国家财政经济工作的决定》，文件对统一全国财政收支、财物调度，以及现金管理等，采取了统一行动。这一年政务院同时颁布了《中央金融条例》，着手解决国库的统一管理问题。此外，政务院在 1950 年第 25 次工作会议上，通过了《关于统一 1950 年财政收支的决定》。文件根据"瑞金时代"与"延安时代"的做法，确定了统一财政的目标。在会计方面，1950 年 3 月财政部发布的《中央金库条例施行细则（草案）》，着重解决金库统一会计制度建立与统一会计核算方法体系方面的问题，这是新中国统一会计制度关键的步骤。1950 年 4 月，财政部税务总局，发布的《各级税务机关暂行会计制度》，目标在于解决全国税务会计统一的问题。随之，1950 年 10 月，财政部又先后发布了预算会计、国营企业会计、单位会计等九个文件，从统一中央企业主管部门的会计制度入手，深入解决所属企业的统一会计制度问题，具体过程与当年"瑞金时代"改革步骤完全一致。这样，在一年多的时间里，对清除当时国民经济与财政上的混乱现象

已初见成效，统一会计制度也达到了预期效果，财政经济秩序在整顿中得到恢复，经济治理成效明显。到 1952 年 12 月，新中国经济建设过渡时期结束时，以统一财政为出发点的统一会计制度工作已基本走上正轨。

（三）计划经济时代

早在 1951 年 4 月，政务院已发出进行统一会计制度，必须为实行计划经济创造条件的信号。1951 年 11 月与 1952 年 10 月，中央先后两次举办全国企业财务管理与会计工作会议，会议强调认真总结历史上在统一会计制度方面的经验与教训，一致把考量问题的立足点，放到为实行计划经济体制服务的方面。1953 年，财政部着手对经济建设过渡时期所发布的关于统一财政与统一会计制度的文件进行修订补充，以做好进入计划经济阶段的准备。

1954 年 1 月，财政部颁布了《国营工业企业统一会计科目及会计报表格式》与《国营工业企业统一简易会计科目及会计报告格式》两个文件，文件在统一方面所做的改进，分别考虑到国有大中型企业与小型企业两种类型，所以，统一会计制度的针对性很强。同时，根据"瑞金时代"对待私有企业所采取的会计政策与方法，财政部授权中华全国工商联合会拟定了《私营企业会计制度》，文件所设计的统一会计制度方案，是贯彻党和国家在新中国成立之初，对私营工商业进行社会主义改造的特殊政策，既不失原则性而又具有灵活性，体现出对当年苏区政府统一私营工商业会计制度的发展。

从 1955 年开始，反映在统一会计制度方面的新变化，是学习与引进苏联的标准账户计划。当时，学习苏联的这种先进的会计核算形式，是作为建立计划经济体制下统一会计制度一个新的起点对待的。如 1955 年所实行的《会计核算标准账户一览表》，便是这个新起点的开端。在引进学习苏联先进经验背景下，财政部先对 1952 年以来所实行的国营企业会计制度进行了一次彻底修订，并在修改结束之后，于 1955 年 5 月拟定了《国有工业企业基本业务会计核算账户计划（草案）》与《国营企业建设单位及国营建筑安装企业基本业务统一账户计划（草案）》，作为学习与改革的两个标准文本。同时，财政部又从学习苏联凭单日记账出发，拟定了《国营工业企业凭单日记账核算形式标准账簿格式和使用草案》。1955 年 11 月，财政部正式颁布《国营工业企业基本业务账户计划》，规定从 1956 年 1 月起实施（安绍芸，1955）。实践表明，苏联在会计制度设计方面的一些经验，值得中国在实行计划经济体制阶段参考，它对当时统一会计方法具有一定借鉴作用。史实表明，尽管当时出现了生搬硬套现象，未能处理好中国国情、中国固有历史经验与有选择引进之间的关系，但在总体上却把学习苏联经验用到完善统一会计制度的方法体系方面。1956 年是统一会计制度的关键年代，经过充分学习与研究，财政部与会计界辩证处理了对标准账户（当译为标准会计科目）改进应用问题。发挥了标准账户制度的优越性，减少了会计科目数量，避免了繁琐，在一定程度上提高了企业会计核算的工作效率，达到了会计规范统一的效果。另一方面，财政部在体制转型之际，对中国统一会计制度模式的建立，也遵循了"瑞金时代"统一财政之下统一会计制度的原则与经验，体现出会计制度统一模式构建中的中国特色。

（四）1978 年改革开放以来

1978 年 12 月，党的十一届三中全会把国家工作的重点转移到社会主义现代化建设方面。1979 年 4 月，党中央提出对国民经济实现"调整、改革、整顿、提高"方针后，1980 年 9 月，财政部遵照中央精神，明确了"健全会计制度，加强会计立法"的工作方针。这一年以对《国营工业企业会计制度—会计科目和会计报告》的修订为起点，统一会计制度进入经济改革开放的新时期。随着 1984 年 10 月党的十二届三中全会《中共中央关于经济体制改革的决定》发布,统一财政与统一会计制度又随即进入到社会主义市场经济改革的初始阶段(谢旭人,2009)。

在社会主义市场经济建设初始阶段(指有计划商品经济体制建立阶段),统一会计法律制度的标志性成就,是从 1985 年 5 月 1 日起施行《中华人民共和国会计法》。其后这项法律制度,根据 1993 年党中央建立社会主义市场经济的大政方针确定而修正,又随着 1999 年建立社会主义市场经济体制改革的推进与发展变化而作出进一步修订。《中华人民共和国会计法》,凡七章五十二条,从始至终贯穿着统一会计制度的主体精神,"国家统一的会计制度"成为这部专业法律的主题词[②],凡《会计法》中关键性内容,都一致表明了《会计法》所保障的"国家统一的会计制度"的重要性与不可违反的精神。《会计法》第八条与第五十条还作出特别说明,如第八条讲"国家统一的会计制度由国务院财政部门根据本法制定并公布",第五十条进一步指出:"国家统一的会计制度,是指国务院财政部根据本法制定的关于会计核算、会计监督、会计机构和会计人员以及会计工作管理的制度。"《会计法》中的这种表述,使"国家统一的会计制度"的概念表述达到前所未有的科学而全面、完善的程度,《会计法》所确定的科学概念涵盖了三个统一的方面。首先,统一会计职能,即会计核算与监督;其次,统一会计组织制度,即会计机构与会计人员;最后是统一会计工作管理制度,即包括会计管理准则、会计管理程序与方式方法,以及各项会计具体管理制度等。以上三个方面构成统一会计制度的整体,形成了统一的会计工作系统。《会计法》对全部相关的方面作出严格限定,无论军事单位、事业单位,还是工商各类企业。无论是采用传统会计方法体系,还是采用计算机会计。无论是采用正常会计处理方法,还是变更会计处理方法,凡此等等均必须以统一的会计制度为依据。《会计法》中还明确规定,将严格处理有违国家统一会计制度精神的种种行为。1985 年颁行的《会计法》及其后修正与修订的《会计法》,把统一会计制度全方位推进到适应社会主义市场经济建立与发展的阶段,它继承与弘扬了革命根据地时代,党和苏维埃政府在统一财政与统一会计制度方面的成就,开创了统一财政与统一会计制度光辉的新时代与未来。

20 世纪 80 年代的统一会计制度,适应了改革开放的要求。1984 年国务院发布了《国营工业企业成本管理条例》,随之,1986 年财政部发布了《国营工业企业成本核算办法》,加之"折旧条例"的发布实行,通过统一工业企业成本会计,把国有企业的经济效益提升到一个新的水平。1983 年财政部颁行了《中外合资经营企业会计制度(试行草案)》,1985 年又正式发布《中外合资经营企业会计制度》(项怀诚,1999),加之 1986 年《中华人民共和国民法通则》的颁行,又从产权会计法律制度建立方面,革新了社会主义市场经济建设阶段统一会计制度的内容,从而把统一会计制度推进到以保障产权为中心,乃至走向国际化的阶段。自此,中国的统一会计制度打破了传统模式,适应社会主义市场经济管理要求,拓展了统一会计制度的范围。

1992 年党的十四大确定了建立社会主义市场经济方针之后,带来了我国法律制度的全面修订与调整。1993 年 3 月,根据《中华人民共和国宪法》修正案的精神,当年 12 月修正了《会计法》,开始把社会主义产权理论的精神体现到《会计法》所明确的统一会计制度的各个方面。通过相适应的修订,不仅中国行业会计制度取得了新发展,而且把会计准则这种规制形式引入到统一会计制度内容之中,从而推动了中国统一会计制度的国际化进程。1994 年 3 月《中华人民共和国预算法》与 1994 年 8 月《中华人民共和国审计法》的颁行,以及 1993 年全国人大通过、1994 年 7 月 1 日正式施行的《公司法》,都对统一会计制度改革形成了重要影响,与产权、债权密切相关的所有者权益的核心概念及其计量记录与考核、编报方式方法,都先后陆续纳入统一会计制度规制范围,实现了统一会计制度的重大变革。此外,对统一会计制年哈佛大学企业管理研究生院埃德温·F·盖伊就曾发表《论统一会计制度》一文，指出统一会计制度是公司有效开展经营活动所"不可少的一个先决条件"（Edwin F. Gay, 1913），并指出这种制度"可由政府权力机构自上而下强加而来"（Edwin F. Gay, 1913）。另一著名会计学者安东尼·B·曼宁也曾在题为《论统一会计制度的优势》一文中指出应当设立统一的会计标准实务与标准程序，并强调统一会计制度的优势既体现在企业管理的内在方面，也同时体现在它的外在方面（Anthony B. Manning, 1919）。然而，当时美国政府没有考虑这些意见，会计制度一直分列于各州《公司法》，处于分散状态，而无联邦政府的《公司法》（郭道扬，2004），所以，两个多世纪以来它的会计制度在各州的表现形式呈多样化，而从联邦政府讲，则从未有过会计制度上的统一，即使是 1921 年它所颁行的《预算与会计法案》（The Budget and Accounting Act of 1921），也只是在政府会计制度方面的基本统一。1936 年以后，美国通过会计准则这种创新形式，朝着统一公司会计制度方面走出了一条卓有成效的路径，尤其是《财务会计准则公告》（SFAS, 1973）与《财务会计概念公告》（SFAC, 1974）两个文件的内容具有会计规范创新价值，它在世界范围产生了重要影响，这是值得充分加以肯定的。然而，就美国自身而言，由于它的财务会计准则委员会（Financial Accounting Standards Board）所发布的财务会计准则（Generally Accepted Accounting Principles）制定机制与执行机制的不一致，使其在制度的统一性与权威性方面发生很大程度的丧失，所以，它的财务会计准则在事实上并未能起到统一会计制度应有的作用。

在留学归来爱国知识分子参与主持下，1932 年 7 月，国民政府主计处颁布了《中央各机关及所属统一会计制度》，这是直接受美国影响，关于统一政府会计制度的一项举动。1935 年 8 月国民政府颁布，从 1936 年 7 月施行的《会计法》，也具有统一会计的意义，它是当时集中而系统规范会计事务的一个会计法律文本，相对北洋政府所颁"民三会计法"是一个很大的进步。此后，在 1937～1938 年，又有《中央各机关及所属普通业务单位会计制度之一致规定》发出，这个简称《一致规定》的文本，由于日寇入侵，国民政府西迁，故"迟到二十七年（公元 1938 年）七月，才在重庆颁行"。（卫挺生和杨承厚，1946）《一致规定》是对《中央各机关及所属统一会计制度》的改订，改订之后在统一当时中央各机关及所属普通公务单位会计制度方面也具有一定作用。然而，国民政府最终陷入政治乱则经济乱，经济乱则财政乱，而财政乱则最终必然造成会计混乱的怪圈，所以，20 世纪 30 年代国民政府的统一会计制度不仅只是局部的，而且是昙花一现。

"瑞金时代"于 1932 年 12 月 16 日发布的《统一会计制度》，只是在年份上与国民政府的《中央各机关及所属统一会计制度》巧合，不仅彼此举动并无任何关联，而且文件执行后果也截然不同。首先，表现在统一会计制度的思想性与理论依据方面，前者只是一些留学归国爱国知识分子以统一政府会计为中心的举动，出发点是为了解决当时国民政府处于动荡之中的财政经济问题，而后者则是在毛泽东经济思想与理论支配之下的行为，由"瑞金时代"与"延安时代"的战时统一财政与统一会计，到进入新中国之后，因社会主义经济建设而统一财政经济，又由统一财政而统一会计制度。前者因国民政府的政治经济腐败而最终流产，而后者表现则是持续一贯的，它坚持了毛泽东的经济思想与理论，以"瑞金时代"为良好开端，经由"延安时代"，一直传承与发展至新中国，并从计划经济时期到社会主义市场经济建设时期，不断被发扬光大。

第三，始终保持统一审计制度与统一会计制度的一致性，既是"瑞金时代"建立统一财政经济体系的基本保障，也是正常发挥统一会计制度作用的一项基本制度安排。

1933 年 9 月，苏区中央政府成立了隶属于苏维埃中央人民委员会的审计委员会，它独立于财政委员会之外，对财政委员会实行统一会计制度的执行，尤其是其中对预决算执行状况、过程与结果具有审计权。"瑞金时代"对审计独立性及其权威性的树立，是从建立苏区统一审计制度出发的。1934年2月，中华苏维埃第二次全国代表大会所通过的《中华苏维埃共和国中央苏维埃组织法》，进一步明确了苏区审计体制改革的方向，确定中央审计委员会直接由中央执行委员会领导，与中央人民委员会、中央革命军事委员会，以及临时高级法庭并列，中央审计委员会的最高领导直接由中央执行委员会主席团任命。由此，中央苏区审计的独立性与权威性进一步提高。同时，中央执行委员会又颁布了《中华苏维埃共和国中央政府执行委员会审计条例》，这部统一的审计法律文献，又使审计委员会有了实行独立审计的依据。从此中央的全面审计工作展开，先后对中央政府所属各厅、部，以及瑞金直属县、粤赣省苏维埃地方政府等的预决算进行了审计，并陆续对中央政府所属印刷厂、邮政总局、苏区国家银行，以及其他单位、部门和社会团体，按照统一会计制度内容确定之下的凭证、帐簿与报表进行了审计。当时按统一审计条例要求，实行审计结果公开制度，主要审计结论一律在中共中央机关报《红色中华》上发表，这种独立而具有权威性的审计制度的严格执行，成为落实苏区统一会计制度的保障。进入"延安时代"后，1945年以前所颁布的《各分区县市审计工作暂行规程》与《审计制度示范》，1946年颁布的《陕甘宁边区审计暂行规程》，以及1948年陕甘宁边区等联合颁布的《陕甘宁晋绥边区暂行审计条例》等，也从提高审计独立性与权威性出发，保障了财政经济工作的统一，对统一会计制度有效运作起到督促作用。统一审计制度与统一财政、统一会计制度，从始至终协调一致运作，也成为新中国建立后吸取的基本经验，进入到社会主义市场建设阶段后，把从"瑞金时代"至"延安时代"的历史经验，推进到一个新的阶段。

第四，在解决统一会计制度问题方面，社会主义市场经济建设阶段辨证处理了弘扬"瑞金时代"的经验和成就，与根据环境变化适时处理改革与发展的关系，把历史推进到统一产权会计法律制度建设阶段。

改革开放以来，根据社会主义产权价值观及其理论，以及统一会计制度的历史成就，确定了建立社会主义市场经济体制下，科学的统一的产权会计法律制度体系的目标，并初步形成了这个法律制度体系的基本框架，即以《会计法》与《审计法》建设为主干，以统一的会计与审计制度为根基，奠定了产权会计法律制度体系的基础层次，这对历史上所坚持的统一会计制度是一次创新与发展。《会计法》与《中华人民共和国宪法》中所确立的"社会主义权利法案"，使产权会计原理系统化、产权会计方法体系科学化，并由此带动了中国政府会计、政府审计与公司会计、涉外公司会计，以及跨国公司会计的全方位改革，并推动了中国的会计、审计理论研究与会计、审计教育改革的全面开展，统一的产权会计和审计法律制度体系的建立，反映出具有社会主义市场经济建设特色的进步。

第五，"瑞金时代"的统一会计制度集中显示的认识规律。

"瑞金时代"的历史经验表明，保持与扩大红色政权在政治上的统一性，便必须保持与扩大这个政权在经济上的统一性；保持在经济上的统一性，便必须始终保持在财政管理上处于统一状态，而欲实现红色政权在财政上的稳固与统一，便必须以统一会计制度建设作为财政经济管理的基础性保障。这一基本经验或者说认识规律，既适合处于战时财政状态之下的苏维埃政权，也适合新中国成立之后从经济恢复时期过渡到社会主义经济建设时期，既适合实行计划经济体制的时期，而又适合社会主义市场经济体制建设时期。从运行规律上讲，社会经济与国民经济越是向更高一级阶段发展，不断改进与发展统一会计制度便越是显得必要。"瑞金时代"统一会计制度的思想、理论与实践放之世界而皆准，世界上任何一个国家，任何一个经济实体，要想稳固自己的经济基础，维护越来越复杂的经济秩序，保障自身的经济体系处于正常运作状态，便必须建立和发展与其相适应的统一会计制度。在经济走向全球化的阶段，对全球财政经济秩序的维护与管理，也须要建立全球性的统一会计制度。当然，建立这种统一的会计制度，必须要通过全球国家的协同解决，而当今建立全球性的统一会计制度则正处于解决这一问题的广泛与反复进行协调的工作阶段。

在"瑞金时代"，从统一经济到统一财政，再到统一财政过程中的组织制度与法律制度统一，以及到统一税收、统一预决算、统一金融，统一工商合作社管理等，最终到统一会计、统一审计，其创新价值集中体现为统一财政经济与统一管理的宏大系统工程建设，"瑞金时代"这一制度创新成就，不仅成为中华人民共和国会计发展史上的一座辉煌灿烂的里程碑，而且是世界近、现代会计发展史上一个具有深远影响与创造性价值的光辉典范。

主要参考文献

［1］安绍芸：《关于修订国营工业企业基本业务标准帐户计划的说明》，载于《工业会计》1955 年第 12 期。

［2］德峰：《对于财政统一的贡献》，载于《红色中华》1932 年第 14 期。

［3］赣州市财政局、瑞金市财政局编：《中华苏维埃共和国财政史料选编》，2001 年。

［4］高尚斌：《再论中国共产党的延安时代》，载于《延安大学学报（社会科学版）》，2001 年第 3 期。

［5］革命根据地财政经济史编写组：《革命根据地财政经济史长编》（土地革命时期上下册），浙江新华印刷厂 1978 年印刷。

［6］郭道扬：《会计史研究历史·现时·未来（第 2 卷）》，中国财政经济出版社 2004 年版。

［7］江西省税务局等编：《中央革命根据地工商税收史料选编（1929.1～1934.2）》，福建人民出版社 1985 年版。

［8］井冈山革命根据地党史资料征集编研协作小组、井冈山革命博物馆编：《井冈山革命根据地（上）》，中共党史资料出版社 1987 年版。

［9］毛泽东：《毛泽东选集》（第一卷），人民出版社 1991 年版。

［10］陕甘宁边区财政经济史编写组等：《抗日战争时期陕甘宁边区财政经济史料摘编》（第六编《财政》），陕西人民出版社 1981 年版。

［11］卫挺生、杨承厚：《中国现行主计制度》，商务印书馆 1946 年版。

［12］魏建克：《"瑞金时代"及其历史价值论析》，载于《中国井冈山干部学院学报》2013 年第 2 期。

［13］项怀诚主编：《新中国会计五十年》，中国财政经济出版社 1999 年版。

［14］谢旭人主编：《中国财政 60 年（上）》，经济科学出版社 2009 年版。

［15］余秉坚、高一斌："对新中国会计事务管理发展的几点认识"，载于《财会通讯（综合版）（上）》1991 年第 8 期。

［16］中国会计学会：《中国会计改革三十年》，中国财政经济出版社 2009 年版。

［17］中央档案馆编：《中共中央文件选集第 6 册（1930 年）》，中共中央党校出版社 1989 年版。

［18］Anthony B. Manning, "Advantages of Uniform Accounting", *Journal of Accountancy*, Aug1919, pp. 113 - 120.

［19］Edwin F. Gay, "Uniform Accounting System", *Journal of Accountancy*. Oct1913, pp. 268 - 279.

［20］R. E. G. Perrins and A. Jeffreys, "*Company Law*", The English Language Book Sociaty And HFL (Publishers) LTD, 1977.

［21］Statement of Financial Accounting Standards, 1973.

［22］Statement of Financial Accounting Concept, 1974.

［23］Susan. Pace Hamill, "From Special Privilege to General Utility: A Continuation of Willard Hurst's Study of Corporations", *American University Law and Review*, Vol. 49, 1999, pp. 81.

［24］The Budget and Accounting Act of 1921.

广东革命根据地会计史研究

陈美华[*]

【摘要】广东革命根据地从有到无，从小到大，为观察会计的产生及发展历程，并总结其历史演进规律提供了一个绝佳的观测对象。会计的历史发展涉及会计产生的环境，会计组织的形成、会计方法的应用，以及会计制度的建立等多个方面。本文通过对广东革命根据地会计及相关问题的历史考察，形成以下结论：（1）任何经济组织的建立都离不开会计，经济组织越复杂，会计的作用就越重要；（2）统一货币计量单位的选择与货币发行既是稳定革命根据地经济秩序的重要手段，也是会计系统建立不可或缺的重要基础。（3）会计的基本方法具有通用性，而无政治性和地域性，但会计的服务对象不同，在具体会计方法的选择上就会有其特殊性。（4）利用会计信息参与经济组织的管理活动不能仅凭个人的革命觉悟和道德素养，而必须建立科学的预算控制方法。

【关键词】广东 革命根据地 会计史

一、引言

广东革命根据地是指中华人民共和国成立之前，现广东省区域内由中国共产党领导建立的革命根据地的总称。基于会计历史研究的需要，本文所研究的革命根据地应具备以下四个条件："第一，必须有无产阶级政党——共产党的领导。第二，必须有一支革命武装。第三，必须建立革命政权。第四，必须有相对稳定的割据区域。"[①] 按照此条件，广东根明根据地大致包括以下区域，并经历了四个发展阶段：（1）中国共产党领导创建的第一个革命根据地——陆海丰革命根据地（1927～1928年）；（2）土地革命时期的东江革命根据地（1928～1935年）；（3）抗日战争时期的东江抗日根据地（1937～1945年）；（4）解放战争时期，中国共产党在广东省范围内建立的"粤赣湘"和"闽粤赣"等几个重要解放区（1946～1949年）。

广东革命根据地作为最早建立的革命根据地，在创建与发展过程中，其会计的产生与发展有其重要规律可循，因而有必要对其进行系统的研究和总结。然而，由于在该区域内先后建立的革命根据地数量多，规模小，分布区域广，且存续时间大多不长，有的根据地存在的时间甚至不足10天，导致相关资料的收集极为困难。从革命根据地区域内会计主体的性质来看，既有政权机构、军事组织，也有事业单位和工商企业，由于革命根据地区域内所建立的官办商业组织数量少且规模小，民办商业组织与国内其他区域的会计具有相似性，因此，本文主要针对革命根据地政府会计和银行会计的产生及其发展历史展开研究。

* 陈美华：广东财经大学会计学院
① 黄振位：《广东革命根据地史》，广东人民出版社1993年版，第7～8页。

二、广东革命根据地发展概况

（一）陆海丰革命根据地的产生与发展

海陆丰革命根据地是由著名农民运动领袖彭湃领导开拓的第一个红色政权，其地域大致包括现今的海丰、陆丰两县，后期还包括惠阳、紫金等部分山区。在创建过程中历经三次起义，[①] 其中，前两次起义所建立的政权组织存在的时间均不足 10 日，第三次起义开始于 1927 年 10 月，同年 11 月 5 日分别建立海丰、陆丰两县县委。从第三次起义胜利到 1928 年 2 月底两县县城被攻陷的 4 个月内，革命根据地在政权组织及经济建设方面采取了一系列举措：（1）1927 年 11 月 13 日、18 日，陆丰、海丰分别召开县工农兵代表大会，选举产生了我国最早的苏维埃政权，城镇及各区级苏维埃政权也先后成立。（2）实行土地革命，没收豪绅的土地财产分给农民；（3）建立经济委员会，直接管理财政收支；（4）制定工商业政策，促进当地经济发展；（5）建立劳动银行，统一货币，废除旧的债权债务关系。

（二）东江革命根据地的产生与发展

东江革命根据地地处广东省东部的东江流域。1928 年在海陆丰革命根据地的影响下，在这一地区先后形成了包括"海陆惠紫""揭丰公地""潮普惠""五兴龙""梅埔丰""蕉平寻""潮澄饶""凤凰山"及"陆惠"等八个相邻的革命根据地，迎来了东江革命根据地的鼎盛阶段。1934 年以后，随着反围剿斗争的不断失利，红色根据地逐渐丧失。[②][③] 东江革命根据地在政权建设和经济建设方面进行了多项尝试和创新，为之后新中国政权制度建设提供了样板和依据：（1）在政治制度建设方面，建立了工农兵代表会议制度；（2）在组织机构方面，健全各层级政权机构，明确各层级及各职能部门的职责权限。（3）在经济建设方面，注重发展农村经济，促进贸易发展，建立完善的税收体制，实行严格的预算控制制度，杜绝贪污浪费现象。

（三）东江抗日根据地的产生与发展

日军于 1938 年 10 月 12 日在广东惠阳大亚湾登陆后，广东大部分地区沦陷。中国共产党遂在东江日占区后方开拓游击区，先后成立了惠宝人民抗日游击总队和东宝惠边人民抗日游击大队，并分别在惠阳县和宝安县建立了抗日游击根据地。之后又在东莞开创了大岭山抗日根据地，并在番禺、博罗、惠东宝及路西抵等地区开辟了多块抗日根据地。[④] 东江抗日根据地分布于日占区内，由于受到敌寇的不断围攻和经济封锁，经济上十分困难，因此，在政权建设中特别注重经济方面的建设，主要措施有：（1）积极发展商业、实行自由贸易，打破垄断统治；（2）寻求港澳同胞的大力支持，筹集抗日部队所需的资金；（3）建立健全的税收机构，形成稳定的经济来源；（4）印发流通券，发行生产建设公债，筹集抗战资金；（5）建立严格的预算控制制度，严禁贪污浪费。

---

① 陈万安：《东江革命根据地史》，中共党史资料出版社 1989 年版，第 42～81 页。
② 陈万安：《东江革命根据地史》，中共党史资料出版社 1989 年版，第 82～173 页。
③④ 杨绍练：《试论东江革命根据地的政权建设》，载于《广东社会科学》1987 年第 2 期，第 12～17 页。

（四）广东各地解放区的形成与发展

抗日战争结束后，东江纵队于1946年6月底奉命北撤。之后全面内战爆发，中国共产党则采取了恢复武装斗争，建立革命根据地，配合全国解放的策略。从1947年初开始，随着全省各地武装斗争的迅速发展，抗战时期的广东游击区和根据地得以恢复。1947年6月中国人民解放军战略反攻开始后，革命根据地不断扩大并连接成片，形成了"粤赣湘""闽粤赣""粤桂边"及"粤中"几个大块解放区。到1948年夏天，"粤赣湘""闽粤赣"两大解放区连成一片，建立了潮梅行政委员会和东江行政委员会两个地级政权和20多个县级政权。为配合解放军南下，解救人民于恶性通货膨胀的困境之中，这一时期的政权建设及经济工作重点主要是：（1）没收官僚资本，破仓分粮，救济农民补充部队给养；（2）实行合理的财政政策，实行累进税制，减租减息，减轻农民负担；（3）发展生产，保护工商业者的财产；（4）建立完善的财政税收体制，完善税收法规，确保税收成为财政收入的主要来源；（5）建立银行，发行货币和债券。

三、广东革命根据地的会计工作组织

（一）土地革命时期的会计工作组织

革命根据地作为一种政权组织，其经济行为必然具有一定的复杂性，因此，从第一批革命根据地建立起，分工明确的会计工作组织便自然形成，如1927年8月，中共广东省委在关于暴动后各县市工作大纲（决议案）中特别规定：革命委员会为暂时最高指挥机关，县革命政府受革命委员会指挥，实现土地革命，县革命政府下可应需要暂设土地、财政、粮食管理、政治警察、公路共用、商务、教育、宣传等科[①]。1928年4月，东江苏维埃军事委员会发布的各股科工作大纲指出：军事委员会为最高军事指挥机关，军事委员会下设的经理科内分四股：（1）钱粮股：关于筹集粮（食），备办军服等事宜。（2）采办股：关于军实用具等购买事宜。（3）卫生股：关于采购卫生材料及计划医院等。（4）会计股：关于一切收支、登记报销等事宜。[②] 1929年，中共东江特委经济委员会在大南山根据地成立后勤服务处，负责红十一军的后勤工作，"后勤编制人员，设主任1人，由军委会经理处处长陈云山兼，下设副官二人，会计一人，被服一人，军械一人，粮食一人，交通运输二人，事务员四人，炊事勤伙三人，中医生一人，并有一排红军保护。"[③]

（二）抗日革命根据地会计工作组织

抗日战争初期，各根据地政权以军事组织为核心组建，财政管理机构相对不完整，会计工作组织较为薄弱。严峻的财政形势使各根据地认识到经济保障工作的重要性，为此，广东地区各抗日根据地先后成立了多种形式的财政经济管理部门，如东江纵队各支队大多设有财政经济委员会负责财经工作，财政经济委员会下设财政科，财政科均设有会计和出纳岗位，负责财政收支工作。东江纵队还要求各个支队至少每年上报财经工作情况，恶劣情况下可延

---

① 广东档案馆：《东江革命根据地财政税收史料选编》，广东人民出版社1986年版，第8~9页。
② 广东档案馆：《东江革命根据地财政税收史料选编》，广东人民出版社1986年版，第32页。
③ 沈洛羊：《海陆丰革命根据地财税史略》，载于《汕尾日报》2011年6月14日007版。

（一）以便利交易为主要目的的劳动银行的建立

1927 年 10 月海陆丰第三次起义成功后，海陆丰市面流通货币异常复杂，"以小洋（指双毫银）为交易媒介，大洋颇为充斥，城乡通用，海丰大洋 1 元可换小洋 12 角半，陆丰可换小洋 13 角，仙士（指铜板）18 个当小洋 1 角。西纸（多为港币）比较通用，每 10 元可换小洋 12 元，或 12 元半，在汕尾可换 13 元，中央纸（指国民政府中央银行纸币）不通行，非买物不用，自反蒋战争爆发后中央纸不但低折，而且完全不用，较小地方，完全拒用。"① "陆丰尚有本地制造的纸币，如蔡葵漂纸，上半年以前极通用，但现在则否，因为海、陆大洋价贵，所以有奸商从中垄断。"② 货币单位不统一，严重影响了根据地的市场秩序和经济稳定，在这种复杂的货币环境下，为便利较易，稳定经济，1928 年 2 月 28 日，海丰县苏维埃人民委员会决议设立劳动银行，发行银票。

海陆丰劳动银行是革命根据地苏维埃政权建立的最早一家银行，建立银行的目的是"为救济金融，利便市面交易……有此借贷机关，得以从事生产，发展社会经济。"③ 对此，国民党当局出版的小册子也有记载，"海陆丰苏维埃人民委员会成立后……即籍口为救济金融及利便交易起见，特倡设海陆丰劳动银行"④。

海丰县苏维埃人民政府第四号令附发的劳动银行发行条例规定："一、本行为便利交易起见特设此银票。二、本行纸币因在外地印刷未就，暂借南丰制造厂银票，并有两县人民委员会加盖印章发行，俟纸币印就，即由该银行布告收回。三、此银票分十元、五元、一元三种，暂发十万元，十足通用，不折不扣。四、此票俟换回纸币后，可随时得到兑现，必要时再设分行，以便各地就近兑换。五、自布告日期，两属人民，须一律通行此银票，不得拒绝使。"⑤ 海陆丰劳动银行是中共领导的县级政权创立的第一家银行，其发行银票、统一货币单位的举措，不仅是我国货币金融史上的一个重要创举，在近代中国会计计量史上也具有有重要地位。

（二）以统一货币为主要目的的流通卷的印发

1927 年，南京国民政府成立后，于次年在南京设立国民政府中央银行，原设于广州的国民政府银行实质上变为地方银行，为求名实一致，于 1932 年 1 月 1 日正式改组为广东省银行，改组后的广东省银行发行的纸币有大洋券和毫洋券（又称银毫券）两种，二者的兑换比例大约为 1∶0.8。⑥ 1935 年 11 月，民国政府实行统一法币政策，于 1936 年 7 月提出彻底整顿粤财政方针："（一）整顿粤省财政；（二）废除粤省苛杂；（三）统一币制"。⑦ 之后，广东省政府以民间习用毫洋，商会抵制为由，要求暂缓执行，后中央妥协，大洋券和毫洋券继续流通。1937 年年初，国民政府财政部颁行的《确定比率完成币值统一办法》规定："一、自民国二十七年一月一日起，所有粤省公私款项，及一切买卖交易之收付，与各项契约之订立，均应以国币为本位"⑧ 几乎与此同时，广东省政府也出台补充办法："各银行自八月一日起，各银号自

---

① 吴平：《华南革命根据地货币史》，中国金融出版社 1995 年版，第 20 页。

② 吴平等：《华南革命根据地货币金融史料选编》，中国钱币学会广东分会内部发行，1991 年版，第 37 页。

③④ 吴平：《华南革命根据地货币史》，中国金融出版社 1995 年版，第 22 页。

⑤ 吴平：《华南革命根据地货币史》，中国金融出版社 1995 年版，第 20~21 页。

⑥ 陈传银：《简析广东省银行及其大洋券毫洋券的发行过程》，载于《收藏界》2007 年第 10 期。

⑦ 王丽：《走向"统一"的广东省货币金融——国民政府法比改革的区域性案例分析》，载于《暨南学报（哲学社会科学版）》2014 年第 10 期，第 145 页。

⑧ 王丽：《走向"统一"的广东省货币金融——国民政府法比改革的区域性案例分析》，载于《暨南学报（哲学社会科学版）》2014 年第 10 期，第 147 页。

九月一日起，所有存汇款项，一律以国币支付，不得再使用毫券。"① 这一限期执行的规定，导致毫券在广东逐步退居辅币地位。

抗日战争爆发后，在广东省推广法币的进程受到了冲击。日军强迫国人使用他们发行的军票。为了打击法币，日本侵略者又大量制造法币假钞，引起法币恶性贬值，进而导致毫券在广东的地位有所提高。之后，毫券和法币互相成为对日伪货币斗争的防火墙，即当敌人抬高省券币值时，即大量发出省券，当敌人折抵省券时，则尽量吸收省券。这一政策一直持续到1942年6月，民国政府财政部颁布《统一发行办法》收回各地货币发行权为止。事实上，直到抗日战争结束，毫券和大洋券仍在广东省范围内仍广泛流行。可见，抗日战争期间，除中央银行发行的法币和广东省政府发行的毫券和大洋券外，在广东敌占区还有日军强迫占领区使用的军票、伪中央银行印制的中储券，以及在内地大量流行的港币等。此外，一些银币如现大洋、毫洋也在广泛使用。这种混乱的局面不仅导致广东省区域内经济秩序混乱不堪，也给区内抗日革命根据地的财政经济带来了一系列困难。

抗日根据地主要是中国共产党领导的抗日武装活动基地，尽管抗日战争后期活动区域极为广泛，但大多未能建立起正式的政权组织，因此，抗日根据地使用的货币通常与敌占区相同，如抗日战争时期东江纵队现存的各种财经工作总结所使用的货币单位既有法币，也有大洋。所筹集到的海外捐款则大部分为港币，如东江纵队司令员曾生在《回忆东江纵队的战斗经历》中指出，"惠宝人民抗日游击纵队的经济来源，全部靠港澳同胞和海外侨胞的支援。1939年初海外华侨寄给宋庆龄转给我们游击队的捐款，一次就达港币20万元。"② 为解决货币统一问题，1944年8月中共广东临委和军政委员会做出决定"发展金融业，发行生产建设公债及军用券，但应有一定数量，以物资为基础，成立金融机关指导之。"③ 1945年4月，东江解放区路东第一次会议，通过关于印发流通卷的提案，但由于战争形势的迅速发展，上述方案均未能落实。

（三）以稳定币值为主要目的的银行流通卷的发行

1. 法币贬值情况

抗日战争结束后，法币成为国内正式流通货币，但随着国民党统治集团政治腐败的日趋严重及军事上的不断失利，国民党政府大量发行纸币，导致了一场中国近代史上最严重的通货膨胀。1937年抗战前夕，法币发行总额不过14亿余元，到日本投降前夕，法币发行额已达5 000亿元。到1948年，法币发行额竟达到660万亿元以上，等于抗日战争前的47万倍，物价上涨3 492万倍，法币接近彻底崩溃的边缘。鉴于法币恶性膨胀且有导致国民经济彻底崩溃之势，国民党政府于1948年8月19日规定以金元为本位，按每金元含纯金0.22217克为标准发行金圆券，然而金圆券却以更快的速度膨胀，前后不到十个月，发行总额达130万亿元，比原规定的发行额20亿元增加六万五千余倍，物价比币改初期上涨一百七十万倍。到新中国成立前夕，上海银圆一元可换金圆券16亿元，金圆券已形同废纸，民间则自动重新使用银圆。国民党政府乃恢复银本位币制，并在重庆、广州一带发行银圆券，规定可用金圆券五亿向中央银行兑换银圆券一元，但已无法挽回货币政策的败局。

---

① 王丽：《走向"统一"的广东省货币金融——国民政府法币改革的区域性案例分析》，载于《暨南学报（哲学社会科学版）》2014年第10期，第147页。
② 吴平等：《华南革命根据地货币金融史料选编》，中国钱币学会广东分会内部发行，1991年版，第37页。
③ 吴平等：《华南革命根据地货币金融史料选编》，中国钱币学会广东分会内部发行，1991年版，第38页。

2. 裕民券的发行及影响

1946 年国内战争爆发后，中国共产党采取了迅速恢复和扩大革命根据地的策略，到 1948 年年底，形成了粤赣湘、闽粤赣、粤桂边及粤中几个较大的连片革命根据地，其中在闽粤赣地区，建立了管辖范围多达十几个县的潮梅行政委员会。鉴于法币"币值惨跌，物价高涨，市场混乱，人民生活极度痛苦。"[①] 中共潮梅行政委员会决定成立"裕民银行"，发行流通券（简称裕民券），并发布公告"本会为充裕民生，安定市场，繁荣经济，特批准裕民银行发行流通券，流通我解放区。自发行之日起，凡我解放区军民，均信用行使，不得借故拒收或更改币值。"[②] 并在发布条例中特别规定："本解放区各市镇工商贸易一律以新币为单位。二、严禁外币在市面上流通，所有外币买卖向裕民银行照价兑换。"[③] 裕民券的发行稳定了根据地的金融物价，支持了部队的寄养，同时促进了革命根据地经济的恢复与发展。

3. 新陆券的发行情况

1948 年 2 月，粤赣湘边纵东江第一支队第六团解放了陆丰西北重镇和田，同年 4 月陆丰县人民政府宣告成立，为了解决部队和地方给养，陆丰县委于 1949 年春成立陆丰银行，并发行新陆券。为保证新陆券的币值稳定，新陆县委提供了 5 万元的公粮作为货币发行基金，并成立新陆贸易公司组织物资供应商品市场，以保证新陆券的购买能力。新陆券的流通范围主要在粤赣湘边区江南地区，其发行数额相对较少，但它的发行对保证部队供给，限制港币流通，促进商品流通发挥了较大的作用。

4. 南方券的发行情况

随着全国战局的顺利发展，粤赣湘和闽赣粤两大解放区被连成一片。1949 年 3 月，中共华南局针对华南金融混乱，通货成为严重问题的形势，于 1949 年 7 月在揭阳县河婆镇正式成立南方人民银行，并发行流通券，即南方券。南方银行共设三个分行，即潮汕分行（由裕民银行改建）、东江分行和梅州分行，并在中国香港设立通宝行。为保证银行的运行，南方银行在成立伊始颁布了"南方人民银行组织章程"等规定。为保证相关制度有效执行，还建立了专门的中专科学院，大量培养会计人员。

南方银行成立后，为保证币值稳定，货币畅通，采取了一系列必要措施，如成立贸易公司以保障物资供应；收兑区内港币并鼓励人民以金银、外币兑换新币；除金银外，其他货币一律禁止流通，原"裕民券""新陆券"及其他边区流通券逐步收回。这些措施使南方券迅速成为解放区内稳定的流通货币，统一了广东解放区货币市场。

五、会计制度与会计方法

民国时期，中国的会计制度开始进入规范化和统一化的新阶段。1928 年颁布了《会计则例》；1932 年颁布了《中央各机关及所属统一会计制度》；1932 年颁布了《商业会计法》，并于 1935 年正式颁布了《会计法》。《会计法》对各级政府机关、公有营业及公有事业单位的会计账证体系和会计处理程序做了较为严格的规定，如借鉴西式簿记改良中式簿记；采用收付记账和借贷记账法相结合的复式记账法；统一了原始凭证和记账凭证的格式。规范了会计报表的种类、报送程序、审计规则及会计决算编制方法。革命根据地创立后，所建立的政权组织、银

---

①② 吴平：《华南革命根据地货币史》，中国金融出版社 1995 年版，第 57 页。

③ 吴平：《华南革命根据地货币史》，中国金融出版社 1995 年版，第 58 页。

行及公营商业机构基本上延续了相应的民国时期会计制度，在此基础上，按照根据地财政经济业务的特殊性进行了适当的修改和创新。

（一）土地革命时期的经费开支及报告制度

土地革命时期，分布于东江地区的各革命根据地政权，从兴起到失败存续的时间大都不长，各地方政权的经济联系也不紧密，因而难以形成统一、规范的会计制度。在此期间，各根据地政权关心的重点问题往往是如何开源节流，以维持政权的运行，如1928年1月，中共海丰县委对各团体的费用标准作了特别规定："（1）党团县委每月经常费应在千元以下；（2）党团区委每月经常费应在二百五十元以下；（3）党区委秘密工作费不得在五百元以上；（4）各区常住赤卫队应裁存四至二十名；（5）县农会、总工会，每月由苏维埃各帮助五百元；（6）市区政府罚款，应解缴县政府，区政府伍佰元以上之特别费用，应报县政府核准；（7）海丰所有军队只发伙食及公费，兵士每月只发给借饷一元。"①

根据地存在的另外一个问题是经济混乱，各根据地之间及上下级之间不能形成相互支持，"1. 过去各县对于经济不能统一，抱着封建格局的观念，各县区自己找款，自己支配，无论上级机关如何推促，都置若罔闻，尤其是对上级机关的经济供给，更不能注意，如海陆丰各区对上级机关工作费的捐助都不能忠实，甚至连上级机关的经济还要截留或没收。2. 因为经济不统一，所以红军在游战中与各县区经济关系已颇为不好。……6. 各县区收支数目，都不能按月报告，即报告亦常简单，'理数无数算'成了一些普遍现象。"② 对此，海陆惠紫革命委员会发布第十号公告"统一经济办法"特别规定："各县区应依照革财委规定预算书做好缴交革财委批准，除按照预算额内支使，每月经常报告外，其余剩款应一律缴交革财委。""9. 各县、区财委应在每月三号以前将签约收支数目造册缴报县财委，县财委则在十号以前造册缴报革财委。10. 革财委每月将收支数目公布一次。"③

（二）抗日战争时期的费用明细及财物管理

随着广东抗日革命根据地的不断发展壮大，各根据地先后颁发了数十项财务、会计制度，包括财粮保管、业绩奖惩、惩治贪污等制度，并对明细账簿、单据凭证、预算表格及报告格式进行了规范。1944年东江纵队五虎队公布的经济收支统计表显示，当时的费用明细非常详尽。见表1：④

表1   五虎队1944半年来收支总结统计表

月	收入	金额	支出	金额	
一月	军需出来大洋	2 882 700	伙食费	1 947 039	
二月		2 796 450	生活费	53 526	
三月		4 699 648	办公费	17 025	
四月		5 561 600	医药费	55 559	

---

① 广东档案馆：《东江革命根据地财政税收史料选编》，广东人民出版社1986年版，第25页。
② 广东档案馆：《东江革命根据地财政税收史料选编》，广东人民出版社1986年版，第65页。
③ 广东档案馆：《东江革命根据地财政税收史料选编》，广东人民出版社1986年版，第66页。
④ 广东档案馆：《东江革命根据地财政税收史料选编》，广东人民出版社1986年版，第100页。

续表

月	收入	金额	支出	金额	
五月		3 313 360	购置费	59 488	
六月		3 906 910	招待费	30 520	
	总进款	23 160 668	情报费	4 618	
			宣传费	2 894	
			枪油费	3 436	
			草鞋费	15 248	
			补助费	4 005	
			旅费	140	
			疏散费	3 747	
			临支费	35 955	
			电心费	600	
			教育费	12 783	
			灯油	3 030	
			损失费	1 206	
			生产	26 134	
			学习费	12 430	
			印刷	2 529	
			交通运输	12 411	
			修理费	2 898	
			抚恤	4 669	
			殓葬费	12 953	
			进支比对不敷	19 695.7	

　　由于经费较为紧张，各根据地对经费开支及钱粮的管理也较为严格。1943 年 3 月东纵保安大队一九四三年工作总结指出"财政经济表现最为严重的是没有科学管理，不用新式部（簿）记，数目紊乱，常常丢钱及算账不出，四月以前各单位无预算，决算又不依期，五月以前各单位是有预算，领钱也有一定手续，决算也能依期于下一个月的五号以前送到，但仍有浪费现象，即伙食钱也会超过，一些干部的个人用品也列入公数，在廖标撤职时，我们还发现一些单位中的经济负责人可能于每月存款中用取了钱不报，一月又一月的拖下去，要等交代时才发觉。"[①] 为保证财经纪律的认真贯彻执行，根据地还枪决了严重贪污舞弊、账簿管理混乱的北栅税站站长冯根。

（三）解放战争时期较完善的银行会计规程

　　南方人民银行于 1949 年 7 月在揭阳县河婆镇正式成立后，为了保证各项业务的规范运行，

---

① 广东档案馆：《东江革命根据地财政税收史料选编》，广东人民出版社 1986 年版，第 88 页。

南方银行在成立伊始即颁布了较为统一的会计规程，具体包括《南方人民银行会计规程》《南方人民银行管理处稽核规则》《南方人民银行总管理处会计、营业、出纳人员职务须知》等。① 其要点如下：

1. 基本约定

南方人民银行的会计期间为日历年度，每一个会计期间为上下两期；本行所发行货币——南方券为记账本位币；记账方法为借贷记账法。

2. 账簿组织

账簿分为主要账簿和补助账簿，主要账簿包括日记账和总分类账，补助账簿分为明细分类账和备查簿。明细账分为甲种账、乙种账和特种账。甲种账为通用借贷余三栏明细账；乙种账除借贷余三个金额栏外，还包括日数、积数等栏目，如活期存款、放款账，定期存款放款账等；特种账依科目性质分别规定格式，如现金账、未发流通券账等。

3. 会计科目

会计科目分为资产类、负债类、损益类、净值类四大类。其中资产类科目包括活期放款、定期放款、暂记付款、应收款项、未发流通券、兑换、预付费用、总分行往来、器具与设备及未售款项等；负债类包括同业存款、活期存款、定期存款、本票、汇票、汇出汇款、暂记收款、存入保证金、代收款、已印流通券、备抵器具及设备折旧等；损益类包括利息收入、利息支出、手续费收入、手续费支出、汇兑损益、现金运送费、什项收入、什项支出、器具及设备折旧，以及各项费用等。净值类包括本期损益与前期损益两项。

4. 传票

明确定义传票为记账凭证。规定每张传票只列一科目，如一交易有关数科目者应按每一科目分别填制传票。并规定：每日传票应由记账员分别科目及借贷结出各科目借贷总数，再根据该科目昨天余额分别加减结出本日余额凭以填制科目总传票，并将传票数分别注明连同传票送交会计以便填制日记表。

5. 会计报表

总行会计报表包括损益期报、资产负债平衡表、财产明细表和负债明细表；分行报表包括日报表、月报表和决算报表，其中日报表包括活期放款日报、定期放款日报、兑换余额日报、费用日报和总分行往来存欠日报；月报包括费用月报、损益月报和月计表；决算报表包括损益期报、资产负债平衡表、财产明细表和负债明细表。

6. 会计事务程序

会计事务程序采用科目总传票法，具体见图2。

7. 职责分工与素质要求

为保障会计规程的有效执行，南方人民银行对会计人员的职责及素质要求做了专门规定：（1）银行事务繁琐，对外由营业出纳两部份司个别之任务，而内部联系工作由会计处理，以达成主要之牵制功能，业务方面之记录有赖会计之分析、整理、出纳专司现款之收支更需会计之审核证明，此为银行主要之三权分立精神，故会计职务不仅限于记录计算等。（2）会计职务负业务发生时初步审核职责，举凡业务之合乎目前政策与否、手续之完善与否，皆应于正式记账之前加以审核，如有意见，应商请有关部分（门）考虑。（3）会计人员除应具账务业务

---

① 吴平等：《华南革命根据地货币金融史料选编》，中国钱币学会广东分会内部发行，1991年版，第646~649页。

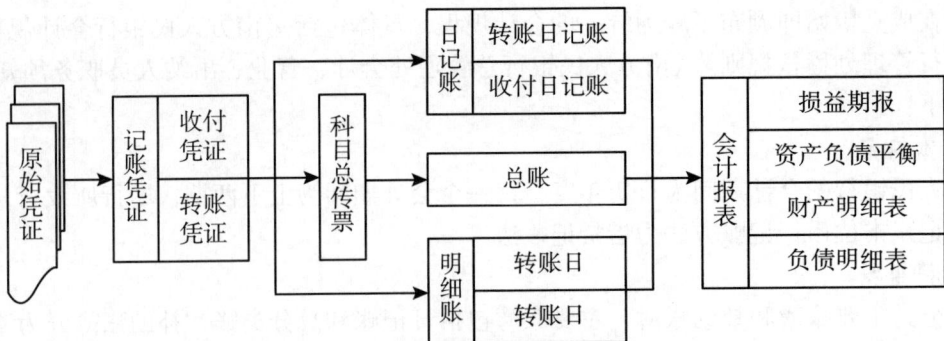

图2　会计事务程序

知识外，并应具备各项审计统计知识。尤其研究新中国之新金融政策。俾能对银行有关治各种问题有正确之认识而谋各种业务推进与改善……（6）会计职权，尚有检查服务行库存之业务状况之责任，会计人员执行此种职权时或为定期或为不定期，务须详尽敏捷。

从以上资料可以看出，南方银行所建立的会计制度，无论是记账方法、科目设置，账簿组织，还是会计处理程序基本上与当时的民国银行会计无异，只是在某些特殊方面，如会计科目的设置、会计处理程序等方面，因革命根据地特殊环境之需要，才有适当的调整和改进。

六、财政收支与预算管理

（一）土地革命时期的财政收支与预算管理

自1927年2月苏维埃政权首先在海陆丰建立以来，东江地区各苏维埃政权的财政收入主要有以下项目：（1）罚没收入，如海丰县第一次起义成功后，没收县内当铺20件；没收现款及罚款6万元；没收陈炯明开办的南丰织布厂布匹约值2万元等；（2）捐款及摊派收入，如第三次苏维埃政权建立后，向全县地富户摊派军需毫银10万元；海陆丰苏区境内农民每月每户捐款1角等；（3）公产收入，如海陆丰苏维埃政权成立后，接管国民党征服逆产征收处陈炯明房屋60多件，每月租金千元；（4）船舶捐及盐捐，如海丰苏维埃政府对盐业实行运销管制，每月船舶捐和盐捐约得2万元。（5）烟酒屠捐与商品出入口税；（6）农业税收入，一般按户征缴，如10亩以上自耕农，每户征谷1石，为了减少运费，还定出以银折谷的办法；（7）战争缴获，如在海陆丰第三次起义成功后，红二师、红四师及赤卫队取得了三次较大的战争缴获，有力地补充了部队的武装弹药，减少了战争开支。（8）商业收入，通过创办公司开展贸易和生产活动，既保证了根据地的物资供应，又取得了一定数额的经济收入。此外，为解决苏维埃政府的财政困难，东江特委采取了按累进税率征收财产税、所得税和营业税的政策，其中所得税包括工商业所得税和个人所得税，个人所得税主要针对大学教员、新闻记者、工程师等收入较高的人征收，工人雇农或其他劳动者免税。[①]

苏维埃政权的财政支出项目主要有：（1）红军军饷，主要包括伙食费、津贴费、被服费、弹药费及医药费等，伙食费每月每人2元，津贴士兵2元，官长5元至15元；（2）苏维埃政府行政经费，包括宣传费、交通费、活动费、特别费等；（3）抚恤费，主要是支付给患难烈

---

① 海丰县财政局：《海丰县财政志》，广东人民出版社2005年版，第62~71页。

士家属的抚恤生活费；（4）城市建设费，如对红场、俱乐部及演讲堂进行修建等费用；（5）后方根据地建设费，包括建立物资仓库、红军医院、枪械修造厂、印刷厂、军服厂季报社等费用支出。（6）开办长短期党校经费，每次约需 800～900 元不等；（7）商业投资，包括建立贸易公司及贩卖合作社等；（8）上缴支出，如 1927 年海陆丰政府将没收的当铺现款 4 万元全部上交给东江特委。①

在经费收入极为有限的情况下，为保证经费有效合理地使用，苏维埃政府采用预算管理的办法管理收入，控制费用支出，如中共海陆紫特委 1929 年 5 月工作费的预算及获得对当时的收入支出做了极为详尽的规定：②

A. 预算（支出预算）：（1）伙食费（特委常委 3 人，技术二人、海丰 C. Y. 一人、伙头交通二人、东南特派员一人共九人）42 元，（2）交通费 30 元，（3）活动费 100 元（海丰东南、资金西北活动费），（4）宣传费 25 元，（5）公费（纸簿、草鞋、药品烟油之类）20 元，（6）特别费 30 元，统计 253 元。

B. 获得（收入预算）：（1）各地党费每月 10 元，（2）海峰苏维埃每月上交 80 元，（3）海丰各区每月捐助 100 元。收支相抵欠款 63 元，有望从（4）捐助款项，（5）追收前期欠款等收入中解决。

（二）抗日战争时期的财政收支及预算管理

抗日战争时期，为团结一切力量抗击日本侵略，各根据地实行了较为宽松的以减租减息为主的经济政策，这项政策的实施，导致抗日根据地的经济来源受到极大限制。因此这一时期的财政来源主要是税收、抗日捐、军谷、汉奸罚款、缉私款等，如东江纵队第三大队 1944 年上半年所做的财经工作总结中所列的每月经费收入及半年总收入情况如下："（1）税收方面（已报有表）；（2）抗日捐方面：一、二、三月份共收 440 767 元，四月份 10 000 元，五月份 20 000 元，五个月共计 470 767 元。（3）烟捐方面：一、二、三月份共收 513 650 元，四月份 45 500 元，五个月共计 559 150 元。（4）军谷款方面：一、二、三月份共收 314 819 元，四月份 74 612 元。（5）缉私方面：一、二、三月份共收 298 047 元。"③ 为弥补财政经费的不足，各抗日根据地还采取了发展农业生产、开荒种地、发展农副业，发展小规模的工业生产活动和商业贸易活动。林平在谈及东江游击区目前的经济状况时谈到："现在的情况，每人伙食费七八百元（最高时需千元），再加衣服、药品，起码千元以上。目前每月最高收现款一佰万元以上，今年可收抗捐、军谷约一千五百担，包生意收入，目前可以维持。"④

鉴于经费来源严重不足，各抗日根据地和抗日武装均实行了较为严格的预算制度。根据已有的资料，⑤ 东江纵队港九大队 1943 年工作总结；惠阳大队 1943 年工作总结；三南大队 1943 年财经工作总结；东江纵队保安大队 1943 年军事工作总结，都对全年收支预算执行情况进行了系统全面的报告。东江纵队港九大队在工作总结中特别指出："各连队结算还算及时，六月份都能按规定无超出，大队结算总数存余，各项无超出，唯运输费及赔损费、修理费、宣教费有超出。"⑥

①　海丰县财政局：《海丰县财政志》，广东人民出版社 2005 年版，第 71～74 页。
②　广东档案馆：《东江革命根据地财政税收史料选编》，广东人民出版社 1986 年版，第 37～38 页。
③　广东档案馆：《东江革命根据地财政税收史料选编》，广东人民出版社 1986 年版，第 94 页。
④　广东档案馆：《东江革命根据地财政税收史料选编》，广东人民出版社 1986 年版，第 80 页。
⑤　广东档案馆：《东江革命根据地财政税收史料选编》，广东人民出版社 1986 年版，第 81～87 页。
⑥　广东档案馆：《东江革命根据地财政税收史料选编》，广东人民出版社 1986 年版，第 82 页。

对于预算制定及执行中存在的问题则予以及时纠正，如三南游击区在财经工作总结中指出："每月预算规定本月二十五号前交到先施，但一般的执行是迟迟未交，故每月必须延到下月五、六日才能交来。"① "1. 全部预算的正确是靠各单位的预算准确，在一定时间汇集，大部分的单位对预算毫不关心，有的全无预算，简直不以为是补给重要的一环，所以对全部的预算案的完成十分困难。2. 决算的执行，本在下月五日前把整个余额列表送到的，但大多数要迟到下半月才会交齐，迟的原因方面是特务长对执行上疏忽，同时不会准备各种数目及时处理。"②

东江纵队第三大队在 1944 年上半年财经工作总结中指出，在预算制定中"由于一向经济上的混乱，各单位各自独立，不统一，在长期的过程中缺乏正规观念，自一月至五月各单位对预算简直没有做，四月只有一、两个单位做过预算，然不切实际，不是根据通令的规定，而预算只是应付式根据上月的支出，而是依葫芦画瓢。"③ 在预算执行过程中，"领发手续也是混乱至极，单位与单位间可以支钱，各单位可以无需上级批准可以到税站取钱，各中级干部往往可以到税站自由支出，造成了这种混乱，在结算就发生了无可解决的困难。"④ "各单位对通令执行不够、浪费、贪污、随便支出、马虎、数目不清等现象，每一个单位都存在。如不进（计）来款，或来款不记账，到月尾时无法结账等，无政府状态，个个都是上级，连队负责同志可以不经过首长，随意乱支，随意乱行购置。"⑤

（三）解放战争时期的财政收支及预算管理

解放战争时期，各革命根据地的财政收入项目主要有入境货物税、农业税、募捐收入、公债收入、发行流通券收入、战争缴获及罚没收入等项目。以海丰县为例，"1947 年，陆海丰全区财政收入国币 3.5 亿元，其中乐捐 1.5 亿元，占收入总额的 42.9%；税收 1 亿元，占 8.65%；公粮 300 余石折款 0.5 亿元，占 4.3%；罚没 0.4 亿元，占 11.4%；其他 0.1 亿元，占 2.8%。"⑥ 为了开辟财源，初期以募捐为主。这种募捐实际上是一种摊派，有部队发出通知给富裕户，富裕户一般都按规定的时间及数目的 4 成至 7 成款项交给部队，1947 年 6 月以后，建立税站征税成为财政收入的主要来源。后期发行流通卷和公债成为革命根据地财政收入的重要补充，如 1947～1949 年各解放区先后发行的非金融机构流通卷有河源县信用流通券、连和县信用流通券、新丰县信用欠票、粤赣湘边区人民流通券、海丰民主县政府临时流通券、紫金人民流通券；大埔角军民合作社流通券、大埔军民合作社流通券；闽西军民合作社流通券、潮饶丰边县军民合作社流通券，以及粤中鹤山、高明、高要、新兴等县发行的军粮代用券等。各根据地先后发行的公债有粤赣湘边纵公粮债券、闽粤赣边区军粮债券、潮梅人民行政委员会公粮债券、粤桂边区公粮债券。流通券和边区公债的发行有力地支持了根据地的财政收支。

财政支出项目主要有军饷、党政团体行政经费、上缴支出、税站征收费等项目。其中军饷支出有伙食费、生活费、学习费、物资补给费、干部津贴等。为控制支出，各地普遍采取以物资为标准，考虑各地收入情况规定支出定额的制度。以海丰县为例，"伙食费标准：米每人日 1 斤 2 两、油每人日 2 钱、菜每人日 1 600 元，每月加肉 1 斤。物资补给标准：每人年内外衬裤 4 套，毡、内衣各 1 件，以及其他生活用品等。"⑦

①　广东档案馆：《东江革命根据地财政税收史料选编》，广东人民出版社 1986 年版，第 85 页。
②　广东档案馆：《东江革命根据地财政税收史料选编》，广东人民出版社 1986 年版，第 85～86 页。
③④⑤　广东档案馆：《东江革命根据地财政税收史料选编》，广东人民出版社 1986 年版，第 93～95 页。
⑥　海丰县财政局：《海丰县财政志》，广东人民出版社 2005 年版，第 73～74 页。
⑦　海丰县财政局：《海丰县财政志》，广东人民出版社 2005 年版，第 74 页。

为保证收支平衡，各边区政府及部队特别重视收支预算，"游击战争的环境，要使经济的收支很安定、很正规是不可能的，然而我们要尽可能使他安定些正规些，这样才能使部队的给养有较为可靠的保证，支出有预算，避免紊乱，杜绝贪污浪费与违反政策事件。"① "没有必须的预算与决算，以致有时浪费大花，甚至造成贪污腐化，有时困难万分、朝不保夕。"② 凡事预则立不预则废，在不同时期的革命根据地，尽管通过宣传教育，倡导艰苦奋斗精神，可以极大地提高革命者节约开支的自觉性，但采取必要的预算管理方法则是更直接、更有效的费用控制手段。

七、研究结论

会计的历史发展涉及会计产生的环境，会计组织的形成、会计方法的应用，以及会计制度的建立等多个方面。革命根据地从有到无，从小到大，为观察会计的产生及发展历程提供了一个绝佳的观测对象，因此，本文通过对广东革命根据地会计产生与发展的广泛考察，形成以下基本结论。

（1）任何经济组织的建立都离不开会计，经济组织越复杂，会计的作用就越重要。革命根据地政权组织一旦建立，立即建立财经管理机构，而经济管理机构的核心往往是会计机构和人员。在革命根据地政权组织出现的早期，或较小革命组织如游击区或游击队，会计人员可能由非专职人员兼任，所采用的会计方法可能是简单的单式记账或流水账，但当革命根据地政权组织规模较大时，复杂的会计机构和规范的会计制度即随之产生，如南方人民银行不仅建起了复杂的会计组织，制定了规范的会计规程和岗位职责，还专门建立了中专学院，大规模培养会计人员。

（2）统一货币计量单位的选择与货币发行既是稳定革命根据地经济秩序的重要手段，也是会计系统建立不可或缺的重要基础。在革命根据地建立之前，彭湃就提出了"创办农民借贷机关"的思想，陆海丰革命根据地建立后三个月内就创立了第一家革命根据地银行——劳动银行，抗日战争期间，尽管革命根据地或抗日游击区散落广东各地，但仍通过发行流通券等形式统一货币单位，以稳定经济，支援军需。在革命根据地不断扩大的解放战争时期，发行裕民券、新陆券，最后发行统一的南方券，成为解救人民于"物价飞涨"的灾难之中的必要手段。统一货币单位的建立，也使得革命根据地的会计计量有了一个可比的基础。

（3）会计方法具有通用性，而无政治性和地域性。会计方法是计量经济活动、提供价值信息的通用手段，它的使用与其创建者或使用者的性质或地域无关，也就是说，国统区内使用的会计方法，革命根据地可以使用；国外的会计方法，国内也可以使用。在革命根据地政权组织刚刚开始建立时，所使用的会计方法依参加革命的旧会计人员所掌握的会计方法而定，既有简单的流水账，也有较复杂的复式记账；既有中国老式会计，也有西式借贷记账法，还有中西结合的复式记账法，但到了解放战争时期的南方银行则建立了与民国时期会计记账方法几乎一致的现代会计记账方法。表明会计实际上是一种提供经济主体经济活动信息，借以控制经济活动的通用手段，它在世界范围内具有通用性。

（4）利用会计信息参与经济组织的管理活动不能仅凭革命觉悟和道德素养，而需建立科学的预算控制方法。革命者具有较高的革命觉悟和思想道德水准，但在广东革命根据地建立的

---

①② 吴平等：《华南革命根据地货币金融史料选编》，中国钱币学会广东分会内部发行，1991 年版，第 194 页。

三个时期，都出现了不同程度的贪污、腐化、奢侈、浪费，以及存在管理漏洞等现象，也先后处决了以冯根为代表的数百名贪污腐败分子，但仍难以制止贪腐浪费现象出现。因此，从革命根据地建立的早期，就产生了利用预算进行收支管理的观念，并形成了相应的制度。有了预算，一方面可以合理安排收支计划，另一方面又可以有对比地进行支出控制，保证将有限的资金运用到革命战争和政权最需要的地方。

鉴于广东地区革命根据地政权组织在各地此起彼伏，且存续的时间大都不长，在不断的成功、失败，转移、重建过程中，所保留下来的历史资料，尤其是会计资料极为有限，因而本文所做出总结归纳难免以偏概全，因而有待进一步收集、补充相关资料，以便对广东革命根据地的会计历史及其发展规律做出更为全面、客观的记述。

主要参考文献

［1］黄振位：《广东革命根据地史》，广东人民出版社 1993 年版。

［2］陈万安：《东江革命根据地史》，中共党史资料出版社 1989 年版。

［3］杨绍练：《试论东江革命根据地的政权建设》，载于《广东社会科学》1987 年第 3 期。

［4］胡绳：《中国共产党的七十年》，中国党史出版社 1991 年版。

［5］吴平：《华南革命根据地货币史》，中国金融出版社 1995 年版。

［6］广东档案馆：《东江革命根据地财政税收史料选编》，广东人民出版社 1986 年版。

［7］沈洛羊：《海陆丰革命根据地财税史略》，载于《汕尾日报》2011 年 6 月 14 日 007 版。

［8］财政部税务总局：《中国革命根据地工商税收长史——东江革命根据地部分》，中国财政经济出版社 1988 年版。

［9］陈苍窍：《东江抗日根据地的财政经济政策》，载于《惠州大学学报（社科版）》1995 年第 2 期。

［10］吴平等：《华南革命根据地货币金融史料选编》，中国钱币学会广东分会内部发行，1991 年版。

［11］王丽：《走向"统一"的广东省货币金融——国民政府法比改革的区域性案例分析》，载于《暨南学报（哲学社会科学版）》2014 年第 10 期。

［12］海丰县财政局：《海丰县财政志》，广东人民出版社 2005 年版。

中华苏维埃审计委员会制度的
历史特点与现实意义

康　均　张敦力*

【摘要】加强国家审计建设对于提升国家治理能力具有重要意义。中华苏维埃审计委员会制度在历史上存在的时间不长，但是对于中国共产党作为执政党领导政权下国家审计制度的建立与发展具有重大的指导意义。本文结合中华苏维埃审计委员会制度建立和运作的历史史实，从国家审计的性质与定位、体制上的独立性与权威性、审计工作的群众性、民主性、公开性以及国家审计人员的专业性四个方面进行了归纳，并在此基础上探讨了这四个方面对当前我国国家审计制度建设和工作开展的重要启示。

【关键词】中华苏维埃　审计委员会　国家审计　政治素质

中华苏维埃①审计委员会制度在历史上存在的时间不长，但是对于中国共产党作为执政党领导政权下国家审计制度的建立与发展具有重大的指导意义，其所表现出来的历史特点，对于当代中国国家审计制度的建设与发展、提高国家治理能力，具有重要的现实意义。

一、中华苏维埃审计委员会制度的建立

（一）审计委员会的成立

1931 年 11 月 7 日至 20 日，中华苏维埃第一次全国代表大会在瑞金叶坪隆重开幕。

大会宣告中华苏维埃共和国临时中央政府的成立，选举产生了毛泽东、项英、张国焘、周恩来、朱德等 63 人组成的中央执行委员会②，作为全国代表大会闭会期间的最高政权机关；设立中华苏维埃中央革命军事委员会。12 月 1 日，中央执行委员会发布第一号《布告》，庄严宣布中华苏维埃共和国成立。中华苏维埃政权体制是由全国中华苏维埃代表大会、中华苏维埃中央执行委员会、中央执行委员会主席团、人民委员会、最高法院、审计委员会等部分组成。全国中华苏维埃代表大会是中华苏维埃共和国最高政权机关。全国中华苏维埃代表大会闭会期间，中央执行委员会成为中华苏维埃共和国最高政权机关。中央执行委员会闭会期间，选举主

---

* 康均、张敦力：中南财经政法大学。

① 苏维埃本是俄文 совет（soviet）的音译，意思是代表会议。起源于 1905 年俄国革命，当时出现过一种由罢工工人作为罢工委员会组织起来的代表会议，简称"苏维埃"，是一种工人和士兵的直接民主形式，其代表可以随时选举并随时更换，暗含着巴黎公社式的政权形式。十月革命以后，苏维埃成为俄国新型的政权的标志，城市和乡村的最基本生产单位都有苏维埃，苏维埃在共产党的领导下，不仅可以立法，还可以直接派生行政机构。1931 年 11 月，为庆祝"一苏大"的召开，毛泽东提笔挥毫，欣然写下"苏维埃为工农劳苦群众自己管理自己生活的机关，是革命战争的组织者与领导者"的题词。

② 中央执行委员会是许多政党最高权力机构的执行机构。中国共产党的最高权力机关"中国共产党全国代表大会"的常务执行机构在历史上曾叫中央执行委员会，后来改为"中央委员会"。战时曾有"中华苏维埃共和国中央执行委员会"。

席团为最高权力机关。人民委员会则为中央执行委员会的行政机关，最高法院为中央执行委员会的司法机关。

1931 年 1 月至 1933 年 9 月，中央临时政府的审计建制经历了财政审查委员会和审计处两个阶段。1933 年 9 月 15 日，人民委员会召开第 49 次会议，决定成立中央审计委员会，以高自立、梁伯台、吴亮平为委员，隶属于人民委员会，与财政部平行，专司审计职能。同年 12 月通过的《中华苏维埃共和国地方苏维埃暂行组织法（草案）》进一步规定了在省及中央直属市设立审计委员会，并在组织上实行双重领导，既隶属于中央审计委员会，又受同级执行委员会及主席团的指导和管理，其主要职责为审核省及市苏维埃财政收支的预决算，审核财政机关的临时收支账目，如果查出违法乱纪行为时，必须向省、市主席团提出解决办法，并报中央审计委员会。此外，省及中央直属市审计委员会，还必须于每个会计年度末，将一年的审计情况报告中央审计委员会及省、市主席团。对于下级苏维埃财政收支事项，认为有必要调查时，也得派遣审核员进行实地调查。

（二）审计委员会审计职权行使范围

根据《中华苏维埃共和国中央政府组织法》①、《中华苏维埃共和国中央政府执行委员会审计条例》② 规定，审计职权行使范围如下：审计国家的岁入与岁出；监督国家预算之执行。具体说来，由中央审计委员会审查的事项有：（1）岁入岁出的总预决算；（2）全国行政费的预决算；（3）海陆空军的预决算；（4）关于经济建设的收支预决算；（5）由中央政府发补助费的群众团体的预决算。由中央审计委员会分会审查的事项有：（1）省苏维埃及省一级机关、中央直属市、县及市、区苏维埃的预决算；（2）各县、市苏维埃的预决算；（3）地方武装的预决算；（4）受中央审计委员会命令审查。中央审计委员会及分会对子下级苏维埃财政收支认为有调查必要时，派遣审计员实地调查。

二、中华苏维埃审计委员会的法制建设

1934 年 1 月，中华苏维埃审共和国第二次全国代表大会把中央审计委员会的隶属关系、机构设置、人员编制等以法律的形式确认下来。大会通过的《中华苏维埃共和国中央政府组织法》，把对预决算的审查与批准权划归了中央执行委员会，同时将中央审计委员会置于中执委的领导之下，负责审核国家的岁入与岁出，监督国家预算的执行，其成员由中央执行委员会主席团任命。《组织法》将中央审计委员会置于中执委领导之下，处于与人民委员会、最高法院同等的地位，共同构成中执委直接领导下的三大权力机关。

在审计体制改革前，苏区审计工作没有专门的法律法规。为进一步加强审计监督的权威和效能，1934 年 2 月 20 日中央政府执行委员会审查通过并公布实施《中华苏维埃共和国中央政府执行委员会审计条例》。《条例》共 19 条，其要点为：（1）实行审计监督制度，目的是保障苏维埃财政政策的充分执行，裁判检举贪污浪费的行为，使财政收入适合于革命战争的需要；（2）实行联合审计制度，中央审计委员会及分会须与中央、省及中央直属县、市工农检察委员会取得密切联系；（3）审计体制实行中央到地方的垂直领导，中央审计机关为中央审计委

---

① 1934 年 1 月，中华苏维埃共和国第二次全国代表大会通过《中华苏维埃共和国中央政府组织法》。
② 《中华苏维埃共和国中央政府执行委员会审计条例》，1934 年 2 月 20 日中央政府执行委员会公布实施。

员会，受中央执行委员会直接领导，地方审计机关为分会，受中央审计委员会和地方苏维埃政权的双重领导；（4）明确审计的综合监督模式，不仅对中央及地方各级政府的财政、财务和金融进行监督，而且还对国民经济建设、国家经济组织、国有企业和社会团体进行审计；（5）审计机关具有处理决定权，审计机关认为有浪费或贪污应处罚及应负责任的，随时报告主席团（中央或省、中央直属县市）执行，分会应同时报告中央审计委员会。此外，还对各级审计机关审计的范围、程序、规则、表格和簿记等都作了明确规定。《条例》的颁布实施标志着苏区的审计工作步入了依法审计的轨道。

三、中华苏维埃审计委员会的人员配置

中华苏维埃共和国于1934年1月在瑞金召开了第二次全国苏维埃代表大会，总结两年来苏维埃革命斗争和建设的经验，制定粉碎反革命"围剿"的措施。大会决定改革审计体制，提高审计机构的地位和权威，将中央审计委员会从中央财政部划出，与人民委员会、中央革命委员会、临时最高法院平列，直属中央执行委员会。从此，中央审计委员会成为中央苏区国家政权机构的组成部分被置于独立而重要的位置。由于阮啸仙有1929年担任过党中央审计处处长的经历，在2月3日的中央执行委员会第一次会议上当选为中央审计委员会主任。《中央苏维埃组织法》规定：中央审计委员会由5至9人组成，由中央执行委员会主席团委任。审计委员会设主任、副主任各1人，其他职员按需要设置。根据《中华苏维埃共和国中央执行委员会审计条例》规定，地方审计机关为中央审计委员会分会。其机构设置、隶属关系仍按地方苏维埃组织法的规定。在省及中央直属市执行委员会之下设审计分会，隶属于中央审计委员会，同时受省及中央直属市执行委员会及其主席团的指导和节制。审计分会由7至9人组成。工农检察委员会主席、国民经济部长、裁判部长及省一级苏维埃行政机关的首长为当然委员，设主任1人，秘书、文书各1人，审核员2至5人。县不设审计机关，对于各区及县直属市的预决算，由财政委员会作初步审核，送省审计委员会审核。中央苏区内的江西省、福建省、粤赣省及瑞金直属县都在1934年相应成立了审计分会，并开展了工作。

为挑选配好审计人员，尤其是审核员，阮啸仙花费了很大精力。他把出身贫苦，有一定的文化和财会知识，能坚持原则，敢于斗争，有吃苦精神的年轻干部选入审计机构，进行培训。一方面组织他们学习《条例》和各项财经法规，要求每个审计人员逐章逐条弄懂弄通，依法审计，严格执行。另一方面，又规定了审计人员"六不准"的工作纪律：不准偏听偏信；不准弄虚作假；不准漏查和作不精确统计；不准徇私用情；不准吃馆子或吃公饭，外出审查一律自带干粮；不准收受被审人员任何物品。至此，无论是审计工作，还是审计人员管理工作，都走上了法制化和制度化的轨道，为有效地进行审计监督打下了坚实的基础。

四、中央审计委员会制度的历史特点与现实意义

（一）为国理财，纠弊查贪是国家审计的基本宗旨和本质表现

国家审计活动的本质决定了国家审计活动的基本宗旨和工作特点。国家审计与民间审计不同，一个显著的特点便是服务于国家的大政方针。国家审计必须以服从国家大政方针为宗旨。在苏区时期，苏维埃的基本任务和总的政策就是集中一切力量去开展革命战争，推翻反动

统治。作为随着苏维埃运动而产生并为苏维埃运动服务的中央苏区审计，必须服从苏维埃的总政策。只有这样，苏维埃政府才能得到巩固，审计的作用才能得以发挥。

1934 年 1 月，毛泽东在"苏二大"报告中提出了发展经济、保障供给的财政方针，同时还提出了财政支出要坚持节省的原则，并号召各级苏维埃政府开展群众性的节省运动。1934年 4 月 20 日，毛泽东签署颁布的《中华苏维埃共和国中央执行委员会审计条例》第一条明确规定，制定本条例的目的在于保障苏维埃财政政策的充分执行，检举贪污浪费，使财政收支适合于目前革命战争的需要。节省运动的开展情况如何，节省成绩的大小，当时主要的依据就是审计委员会的审计报告。中央苏区审计制度建立后，各级审计机构始终把监督财政支出，检举贪污浪费作为自己的中心工作，不断加强对各级苏维埃政府及部门财政预决算的审查，让大家明白"贪污和浪费是极大的犯罪"。可以说，中央苏区审计制度的建立，在一定程度上防止了各级苏维埃政府和部门在财政收入上的以多报少，在财政支出上的以少报多现象，使中央政府能够最大限度地集中苏区的人力、物力和财力支援红军反"围剿"。同时，通过对会计工作的检查，促进了各部门会计制度的建立和完善，规范了会计手续，加强了会计的核算和监督作用，使"节省每一个铜板为着战争和革命事业"成为苏维埃会计制度的原则。

审计工作的开展有效地遏制了贪污浪费行为的蔓延，加强了苏维埃政府的廉政建设。反贪污浪费斗争是中央苏区时期各级苏维埃政府的一项重要工作。在工农民主政府建立初期，贪污腐化、铺张浪费、以权谋私等现象就开始出现，如果任其发展，必将危及苏维埃政权的稳定。中央苏区早期的审计制度就是在这样一个背景之下建立的。审计制度建立后，对于检举贪污浪费行为起了重要作用尤其是在中央审计委员会成立后，由于其地位的大大提升，反贪污浪费斗争取得了更大成绩。中央苏区各级审计机构通过大量的审计活动，查处了一些企业和政府工作人员的贪污浪费行为，这不仅保护了苏维埃政府的财产，确保了革命战争的需要，而且还促进了苏维埃政府的廉政建设，树立了共产党和苏维埃政府在工农群众中的良好形象。

笔者以为，现在的国家审计"免疫系统"说法，实际上是当年中央审计委员会工作指导思想和工作定位的一种继承与升华。

国家审计从根本上说是一种国家权力的体现。我国审计制度自建立以来，审计部门通过不断研究，逐渐丰富和拓展了国家审计的内涵：2004 年，时任审计署审计长李金华在"中国财经法律论坛"上首次提出，"国家审计是国家治理的工具，要在国家治理过程中发挥不可替代的作用"；2008 年 3 月，刘家义审计长在中国审计学会五届三次会议上指出，"审计本质上是一个国家经济社会运行的'免疫系统'"；2011 年 7 月，在中国审计学会第三次理事论坛上，刘家义审计长又从国家发展战略的高度、经济全球化及国家审计事业长远发展的角度，提出了"审计实质上是国家依法用权力监督制约权力的行为，其本质是国家治理这个大系统中一个内生的具有预防、揭示和抵御功能的'免疫系统'，是国家治理的重要组成部分"的重要论断。

审计部门经过近 30 年的实践探索，对国家审计的认识由最初的技术方法层面逐步向经济层面、法律和政治层面深化，国家审计的内涵也从传统的经济监督逐渐发展成为国家治理的工具、国家经济社会运行"免疫系统"和国家治理重要组成部分的政治高度。刘家义审计长将国家审计提升到国家治理的高度，无疑更加符合社会经济发展对审计的要求，更加准确地界定了审计的内涵和外延。

历史已经证明，未来也还将证明，国家审计是保障政权肌理健康，提升国家治理能力的重要前提和组成部分。国家审计必须服从于国家大政方针的需要，确保国家政权运行的长治久安。

（二）组织体制上的独立性与权威性是国家审计工作效能卓显的重要前提

在国家政权机构中，只有把审计建制置于独立的重要位置，才能有利于审计职能作用的发挥。

中华苏维埃政权体制是由全国中华苏维埃代表大会、中华苏维埃中央执行委员会、中央执行委员会主席团、人民委员会、最高法院、审计委员会等部分组成。由于战争时期的特殊环境，中华苏维埃共和国成立时的主要权力分工可以划分为三大主要系统，即、军事、民政、司法三大系统。军事系统的最高领导机构是中央革命军事委员会，司法系统的最高领导机构是临时最高法庭，而民政系统则较为复杂。全国中华苏维埃代表大会是中华苏维埃共和国最高政权机关。因为战时体制，苏维埃是党政一体的。全国中华苏维埃代表大会闭会期间，中央执行委员会成为中华苏维埃共和国最高政权机关。中央执行委员会闭会期间，选举主席团为最高权力机关。人民委员会则为中央执行委员会的行政机关，最高法院为中央执行委员会的司法机关。从上述体制设计可以看出，全国中华苏维埃代表大会相当于当代的全国党员代表大会（／全国人民代表大会），中央执行委员会相当于现代的党的中央委员会（／人大常委会），是中国共产党（／中华苏维埃）的最高权力机关的常务执行机关，主席团则相当于当代的中央政治局。人民委员会是行政最高机构相当于临时中央政府之下的国务院①，下辖财政人民委员会（财政部）。

按照《中华苏维埃共和国中央苏维埃组织法》规定，中央审计委员会与人民委员会、中央革命军事委员会、临时最高法庭并列，同时隶属于中央执行委员会。共同构成中执委直接领导下的三大权力机关。这和1933年9月中央审计委员会刚成立时比较，在短短的几个月里，其法律地位再次得以提升，独立性进一步得到加强，充分体现了苏维埃临时中央政府对审计工作的高度重视。对执行委员会及主席团负责并报告工作。审计委员会成为国家权力机关，地位高于其他政府部门，独立开展审计工作，不受其他部门的干扰，确保了审计工作的独立性。

据此，我们可以得出以下结论：中央审计委员会属于中华苏维埃共和国管理权力金字塔的第二级，而其监督的主要对象财政人民委员会（财政部）则属于中华苏维埃共和国管理权力金字塔的第三级。可见审计机构高于审计对象，具有体制上的独立性与权威性。根据中华苏维埃共和国宪法规定，中央根据地红色政权的政体为工农兵代表大会制。这是议行合一的政权组织形式。审计既具有监督职能，也具有管理职能。《中华苏维埃共和国中央政府执行委员会审计条例（草案）》，于1934年2月20日提交中央政府执行委员会审查通过并公布实施。该条例规定，审计机关具有处理决定权，审计机关认为有浪费或贪污应处罚及应负责任的，随时报告主席团（中央或省、中央直属县市）执行，分会应同时报告中央审计委员会。

由此可见，中央审计委员会的地位远远高于现在的审计署。现在的审计署隶属于国务院，虽然有其产生时受制于20世纪80年代的各种特殊原因，但是从审计体制的独立性与权威性来说，与中华苏维埃中央审计委员会相比，是存在遗憾的。当今时代中国共产党的国家治理能力和人民群众的文化接受水平，应当远远高于20世纪30年代的中华苏维埃共和国时期，国家审计体制的建设值得各界人士思考。

---

① 1934年1月22日至2月1日，中华苏维埃第二次全国代表大会在瑞金沙洲坝召开。大会选举毛泽东等175人为中华苏维埃共和国第二届中央执行委员会委员，罗荣桓等36人为候补执行委员；董必武等35人为中央工农检查委员会委员。2月3日，第二届中央执行委员会举行第一次会议，选举毛泽东等17人组成中央执行委员会主席团，并以毛泽东为中央执行委员会主席（即国家主席）。选举张闻天为人民委员会主席（相当于总理），下设11个人民委员部。

（三）群众性、民主性、公开性是国家审计工作本质的必然表征

苏区审计工作以保护广大工农的根本利益为目的，体现了让人民当家做主的群众性。《中华苏维埃共和国中央执行委员会审计条例》第二条规定：中央审计委员会及分会须与中央、省及中央直属县、市工农检查委员会取得密切联系，使更能吸收广大工农群众对于审计的意见。苏区工农检查委员会是属于群众性的检查机构，条例规定苏区审计必须与工农检查委员会联系，一方面是为了互通案情，一方面也是为着随时接受工农群众的监督，以保持苏区审计的人民性。在实际工作中，审计委员会正是坚持这个方向的。

中华苏维埃审计委员会审查稽核国家企业和各机关、革命团体的财政财务收支。如既对中央印刷厂、造币厂、邮政总局、贸易总局、粮食调剂总局等开展审计，也对医院、疗养院、残疾院、卫生学院以及互济总会、反帝拥苏同盟等福利事业单位和群众团体的财务进行审计，分别指出这些单位在财务管理所存在的问题。

公开审查结果，接受群众监督。中央审计委员会成立后。加大了审计工作的透明度，增强了审计结果的公开性。1934年3月，中央审计委员会采取公告的形式，将审计报告全文公布在《红色中华》报上，把被审计单位工作成绩的好坏、优劣全面予以披露。[①] 这样既有助于促进被审计单位改进工作，警示其他部门单位不要犯同样的错误，起到了指导促进作用，又有助于增强群众对政府的信任感，密切政府和群众的关系。

较之现在的"审计风暴"，中央审计委员会审计公告公开制度在群众性、民主性、公开性方面，更加彻底。从某种意义上说，2003年掀起的"审计风暴"是一种历史的弱势回归。

2003年，审计署推出审计结果公开制度，6月25日，李金华代表审计署，提交了一份长达22页的审计报告，并首次在第一时间全文公布了牵涉很多重要部门的审计报告。一大批中央部委被公开曝光，被点名批评的有原国家计委、教育部、民政部、水利部等，报告在用词上也少有以前的含糊和温和，而代之以"疏于管理和监督"等严厉的字眼。2004年6月23日，李金华代表国务院向全国人大常委会提交了一份很有分量的审计清单。审计报告，"揭盖子"占到9成以上篇幅。报告中的18项内容，每一项都足够震撼。人们用"审计风暴"来形容报告所带来的冲击波。

"审计风暴"一词的出现，固然说明了2004年审计署提交的国家审计报告带来的巨大反响，但也从另一个侧面反映出在此之前，审计署所提交的国家审计报告所产生的反响并不大，广大的社会群众、人大代表对这些审计报告缺乏足够的热情、关注和了解。与中华苏维埃中央审计委员会工作的群众性、民主性、公开性比较起来，当代的审计署在这些方面，可能还需要做更多的工作。

（四）审计人员的专业性是国家审计工作顺利开展的重要保障

正确的路线政策决定以后，干部是决定的因素。特别是开展国家审计工作的审计人员，既要精通业务，更要政治过硬。强调成员的政治觉悟忠诚可靠，以及专业性。这是中华苏维埃审计委员会留给我们的又一重大启示。

阮啸仙尤其强调中央审计委员会的审计人员的政治可靠性。他认为与专业知识的学习相比，政治可靠性是第一重要的事情。因而他挑选出身贫苦，能坚持原则，敢于斗争，有吃苦精

① 《红色中华》第169期第6版，1934年3月31日；第172期第3版，1934年4月7日。

神，有一定的文化和财会知识的年轻干部进入审计机构，进行培训。一方面组织他们学习《条例》和各项财经法规，要求每个审计人员逐章逐条弄懂弄通，依法审计，严格执行。另一方面，又规定了审计人员"六不准"的工作纪律。

近几年来，国家对农业、林业、水利、教育、民政、卫生、交通等领域投放了大量专项资金，随之发生违法乱纪案件的可能性也在增多，当前经济领域违法乱纪情况呈现许多新的特点，作案手段更加狡诈隐蔽，我们审计监督部门面临严峻考验。

为了适应现代国家审计的发展趋势，国家审计人员应该具备的素质包括两个方面：一是基本素质，主要指作为一名行政执法人员应当具备的政治素质和基本业务能力；二是特别素质，主要指对审计事项的敏感能力、洞察能力、综合分析判断能力、谈话沟通交流能力，这是审计工作特殊的职业要求。① 作为一名国家审计人员首先要坚持四项基本原则，认真执行国家的方针、政策、法律、法规，具有敬业和奉献精神。其次要有高度的责任感和使命感，要认清当前的经济形势，明确自己肩负的历史重任，认真履行宪法和法律赋予自己的神圣职责，紧紧围绕党委、政府的工作部署和工作重点，依法履行审计监督职责，为经济建设保驾护航。再次要敢于坚持原则，依法审计，严格按照法律规定的权限和程序开展审计工作，坚决维护国家法律、法规和规章制度的权威性、严肃性，查处各种违法违纪行为，做依法行政的推动者和实践者，确保国家法律和方针政策落到实处。②

当前的国家审计工作任务的重要性、审计环境的复杂性，与当年中央审计委员会面临的形势相比，有过之而无不及，国家审计人员为国审计，坚定的政治信仰依然是第一要求。

中华苏维埃共和国虽然还不是一个完整意义上的国家，但却预演了中国共产党人治国安民的文韬武略。当年的中华苏维埃共和国是今天中华人民共和国的雏形，这里是共和国的摇篮。③ 中央审计委员会制度是中国共产党领导人民政权运用国家治理能力，开展国家审计的重要探索，中央审计委员会制度的历史虽然短暂，但是它所体现出来的宝贵精神值得我们永远传承，它所展现出来的科学原则值得我们学习与思考。

主要参考文献

［1］方宝璋：《中国审计史稿》，福建人民出版社 2006 年版，第 454～467 页。

［2］郭自元：《新时期提高审计人员素质之浅见》，http：//www.chinaacc.com/new/287_289_201105/26wa1262743680.shtml。

［3］《红色中华》，1934 年 3 月 31 日第 169 期，第 6 版。

［4］《红色中华》，1934 年 4 月 7 日第 172 期，第 3 版。

［5］李金华：《中国审计史（第二卷）》，北京中国时代经济出版社 2004 年版，第 237～270 页。

［6］邢俊芳：《中央革命根据地的审计监督制度》，载于《中共党史研究》1989 年第 5 期，第 59～63 页。

［7］徐建国：《浅析国家审计人员应具备的素质和专业知识》，载于《财会研究》，2009 年第 3 期，第 19 页。

［8］中共赣州市委，赣州市人民政府，中国瑞金市委，瑞金市人民政府：《中华苏维埃共和国历史画册》，中央文献出版社 2001 年版，第 1～7 页。

［9］朱钦胜：《论中央苏区审计制度建设》，载于《江西社会科学》2005 年第 6 期，第 112～114 页。

---

① 郭自元：《新时期提高审计人员素质之浅见》，http：//www.chinaacc.com/new/287_289_201105/26wa1262743680.shtml.
② 徐建国：《浅析国家审计人员应具备的素质和专业知识》，载于《财会研究》2009 年第 19 期。
③ 《中华苏维埃共和国历史画册》，中央文献出版社 2001 年版。

晋冀鲁豫抗日根据地正规化
基础财政制度的建立

王明前[*]

【摘要】晋冀鲁豫抗日根据地基础财政制度的建设始终遵循着正规化的发展方向，并在正规化基础上追求财政行政工作的科学性。边区基础财政制度以预决算制度、会计及金库制度和审计制度作为正规化制度的基础，并通过村级财政的管理实现基层财政的正规化和科学化。

【关键词】晋冀鲁豫抗日根据地（晋冀鲁豫边区）基础财政制度（预决算制度、会计及金库制度、审计制度）村级财政　正规化　科学化

史学界对晋冀鲁豫抗日根据地（以下简称边区）财政经济史的研究已经取得一定成绩，但是对基础财政制度即预决算制度、会计及金库制度、审计制度等制度构件缺乏必要关注，对以村级财政为主要表现的地方财政，更是缺乏系统分析。[①] 实际上边区基础财政制度的建设始终遵循着正规化的发展方向，并在正规化基础上追求财政行政工作的科学性。边区基础财政制度以预决算制度、会计及金库制度和审计制度作为正规化制度的基础，并通过村级财政的管理实现基层财政的正规化和科学化。笔者不揣浅陋，拟以上述思路为线索，全面总结边区的基础财政制度，以期增加学术界对抗日根据地经济史的学术认知。

一、预决算制度的建立

预决算制度是基础财政制度的前提。边区领导层十分重视预决算制度的建设工作。1938年8月至9月间，北方局要求晋冀豫区委，"严格实行预决算。特别费应经上级的批准，50元以上交军分区批准，百元以上交军区批准"。[②] 1940年8月，杨尚昆同志要求"严格建立各级的预决算制度，建立金库，军事费用在整个预算中应占70%以上，行政费用不超过30%"。[③] 1940年4月，邓小平同志在北方局黎城会议上要求各地严格执行预决算制度，"只有结算各系统过去的收支，才能保证今后"，做到"党的经费由北方局统一起来。政民等均各按系统报、拨。所有武装经费均由军区系统管理"。[④] 1940年9月，彭德怀同志也指出各级政府收支"要

---

　*　王明前：厦门大学马克思主义学院。

　①　相关研究参见：齐武：《晋冀鲁豫边区史》，当代中国出版社1995年版；方宝璋：《晋冀鲁豫边区审计机构》，载于《当代审计》1997年第3期。

　②　关于军区与党具体关系的决定（1938年8～9月），晋冀鲁豫边区财政经济史编辑组、山西、河北、山东、河南省档案馆：《抗日战争时期晋冀鲁豫边区财政经济史资料选编》（第一辑），中国财政经济出版社1990年版，第368页。

　③　杨尚昆：《巩固抗日根据地及其各种基本政策（1940年8月）》，见于《抗日战争时期晋冀鲁豫边区财政经济史资料选编》（第一辑），第100页。

　④　《邓小平在中共中央北方局黎城会议上的发言（1940年4月）》，见于山西省档案馆：《太行党史资料汇编》（第三卷），山西人民出版社1994年，第249页。

有正确的预决算，各级政府军队的供给机关，须组织预决算审核委员会"。①

但是，在创建晋冀鲁豫边区的过程中，由于主客观认识不足，预决算制度仍有诸多不完善之处。如太北区"多报预算"，甚至某地预算比决算高出 5 000 元；预算呈报不按时，"预计算不敷，计算超过预算很多"。② 为此各级党和政府采取切实措施严格与规范预决算制度。1940年 8 月，太北区区委要求严格预决算制度，"非经批准不准开支一文钱"。③ 太北区区委要求在1940 年 8 月至 12 月四个月内做到"每月预计算，按期送达，如无故过期未送达者不予报销，计算必须按规定附送收条"。④ 冀太联办财经处 1940 年 10 月至 12 月工作计划要求各县"必须经常依照规定期限分别编造预决算报销，如遇超支应报联办"。⑤ 晋冀鲁豫边区政府 1942 年度财政计划，要求"在总预算规定范围内，各县各专区各种预计算，一律委托专署批核"。⑥1942 年 3 月，边区政府要求地方粮款概算"须于会计年度开始前 1 月内，由县政府依据各区按人员经费、食粮规定编造概算书，编造全县本年度地方粮款收支概算书，呈经专署核准"。决算须于年终由各县编造全年地方粮款收支决算书呈报专署备查。⑦

边区其他战略区也严格预决算制度。为做到统筹统支，冀鲁豫区规定区级政府各机关财粮和年度概决算及每月预算，交直属县政府造报，县级以上政府机关财粮的年度概决算及每月预算，由各机关向同级政府造报并初审。县级政府应每年度向专署造报概决算各一次，每三月造报预算一次。专署级政府应依例向行署造报年度概决算一次。⑧ 1938 年冀南主任公署颁布政府经济检查制度，规定"各级机关于每一会计年度开始，必须编造经费粮秣年度收支核算。县级以上年度六月十五日前送呈专署，专署收于上年六月三十日前送呈行署"，每年年终"必须汇报总结全年开支，编造年经费粮秣决算表，逐级汇结呈报"。会计年度为七月一日至次年六月三十日。⑨

二、会计及金库制度的正规化

会计制度是基础财政制度的中心环节，是统一财政、统筹统支的关键。边区领导层十分重视会计制度的正规化建设。1940 年 8 月，杨尚昆同志指出："为着统一收入，必须将各项税收田赋官产逆产行政罚金司法罚金等一律规定为国家收入，非经上级允许者，不能动用"。⑩

---

① 彭德怀：《在北方局党的高级干部会议上的报告提纲（1940 年 9 月 25 日）》，见于《抗日战争时期晋冀鲁豫边区财政经济史资料选编》（第一辑），第 126 页。

② 李一清：《从太北财经建设中巩固太北抗日根据地（1940 年 8 月）》，见于《抗日战争时期晋冀鲁豫边区财政经济史资料选编》（第一辑），第 215 页。

③ 李一清：《从太北财经建设中巩固太北抗日根据地（1940 年 8 月）》，见于《抗日战争时期晋冀鲁豫边区财政经济史资料选编》（第一辑），第 218 页。

④ 李一清：《从太北财经建设中巩固太北抗日根据地（1940 年 8 月）》，见于《抗日战争时期晋冀鲁豫边区财政经济史资料选编》（第一辑），第 224 页。

⑤ 《冀太联办财政处关于本区各县财政 10～12 月工作计划（1940 年）》，见于《抗日战争时期晋冀鲁豫边区财政经济史资料选编》（第一辑），第 576 页。

⑥ 《晋冀鲁豫边区政府民国 31 年度财政工作计划（1942 年 1 月）》，见于《抗日战争时期晋冀鲁豫边区财政经济史资料选编》（第一辑），第 583 页。

⑦ 《晋冀鲁豫边区粮款征收及开支暂行办法（1942 年 3 月 8 日）》，见于《抗日战争时期晋冀鲁豫边区财政经济史资料选编》（第一辑），第 1369～1370 页。

⑧ 《冀鲁豫区财粮统筹统支暂行办法（1943 年 2 月 1 日）》，见于《抗日战争时期晋冀鲁豫边区财政经济史资料选编》（第一辑），第 1377～1378 页。

⑨ 《冀南区暂行审计制度（1944 年 3 月 3 日）》，见于冀南革命根据地史编审委员会：《冀南党史资料》（第三辑），出版地不详 1988 年，第 368～369 页。

⑩ 杨尚昆：《巩固抗日根据地及其各种基本政策（1940 年 8 月）》，见于《抗日战争时期晋冀鲁豫边区财政经济史资料选编》（第一辑），第 99 页。

1940 年 9 月，彭德怀同志也指出："政府各级收入统归金库，未经正当手续，任何人不得随便开支"。①；1939 年晋冀豫区委经济建设决议要求"政府收入应统一在财政科，支出由县府批准，费用应有规定要严格执行做预决算，免除浪费"。② 1940 年 4 月召开的北方局高级干部会议强调："建立金库制度是统一收支的关键"，要求各县做到"不能由金库直接支款，它只收款，要把支款与收款分开"。③

但是，在创建晋冀鲁豫边区的过程中，由于主客观认识不足，会计制度仍有诸多不完善之处。如太行北区的会计制度，"大部分没有用新式帐簿"。④ 为此，边区各级党和政府采取切实措施规范会计制度。1940 年召开的北方局黎城会议要求建立金库制度，"要向干部解释，各县不能由金库直接支款，他只收款。要把支款与收款分开"。⑤ 1940 年 8 月，太北区区委要求严格金库制度，要求"一切收入交金库，除有支付命令外，各级行政人员不得开条支领"。⑥ 太北区区委要求在 1940 年 8 月至 12 月四个月内做到"使用新式帐簿，严格收支手续"。收支做到"金钱出纳归金库，但须有支付命令及通知书，各级负责人不得擅自开条领款或动用公款"。⑦ 冀太联办财经处 1940 年 10 月至 12 月工作计划全面推行新式簿记，要求冀西漳北各县，"县级记新式簿记，再求整洁，迅速准确统一收支科目使之科学化，实行传票制度，区级一律改用新式簿记；太南太岳专署或专署办事处，必须改用新式簿记"。太南、太北、冀西和漳北各县在本月内必须建立县金库政府，太岳应做好县金库的准备工作。⑧ 1941 年 4 月，冀太联办决定由银行代行金库职能，但是要求金库必须保证："各级金库工作之人员银行办事处不能调动；各级金库之存款银行不能扣留及移借别用；各级金库一定要跟各级政府在同一地点工作，不要妨碍政权之收支工作"。⑨ 此举旨在强调金库作为财政机构和会计制度环节的独立职能。同年 10 月，晋冀鲁豫边区政府财政厅进一步明确："金库为保管与调度公款的机关，为财政所之组成部分，而银行则具营业性质"。财政厅另规定："总金库受财政所直接领导，分支金库除由总金库直接领导外，并在行政上受专署及县政府之监督与指导，每旬向每月金库库存与财政机关结存数额必须相符，金库工作不应参与干涉"，因此"分支金库存款应尽量解缴总金库或报告金库提取，银行如需调用，非经财政厅批准不可"。⑩ 1942 年 3 月，为进一步实现统筹统支，边区政府规定地方粮款的会计年度与边区粮款相同，款自 1 月 1 日至 12 月 31 日，粮自

　　① 彭德怀：《在北方局党的高级干部会议上的报告提纲（1940 年 9 月 25 日）》，见于《抗日战争时期晋冀鲁豫边区财政经济史资料选编》（第一辑），第 126 页。

　　② 《晋冀豫区党委关于经济建设问题的决议（1939 年）》，见于《抗日战争时期晋冀鲁豫边区财政经济史资料选编》（第一辑），第 203 页。

　　③ 《北方局高级干部会议有关财政经济问题的结论（1940 年 4 月 24 日）》，见于《抗日战争时期晋冀鲁豫边区财政经济史资料选编》（第一辑），第 205 页。

　　④ 李一清：《从太北财经建设中巩固太北抗日根据地（1940 年 8 月）》，见于《抗日战争时期晋冀鲁豫边区财政经济史资料选编》（第一辑），第 214 页。

　　⑤ 《中共中央北方局黎城会议关于建政问题的讨论（1940 年 4 月）》，见于《太行党史资料汇编》（第三卷），第 254 页。

　　⑥ 李一清：《从太北财经建设中巩固太北抗日根据地（1940 年 8 月）》，见于《抗日战争时期晋冀鲁豫边区财政经济史资料选编》（第一辑），第 218 页。

　　⑦ 李一清：《从太北财经建设中巩固太北抗日根据地（1940 年 8 月）》，见于《抗日战争时期晋冀鲁豫边区财政经济史资料选编》（第一辑），第 224 ~ 225 页。

　　⑧ 《冀太联办财政处关于本区各县财政 10 ~ 12 月工作计划（1940 年）》，见于《抗日战争时期晋冀鲁豫边区财政经济史资料选编》（第一辑），第 575 ~ 576 页。

　　⑨ 《冀太联办关于金库问题的命令（1941 年 4 月 28 日）》，见于《抗日战争时期晋冀鲁豫边区财政经济史资料选编》（第一辑），第 642 页。

　　⑩ 《晋冀鲁豫边区政府财政厅关于金库组织原则及与银行关系的通令（1941 年 10 月 14 日）》，见于《抗日战争时期晋冀鲁豫边区财政经济史资料选编》（第一辑），第 642 ~ 643 页。

10 月 1 日至 9 月 30 日。① 1942 年 3 月 12 日，边区财政厅改订金库制度，规定："各县设县金库负责保管该县公款，专署以上各级政府不设金库，一切公款均存冀南银行代为保管，政府随收随存，随用随提"。金库保存款项主要为边区款和地方款，以及有价证券和贵重物品。边区款支配权属于上级财政机关。政府在银行之存款，银行可以使用，"但银行须保证政府一切开支不致延误，政府在必要时得向银行透支"，但专署不得向银行透支。由于银行代行金库职能，因此"各专署所收一切边区款存入银行各分行即等于解交边府"。相应地，"税收机关之税款，在银行存放时，须为税务总局另立户名，不并入边区政府户内"。地方款，"应以县为单位另立户名，不得混入边区款内"。② 这一制度延续了边区对金库和代行金库职能的银行之间的性质界定，但是从政府可以从银行透支，以及银行可使用金库存款的规定来看，仍然为适应战时经济的庞大开支以及政府对银行事业的支持留有余地。晋冀鲁豫边区政府 1942 年度财政计划，要求由银行代行金库职能，"各项收入财政机关收到后，及时全部存入银行，随时提取"。③ 根据边区政府 1942 年会计制度，自每年 1 月 1 日至 12 月 31 日为一会计年度，收支以冀南钞票为本位币。制度详细规范各种会计科目。边区款岁入科目、边区款岁出科目包括合理负担、田赋、税收、契税、公产收入、公共收入、司法收入等。岁出科目包括军事费、行政费、教育费、实业费、社会事业费、财务费、公安费、民众团体补助费等。地方款收入科目包括村合理负担、村公产收入等，支出科目包括村行政费、教育费、村武装临时费、村训练会议补助费、村财务费等。④ 随后，税收会计制度作为配套措施开始实施。1943 年边区税收会计制度规定："总、分、县局及其附属各事务所收到税款，不得保存或挪用，随时收到随时交送指定之本系统之商店"。会计出纳一律以冀南银行钞票为本位币，各事务所、各级县局、各分局，分别在每 10 日、每月 5 日后、每月 15 日内将各自所旬报表、县局月报表和分局月报表呈送县局、分局和总局。⑤ 1945 年 1 月颁布的边区财务制度，要求进一步加强会计工作，规定："政府一切收入，均须经过会计手续，取得正式会计凭证，始在法律上发生效力，政府一切支出非经会计手续，持有正式会议凭证，不得向出纳保管或金库部门支取"。制度要求"各级政府所征收缴获之一切现款、粮票、生金银、硬币银之珠宝、有价证券及公产物品一律交县以上各级出纳部门或金库负责保管"。⑥

边区其他战略区也采取措施规范会计及金库制度。太岳区 1940 年起"在办事处与各县财政科设出纳代金库"。⑦ 北岳区 1945 年财政工作计划要求严格金库制度，做到"县应按月向专署缴款，不得扣押不解；行署拨款，主要根据专署任务与规定完成任务期限拨款；专署应保证行署拨款在分金库开支，不到县支款"。税款方面，要求"税收事务所应按月向县府缴款；工

① 《晋冀鲁豫边区粮款征收及开支暂行办法（1942 年 3 月 8 日）》，见于《抗日战争时期晋冀鲁豫边区财政经济史资料选编》（第一辑），第 1369 页。
② 《晋冀鲁豫边区金库制度（1942 年 3 月 12 日）》，见于《抗日战争时期晋冀鲁豫边区财政经济史资料选编》（第一辑），第 646 ~ 648 页。
③ 《晋冀鲁豫边区政府民国 31 年度财政工作计划（1942 年 1 月）》，见于《抗日战争时期晋冀鲁豫边区财政经济史资料选编》（第一辑），第 584 页。
④ 《晋冀鲁豫边区政府颁发各级政府岁入岁出会计制度（1942 年 3 月 20 日）》，见于《抗日战争时期晋冀鲁豫边区财政经济史资料选编》（第一辑），第 1400 ~ 1401 页。
⑤ 《晋冀鲁豫边区税收会计制度（1943 年）》，见于《抗日战争时期晋冀鲁豫边区财政经济史资料选编》（第一辑），第 1417 ~ 1418 页。
⑥ 《晋冀鲁豫边区暂行财务行政制度（1945 年 1 月 1 日）》，见于《抗日战争时期晋冀鲁豫边区财政经济史资料选编》（第一辑），第 1386 页。
⑦ 裴丽生：《关于太岳区政权工作报告（1940 年）》，见于中共山西省委党史研究室、山西省档案馆、太岳革命根据地财经史料编委会：《太岳革命根据地财经史料选编》（上），山西经济出版社 1991 年版，第 71 页。

商局应按月向县府、专署作月报表报告税收情况"。① 太岳区1943年财政制度，要求自1943年起，"各县之一切现款完全交分金库"。支出款"非经有上级之支票和同级机关之命令，不准借支与付分文款，分库暂不使支票到县支金库取用款，县支金库更不允许随便借支"。金库现款只能根据支票、命令电报拨付，除此之外所有现款完全交总金库。② 冀鲁豫区也逐渐规范会计和金库制度。冀鲁豫行署1942年5月至12月财政建设计划要求行署金库在1942年7月1日前正式建立，各县金库8月1日前成立。③ 1940年4月，冀鲁豫区委要求各地落实统筹统支，做到"省款和地方附加应一概交专署，各县自己无权处理，不许造成既成事实；各县民军游击队、各县驻军不准随便在县政府支款；各部门各机关由5月起实行预算决算制度、报销制、报告检查制；各部队筹款，目前要尽一切可能经过地方政府"。④ 1940年10月，鲁西军政委员会决定严格提款手续，要求"从明年一月始，各级军事机关党政机关提取款项，一律于上月下旬将下月经费预算，分别呈报所辖直属机关，由该机关总预算呈交财政委员会批准，由财政委员会3个以上委员签名盖章批准后始得向财政处支领"。⑤ 1940年11月，朱瑞同志代表山东分局要求冀鲁豫区确定财政统一收支制度，"巩固预决算制度，建立地方部队和游击队预决算"，确立金库制度，"由金库统一于财政收支，彻底消除自收自用现象，并且纠正各区乡政府及地方部队游击队的乱收支现象"。⑥ 1941年5月，山东分局指示鲁西区委切实严格执行统一收支制度，"量入为出，以70%以上的银行收集作为经济建设或贸易事业，只以一小部银票加田赋税收和生产等作为军费"。⑦

三、审计制度的日益严格

审计制度是基础财政制度的纪律保障。1940年4月，邓小平同志在北方局黎城会议上要求各地严格执行审计制度，做到"各级党设'审核委员会'，审核预算和决算。政民都要有。军队每月点验一次，由旅负责。整个统一于北局财经委员会"。⑧ 1940年3月，边区政府规定地方粮款的开支由县稽核，每月报专署备查。⑨ 1940年8月，太北区区委要求严格审计制度，要求"依照审核条例，严格的精细的铁面无情的审核一切预计算及其他应审核之事项"。⑩ 1942年4月，边区政府颁布审计规程，规范审计制度，由各区行署财务处审计科代表边区政府财政厅行使审计职权。地方款审计权由县政府财政科的审计员负责，各级审计人员行政上隶属于各级财政部门，上下级审计机关人员无行政隶属关系。具体审计程序为：县政府审计全县岁入岁出各科目后送专署审核，预算于会计年度开始前3个月内完成。以上依例，专署审计全

① 《太岳区1945年财政工作方针与任务（1945年1月7日）》，见于《抗日战争时期晋冀鲁豫边区财政经济史资料选编》（第一辑），第637页。
② 《太岳区财政制度（1942年）》，见于《抗日战争时期晋冀鲁豫边区财政经济史资料选编》（第一辑），第1374页。
③ 《冀鲁豫行署八个月财政建设计划大纲（1942年5～12月）》，见于《抗日战争时期晋冀鲁豫边区财政经济史资料选编》（第一辑），第591页。
④ 《目前的政治形势与边区党的任务（1940年4月）》，见于中共冀鲁豫边区党史工作组办公室、中共河南省委党史工作委员会：《中共冀鲁豫边区党史资料选编》第二辑（上），河南人民出版社1988年，第268页。
⑤ 《鲁西军政委员会决议（1940年10月）》，见于《中共冀鲁豫边区党史资料选编》第二辑（上），第339页。
⑥ 《山东工作报告（1940年11月）》，见于《中共冀鲁豫边区党史资料选编》第二辑（上），第374页。
⑦ 《中共山东分局对鲁西根据地工作的指示（1941年5月23日）》，见于《中共冀鲁豫边区党史资料选编》（第二辑）（上），第626页。
⑧ 《邓小平在中共中央北方局黎城会议上的发言（1940年4月）》，见于《太行党史资料汇编》（第三卷），第249页。
⑨ 《晋冀鲁豫边区粮款征收及开支暂行办法（1942年3月8日）》，见于《抗日战争时期晋冀鲁豫边区财政经济史资料选编》（第一辑），第1370页。
⑩ 李一清：《从太北财经建设中巩固太北抗日根据地（1940年8月）》，见于《抗日战争时期晋冀鲁豫边区财政经济史资料选编》（第一辑），第218页。

专区科目送财政厅或行署批核，预算于会计年度开始前2个月完成，决算于年度终结后一个半月完成。边区财政厅审计全边区科目，预算于年度前1个月完成，决算于年度终结厚个月内完成。地方款岁入岁出总预算分两部，第一部由区公所汇造报县，第二部由县政府汇送专署审核。①

边区其他战略区也严格审计制度。1938年冀南主任公署颁布政府经济检查制度，规定村区县专署行政主任公署各级经济检查程序，如县级，由"县政府按日将收支结算，由县委会代表一人士绅代表三人民众团体代表五人组织财政监察委员会会同检查后，将收支实况分呈上级鉴检，并予各区村公所通知"。② 根据1944年冀南区审计制度，各级审计人员在同级各部门收支事宜。区级、村级分别由县级、区级审核，审计内容包括：全区各部门经费粮秣收支及尾欠粮款；各级机关有关财政粮秣的交接事项。③ 1940年5月，冀南区在统筹统支基础上，力求财务公开，"由士绅民众团体代表组织各级财政检查委员会，按期（三月一期）查账，严治贪污"。④ 1942年12月，冀南行署要求各县严格审计制度，规定各级审计应"保证财经制度执行与检查收支适当与否，代表上级政府特派员"，同时特别规定"金库审计有相当的独立性，各级政府非依法不得变更财经制度，干涉审计工作及提取款项"。⑤ 太岳区审计自1943年开始完全归专署负责，具体手续是："审计员收到各单位之预算后，根据其编制人数、经费规定审核批准后，即按预算核准数准支与准销数字，打预算通知书和准销书"。如出现准销超过预算的情况，审计员有权补通知于命令机关，再令金库批准或退数。该制度特别强调"审计是财政上的司法机关，无审计机关之通知，会计不能打支付命令"。⑥

四、村级财政的整理

村财政的整理是基础财政制度建设的难题。抗战前的各种地方政府均不能有效掌握村级财政。村级财政始终得不到有效监控，缺乏制度保障，舞弊成风，贪污盛行，严重破坏财政制度的正规化建设。所以，只有整理村财政，才能真正集中边区经济资源，落实统筹统支，并改善民生。

太行区通过县政府监督村财政，并规范村财政科目，落实对村财政的整理。1940年12月19日，冀太联办副主任戎伍胜同志表示：一切村开支均由县统筹统支，但是"地方款支出的来源，要依靠地方整理公产，由公产收入项下尽先支用。尤其教育经费，要着重在公产、学田的收入项下开支"，即尽力自筹落实，"严防由县统收统支，遭受村级的消极怠工隐瞒与抵抗"。⑦ 1941年3月，冀太联办通令村级经费摊派办法，规定"村级经费的摊派与支付，以县为单位统筹统支"。村经费包括村行政费、教育费及武装费三种，标准"按各地实际情形依据合理负担摊款办法累进原则摊收之"，分春秋冬三季征收四个月经费，前两个月完成。村经费

---

① 《晋冀鲁豫边区岁入岁出审计规程（1942年4月13日）》，见于《抗日战争时期晋冀鲁豫边区财政经济史资料选编》（第一辑），第1407~1408页。

② 《冀南各级政府经济检查制度（1938年）》，见于《冀南党史资料》（第三辑），第365页。

③ 《冀南区暂行审计制度（1944年3月3日）》，见于《冀南党史资料》（第三辑），第367页。

④ 《冀鲁豫边区半年来财经工作的报告与总结（1940年5月15日~11月15日）》，见于《抗日战争时期晋冀鲁豫边区财政经济史资料选编》（第一辑），第462页。

⑤ 《冀南行署关于明确金库审计与各级政府关系的指示（1942年12月14日）》，见于《抗日战争时期晋冀鲁豫边区财政经济史资料选编》（第一辑），第650页。

⑥ 《太岳区财政制度（1942年）》，见于《抗日战争时期晋冀鲁豫边区财政经济史资料选编》（第一辑），第1373页。

⑦ 《戎伍胜副主任的总结报告（1940年12月19日）》，见于《抗日战争时期晋冀鲁豫边区财政经济史资料选编》（第一辑），第247页。

"一律交县金库保管，金库对此项存款应另立科目，专作村经费之开支，不得任意挪用"。村经费收支"由县负责稽核，专署或专办负监督与检查之责"。① 为切实清理村级财政，边区政府于 1942 年 3 月开征地方粮款。地方粮款专供村级行政教育及其他地方性事业需要，于边区粮款之外另征，并补以村级公产租息。地方粮款开支项目包括村行政费及脱产工业粮食。村教育费及教员食粮、民兵经费、村财务费、优待抗属粮、不脱产干部训练费等。地方粮款之征收与开支以县为单位，统筹统支。为照顾人民负担，办法确定地方款的最高额不超过该县负担边区政费的 70%，粮不超过边区公粮的 15%。地方粮款分两期征收，每期征收 6 个月粮款，第一个月内完成。② 边区 1943 年财经建设方针要求整理村财政，要规定一套简便的村财政制度，建立两种帐簿：一为分户帐，二为征解总结帐。此外在村公产的分配上，要用于本村公益事业上。③ 1943 年 4 月，边区政府组织村财政委员会作为村政权的组成部分，负责推行村财政，其任务包括：清丈土地、评议负担、整理与保管各种统计表册；经征、保管、解交边区粮款、地方粮款及报告会计事项；整理登记保管与征收村公产公地；承领报销村行政教育等费用。④ 1944 年 2 月，为克服物价上涨影响，边区政府要求"将村行政费一项改为实物供给，分灯油、麻纸、毛笔、墨四项"。⑤

边区其他战略区也积极着手整理村财政。冀鲁豫行署 1942 年 5 月至 12 月财政建设计划要求整理村财政，做到"已实行村财政统一筹支地区，应进行整理与巩固工作，争取由形式上的统一筹支，进到全部停止村中私自筹派与自由开支的现象"。⑥ 1943 年 7 月，冀鲁豫行署要求各县把整理村财政作为下半年的中心工作，以配合村政权改造为出发点，分地区整理。在已经清理黑地完毕的地区，村财政应实行财政公开，并确定村款开支项目与范围，建立简单财粮收支帐据；在尚未清理黑地的地区，仍应以清查黑地、实行合理负担和反贪污斗争作为整理村财政的内容。⑦ 1943 年，冀鲁豫区"为加强农村团结彻底整理村财粮保障群众的反贪污斗争的胜利"，组织村民算帐委员会，以村民大会公选为原则，本着三三制原则组织，有代表全村人民意见，清查村财粮帐目有无贪污浪费的职权。⑧ 冀鲁豫区行署 1943 年下半年的村政权建设，以村财政的整理为首要任务，要求"实行财政公开，建立定期审查与公布帐目制度；确立村中各项开支范围与项目，村款征敛均应经过区的批准；建立村财政收支的简单帐簿和收据"。⑨ 1939 年 7 月，冀南行政主任公署颁布村公所组织规程，规定"为增强各村之联系，施行统筹统支，促进政令及其他各种工作之推行，各县区以下每以十个偏乡为单位，组织一个中心村村

---

① 《冀南太行太岳区村级经费摊款暂行办法（1941 年 3 月 20 日）》，见于《抗日战争时期晋冀鲁豫边区财政经济史资料选编》（第一辑），第 1461 页。

② 《晋冀鲁豫边区粮款征收及开支暂行办法（1942 年 3 月 8 日）》，见于《抗日战争时期晋冀鲁豫边区财政经济史资料选编》（第一辑），第 1369~1370 页。

③ 戎伍胜：《1943 年度财政方针与经济建设（1943 年 3 月）》，见于《抗日战争时期晋冀鲁豫边区财政经济史资料选编》（第一辑），第 297 页。

④ 《晋冀鲁豫边区政府关于村财政委员会暂行组织办法与工作规则的通令（1943 年 4 月 25 日）》，见于《抗日战争时期晋冀鲁豫边区财政经济史资料选编》（第一辑），第 1463 页。

⑤ 《太行第五专署关于村行政费新规定的通知（1944 年 2 月 29 日）》，见于《抗日战争时期晋冀鲁豫边区财政经济史资料选编》（第一辑），第 1465 页。

⑥ 《冀鲁豫行署八个月财政建设计划大纲（1942 年 5~12 月）》，见于《抗日战争时期晋冀鲁豫边区财政经济史资料选编》（第一辑），第 590 页。

⑦ 《冀鲁豫行署关于 1943 年下半年财政工作的指示信（1943 年 7 月 13 日）》，见于《抗日战争时期晋冀鲁豫边区财政经济史资料选编》（第一辑），第 614~615 页。

⑧ 《冀鲁豫区清理村财粮工作中村级算帐委员会组织办法（1943 年）》，见于《抗日战争时期晋冀鲁豫边区财政经济史资料选编》（第一辑），第 1464 页。

⑨ 《冀鲁豫行署 1943 年下半年工作方针（1943 年）》，见于《中共冀鲁豫边区党史资料选编》第二辑（中），第 654~655 页。

公所"。中心村村长由各村长选举、区公所监选，经区长推荐后由县长委任。中心村公所筹办的给养，"每半月向区县报告一次，以便审核公布，实行全县统筹统支"。①

综上所述，晋冀鲁豫边区基础财政制度以预决算制度、会计及金库制度和审计制度作为正规化制度的基础，并通过村财政的管理实现基层财政的正规化和科学化。

---

① 《冀南各县中心村村公所组织规程（1939 年 7 月 18 日）》，见于《冀南党史资料》（第三辑），第 18 ～ 19 页。

海陆丰革命根据地的财政
收支与财政管理

陆晓晖[*]

【摘要】海陆丰革命根据地的财政收入主要有没收财产、征收税款、向民众筹款征粮等，财政支出主要有政权各项建设、群众救济抚恤、开办党校、宣传办刊、军事开支等。为了加强财政管理，根据地创设了财政管理架构，努力建立统一的财政运行体制，创办经济实体发展商业，强调党要与苏维埃政府的经济分开，开展节省运动，军队经济实行公开，加强对财政经济的监督，整顿党务遏制贪污腐化。

【关键词】海陆丰　财政收支　财政管理

一、海陆丰革命根据地概况

海陆丰革命根据地位于广东省的海丰、陆丰地区，是土地革命战争时期著名的革命根据地之一，其范围包括海丰、陆丰两县，后期还包括惠阳、紫金部分山区。海陆丰革命根据地的存在时间从 1927 年至 1934 年[①]，处于我国土地革命战争时期。这一时期，开展土地革命、建立苏维埃政权、进行反围剿斗争、发展革命队伍，是中国共产党的工作重点和主要任务。海陆丰革命根据地在中国共产党的领导下，高举武装斗争的旗帜，发动了三次起义，最早领导开展了土地革命，创建了全国第一个县级苏维埃政权，并为保护和巩固根据地进行了艰苦卓绝的斗争。

1927 年 5 月 1 日凌晨，海丰、陆丰两县同时起义。当天，海丰、陆丰分别举行纪念"五一"群众大会，宣布成立县临时人民政府。这次起义，揭开了海陆丰武装斗争的序幕。9 月 8 日，海陆丰农军攻占陆丰县城，15 日占领海丰，分别成立工农临时革命政府，区、乡由农民协会接管政权。9 月 25 日，敌军一个团入侵，农军主动撤出两县城。11 月 1 日，党领导的军队克复海丰县城，5 日，克复陆丰县城。

第三次起义胜利后，中共中央临时政治局委员彭湃兼任了新建立的中共东江特委书记，着手进行工农苏维埃政权的筹备工作。11 月 13 日、18 日，陆丰、海丰分别召开县工农兵代表大会，正式成立了海丰、陆丰两县苏维埃政府，城镇及各区苏维埃政权也先后成立。之后，以海陆丰为中心的东江西南部苏维埃区域得到迅速扩大。

1928 年 2 月，李济深集中陈济棠、邓彦华、黄旭初三个师，及四艘兵舰分四路进攻海陆丰。2 月 29 日、3 月 1 日，陆丰城、海丰城相继被攻陷。红二师、红四师和海陆丰工农武装撤

---

* 陆晓辉：审计署审计科研所。
① 中共中央党史研究室编：《海陆丰革命根据地史研究综述》（《党史通讯》，1986 年第 9 期文）确定海陆丰根据地的存在时间是 1927 年至 1934 年。

回海陆丰山区，在根据地迂回游击。

1929 年 9 月，海陆紫特委在省委指示下重新组建红军，发展游击战争，转战海丰、陆丰及惠阳广大区域，开辟了海丰、陆丰及惠阳、紫金四县边区根据地。1929 年冬，海丰、陆丰两县苏维埃政府在根据地恢复活动。1930 年 11 月，东江特委撤销，分设西南、西北分委。在西南分委领导下，海丰、陆丰、紫金合并为海陆紫县，成立海陆紫县委、县苏政府。同时，省委将东江红军改编为第六军第二独立师。1931 年 5 月，西南、西北两分委撤销，恢复东江特委。在结束立三错误路线后，红军和根据地逐渐恢复，并有新的发展。

1932 年，广东的国民党统治趋于稳定，集中兵力大规模进攻红色根据地。1933 年春，红一团挺进紫金受挫，撤回海陆丰山区分散坚持斗争。1934 年，海陆丰边界赤卫队被围失利，海陆丰人民武装斗争便暂告停止。

海陆丰革命根据地虽然经历了 1928 年苏维埃政权的失败和 1934 年的最后丧失，虽然存在着不可避免的缺憾甚至错误，但是，它在中国革命史和中国共产党党史上，都有着重大的历史意义。当时的中共中央向全国各省进一步推广海陆丰苏维埃政权的经验。1928 年中央致广东省委的信中指出：根据海陆丰及广州暴动中“得出的结论和方法，不仅对于广东有莫大的贡献，便对其他各省亦会发生同样的效用”①。中国共产党及其政权组织，在与国民党政府对抗、求得自主的生存和发展的漫长过程中，需要考虑根据地的维护和巩固，制定财政税收经济政策、保障和使用物资与资金，建设和壮大党的组织和军队，反对贪污腐化浪费等。这些都必然促使诸如核算管理、监督检查等制度的产生和不断完善。海陆丰革命根据地在财政管理方面进行了一系列的实践活动，为其他根据地积累了可供借鉴的做法和经验。

二、海陆丰革命根据地的财政收支

海陆丰革命根据地时期，中国共产党在斗争中不断探索前进的道路。革命形势跌宕起伏，物资给养来源不稳乃至匮乏，而苏维埃政权的维护和运行，以及党的活动和军队的给养，则需要有长期而稳定的开支保障。

（一）海陆丰革命根据地的财政收入

财政收入是根据地建设的重要事项，不仅包括钱款，也包括粮食财产等实物。1927 年 5 月，海丰县临时人民政府发表宣言指出：“本政府当必用迅速的方法筹集巨款……”② 海陆丰革命根据地的财政收入，早期多来自于没收地主豪绅的财产，同时还有税收、部分向民众的筹款和征粮以及上级的拨款救济。到了后期，财政收入日益紧张，甚至出现了向农民派款的现象。

1. 没收财产

没收财产是土地革命时期包括海陆丰革命根据地在内的全国各个根据地一项主要的财政收入，尤其是在根据地建立的早期。没收土豪劣绅、反革命和大商人、当铺的财产，成为维持根据地政府、军队的主要经济基础。1927 年 5 月海丰县临时人民政府宣言明确提出：没收土豪

---

① 中共海丰县委党史办公室、中共陆丰县委党史办公室：《海陆丰革命史料（1927～1933）》（第二辑），广东人民出版社 1985 年版，第 731 页。

② 中共海丰县委党史办公室、中共陆丰县委党史办公室：《海陆丰革命史料（1927～1933）》（第二辑），广东人民出版社 1986 年版，第 2 页。

劣绅贪官污吏及反革命的一切土地财产。东江革命委员会1927年11月通电：实行宣布没收土地，铲除杀戮地主豪绅，财产均行没收，归本委员会管理……①中共海陆丰县委1927年的报告称：东委在暴动将发时，决定海陆丰（紫金）可足四万元余送东委。这种款项，是由没收反动派财产及富户而来的，现在海陆两县解来东委的金子和现银共有两万元余。每三、四天至少又有一万元解来。1927年中共广东省委指示：努力没收财产，最少要有五万元以上。一切反革命派豪绅地主的财产充公，作为苏维埃工农兵政府的费用，用来救济贫民，从事公共建设，扩充工农兵政府的革命军队②。反动商店尽可没收，小商店有必要时亦可没收或勒令筹款。至于当铺则无论反动与否，一概没收。海丰公有的南丰织造厂也没收分给职工，由他们组织委员会管理。南丰布厂每月可收入几千元③。其他如粮食、布匹、毡、棉被、印刷机、纸、墨油、药品，都尽量向殷富或商人没收或借用，解送到中洞去④。由于采取了严厉的筹集手段，根据地建立初期"财政是筹得很充裕的"⑤。1929年12月，中共海陆惠紫特委以海陆惠紫四县革命委员会名义，宣布帝国主义的教堂、医院、盐场、学校、灯塔均完全没收，归苏维埃管理。之后随着可没收财产的减少，根据地的财政状况出现一定的困难。

2. 征收税款

海丰第一次工农兵代表大会决议"取消苛捐杂税"、"除烟酒屠不取消之，其余剥削工农兵的苛捐杂税，一概取消，惟对于奢侈品，可以酌量增加税率"，"制定单一税率"。海丰县苏维埃政府在废除名目繁多的苛捐杂税的同时，保留了烟税、酒税、屠宰税、盐税和对外贸易（指与根据地之外的贸易）的商品入口税。具体来说，烟叶30斤纳税1.4元，猪按大小分等收税，大猪每头6角，小猪4角。对外贸易的入口税，按货值收5%，出口税，生猪每头七角三分六厘⑥。收入较多的要算由汕尾来往于省港之间的船舶税和盐税，仅此两项税收，海丰县苏维埃政府每月就得2万~3万元左右。对于农业税（即土地税），海陆丰苏维埃曾做过决议，要求按10%的比例征收，并且奖励"提早缴纳税款者"。但由于土地革命正在进行中，征收土地税实际尚无执行。⑦苏维埃的土地税后来执行了累进税。在根据地短期内依靠没收和筹款来维持存续难以为继的情况下，时间不长就改为靠税收来维持了⑧。

3. 向工农民众筹款和征粮

1927年海陆丰克复后，工农贫苦民众自动努力筹款，海丰解了二万元，陆丰也有万元到东委。同时，各县区乡成立了征收粮食委员会，具体征收标准是：佃农以没收田主所得谷租之一部分；自耕农有田地十亩以上者；愿意输纳者⑨。"每乡平均不过一担或二担"⑩。农民在分配获得没收的土地后，对于这种征收办法表示赞成。十月暴动时，海陆丰两县共征收三千担米

① 中共海丰县委党史办公室、中共陆丰县委党史办公室：《海陆丰革命史料（1927~1933）》（第二辑），广东人民出版社1986年版，第11页。

② 中共海丰县委党史办公室、中共陆丰县委党史办公室：《海陆丰革命史料（1927~1933）》（第二辑），广东人民出版社1986年版，第88~89页。

③ 中共海丰县委党史研究室，《中国共产党海丰地方史》（第一卷）第140页。

④ 中共海丰县委党史办公室、中共陆丰县委党史办公室：《海陆丰革命史料（1927~1933）》（第二辑），广东人民出版社1986年版，第84页。

⑤ 中共海丰县委党史办公室、中共陆丰县委党史办公室：《海陆丰革命史料（1927~1933）》（第二辑），广东人民出版社1986年版，第120页。

⑥ 中共海丰县委党史研究室，《中国共产党海丰地方史》（第一卷），第140~141页。

⑦ 叶佐能：《彭湃与海陆丰根据地》，中共中央党校出版社，第320页。

⑧ 叶佐能：《彭湃与海陆丰根据地》，中共中央党校出版社，第407页。

⑨ 中共海丰县委党史办公室、中共陆丰县委党史办公室：《海陆丰革命史料（1927~1933）》（第二辑），广东人民出版社1986年版，第82页。

⑩ 中共海丰县委党史办公室、中共陆丰县委党史办公室：《海陆丰革命史料（1927~1933）》（第二辑），广东人民出版社，第53页。

谷，紫金二百担，惠阳五百担。另外，1928 年 1 月，中共海丰县委因为经济和其他问题，将粉枪团改为工农革命军海丰教导营，减存五百人，训练三个月，将来作为工农教官或第四师的部队，此经费由农会会员每户捐一角，计三个月共三角①。

（二）海陆丰革命根据地的财政支出

财政支出主要用于根据地政权的各项建设、政府工作人员供给、群众救济抚恤、党团活动以及军事装备、伙食和军饷等。由于财政来源日渐困难，致使财政支出受到重大影响，许多支出难以为继。

1. 政权各项建设

政权各项建设包括：（1）建设农民银行。1927 年 5 月的救党运动宣传大纲提出：实行没收土豪劣绅及一切反革命派的财产来建设农民银行。1928 年 2 月成立海陆丰劳动银行，发行纸币。但由于不久国民党军队占据海丰县城，苏维埃政府撤往山区，这批纸币来不及正式发行流通，原先发行的加盖银票也未能如数收回②。（2）教育投入。1927 年海丰县临时人民政府宣言提出的五条最低限度政纲第五条指出：增加教育经费，提高教职员薪金，减收学费。但是至1928 年，教育工作完全停止③。（3）市政文化建设。海丰县苏维埃落实工农兵代表大会议案，建立图书馆、俱乐部、县苏维埃艺术馆④。1928 年，海丰县苏维埃政府改组为苏维埃人民委员会，建设红场和街道，可是正在建设之时因敌军临境半途而废⑤。1929 年 12 月，海陆惠紫四县革命委员会宣布增高及计划教育经费，普及工农教育，建设图书馆、俱乐部、公园、游艺场、体育场、幼稚园、公共食堂等。

2. 群众救济抚恤

1927 年海丰县临时人民政府宣言提出的五条最低限度政纲第三条指出：救济粮食，实为目前最紧要的一件事，本政府当……购运多量米粮，救济全县民众，以防米荒。⑥ 对于失业农民，苏维埃政权设立筹措基金给他们以资本买耕具等。对于失业工人，县委要求海丰苏维埃设法给养工人衣食，"经费由没收反革命财产充之"⑦。海丰县工农兵苏维埃政府通过的大会决议案第五条《抚恤遭难烈士及被祸工人农民家属案》规定：抚恤遭难烈士家属，除由县苏维埃政府拨款抚恤外，由各乡区另筹别款补助。同时还规定：于最近时期救济受伤兵士；建立死难烈士纪念亭。根据《征兵条例》，兵士家庭如遇风雨灾害时，乡苏维埃负责派资救助；兵士的父母如有死亡，由县苏维埃人民委员会援助丧费。海丰县举办社会福利事业，在县城西门设养老院⑧，拨专款经费，扶养 40 多位年老或残废无依靠的人⑨。1929 年 12 月，海陆惠紫四县革命委员会宣布：抚育鳏寡孤独，拯恤残废疾病，建设养老院、婴儿院、工农医院等。至 1930

---

① 中共海丰县委党史办公室、中共陆丰县委党史办公室：《海陆丰革命史料（1927～1933）》（第二辑），广东人民出版社 1986 年版，第 201 页。
② 沈洛羊、叶良方：《海陆丰革命根据地财税史略》，载于《汕尾日报》2011 年 6 月 16 日第 007 版。
③ 中共海丰县委党史办公室、中共陆丰县委党史办公室：《海陆丰革命史料（1927～1933）》（第二辑），广东人民出版社 1986 年版，第 360 页。
④ 中共海丰县委党史研究室：《中国共产党海丰地方史》（第一卷），第 144～145 页。
⑤ 中共海丰县委党史办公室、中共陆丰县委党史办公室：《海陆丰革命史料（1927～1933）》（第二辑），广东人民出版社 1986 年版，第 730 页。
⑥ 中共海丰县委党史办公室、中共陆丰县委党史办公室：《海陆丰革命史料（1927～1933）》（第二辑），广东人民出版社 1986 年版，第 2 页。
⑦ 中共海丰县委党史办公室、中共陆丰县委党史办公室：《海陆丰革命史料（1927～1933）》（第二辑），广东人民出版社 1986 年版，第 11 页。
⑧ 中共海丰县委党史研究室：《海陆丰革命根据地简史》，中共党史出版社，第 50 页。
⑨ 中共海丰县委党史研究室：《中国共产党海丰地方史》（第一卷），第 143 页。

年，济难工作做过一、二次，如抚恤牺牲群众、拱救入狱同志等，但是此种工作，完全在停顿中①。

3. 开办党校

海陆丰的党把党的建设作为根本任务。为了提高党员的政治素质，海陆丰开办了中共早期的长期短期形式的党校如东江党校，举办训练班，培养党的干部。政府拨款办东江党校，校址在县城观音堂②，党校设校委，下设有经理处、教务处。东江特委在海丰办过两期党校，由辖区各县选派工农分子来受训。1928 年 1 月，中共东江特委开办了为期一个月，即 1 月 21 日至 2 月 21 日的党校，学生人数为一百人，经费预计八百元至九百元之间，并由经理处负责人做定预算表呈报东委核准③。

4. 宣传办刊

中共广东省委、东江特委和苏维埃政府非常注重向民众宣传，进行革命的普及教育。陆丰县委办有《县委通讯》、海丰有《出路》、海陆紫特委办有《红报》等刊物。由于经费困难和认识模糊，宣传工作不能深入民众，1928 年 7 月，《县委通讯》在 4 月停刊了。后县委要求继续发行内外刊物④。陆丰县苏维埃本已决定出版对外宣传刊物，但因人才和工具缺乏，终不出版⑤。1928 年 11 月，海陆惠紫特委要求各县按期出版党的刊物⑥。根据 1930 年海陆惠紫各县报告，因为纸料缺乏，宣传工作受到影响，当时党内有《政治通告》，党外有《群众之路》，断断续续出版给各地政治材料及宣传群众。尽管财力缺乏，海陆惠紫特委还是在宣传费的预算额中，尽量做到安排。到 1929 年下半年，各县委都有油印机和印刷处的组织，可以翻印上级党委各种宣传品和自己建立文字宣传工作。至 1930 年 1 月，《群众之路》出版了十一期，每期约印发三百份，《红报》出版了三十四期，每期四五百份，《革命小报》出两期，每期两百份。其他宣传品如宣言传单一年来已出版十种⑦。

5. 军事开支

（1）军事装备、给养和军饷。中共海陆丰县委在给南方局、省委的工作报告中说：东江工农革命军开始招收……在伍时期，一切装备费用革命委员会负担……同时因我们克复海陆丰，筹得款项，已发二千元给第四团发饷（士兵每人一元，官长三、四、五元不等），每人都有一套新军衣……两个师和工农革命军县团队，以 3 000 人计，仅官兵平等发放的零用、伙食费计算，每月需支出一万多元⑧。海陆丰两个县的工农革命军团队，海丰 500 余人，陆丰 300 余人需要由县财政经济委员会供给伙食津贴等项⑨。海丰县工农兵苏维埃政府通过的大会决议

① 中共海丰县委党史办公室、中共陆丰县委党史办公室：《海陆丰革命史料（1927～1933）》（第二辑），广东人民出版社 1986 年版，第 599 页。
② 中共海丰县委党史研究室：《海陆丰革命根据地简史》，中共党史出版社，第 50 页。
③ 中共海丰县委党史办公室、中共陆丰县委党史办公室：《海陆丰革命史料（1927～1933）》（第二辑），广东人民出版社 1986 年版，第 182 - 185 页。
④ 中共海丰县委党史办公室、中共陆丰县委党史办公室：《海陆丰革命史料（1927～1933）》（第二辑），广东人民出版社 1986 年版，第 362 页。
⑤ 中共海丰县委党史办公室、中共陆丰县委党史办公室：《海陆丰革命史料（1927～1933）》（第二辑），广东人民出版社 1986 年版，第 410～411 页。
⑥ 中共海丰县委党史办公室、中共陆丰县委党史办公室：《海陆丰革命史料（1927～1933）》（第二辑），广东人民出版社 1986 年版，第 389 页。
⑦ 中共海丰县委党史办公室、中共陆丰县委党史办公室：《海陆丰革命史料（1927～1933）》（第二辑），广东人民出版社 1986 年版，第 563 页。
⑧ 中共海丰县委党史研究室：《中国共产党海丰地方史》（第一卷），第 141 页。
⑨ 叶佐能：《彭湃与海陆丰根据地》，中共中央党校出版社，第 321 页。

案第一条《没收土地案》规定：拥护工农革命军……赞助工农革命军伙食①。根据地现役的部队由县乡地方政府给养，而工农革命军（正式军队）的大部队，指挥给养都归东江最高政府——东江苏维埃。1929年12月，海陆惠紫四县革命委员会宣布，改良士兵生活，兵士月饷三十元，受伤残废由苏维埃养其终身，并保障退伍后的职业和工作，其父母丧费均由苏维埃负担。（2）收买子弹。当时，工农革命军子弹非常缺乏，手枪、盒子等每枪至多不过五六发，步枪至多不过20发②。为解决子弹补给问题，需要收买分散在各乡村的子弹，这些子弹是南昌起义部队撤退到海陆丰时散失在农村的。计买得者共成万颗，除了补充军队和农军外，其余暂交东委保管，为兵士月饷编练常备军之用③。（3）设厂制造弹药。苏维埃政府征集了一些陈炯明所建的制弹厂散落的小制弹机，召集制弹工人，派人收购废铜、弹壳和旧棉胎，建起制弹厂，有两副机器生产枪弹，每机每日能出50余粒子弹④。（4）医疗费用。即二、四师的医疗所和设在中峒的后方医院的费用。（5）发放遣散费和出港费。1927年第二次暴动失败后，在海陆丰招收的新兵七百多人被遣散回家，除了发放几元安家费之外，还发给路上每天四角钱的伙食费。海陆丰红军经过长期的时间，病伤的很多，要送出港治疗，需要一大笔资金。至1928年12月，送出人数也没有几批，每批不过三四人。1929年3月，海陆紫特委送出红军十几人，每人给予五元或六元⑤。后来因经济困难，只出些船费交通费等，由其自己出去寻找出路。至1929年5月，海陆紫特委送出红军三十余人，用去一百四十元，加上遣散一百六十余人，用去四百七十余元，共计六百一十余元，有些钱甚至是向农民借的。

6. 行政费用开支

即党政工团等机构的人员费用和办公费。行政机构工作人员的伙食、津贴费用，其供给标准通常低于二、四师⑥。办公费的开支也控制比较严格。中共海丰县委做出了统一财政的决定，具体规定了各级行政机构的费用供给标准。

7. 支援省委和外地

海丰苏维埃政府支援省委每月3 000元⑦。中共广东省委指示东江特委，要求准备一笔财力，到必要时帮助各县之用，但是不可轻易给付⑧。

三、海陆丰革命根据地的财政收支管理

（一）构建财政管理架构

1927年11月，海丰县苏维埃政府成立经济委员会，主管全县财政、税务、金融、商业等经济事务管理工作。陈子岐担任主席，负责处理苏维埃政府没收地主豪绅的财产、各单位物资

① 中共海丰县委党史办公室、中共陆丰县委党史办公室：《海陆丰革命史料（1927~1933）》（第二辑），广东人民出版社1986年版，第159页。
② 叶佐能：《彭湃与海陆丰根据地》，中共中央党校出版社，第321页。
③ 中共海丰县委党史办公室、中共陆丰县委党史办公室：《海陆丰革命史料（1927~1933）》（第二辑），广东人民出版社1986年版，第81页。
④ 中共海丰县委党史研究室：《中国共产党海丰地方史》（第一卷），第133页。
⑤ 中共海丰县委党史办公室、中共陆丰县委党史办公室：《海陆丰革命史料（1927~1933）》（第二辑），广东人民出版社1986年版，第446页。
⑥ 叶佐能著：《彭湃与海陆丰根据地》，中共中央党校出版社，第322页。
⑦ 中共海丰县委党史研究室：《中国共产党海丰地方史》（第一卷），第141页。
⑧ 中共海丰县委党史办公室、中共陆丰县委党史办公室：《海陆丰革命史料（1927~1933）》（第二辑），广东人民出版社1986年版，第64页。

的分配和红军的生活给养①。1928 年 1 月，中共海丰县委召开第二次党员代表大会，会议决定为维持及发展海丰经济起见，再设经济委员会，另外还有为扩大宣传教育工作特设宣传委员会，要求各委员会每星期开会一次，常务委员会每日开会一次②。1928 年 2 月，在海丰县召开的第二次工农兵代表大会上，专门讨论了苏维埃区域的经济发展问题。海丰县苏维埃人民委员会设立七人主席团，并设经济、军事、工商业、建设、教育等八个委员会，其中经济委员会由陈子岐、罗逢香等五人组成，陈子岐为主席③。

（二）努力建立统一的财政运行体制

处在中国革命早期根据地经济普遍落后、人民困苦，各项制度初步建立运行、维护政权艰难、交通信息不畅的战时情况下，海陆丰革命根据地财政收支常常入不敷出，同时苏维埃政权还不够强大和健全，缺乏领导能力，各区各自为政，财政、军事政权均不能统一，同时群众中还有很多不大认识苏维埃政权。1928 年的报告称，财政全县每月只可收入七千三百元，海丰自光复至今共使出十二万元，现在重新整顿，每月至低限度要使出一万九千余元，收支比较每月不敷一万二千元，红军到海丰时竟使出秘密工作费二千元，财政问题实是异常困难而无法解决④。自 1927 年 12 月后，因反动派均被杀或逃走，罚款几乎没有收入，只靠烟酒屠宰等税和汕尾来往省港的船舶税和盐税，每月可得二三万元左右。除了维持海陆丰军队伙食、建设、招待和其他零费外，还需帮助惠阳等县的活动费和省委每月的 3 000 元帮助费。1928 年 1 月，中共海丰县委决定整顿内政，首先是统一财政，一切财政收支统由县政府直接管理，并统一军事，要求区政府绝对服从县政府命令，同时规定各团体费用：党、团县委每月经常费应在千元以下，党团区委每月经常费应在二百五十元以下，党区委秘密工作费不得在五百元以上；规定了各区常驻赤卫队人数；县农会、总工会每月由苏维埃各帮助五百元，市区政府罚款应解缴县政府，区市政府在五百元以上的特别费用，应报由县政府核准，海丰所有军队只发给伙食及公费，兵士每月至多只发给借饷一元⑤。

1930 年 4 月，基于四县经济陷于异常紊乱、县区财委工作不健全的境况，海陆惠紫革命委员会发出统一经济的第十号通告，提出要切实整顿经济，实行统一经济，严格财经制度。其办法是：四县革委组织健全的财政委员会；各区县财政委员会由革委财委派人组织；革财委和县财委实行巡视制度，每月巡视、审核、指导各县、区财委工作；各区县依照革财委规定预算书做好预算交革财委核准，按照预算使用，每月经常造册报告，剩余款项一律交革财委，超过预算五元以上的应事先报告核准；各县区苏维埃、革委绝对不能支配财政，只有监督指导权。同时规定了县区财委将前月收支数目造册缴报时间，以及六条违反规定的严厉处罚措施⑥。

---

① 中共海丰县委党史研究室：《苏维埃之光》，广东人民出版社，第 561 页。

② 中共海丰县委党史办公室、中共陆丰县委党史办公室：《海陆丰革命史料（1927～1933）》（第二辑），广东人民出版社 1986 年版，第 199 页。

③ 中共海丰县委党史办公室、中共陆丰县委党史办公室：《海陆丰革命史料（1927～1933）》（第二辑），广东人民出版社 1986 年版，第 222 页。

④ 中共海丰县委党史办公室、中共陆丰县委党史办公室：《海陆丰革命史料（1927～1933）》（第二辑），广东人民出版社 1986 年版，第 175 页。

⑤ 中共海丰县委党史办公室、中共陆丰县委党史办公室：《海陆丰革命史料（1927～1933）》（第二辑），广东人民出版社 1986 年版，第 188 页。

⑥ 中共海丰县委党史办公室、中共陆丰县委党史办公室：《海陆丰革命史料（1927～1933）》（第二辑），广东人民出版社 1986 年版，第 614～617 页。

（三）创办经济实体，发展商业

面对经济上工人失业、农产品价格低的状况，中共中央在致广东省委的信中指示：必须赶紧创办各种合作社（生产的、贩卖的），要创办全国商铺或全国合作社，小商人设法到外面购货，要设法维持失业工人的少量津贴。1928 年，海丰县苏维埃政府改组为苏维埃人民委员会，在城镇设平卖市场，规定主要农副产品的价格，同时组织各种形式的工人合作社①。1929 年 12 月，海陆惠紫四县革命委员会宣布盐场、渔场及反革命的工厂、商店，一律归公，由政府和工人共同管理。开设工厂，救济失业工人，扶助创设工人合作社，保护工会活动。苏维埃政府的合作社有两种形式，一种是靠政府投资开办，由政府负责经营，属于公营经济的性质，另一种是由工农群众集资开办，属于集体经济的性质。设立海陆丰劳动银行以救济金融，活跃市场，设法打破国民党和港英当局的经济封锁。1927 年 5 月海丰县临时人民政府成立时，即派出一批熟悉经济的人员接管汕尾盐场和海关、税务局等②。苏维埃政府成立后，派出干部当海关主任、盐场知事，海关征收猪、禽、蛋、鱼等关税，盐场派熟悉业务的商人往广州同盐商秘密签订协议，由他们向当局办理证照，派出 13 艘大盐船运盐出口，卖盐收入，三成发给盐民，七成归政府收入，既改善盐民生活，又缓解政府经济③。通过各项经济上的措施，活跃了市场贸易，安定了人民生活，增加了政府财政收入。

（四）强调党要与苏维埃政府的经济分开

根据地时期的财政活动，往往是党政军民共同参与的，之间的职责和归属不是特别清晰。不仅是土地革命时期，抗日战争时期的根据地也存在此种情形，这也是革命战争年代特殊的客观存在。其实这不仅仅是经济问题，它关系到苏维埃这个新生政权能否通过独立的财政权而成长壮大、树立威信并取得广大群众的认可，真正代表工农士兵群众，而不是由党来代替苏维埃。党只能是直接指挥政府组织里的党团。中共广东省委很早就意识到党要与苏维埃的经济分开，要让苏维埃政府带领人民开展各项建设。在海陆丰，虽然成立了苏维埃政府，但是所有军事政治经济均由县委来决定，"十元以上的支出须经由县委核准"，因此群众对苏维埃的观念非常薄弱，不能使群众自己起来管理苏维埃，致使苏维埃没有权威④。党的工作费向来由苏维埃帮助，实际上也分不清楚⑤。1927 年，共青团广东省委关于巩固苏维埃政权致海丰县委信中说：你们的筹款方式除了没收财产，还可以向苏维埃请津贴，以及开会募捐⑥。这说明共青团广东省委要求海丰县委应当以正规专项的形式和苏维埃产生款项往来关系，树立苏维埃的资金主体意识，体现苏维埃的行政管理地位。1928 年 3 月，广东省委指示：县委必须用种种方法引起群众对苏维埃的兴趣与信任，使他们知道苏维埃真是他们自己管理的，为他们解决问题的

---

① 中共海丰县委党史办公室、中共陆丰县委党史办公室：《海陆丰革命史料（1927～1933）》（第二辑），广东人民出版社 1986 年版，第 730 页。

② 中共海丰县委党史研究室：《中国共产党海丰地方史》（第一卷），第 103 页。

③ 中共海丰县委党史研究室：《海陆丰革命根据地简史》，中共党史出版社，第 48～49 页。

④ 中共海丰县委党史办公室、中共陆丰县委党史办公室：《海陆丰革命史料（1927～1933）》（第二辑），广东人民出版社 1986 年版，第 462 页。

⑤ 中共海丰县委党史办公室、中共陆丰县委党史办公室：《海陆丰革命史料（1927～1933）》（第二辑），广东人民出版社 1986 年版，第 486 页。

⑥ 中共海丰县委党史办公室、中共陆丰县委党史办公室：《海陆丰革命史料（1927～1933）》（第二辑），广东人民出版社 1986 年版，第 73 页。

政府①。1928 年 12 月，省委给海陆紫特委每月津贴四十元，同时要特委自己想办法，但是告诫党的经济切勿和苏维埃的经济混淆，党不能用苏维埃的钱，如果党费不够，可以公开向苏维埃会议提出最低的党费（绝对不能多），得到大家通过才可以领用。1930 年 12 月，海陆紫第一次党员代表大会决议案再次强调：党与苏维埃必须分开清楚，防止包办苏维埃。

另外，提倡党员职业化。陆丰工作人员及无家可归的党员约八十人均须以党为生活，每月无此巨款来应付。1929 年 5 月，中共陆丰县委决定党员职业化，将同志介绍给农民做工或营小贩②。广东省委肯定了陆丰县委党员职业化的决定，再次强调了唯有在党内实行党员职业化，使党员能真正维持党，才是解决经济问题的正确办法。1932 年 8 月，东江特委要求海陆紫县委：党和政权的工作一定要分开，苏维埃的日常工作要建立起来，对于苏维埃的法令一定要全部去实现，对于筹款问题要指定少数专人负责，决不应当因为筹款放弃了党的工作③。

（五）开展节省运动

1928 年 1 月，中共中央指示广东省委：财政问题，省委的原则大致是对的，但是中央今年未接到海陆丰财政制度及现状的详细报告，实际能行与否，不能断定。现在所能指示的，只能是税收制度必须有细密的研究和统一的支配，必须有节省费用的整个计划④。至 1929 年，海陆紫特委本身的工作费已经用尽，伙食都向农民贷款，甚至到了筹措无门的地步。1933 年 2 月，东江特委发出第七号通告——关于节衣缩食的决定，号召全体同志节衣缩食来打破经济上的困难，尽力改善红色战士的生活，节省各机关团体的费用，通告规定了党部、苏维埃机关、红军、赤卫队等的伙食标准，以及其他诸如禁止机关人员抽烟饮酒、会议费不许浪费分文等详细的条目，并要求各地党部苏维埃机关群众团体必须事先依照规定做预算，交上级批准，谁浪费分文，必须受到严重的处分⑤。

（六）军队经济实行公开

海丰县工农兵苏维埃政府通过的大会决议案第四条《改良士兵生活案》规定：军队经济公开，由军组织调查委员会审查之⑥。海陆丰的赤军兵士组织分为三种：一种是政治的即选举出席地方苏维埃代表的会议；一种是经济的即赤军中经济委员会参加经理卫生管理；又一种是文化的便是士兵俱乐部等等的组织⑦。1928 年 2 月，中共中央指示广东省委，要组织工农革命军，改良士兵生活，兵士委员会参加管理军饷的支配。在工农革命军第二师，每连士兵组织一个经济委员会，营、团同样如此。二师打破官兵不平等的发饷制，起初除伙食外，士兵发零用费二元，官长少则五元多至十五元。数月后改为官兵少则一元多则两元，士兵伙食每月两三元

①　中共海丰县委党史办公室、中共陆丰县委党史办公室：《海陆丰革命史料（1927～1933）》（第二辑），广东人民出版社 1986 年版，第 274 页。
②　中共海丰县委党史办公室、中共陆丰县委党史办公室：《海陆丰革命史料（1927～1933）》（第二辑），广东人民出版社 1986 年版，第 486 页。
③　中共海丰县委党史办公室、中共陆丰县委党史办公室：《海陆丰革命史料（1927～1933）》（第二辑），广东人民出版社 1986 年版，第 718 页。
④　中共海丰县委党史办公室、中共陆丰县委党史办公室：《海陆丰革命史料（1927～1933）》（第二辑），广东人民出版社 1986 年版，第 214 页。
⑤　中共海丰县委党史办公室、中共陆丰县委党史办公室：《海陆丰革命史料（1927～1933）》（第二辑），广东人民出版社 1986 年版，第 718～719 页。
⑥　中共海丰县委党史办公室、中共陆丰县委党史办公室：《海陆丰革命史料（1927～1933）》（第二辑），广东人民出版社 1986 年版，第 162 页。
⑦　中共海丰县委党史办公室、中共陆丰县委党史办公室：《海陆丰革命史料（1927～1933）》（第二辑），广东人民出版社 1986 年版，第 218 页。

剩余分用，总共每月有四五元。①。

（七）加强对财政经济的监督

战时情况下，由于条件所限，对一些资金和财物难以做到严格细致的监管。同时，因为经济困难，在地方上出现了"拉参"筹款、随便大派捐车、没收农民只牛②的情况。广东省委严肃地指出："这样继续下去，必将使农民同志对党仇恨，将断送党的生命"，要求海陆紫特委必须下决心毫不犹豫纠正过来，要有计划、有组织地由特委负责，向富有阶级筹款，绝对反对扰及农民。并进一步要求特委今后要定出最低限度的预算，筹款的数目按照预算去设法，不要没有计划去支付款项，同时特委的预算和决算每月都要交到省委审查③。1929 年，海陆紫特委已经建立预算制度，也设有获得工作费的办法。海陆紫特委 5 月的预算支出主要包括伙食费九人 42 元、交通费 30 元、活动费 100 元、宣传费 25 元、公费（如纸簿、草鞋、药品烟酒等）20 元、特别费 30 元，共计 253 元；获得包括各地党费每月 10 元、海丰苏维埃每月 80 元、海丰各区特别捐助每月 100 元、一次性的捐助党费宣传周所得捐助、追收过去党费。这样还欠 63 元。广东省委对于预算要求：因宣传和交通工作很重要，宣传费和交通费须尽量增加，只定二三十元很难做好工作。党费十元由省委批准拨为特委工作费，但仍要将收党费详细情形报告省委。

（八）整顿党务，遏制贪污腐化

在艰苦的革命战争年代，某些党员干部革命意志不坚定，存在投机思想，致使党内和政府出现了贪污腐化攀比等现象。海陆丰革命处于低潮时，许多负责同志表现不好，甚至有拿了钱跑的。还有党员出现腐化倾向，着特别戎装在外招摇，生活优异，也使群众产生误解和轻视。更有甚者，有些党员出入要坐轿，过官僚化的生活，没收地主的物件也自由搬到家里去，以致当时发生"新土豪劣绅"的口号④。1928 年 1 月，上级党委要求要极力地整顿党，检查党员，严格执行党的纪律，甚至枪毙或监禁。1928 年 2 月，广东省委要求这种倾向必须洗刷干净，腐化不可救药的党员，要无情地开除党籍，不可在党内留有此种成分。海丰县委对党务加以整顿，淘汰一些妥协投机分子，使党务有所起色，多数支部能够按时开会，缴纳党费。对于"捉猪"政策，中共广东省委进行了严厉的批评：捉猪使群众失却对党的信仰，"使党员有腐化的危险"，同时指出，在目前环境下，一要向富有阶级，二要有计划，三要有系统去做，禁止支部区委单独做捉猪政策⑤。1929 年 5 月，广东省委怀疑购买油印机的三十文毛洋被人用去，又得知此人喜欢赌博浪费，于是省委请特委彻查这笔款到底如何，如果真是被用了，一定要查究用途，如果真是浪费了，特委应严格处分⑥。1930 年 12 月，海陆紫第一次党员代表大会决议

---

① 中共海丰县委党史办公室、中共陆丰县委党史办公室：《海陆丰革命史料（1927～1933）》（第二辑），广东人民出版社 1986 年版，第 299 页。
② 中共海丰县委党史办公室、中共陆丰县委党史办公室：《海陆丰革命史料（1927～1933）》（第二辑），广东人民出版社 1986 年版，第 692 页。
③ 中共海丰县委党史办公室、中共陆丰县委党史办公室：《海陆丰革命史料（1927～1933）》（第二辑），广东人民出版社 1986 年版，第 432～433 页。
④ 中共海丰县委党史办公室、中共陆丰县委党史办公室：《海陆丰革命史料（1927～1933）》（第二辑），广东人民出版社 1986 年版，第 463 页。
⑤ 中共海丰县委党史办公室、中共陆丰县委党史办公室：《海陆丰革命史料（1927～1933）》（第二辑），广东人民出版社 1986 年版，第 492 页。
⑥ 中共海丰县委党史办公室、中共陆丰县委党史办公室：《海陆丰革命史料（1927～1933）》（第二辑），广东人民出版社 1986 年版，第 497 页。

案再次强调：那些无法挽救的腐化分子，必须正确的运用纪律运用群众力量坚决肃清①。

主要参考文献

[1] 中共海丰县委党史办公室、中共陆丰县委党史办公室：《海陆丰革命史料（1927～1933）（第二辑）》，广东人民出版社1986年版。

[2] 中共海丰县委党史研究室：《中国共产党海丰地方史》（第一卷）。

[3] 叶佐能：《彭湃与海陆丰根据地》，中共中央党校出版社2011年版。

[4] 中共海丰县委党史研究室：《海陆丰革命根据地简史》，中共党史出版社2000年版。

[5] 沈洛羊、叶良方：《海陆丰革命根据地财税史略》，载于《汕尾日报》2011年6月16日第007版。

[6] 中共海丰县委党史研究室：《苏维埃之光》广东人民出版社1997年版。

---

① 中共海丰县委党史办公室、中共陆丰县委党史办公室：《海陆丰革命史料（1927～1933）》（第二辑），广东人民出版社1986年版，第668页。

革命根据地会计发展研究

——延安时期中直机关会计工作的经验与启示

王海民[*]

【摘要】1935～1948 年，为了克服敌人造成的财政经济上的困难，坚持革命斗争，当时，党中央直属机关和延安边区的财会工作者不辞辛劳担负起"理财管家"的繁重任务，一方面要做好财政收入、支出的合理分配，另一方面又要搞好生产企业的经营管理，并不断促进生产的发展。当时在延安时期形成了一套比较完整的以战时供给制为特点的财务管理与会计核算方法，今天仍有借鉴意义。

【关键词】革命根据地　延安时期　供给制　会计工作　审计监督

延安是中国共产党和中国人民解放军的革命根据地之一，1935～1948 年，勤劳勇敢的延安老区人民用生命和鲜血哺育了中国共产党和中国人民解放军；延安是中国抗日战争的总后方，在极其残酷的条件下，广大军民开展了自己动手、丰衣足食的大生产运动，为夺取革命胜利奠定了物质基础，同时，也谱写了可歌可泣的历史篇章。延安是毛泽东思想从形成、发展到成熟的革命圣地。毛主席关于中国革命的政治路线问题、军事问题、党建问题、哲学问题等一系列具有代表性的理论著作大多是在延安撰写的，党的七大把毛泽东思想确立为党的指导思想。在我们党的历史上，马克思列宁主义同中国实际相结合的第一次历史性飞跃就是在延安实现的。延安精神是我们党、也是中华民族的宝贵精神财富，它对中国历史发展进程产生着巨大和深远的影响。在自己动手、丰衣足食的大生产运动中，当时的会计工作也为此做出了不可磨灭的贡献，积累的丰富的经验，值得我们总结、研究、继承并发扬光大。在大生产运动中发展起来的财会工作，在中国现代会计发展史上也留下了珍贵的一页。当时为了克服敌人造成的财政经济上的严重困难，坚持革命斗争，中央直属机关和延安边区的财会工作者不辞辛劳担负起"理财管家"的繁重任务，一方面要做好财政收入、支出的合理分配，另一方面又要搞好生产企业的经营管理，并且不断促进生产的发展。因而当时在延安时期形成了一套比较完整的以战时供给制为特点的财务管理与会计核算方法体系。

下面我们对该时期供给制会计的有关情况做一些分析，以说明会计职能在一个特殊时期所发挥的巨大作用。供给制一般是在重大自然灾害、战争等非常情况下采用的一种经济制度。当时，在拥有巩固的陕甘宁边区总后方的形势下，党中央主要依靠"自己动手，丰衣足食"，"发展经济，保障供给"来解决财政供给问题。因而，延安时期形成了我党历史上实行供给制的完整形式。当时不仅有一套机构和人员，而且还有一套与当时情况相适应的会计核算办法。

* 王海民：西安交通大学城市学院。

一、关于会计机构的设置

当时，主管党中央、军委直属机关财政和后勤工作的部门是党中央管理局和军委后勤部的供给部，1942年合并为党中央管理局，1945年又改称为军委供给部。党中央直属机关在财政供给体制上，向陕甘宁边区政府编制和报送预决算。中直、军直各个机关向军委供给部编制和报送预决算，并在业务方面接受其指导，统属差额预算单位。1942年前后，随着"大生产运动"的开展，供给制工作也全面展开，财务与会计工作也不断得到加强，核算方法、核算制度也不断地得到建立与完善。毛泽东同志在1945年陕甘宁边区一次劳动英雄、模范工作者大会上就总结到，"近几年中，我们开始学会了经济工作，我们在经济工作中虽然取得了很大的成绩，但这还只能说是刚刚开始。任何地方必须十分爱惜人力与物力，绝对不可只顾一时，滥用财物或者浪费财物。任何地方必须从开始工作的那一年起，计算到将来的很多年，计算到长期坚持战争，计算到反攻，计算到赶走敌人之后的建设。因此，我们必须对经济工作提出更高的要求，我们提倡行行出状元。"当时，中直机关还推选了财经战线上的25位同志参加了陕甘宁边区此次劳动英雄、模范工作者大会，这实际上就是对包括会计工作在内的财经工作的肯定与支持。其他的中央领导同志也都对财经工作有许多谈话，他们认为，劳动英雄、模范工作者以及各行各业的同志们，必须从最困难的情况出发，人人动手，广开门路，发展经济，生产自给，减轻老百姓的负担，培养先公后私的共产主义精神，纠正不重视公共家务的自私观念，搞好财务管理，精打细算，厉行节约，为维护和扩大革命家务而奋斗。当时，周恩来同志在一次讲话中提出，对待工作必须"专""精""广"。"专"就是专心本职工作与业务，做什么就钻进去研究。"精"就是在搞好的基础上，不断进步，精益求精。"广"就是发扬共产主义精神，把自己所有的本领传授给别人。此后，中直机关的财务与会计工作者还成立了一个"会计研究小组"，专门来研究供给制体制下的财务与会计工作的规律。在研究的基础上，初步形成了由会计科目、会计凭证、会计账簿、会计报告、审计报告构成的一套能够满足当时需要的比较完整的体系。后来，中直机关的财务与会计工作者还积极响应党中央的号召，努力提高业务水平，紧紧围绕着组织生产，合理分配，出色地完成了保障供给的任务。因此，当时的财务与会计工作者以及他们的工作也受到了党中央的肯定与好评。

二、关于记账方法、会计科目、账簿设置与会计报表

当时，中央直属机关的会计工作者已经掌握了借贷记账法，他们根据借贷记账法的原理首先设置了一份比较科学的会计科目表。这份会计科目表为账簿（户）的设置和会计核算提供了依据。当时中央军委供给部财政科的会计科目表（1946年）如表1所示。

为了搞好军队粮食、草料与物质的管理，当时军委供给部还独立设置了实物会计科目表。例如当时粮秣科的会计科目就有：边区粮局、暂收粮秣、机关预支、粮秣收支、粮秣特支、暂付粮秣、库存粮秣、粮秣盈亏等11个科目。另外，还有被服、物质等科目的设置。对于按照一般实物类别科目设置的账簿（户），平时只需要登记数量，而不需要登记金额。但是到了月末或者季末就必须以当时的市场价格折算为用货币资金表现的总金额。然后，以报表的方式反映其收入与支出状况。

表1

收方余额科目（相当于现在的资产、费用类科目）	付方余额科目（相当于现在的负债、所有者权益类科目）	以余额方向判断其性质的科目（相当于现在的往来类科目或者损益类科目）
经常费	财政厅（经常费、临时费）	经费盈亏
临时费	补助费	供直（给）费
暂欠款	利息	往来款
调剂费	基金	
财政厅报销（经常费报销、临时费报销）		
机关报销（经常费报销、临时费报销）		
按照以上科目设置的账簿（户）相当于现在的经费支出账簿	按照以上科目设置的账簿（户）相当于现在的经费来源账簿（户）	按照以上科目设置的账簿（户）如果为付方余额时，即为经费来源性质的账簿（户），反之即为经费支出性质账簿（户）

延安时期中直机关的财务与会计工作已经把原始凭证与记账凭证做了明确的区分。会计人员必须对原始凭证的内容进行认真的审查，然后才能据此编制记账凭证。当时对原始凭证审查的项目包括，采购日期、物品价格、数量、金额，还必须审查是否有销售人、购买人、入库验收人、部门负责人的签字盖章。在审查原始凭证过程中，如果发现问题，能够处理的，按照财务制度及时处理。如果不能处理的，可以提出处理意见，并且报告上级。在对原始凭证审查的前提下，由会计人员据此编制现金收入、现金支出、转账三种记账凭证。

延安时期中直机关设置的会计账簿主要有现金日记账、总账和分户账（明细账）。现金日记账由出纳员根据收款凭证、付款凭证逐笔登记，并且每一日结出余额。数额比较大的资金，必须通过银行收入与付出，同时还必须登记银行存款日记账。当时的现金日记账、银行存款日记账大都采用了西方账簿的格式，从左到右横向登记。总账一般采用订本式与活页式两个品种，年度终了，结账后更换新的账簿。分户账（明细账）根据管理的需要按照物品或者部门设置的。分户账（明细账）与总账登记的依据是相同的，分户账（明细账）登记财产物资收入与支出的详细情况，而总账只登记总括情况，两者有详有略，相得益彰。

延安时期中直机关的会计报表主要有日报表、月报表、年报表三个品种。日报表由出纳员根据昨天库存现金数字和当天现金日记账的结余数字填写。提供给决策者使用。月报表根据总账的本月发生额、余额填写，同时，结合分户账的余额补充填写相关的数字。年度报表一般必须根据全年的总账与分户账发生额、余额填写，以便反映本机关或者本部门全年的情况。年度报表不仅为领导机关总结全年工作提供了准确的财务数据，而且也为制订下年度的生产计划、供给办法和财务预算提供了依据。

三、关于会计人员的职责及相关制度建设

1944年还颁发了中直机关《模范会计条例》，这一条例明确了会计工作的职责范围，要求会计人员必须精通业务，并有所创造。既要能够很好地完成本职工作，又不妨碍生产与学习任

务的完成。在其他财务工作制度中，还要求财会人员与其他管理部门配合，不断总结经验，实行经济民主。例如要求会计部门与审计部门每一个月必须召开一次联席会议，以便沟通情况，改进工作。每一个会计人员，每一个季度必须做出工作小结。为了提高每一个会计人员的业务水平，曾经多次采取相互参观、竞赛、座谈会、举办展览等多种方式，不断总结失败的教训与成功的经验。中直机关还成立过一个会计工作研究小组，在 1945 年的一份研究简报——《怎样理财管家》中，对当时会计工作的意义、具体任务以及核算方法等问题进行了比较系统的分析与总结，并且针对个别同志存在轻视会计工作的思想进行了批评。当时，有个别同志认为，会计账是一个流水账、良心账、糊涂账。对此，上述研究简报提出了比较严肃的批评，同时，讲明了会计账簿在会计工作中的重要性以及在编制会计报表中的不可替代作用。

1945 年还修订了中直机关的《会计工作条例》，并把落实《会计工作条例》的好坏作为评选模范会计工作者的条件之一。修订之后的《会计工作条例》包括三个方面的内容。第一个方面是对革命忠诚，廉洁奉公，无私，不怕麻烦，能够倾听别人的意见，并能团结别人；第二个方面是严格制度，精确统计财政数据，了解情况，掌握全盘家务，能够适当调节经费；第三个方面是加强基层会计工作，培养出新的会计人员，工作有显著的成绩。

四、关于延安时期会计工作的经验及给予我们的启示

第一，对于当时的财务与会计工作有一个强有力的领导。1939 年～1943 年，党中央、中央军委和毛泽东、周恩来等老一辈无产阶级革命家对会计工作在内的整个经济工作非常关心，使得当时延安革命根据地的财务与会计工作逐步完善。

第二，财务与会计工作能够为当时的中心工作服务。当时处于抗日战争最困难的时期，所以，解决机关与部队的生活供给问题，已经成为能否取得抗日战争胜利的决定因素之一。当时，财务与会计人员不仅要做好会计核算工作，而且还必须按照发展经济，保障供给的大政方针，积极参加"大生产运动"，"组织生产，扩大家务"。事实证明，当时的会计工作者为保障机关与部队的供给做出了应有的贡献，也充分发挥了会计应有的作用。

第三，财务与会计工作者具有全局观念，能够与其他职能部门很好的配合，共同完成当时的中心任务。在当时，财务与会计工作者就很好的树立了全局观念，明确了财务与会计工作是财政、经济工作的重要组成部分之一。财务与会计人员，不仅要做好核算工作，而且还必须参与"统一财政收支"、"调剂经费、配合生产、保障供给"的工作。同时，还要求财务与会计工作者与审计、统计、金库、物资管理、生产企业密切配合，加强协作，相互监督。

第四，财务与会计工作者必须参与民主管理，依靠群众，公开理财。当时军委供给部明确提出，财务与会计工作者必须走群众路线，在财政困难的情况下，更要使财政信息及时公开，使广大军民尽快了解我们的财务状况，发动群众出主意，想办法，团结一心，战胜困难。

第五，积极培养财务与会计人员，重视规章制度建设。当时中直机关的财务与会计工作者，大部分是没有经过专业训练的，只是因为革命工作的需要，就把他们推到了财务与会计工作的岗位上了。针对这种实际情况，中直机关的领导同志多次明确指示，必须把培养、训练财务与会计人员及普及会计业务知识作为机关的一项重要任务来完成。只有培养出一批新的会计人员，才能把会计工作的水平向前推进一大步。因此，除了经常总结、交流经验外，还必须采取举办培训班与师傅带徒弟的方法来培养会计人员。另外，当时还特别重视各项财务与会计方面的规章制度的建设，通过制度建设，对于各项事务的办理都做出了明确的规定。通过制度建

设，也对会计人员提出了严格的要求，克己奉公，赏罚分明。如果有失职、贪污行为，马上给予停职、撤职等等严厉处罚。对于工作有显著成绩的会计工作者，也给予表彰和奖励。后来还规定从事会计工作八年以上的同志可以享受高一级的待遇。

第六，重视审计职能（作用）的发挥。延安时期中直机关在中央军委供给部之下还专门设立了审计科，其主要任务是：向领导机关提供经过审计之后的年度预决算报告，审计临时经费与特殊开支的额度。同时，还要把审计过程中发现的问题及时反馈给会计部门，以便改进后续的会计核算工作。当时，审计科已经有了比较严格的审计制度。

回顾延安时期革命根据地财务与会计工作，可以给予我们如下的启示：

延安精神，就是艰苦奋斗的精神。我们党是靠艰苦奋斗起家的，我们党和人民的事业是靠艰苦奋斗不断发展壮大的。回顾党的历史，从上海成立到井冈山时期，从遵义会议到延安时期，从西柏坡到夺取全国政权，从新中国成立到改革开放新时期，我们的每一个成就、每一次胜利，都离不开艰苦奋斗。艰苦奋斗是工作作风，也是思想作风，是我们党的优良传统和政治本色，是凝聚党心民心、激励全党和全体人民为实现国家富强、民族振兴共同奋斗的强大精神力量。当时的会计工作者在相当艰苦的环境下，建立了一套比较完整的会计工作核算程序，完成了保障供给的任务。这是一条极其宝贵的历史经验。

延安精神，就是全心全意为人民服务的精神。延安时期是我们党在中国局部地区建立人民政权并不断扩大执政区域的重要时期。我们党历来把为中国最广大人民谋利益作为自己的根本宗旨，在延安时期又响亮地提出了"为人民服务"的口号并认真实践。那时的陕甘宁边区政府会计部门，在农业税、人口税与财政收支的分配方面，都很好地体现了为人民服务的思想。

延安精神，就是理论联系实际、不断开拓创新的精神。延安时期的财务与会计工作者，把当时比较先进的借贷记账法与供给制很好地结合起来，使当时非常有限的资金、非常有限的物质发挥了最大限度的作用。今天我们要在新形势下弘扬延安精神，仍然要坚持与时俱进，不断开拓会计理论研究的新局面。

延安精神，就是实事求是的精神。用实事求是来概括我们党的思想路线，也是在延安时期。实践表明，只有解放思想，才能达到实事求是；只有实事求是，才是真正地解放思想。在新阶段，按照十八大的要求，我们既要继承传统，又要开拓创新；我们不仅要认真研读经典著作，又要写出会计工作新的篇章。

主要参考文献

[1] 陈俊岐：《延安时期中直机关财会工作的回顾》，载于《会计研究》1983 年第 6 期。

[2] 陈俊岐：《延安轶事》，人民文学出版社 1990 年版。

[3] 陈俊岐：《延安时期中直机关财会工作的回顾》，中国财政经济出版社 1987 年版。

[4] 袁勇：《延安时期的供给制会计史话》，载于《北京工商大学学报（社会科学版）》1996 年第 5 期。

[5]《会计史领域内的一次新突破——会计史研究一、二卷读后感》，载于《会计研究》，2005 年第 1 期。

[6]《印象与镜子——写在会计史研究第三卷出版时》，载于《财务会计》，2009 年第 9 期。

晋察冀边区政府财计制度

杨智杰[*]

【摘要】晋察冀边区是中国共产党在抗日战争时期最早建立的敌后抗日根据地。当时边区政府一切从抗战出发，整顿财政，开源节流，制定了一系列战时财经政策，并建立健全了配套有效的财计制度，保障了军需和民用，为支持持久抗战奠定了物质基础。

【关键词】晋察冀边区 政府 财计制度 开源节流

晋察冀边区，是中国共产党在抗日战争时期最早建立的敌后抗日根据地。因多种制度创新及在抗日战争中卓越功勋，一直享有模范根据地的荣誉。抗战开始，根据中共中央和毛泽东同志关于在晋察冀三省边陲创建敌后抗日根据地，配合正面战场牵制打击日寇的指示，1938 年 1月，晋察冀边区行政委员会成立。边区创立时疆域仅限于平汉路以西、同蒲路以东、正太路以北、平绥路以南的山区和半山区，到 1945 年 8 月抗日战争胜利前夕，晋察冀边区政府已经发展壮大为下辖察哈尔、热河两个省政府，冀晋、冀察、冀中、冀热辽等 4 个行署，20 专署，8市，163 县，27 旗的民主政权，全边区人口达 2 500 多万。

边区创建初期，财政经济十分困难，军政人员吃饭穿衣、武器弹药的供给以及其他费用都急待新政府解决。另外，边区农工商业发展，灾民救济以及烈军属优抚等也需要大量资金。为此，晋察冀边区政府制定了一切从抗战出发，立足自力更生，整顿财政，开源节流，发展生产，改善民生，保障抗日部队供给的战时财政经济政策，实行了合理负担，减租减息，恢复田赋，废除苛捐杂税，征收救国公粮，发行救国公债，建立边区银行，发行边币等一系列政策措施，筹集财政资金。为了贯彻落实上述政策措施，支持持久抗战，边区政府认识到必须加强财政管理，集中一切财力物力保障军需。1938 年初边区召开的军政民代表大会通过了《财政问题决议案》，将统一财政收支，作为健全财政制度的重要内容。为此，边区政府一方面抓开源，建立与边区当时实际情况相适应的税收政策，另一方面，着手制定关于统收统支的规章制度。1939 年边区政府对财政统筹统支做出如下原则规定：第一，统一财政政策，有关政策法令和征收办法，由边区行政委员会统一制定。第二，收入由边区统一筹划。凡边区之一切税收、公产收入、供应企业收入、罚没款及战争缴获等收入均为边区收入。各级财政部门负责组织征收，保证及时入库。县政府、区公所以及其他任何机关，不准以任何名义向群众摊派捐款。第三，支出由边区统一掌握。党政军机关、学校之正常公用经费和临时费用等一切开支，由边区财经办事处统一供给，即一切经费的批准支付权集中在边区。第四，统一会计制度。第五，建立边区金库。第六，建立预决算制度。此外，还规定健全村概算制度，统一县款之收支，边区

---

* 杨智杰：中南财经政法大学会计学博士，现石家庄经济学院会计学院教授、学术传播中心主任、硕士研究生导师，中国会计学会会计史专业委员会委员。

政府的财政同县地方财政严格分开，控制各种款项的支出等。

一、预决算制度

预决算制度，是边区财政建设中一个基础制度，为贯彻落实统筹统支制度，早在 1939 年，边区政府经过多次讨论确定了具体方案和试点。通过试点发现问题总结经验。1940 年初，针对战争环境中，财政开支经常变化造成的预算编制困难和一些干部中存在着自由主义的倾向，边区政府决定全面推行并严格执行预决算制度。当年 4 月，边区政府颁布了《预算暂行章程》和《决算暂行章程》，预决算制度的基本内容是：总预、决算分岁入随处两大类。岁入科目分为：统一累进税（钱与粮秣分别预算）、田房契税、出入口水、罚没收入、公营事业收入、公产收入、其他收入等七项。岁出科目分为：军费、政费（包括赈灾救济）、预备费（按岁出总额 5% 至 10% 编制）等 5 项。

部队系统：粮秣与军费预、决算，由大军区供给部在年度开始前一月内编造年度概算（包括野战军、地方军），报边区财经办事处（简称财办）批准。每月根据实有人马数字、供给标准编造月份预算，报财政处审核拨付。每季度终了后，一月内编造季度决算向财政处报销。服装预、决算：分春装、冬装两期编造，分别以实物部分与现款部分，经边区财办批准，财政处分别拨付。医药、公用物品预、决算，由大军区供给部每季编造季度实物预算，经边区财办批准财政处拨付实物，每季造报决算一次。职工预算：根据边区财办批准之全年预算，由财政处分月拨付工程局，年度终了造报全年决算向财政处报销。作战费用预、决算之编造，则商同军区后勤司令部另定。

地方系统：边区级党政民机关学校之预、决算，由边区政府统一汇编，经常费每月编造预、决算向财政处支领与报销，事业费编造，全年预算经财办批准后根据事业之需要按期拨付，决算则须按每一项事业完成后半月内造报。服装预、决算亦分春装、冬装两期编造。行署以下各级党政民机关学校之预、决算，由行署于年度开始一月前汇编全年概算，季度开始半月以前汇编季度预算。报经边区财办处批准，每季拨付一次，每季终了后一月内编造决算报销。关于各区地方事业费之开支，由行署在年度开始前，根据事业计划，编造全区事业费预算，报边区财经办事处批准后，按事业发展需要分期拨付，由行署掌握开支，每季决算一次报财政处核销。

年度预算是财政收支的一年大计，"先要量出为入，然后要量入为出"，都必须按照预算规定有计划地进行。坚持实行预、决算制度的先决条件是：其一，各级政府各级机关要制定出合理的经费开支标准。开支只能比预算少，不能比预算多。其二，军队要按实有人数，要把人数搞清楚，搞确实。其三，群众团体的经费开支。原则上应该自己解决，要从会费和所办的合作事业中去解决，不足之处，由政府贴补。其四，认真搞好政府机关吃公粮的粮食预算。其五，取消预算中各机关所列的"预备费"，临时费用开支，必须事先呈请批准。边区政府特别重视预、决算制度的建立与执行，强调各级政府对预、决算制度的认识，必须提到政治的高度，坚决反对任何忽视的观点和作风。当时边区执行预、决算制度是认真的。北岳区的各专署、各县、各部门年度预、决算大部分都编制出来，分月预、决算也有不少的按时报送。平北各县致府一律向专署领取，先作出三个月的预算，交了前三个月的决算再领下期的经费，由于具体措施的落实，使边区预、决算制度得以坚持下去，取得良好的效果。

二、会 计 制 度

会计工作是边区财政管理工作的重要组成部分，它对于保证预、决算规定的各项指标实现、管理好预算资金有着重要意义。边区初创时期，会计工作较为混乱，各地区账本和记账方法不一致，有中式账、西式账，日记账和分类账搅在一起，有些地区会计人员不固定，工作也不够认真，造成账目不清，漏洞百出。这一切都给贪污和浪费提供了条件。1940 年 4 月，边区政府制定公布了《会计规程》，明确了边区各级会计的性质和任务。按照规程，边区会计分为两类，一类称政府会计（系指各级政府及边区直属机关之会计）；另一类是公营事业会计（系指公营事业单位之会计）。会计的共同任务为：其一，年度预决算分月预计之编制及执行。其二，现金（包括粮票下同）单据之出纳保管。其三，公产公物之保管。

关于会计账簿的设置，边区会计制度规定，一般会计簿籍应具备以下三类，各机关单位根据需要自行设置。

（1）账簿类：①日记账。是按时间顺序记录全部收支业务的账簿。②分类账。是按照收支明细科目设户、分类记录和反映收支明细情况的账簿。③总账。是总括地反映预算收支情况用以考核资金平衡和为编制会计报表提供资料的账簿。

（2）备查簿类。这类账簿是用于会计计量，核算和备查之依据。如："预决算底簿"，"编制经费表"，"食粮定量与折合比率表"，"会计法令记录"等均属此类。

（3）报告表类。主要有"经收边区款报告表"、"边区预备费支付报告表"和"收支对照表"等。

1941 年 6 月，边区政府主席宋劭文在边区会议上强调：健全会计组织，一律改用新账，用单式簿记，每天要结账。（1）账本根据银行的经验，最大部分的账本都用日记本。一县有五六个日记本就行，在任何困难的环境下，都可以随身带走。（2）单据时间长了积累很多，带起来很麻烦，取消也很困难，按年度换成总收据，就减少了累赘。（3）新式簿记会计人员比较少，如果每县能找到一个马上送来，训练一批是必要的；如果不能，关于会计事务，也应经常给下级以指示。每一个会计人员无论怎样忙，支了钱，要立即记账。（4）健全汇报制度，取消四柱清册，边委会要能真正掌握真实数字，需要各县及专署建立定期的汇报制度，每月收入要列一张表，如能做到旬报或半月报更好，财政部门每旬或半月，应将财政征收情形，县区财政情形很扼要报告一下，四柱清册太麻烦，决定取消。

边区政府对会计制度的执行非常重视，从边区政府和地方干部中挑选了一批有业务能力和忠实可靠的同志，担任会计工作。要求会计工作者必须坚持制度，认制度不认人。会计发钱，必须有上级命令，没有上级命令分文不付。各县政府预算，在未批准时，会计是不应该付款的。同时亦不能够奉县长命令暂时借出，非得有边委会的指示，或付给款的命令，就是杀了头也不该付出一个钱去。任何人都不能违反，谁若是企图破坏制度，谁就是违犯法令。即使由于战争交通受阻，每月经常预算未批准以前急需，也须经县长出具亲笔借据后，方可照上月批准预算数预借一半，并要很快向上级会计机关报告，绝对不能也不准无限制的借支。

三、金 库 制 度

金库亦称国库。它是经营国家财政收支的机构。国家财政收入，全部纳入金库；国家的支出亦由金库拨付。晋察冀边区于 1940 年 1 月建立金库，由边区银行代行金库职能，负责保管和办理公款收付。库款的支付权属于边区行政委员会。边区银行办理金库业务守则如下：

（1）建立金库账簿，记载公款之实存与收付。

（2）公款数额，均按边币计算。

（3）边区金库不负保管公物之责；但折成边币后，不得拒收。

（4）边区金库库存款项之付出权属于边区行政委员会。须有主任委员副主任委员及主管会计员签名盖章之支付命令始得付款。

（5）边区金库必须按月向本会编送月报报表……

（6）边区银行之分行、办事处、营业所，均定为边区公款之收付转汇机关。

边区政府要求一切收入归金库，各级政府没有得到支付命令，分文不能动用。坚持各清各款月清月款制度，严格执行金库收付款之解领手续。边区金库收付款之解领手续为：金库收到解款时，填具四联收款书，除留存根一联外，其余两联交解款机关存转，其中一联报送边委会；各机关解款时，填具三联解款书，保留存根一联，其余两联报送边委会核查，边委会核符后于骑缝处盖印，将报告收据存查注账，余联发回解款机关存案备查。边委会发款时填具三联支付书，存根一联备查，支付命令一联交边区金库，通知一联交领款机关；领款机关收到支付通知后，填具三联领款书，留存根一联，以领款书正领单据一联交金库并领款，以领款书副领单据一联送边委会；如系由银行汇转，得将领款书正领据交由汇转之分行办事处或营业所边区金库。金库建立后，各机关经收之边区款，如数逐月上解，避免了坐支抵扣或挪借现象，使边区公款能严密保管与支付统一。

上述规章制度的建立及实施，至 1940 年秋以后，边区基本上实现了区以上财政的统筹统支。它广泛而合理地集中了边区的财力物力，保证了敌后抗战的需要，同时也减少了浪费，减轻了人民负担，提高了人民拥护抗日民主政府、参加抗战的积极性。

四、审计制度

抗日战争时期，晋察冀边区的审计工作以政府审计为主，围绕预算、决算制度的建立和完善，财政的统一，规范企事业运作，反贪污浪费斗争，积极开展审计工作。此外，根据边区实际情况，开展了各具特色的专项审计活动，在节约财政开支、严肃财经纪律和克服浪费现象方面发挥了巨大作用。

（一）审计机构

为了贯彻精兵简政政策，掌握边区军政财粮预决算，厉行节约，消除浪费，1942 年 8 月10 日，晋察冀军区司令部、晋察冀边区行政委员会发布命令，决定于 8 月 13 日组织成立晋察冀边区审计委员会。根据政府审计机构的隶属关系，当时根据地的审计机构有两种类型，即财审合一体制的审计机构和财审分立体制下的审计机构。所谓财审合一体制是指审计机构隶属于财政部门，不对财政系统内部实施监督。财审分立体制的审计机构则独立于财政部门之外开展审计工作。这种体制不但具有较高的独立性，而且能提高审计效率，得出的审计结果也更加客观真实。晋察冀边区审计委员会属于财审分立体制。委员会下分设 6 个专区审计委员会，各指派 3 人为专区审计委员会主任和委员。边区和专区审计委员会为上下级组织关系，专区服从边区领导。审计委员会的职权是审计军政部门的财粮预决算，其批准批驳权属于边区审计委员会；掌握军政部门的编制人数，增加编制人数须由边区审计委员会批准；此外检查各部门机关生产收入及开支情况，检查检举各级军政部门浪费贪污事项也是审计委员会权限。当时，边区审计委员会的权利较大，晋察冀行政委员会均按边区审计委员会批准的军政各部门编制人马数及预算核发粮食经费，审计委员会未批准者，边区行政委员会无权核发。同时，晋察冀边区行政委员会下的财政处也有一定的审计权。1943 年 2 月公布的《晋察冀边区行政委员会组织条例》规定财政处的职掌之一就是"关于财政审计事项"。财政处为加强财政管理，减少事务手续，1943 年 3 月由晋察冀边区行政委员会发布命令，委派审计员分驻 6 个专区，进行审计工作。此后，专区的经费粮袜分月计算，统归各该审计员审查。

由于各级政府财粮收支审核权限下放，1943 年 7 月，边区行政委员会通知，驻各专区审计员一律调回本会。1944 年 11 月 15 日，边区、军区为实行各种工作一元化领导。发布命令取消了各级审计委员会。审计委员会取消后，在短短的半年时间里，出现了不少问题，使大家感到这个机构是不可或缺的。为了确切掌握边区军政民编制人数、财粮预决算、机关生产收入，厉行节约，反对浪费，1945 年 5 月 1 日，晋察冀边区行政委员会、晋察冀军区决定成立边区、行署、专区、县各级审计委员会。审计委员会由各级党政军民负责人参加，一般为 3～5 人组成。各级审计委员会有上下级组织领导关系，审计委员会的决定除交付有关部门执行外，并直接对上下级报告或指示工作。新成立的审计委员会职掌 4 条，其中 3 条同 1942 年 8 月成立的审计委员会职掌基本一致，另外增加的一条是"检查各部门机关生产收入及开支情况"。晋察冀边区财审分立体制下的审计机构建制对政府审计机构独立性工作具有很好的借鉴意义。

（二）审计法规

晋察冀根据地时期的审计法规，主要可以归纳为两类：一类为指导审计而发布或起草的专门性法规，其内容反映了当时审计工作的观点和思路，对开展审计工作有比较重要的指导作用；另一类是关于审计工作的一些具体规定，即由财政部门和审计部门以通知、规定和规则等形式对于经费预决算的编制，供给标准以及审批中的问题所作的一些具体规定，此外，还包括各党政领导机关制定发布的一系列重要法规文件中关于审计工作的规定。

（1）晋察冀边区所颁布的审计法规中较为完整而且重要的一部是《晋察冀边区审计规程》。该规程开宗明义指出制定规程的目的是为严格财政收支，坚守财政制度，厉行节约，反对浪费，以减轻人民负担。规定明确了边区，边区各系统与直属市、各省或行署、各纵队，各分区（旅）与县三级审计机关的设置。各级审计机关逐级审核上报预决算、概算。各机关造送收入预算时，须附详细生产计划书；造送收入决算时，须附生产报告书。造送支出预算时，须详加说明理由；造送支出决算时，须附送分类单据。为了使审计机关有效行使职权，该规程赋予审计机关一定的权限。如各级审计机关对其所属各系统的一切财政收支及机关生产收支，可以随时检查；审计机关有权派员向有关公私团体或个人查阅或调阅簿籍凭证或其他文件，各该负责人须作翔实答复，提供工作方便，不得拒绝或隐匿；审计机关对各机关的财物有权随时盘查、调动和互相调剂；各机关公用财物须彻底登记，呈送审计机关备查；各军政团体机关学校人员马匹数目，须逐级报送审计机关；为确切掌握人员马匹数目，各级审计机关可以随时派员向有关各机关进行检验。

（2）晋察冀边区关于审计工作的具体规定。

晋察冀边区审计法规中最有特色的是《晋察冀边区行政委员会财政处审计员办事规则》。为了使审计员在专署能更有效地开展工作，审计中有章可循，该规则特规定了以下几个方面：

一是边委会财政处审计员派驻各专署工作时，受边委财政处与专署财政科的双重领导，意见有出入时，服从边委会财政处。二是审计员在专署的职权是掌握专区范围内的粮库及财粮收支数字，审核各项财粮收支书表；督促署县按期报解粮款；反映执行财粮制度的模范事迹与检查检举署县各部门浪费贪污事项；办理边委会财政处交办的其他财政事项。三是审计员在履行这些职责时，必须审查各项书表，主要有统一累进税征收报告表、征收边区款月报表、年度经费预决算书、分月粮秣预算书、经费粮秣分月计算书、边区预备费支付报告表等。四是规则还提示审计员在工作时应注意一些事项，这样才能使审核准确无误，善于发现存在的问题。如造送日期与送达程序是否与法令规定相符；预算数是否以审定预算案为范围，有无超越事情，各项收入是否与法令相符，有无不当收入；预算科目是否依照法令规定，其科目流用是否正当，食粮定量是否合乎规定；备考栏目说明是否真实；书表格式是否与规定相合，是否加盖印信与负责人手章。该规则最后要求审计员审查各项书表，如有疑义得通过专署行文查询，或商得专署同意亲往检查，主要应亲往署县各部门实地检查。审计员经过审查认为某机关有违法令事情时，除不予核准外，得请专署执行处分并报告边委会，专署不接受时，审计员得汇报边委会核办。

晋察冀边区政府曾先后颁布了大量的审计法律法规，形成了一个比较成型的审计法规体系。通过立法明确了政府审计在宏观经济调控和财政经济监督体系中的地位和作用。在这个体系构建过程中，审计立法体系结构呈现出鲜明的层次性，审计规程和有关审计工作的具体规定在法律效力上形成统驭与被统驭的关系。审计规程是审计规范的基础，它规范着审计机关的隶属和组织建设问题，是审计机关制定办事规则和开展审计活动的主要依据；有关审计工作的具体规定是在服从政府审计立法精神之下对审计规程进行的必要诠释和对审计机关办事原则的进一步具体化。

抗战时期，晋察冀边区审计机构在有效的审计法律法规的指导下，开展了丰富多彩的审计活动。其中预算决算审计是这一时期审计工作的重中之重，反贪污浪费斗争为艰苦的革命战争节省了大量资金，其他审计活动为革命的胜利贡献了巨大的力量。审计人员，在艰苦的环境中，廉洁奉公、一丝不苟，保证了审计工作质量，审计工作在节约财政开支、严肃财经纪律和克服浪费现象方面发挥了巨大作用。

附件：

晋察冀边区会计规程

第一条 凡边区各级政府及所属机关之会计制度及会计事务之处理，悉依本规程之规定。

第二条 边区各级会计按实际情形暂分下列两类：

甲、政府会计，系指各级政府暨边委会直属机关之会计，其职务如下：

一、年度预决算分月预计算之编制及执行。

二、现金票据证券之出纳保管。

三、公产公物及其他财产之增减保管。

乙、公营事业会计，系指公有事业及公营事业机关之会计，其职务如下：

一、年度预决算分月预计算之编制执行及营业损益之计算。

二、现金票据证券之出纳保管。

三、财物之增减保管。

第三条　会计制度之设计应依据需要订定科目、簿籍，表报及应有之会计凭证。

第四条　各机关会计制度不得与本规程及预决算章程之规定相抵触。

第五条　会计年度之开始及终了依预算章程。

第六条　会计记数记帐均以国币元为本位，小数至分位为止，厘位四舍五入。

第七条　会计科目照预算科目之规定。

第八条　会计簿籍除法令另有规定者外，应具备下列三类，各机关得按需要情形自行设置。

甲、帐簿类：

一、日记帐（序时帐），系对一切收入支出序时之登计而设。

二、分类帐，系对一切收入支出为明细之分类或分户之登记，以编造会计报告总细各表为主要目的而设。

乙、备查簿类，为处理手续便利，各机关会计应制备有关各机关预算底簿经费一览表，工作员额姓名清册及关于会计会议记录等。

丙、报告表类：

一、征解对照表为直接征收及间接机关征收用之。

二、收支对照表为支出机关及总会计用之（总会计在地方为县政府，在边区为边委会）。

三、资产负债表及损益表为公营事业会计用之。

一、二两项报告表，于每月月终送出，但另有规定者，不在此限；三项于年度终了结帐时，照决算规定期间送出，但另有规定者不在此限。

第九条　会计报告之编制得分编各种定期不定期或临时之报告（各按其款目性质以命令定之）。

第十条　各种机关会计之报告，呈送上级机关，除法令另定期限者外，应依下列期限：

甲、日报于次日内送出。

乙、旬报于期间后二日内送出。

丙、月报于期间经过后五日内送出。

丁、年度报告于期间经过后半个月内送出。

第十一条　会计凭证分下列两类，各按需要分别制备：

甲、记帐凭证，谓证明处理会计事项人员之责任而为记帐所根据之凭证。

乙、原始凭证，谓证明事项之经过而为造具记帐凭证所根据之凭证。

第十二条　原始凭证有下列情形之一者不生效力。

甲、依照法律或习惯应有之主要书据缺少或形式不具备者。

乙、应经事前审计或核批，始得举办之事项而未经该管人员签名盖章者。

丙、应经经手人及点收人签名盖章而未经其签名盖章者。

丁、书据之数字或文字有涂改痕迹，而涂改处未经负责人签名盖章证明者。

戊、书据上金额或数量与文字上号码数量不符者。

己、其他与法令不合者。

第十三条　凡边区各级政府及所属机关之会计人员由边委会任免之。

第十四条　由边委会派充各机关之会计人员，除直接对边委会负责外，并依其性质对于所在机关首长负责并受其指挥。

第十五条　会计事务与非会计事务之划分，应由上级机关首长会同所在机关首长核定。

第十六条　各机关会计凭证报告及已记载完毕之簿籍等档案，于决算公布后，应由主办会计人员移交所在机关管理档案人保管之。

第十七条　会计转案遇有遗失毁损等情事时，应即呈报该管上级机关（或转呈各该管最上级机关），非经查明系因特殊事故确无怠忽情事时，不得解除责任。

遇有前项情事，匿不呈报致公款受损失者，除负责赔偿责任外并从重惩戒。

第十八条　会计人员与所在机关首长因会计事务发生争执时，由核管上级机关首长处理之，会计人员有违法或失职情事时，须由所在机关首长呈请其上级机关依法处理。

第十九条　各机关会计人员，对于不合法之会计程序及会计文书应使之更正，不更正者应拒绝之，并报告该机关首长。

前项不合法之行为明系出于该机关之首长之命令者，应以书面声明异议，如不接受时，应报告该机关之主管上级机关。

不为前二项之异议及报告时，关于不合法行为之责任该会计人员应速带负责。

第二十条　会计人员之请假或出差，其期间在一月以内者，得委托人员代理，但得先期呈报连带负责，其期间在一月以上者，应呈请上级主管机关派员代理。

第二十一条　各机关会计人员所需一切费用，应列入所在机关之经费预算。

第二十二条　会计人员非依合法之原始凭证不得造具记帐凭证，非根据合法之记帐凭证不得记帐。

第二十三条　会计凭证之关系现金票据证券之出纳者，非经主办会计人员签名盖章不得为出纳之执行。

第二十四条　会计报告帐簿凭证等件缮写或记载错误者，应用红线两道划销更正，并于更正处签名或盖章，不得挖补擦刮涂改或撕毁。

第二十五条　因缮写错误致公款受损失者，会计人员应负赔偿责任，各种帐簿启用前首页之皮面应加以目录标明机关名称帐簿页数及启用日期，并由机关首长及会计人员签名盖章，末页应列各负责人员及经管人员姓名，注明经管及发出日期并由各本人签名盖章。

第二十六条　各种会计凭证除每月经费单据应根存三月，期满后准自行焚销外，其他凭证各机关须妥为保存，其无长久保存必要者，得于半年后呈经上级机关之核准销毁。

第二十七条　各种会计报告均应由编制机关存留副本备查。

第二十八条　会计人员经解除或变更其职务者应办交代，前项人员交代时应将图记文件及其他公有物品及经管之会计凭证簿籍报告等悉数移交后任。

第二十九条　会计交代应将帐簿由前任人员盖章于经管最末一笔帐项之后，新任盖章于最初一笔章项之前，均注明年月日证明责任之终始。

第三十条　会计人员应自后任接替之日起十日内交代清楚，未交代清楚以前不得擅离任地，其因病御职或在任病故时，得由其主管部门（处科）负责首长代办交代，惟仍由该前任负责。

第三十一条　会计人员交代不清者应依法惩处，因而致公款收损失者并负赔偿责任。

第三十二条　会计人员对出纳手续不遵规定或有假冒嫌疑时，金库须拒绝之。

第三十三条　各机关会计帐目须按期清算公布，所在机关首长及同级民意机关得依公布期限检查其帐目，会计人员不得借口拒绝或拖延。

第三十四条　边委会得随时派员赴各机关视察会计制度之实施状况与会计人员之办理情形，并得检查或抽查其簿籍表报凭证之一部或全部。

第三十五条　本规程如有不适宜处，得由边委会修改之。

第三十六条　本规程自公布之日施行。

附登记帐表说明

甲、日记帐

1. 单据号数栏，记支出款项之单据号数，其号数依日记帐次序编列之。

2. 摘要栏，摘要记载收支款项之科目及事由，其要领如下：

①收入款，记载该款之"科目""票照号数""货币种类"。

②付出款，记载该款之"科目""用途""品名""数量""单价""货币种类"或"领款者职别姓名""应领月份"。

3. 分类帐页数栏，记载转入分类帐之页数。

4. 收入栏，记载收入之金额。

5. 付出栏，记载付出之金额。

6. 余额栏，记载每日结存金额。

7. 每日开始应先将昨日余额转入本日收入栏，并于摘要栏书"昨日结转"字样。

8. 如一页不能记完，而须接记次页时，应将本页收付各数，结一总数，分别记入末行，不结余额，并在摘要栏内书"过次页"字样，然后分别移记次页首行并在摘要栏书"接前页"字样。

9. 日记帐应每日结存一次，即将本日收入各款，结一总数，分别记入末行，由收入总数减去付出总数，即为本日之余额，亦即本日库存之金额，应书红字记入余额栏。

10. 每日结帐如有空白，应于摘要栏右上方至左下方，由摘要栏至余额斜画红线，以示结号。

11. 如缮写错误，应于错误之处，画双红线注销之，再于本格上方空白处，另写更正之字或数字，所错数目字，无论错几位，应将全数画完另写，盖章证明，切禁刀刮，皮擦，或药水清灭等事。

12. 如有误画红线之处，应于线之两端用红笔作"×"式之记号以销之，并盖章证明。

乙、分类帐

1. 年月日栏，记日记帐之年月日。

2. 摘要栏记法与日记帐同。

3. 日记栏页数簿，记日记帐之页数。

4. 收入付出二帐均记日记帐上之款数。

5. 余额栏，系按笔滚存，即收付相减，再与上笔余额相加之数。

6. 如一页不能记完，而须接过次页时，应将本页收付各数，结一总数，分别记入末行，并结记余额，摘要栏内书"接前页"字样。

7. 分类帐每月总结一次，谓之月结，其法于摘要栏书"某月份总结"字样，再将本月份收支各数，分别相加，记入收付栏，收付相减之余数，记入余额栏，收或付栏，与上记法同，均用红笔写。

8. 错误之更正，与日记帐同。

丙、征解对照表（收支对照表仿此）

1. 科目栏，系填写分类帐各科目名称。

2. 收方付方栏，系填写分类帐各科目之余额，及日记账之余额，收数填于收方，付数填于付方，日记帐之余额，即是本日结存，填于付方，以资平衡。

3. "上月结存""本月收入""本月解抵""本月结存"及其数目等字，均用红笔写。

4. 收付方各款，须分别总计，填于末行。

5. 主管及制表者，须于表尾，加盖名章。

"附"单据应注意各点：

1. 单据须按日记帐次序编号。

2. 单据内数目字，不得删改。

3. 经手人须于单据上署名盖章。

4. 主管人复核盖章。

5. 出具单据者于单据上应填明收款年月日各加盖图章或指印。

6. 单据上须详注用途。

主要参考文献

［1］魏宏运：《抗日战争时期晋察冀边区财政经济史料选编》，南开大学出版社1984年版。

［2］卢琳秉：《革命根据地时期政府审计制度探析》，硕士论文，2010年。

［3］张彦琛：《晋察冀边区财政工作中的结构与变革》，载于《理论界》2013年第8期。

从 1947 年走来的黑龙江农垦会计

朱延涛　周康平　谢时德　朱崇明[*]

【摘要】 黑龙江农垦会计两个历史光环早已过去，从 1947 年走来的黑龙江农垦会计，历经供给制会计向企业型转变、曲折探索计划经济会计模式、积极构建市场经济会计模式、向国际会计趋同迈进六个阶段的进程，在 70 来年里顺利而踏实地迈过了各个台阶，走出了一条独具特色的发展道路，形成现代化大农业多层次大集团的现代黑龙江农垦会计新模式。

【关键词】 黑龙江农垦会计　1947 年改革创新会计模式

历史上黑龙江农垦会计有着两个备受瞩目的光环：第一个是我国农垦会计界最先创立的光环；第二个是苏联援建友谊农场而长期推行苏联会计模式的光环。这些光环早已过去，黑龙江农垦会计在改革开放的新时代有了新光环。从 1947 年走来到今天的黑龙江农垦会计，经历诞生、成长、发展、改革和创新，其中由开始供给制会计向企业型转变，曲折地探索和完善计划经济会计模式，在市场经济会计模式改革创新中向国际会计趋同迈进，这六个阶段风风雨雨的历史进程，伴随着黑龙江农垦的经济、社会、文化、政权等的建设改革发展的脚步，在 70 来年里顺利而踏实地迈过了各个台阶。特别是改革开放以来的 37 年，黑龙江农垦会计走出了一条独具特色的发展道路，初步形成了现代化大农业多层次大集团的符合垦区需要的社会主义市场经济的现代黑龙江农垦会计新模式。

一、第一阶段，1947~1952 年新中国成立前后由供给制会计向企业型转变

这一阶段经历了 5 年，是新中国成立前解放战争和新中国成立后经济恢复时期，垦区农场处在初期发展阶段，按当时情况农场实行供给制会计。农场财会对供给制会计进行改革，探索适合企业型核算的会计模式，积极向企业型会计转变。

1945 年东北光复后，12 月 28 日毛泽东主席做出了《建立巩固的东北根据地》的决定指出："此次我军 10 余万人进入东北和热河，新扩大者又达 20 余万人，还有继续扩大的趋势。加上党政工作人员，估计在一年内，将达 40 万人以上。如此大量的脱离生产人员，专靠东北人民供给，是决不能持久的，是很危险的。因此，除集中行动负有重大作战任务的野战兵团外，一切部队和机关，必须在战斗和工作之暇从事生产。1946 年决不可空过，全东北必须计划此事。"在这个战略决策指引下，东北抗日民主联军、八路军、新四军的大批部队先后进入黑龙江地区，在紧张战斗、建立政权的同时，开始了垦荒生产运动。这个带有军

---

* 朱延涛：黑龙江农垦勘测设计研究院财务处；周康平：黑龙江省农垦总局会计史编写组；谢时德：黑龙江省农垦总局会计史编写组；朱崇明：黑龙江省农垦总局会计史编写组。

垦性质的垦荒生产运动，为后来第一批国营农场的筹建，在物资和人员等方面做出了必要的准备。

1946 年进驻黑龙江地区的机关、部队、学校，根据要求开辟生产基地，兴办"粮食工厂"（农场），以支援解放战争，减轻人民负担。开始搜集敌伪遗弃的农用机械设备，着手筹办小型公营农场。

1946 年 8 月 7 日东北行政委员会在哈尔滨成立。1947 年，原松江省筹建了宁安农场，原黑龙江省筹建了花园农场，东北行政委员会筹建了通北农场等。这些农场配备了会计人员，从而诞生了农场会计事业。宁安农场以抗联精神点燃了《建立巩固的东北根据地》农垦会计核算的"奥林匹克圣火"。

1949 年末，黑龙江地区已筹办各类公营农场 100 个，其中县营农场 85 个。农场财会队伍在成长、发展和壮大。这些农场在当时的政治经济形势下，只能步同机关、部队实行供给制，因而农场实行供给制报账会计。当时农场供给制报账会计基本特征是，农场生产和建设资料以及各种经费由领导机关直接提供，生产上交粮食等产品，不计成本，不算盈亏，农场基本没有账簿。

1949 年 8 月 27 日东北人民政府在沈阳成立，取代"东北行政委员会"。东北人民政府设立农业部，在沈阳的原东北大学的校园里。东北人民政府农业部增设"机械农场管理处"，不久就改名为"公营农场管理处"、"东北公营农场管理局"，这是我国第一个农场主管部门，办公地从沈阳迁到哈尔滨阿什河街 100 号楼房。东北公营农场管理局设立经理处，后改为财务处，这是我国第一个农场财会主管机构。

1949 年夏东北局、东北人民政府召开公营农场场长会议，总结建场的经验教训，并在充分调查研究的基础上，决定对公营农场进行整顿，暂停发展新的农场，整顿的目的之一是由供给制向企业型会计转变。

这期间，财会人员在积极探索企业型会计模式。1949 年初，原东北公营农场管理处制订了《机械农场会计规程（草案）》，通知所属农场对国家投入和接收的敌伪财产进行清理，并根据 1948 年、1949 年发生的费用，编制 1949 年的财务决算，为 1950 年开始的企业化经营实行统一的会计科目和建立会计账簿奠定了基础。1949 年选定通北农场作为单设会计机构的试点，并从沈阳等地招聘一批会计人员，充实各农场。

1951 年 11 月，东北公营农场管理局下发《关于企事业单位清理资产核定资金》的指示，各农场完成了清产核资工作，为实行经济核算奠定了基础。结合农场的特点，先后制订了《东北机械农场暂行普通会计制度（草案）》和《东北机械农场暂行农业成本会计制度（草案）》。

1952 年 9 月，中共中央东北局召开第一次国营农场工作会议。书记处书记林枫作了《迎接大规模经济建设，办好国营农场》的工作报告，并做出《关于加强国营农场工作的决定》，要求各国营农场努力提高技术水平，充分发挥机械效益，加强成本核算，改善经营管理，为消灭浪费，提高产量，创造盈利而奋斗。

这些制度和会议，不仅有力地推动了黑龙江垦区的较大发展，还有力地推动了由供给制会计向企业会计的转变。当时农场企业会计基本特征是，各农场先后由供给制改行薪金制，职工评定工资等级，将建设和事业费用从生产费用中分开，采购生产资料计数计价，计算生产产品收入，核算生产经营成本，计算生产经营盈亏。对农场需要的农机设备，也不再无偿拨付，实行按预算作价拨付。这些改革都从客观上加速了农场从供给制会计向企业会计转轨的步伐，形成了初期的黑龙江农垦企业会计模式。

二、第二阶段，1953～1965 年计划建设时期探索计划经济会计模式

这一阶段经历了 13 年，是国家实施"一五"和"二五"经济建设计划和 3 年调整时期，两个五年计划促使农场有较大的发展。垦区财会从发展国民经济建设五年计划开始，在曲折中不断探索适合我国国情和农垦情况的计划经济会计模式。

1953 年，国家安排第一个五年计划，全国转入全面大规模的经济建设。1954 年，中央决定调整黑龙江省的行政区划，把原有的松江、黑龙江两省合并为黑龙江省，设置黑龙江省农业厅国营农场管理局。1955 年 7 月，经国务院批准，东北国营农场管理局与农业厅国营农场管理局合并，成立黑龙江省国营农场管理厅。1956 年国家成立农垦部，先后在黑龙江省设立农垦部铁道兵农垦局（后改为牡丹江农垦局）、设立农垦部合江农垦局两个直属局。1963 年牡丹江、合江两农垦局合并，成立农垦部东北农垦总局。垦区经过这样调整和实施两个五年计划，特别是王震将军率领 10 多万解放军开发建设北大荒，促使农场有很大的发展。

为适应国家大规模经济建设和垦区农场的迅速发展，农场必须加强经营管理，全面加强经济核算，农场的财会机构和会计人员也由此得到充实和提高。"一五"期间黑龙江垦区会计工作比较活跃：一方面总结前几年会计工作的经验；一方面学习当时苏联国营农场的会计核算办法。1954 年经国务院批准垦区创建友谊农场，是苏联"一五"期间援建我国 156 个项目之一，苏联派专家担任友谊农场总会计师顾问巴雷·什尼科夫，全部搬用苏联国营农场会计模式，不仅在友谊农场使用，还推广到全垦区。1953 年中国人民大学簿记核算教研室翻译出版了苏联的《国营农场会计核算》一书，成了当时国营农场会计核算的蓝本。1954 年，东北国营农场管理局制定《国营农场统一成本计算办法要点》。1956 年，黑龙江省国营农场管理厅补充制定了 10 余项比较全面完整的会计制度。

1956 年以后，进一步总结了友谊农场学习苏联财会工作的经验与教训。包括苏联国营农场的会计模式，会计组织、会计制度、核算方法等。在这一过程中，垦区领导、财会领导和会计人员边实践边总结，越来越感到苏联国营农场会计模式不利于调动企业和职工的积极性。

1958 年受大跃进的冲击，一些单位一度出现不要制度，否定经济核算，以表代账等现象。后来，又在"左"的思想路线指导下，提出会计工作革命化，改变记账方法，过分简化规章制度等，导致一段时间财会工作秩序的一些紊乱。

1961 年年初，中央提出"调整、巩固、充实、提高"的八字方针。1962 年召开全国会计工作大会，根据国家对经济工作的总要求，增加了国营农场财务管理方面的制度规定。1965 年，农垦部下发了《关于进行改革国营农场财会制度的通知》。各级领导机关为此召开了会议，制订了改革方案，提出兼并资金渠道、简化核算内容、多做管理工作等制度修改方案。

实际上垦区农场早就积累了很多会计核算的经验。在 20 世纪 50 年代初，垦区就开展群众性经济活动分析。1951 年，东北公营农场管理局就提出了定额核算的问题。1953 年九三荣军农场在作业区建立核算组，使经济核算与群众、与生产相结合，与增产节约运动相结合。通北农场各车组把各项定额指标写在牌上，挂在车上，逐班逐日进行检查对照。1963 年，东北农垦总局下发了《国营农场生产队核算办法》，把会计核算向生产队又推进了一步。1964 年以后，在贯彻中共中央对农垦部的"五条"和"十六条"批示中，办中国式国营农场提上议程。生产队实行"包、定、奖"办法，将大量的核算管理工作落到生产队。

这一阶段，报刊杂志发表较多的垦区会计理论文章，结合农场的实际经验，积极不断探索

计划经济时期符合我国国情和垦情的会计模式。不再强调学习苏联会计模式，抛弃会计上的"繁琐"核算。取消农作物成本二阶段核算法，实行农业机械单独核算并合理分配成本。取消畜牧业分群核算法，实行畜禽混群核算固定价格结转成本。实行材料计划价格核算成本。实行账内算费用，账外算成本。实行双轨平行记入成本核算法等，进行多方面的改革和创新，有些还被国家农垦会计制度采纳。根据农场固定资产投资、流动资金由国家计划安排财政拨款。在"文化大革命"前基本形成符合垦区计划经济需要趋于成熟的会计模式，把垦区财会工作推进了一大步。当时垦区计划经济的会计模式基本特征：一是会计人员按计划经济需要，实行固定基金、流动资金、专用基金分别核算，并以资金平衡表原理平衡这三项资金（基金）；二是实行折旧基金制，提取折旧双重会计分录减少固定基金，开始折旧基金农场全部上缴到最后全部留用；三是实行综合成本法，计算产品成本；四是实行生产实现制，计算农产品收入；五是划小核算单位，实行会计专业核算和群众核算相结合，落实产量（利润）责任核算办法等。

三、第三阶段，1966～1976 年"文化大革命"时期财会工作在灾难内乱中运行

这一阶段经历了 10 年，是在史无前例的"文化大革命"时期，全部打乱了"三五"和"四五"的经济建设计划，垦区经济同全国其他行业经济一样遭到了极大的破坏。农场财务会计工作也同其他工作一样，在严重灾难内乱中坚持运行。

1968 年，原农垦部东北农垦总局和黑龙江省农垦厅的农场合并组建黑龙江生产建设兵团。兵团筹建初期，"文化大革命"已经经历了"造反"、"夺权"的破坏时期，兵团又提出"改造旧农场"的错误口号，把改革国营农场经营管理制度的"五条"、"十六条"视为"物质刺激、奖金挂帅"。

兵团 1968 年 12 月召开的财务座谈会上指出"目前兵团各级财会队伍人员不纯、不齐、不力的状况很严重，要充实会计队伍，使财权掌握在无产阶级革命派手里……"把原有的各项管理制度定为管、卡、压进行批判，废止过去许多行之有效的财务管理与核算制度。所有这些造成生产无计划、消耗无定额、成本无核算、管理无制度的混乱局面，经营每况愈下，酿成 1971 年以后的连续数年大亏损。

1972 年以后，兵团总结几年工作的经验教训。1973 年开始实行五定（定规模、任务、人员、设备、资金）五有（生产有计划、管理有制度、消耗有定额、成本有核算、劳动有要求），结合清产核资，恢复了原来有效的会计制度，对团（农场）实行"定收定支，收支包干，结余留用，超支不补"的包干办法，确立以连队（生产队）为基层核算单位，在农业生产中推行"定额管理，评工记分"办法，此后会计得到重视，经营状况逐步有所好转。

1972 年黑龙江省成立国营农场管理局（1972～1975 年），管理没有并入兵团的农场及劳改农场。1976 年成立黑龙江省国营农场总局，同时撤消黑龙江生产建设兵团和黑龙江省国营农场管理局，实现了黑龙江省国营农场领导体制的大统一。1976 年 10 月粉碎"四人帮"后，结合揭批"四人帮"的罪行，开始整顿恢复会计规章制度。

四、第四阶段，1977～1991 年改革开放启动探索市场经济会计模式

这一阶段经历了 15 年，结束粉碎"四人帮"后的两年徘徊，农场进入改革开放新时期，启动"经济体制"改革，在实施"五五"规划到"七五"规划中向社会主义市场经济转变。

垦区会计也以改革开路，开始启动改革并积极不断探索市场经济的会计模式。

1977 年和 1978 年，在结束粉碎"四人帮"后的两年，由于"左"的思想路线还没有根本改变，国营农场经济仍处于徘徊的局面。1978 年 12 月党中央召开的十一届三中全会，确立了以经济建设为中心的基本路线，这次会议是新中国成立以来党的历史上具有深远意义的伟大转折。1979 年提出对国民经济实行"调整、改革、整顿、提高"的方针。1984 年 10 月 20 日召开的十二届三中全会通过了《中共中央关于经济体制改革的决定》，规定了改革的方向、性质、任务和方针政策，是指导中国经济体制改革的纲领性文件。

在改革开放中，国家陆续颁布了一系列经济法规。有关财务会计方面的法规有：1978 年国务院重新颁布《会计人员职权条例》；1981 年国务院批准《会计干部技术职称暂行规定》；1984 年国务院颁布《会计人员工作条例》和《国营企业成本管理条例》；1985 年国家颁布《会计法》等。这一系列的法律法规为新时期垦区会计工作提供了法律保障。

1978 年 12 月，黑龙江省农场总局召开农场财务科长会议，在财会战线进行了系统地拨乱反正，正本清源，肯定了"文化大革命"之前 17 年国营农场财务会计工作的成绩和需要改进的问题，重新修订颁布了各项会计制度，开始贯彻《会计人员职权条例》，评定会计人员的技术职称。经国务院批准从 1979 年开始对农场实行财务包干，农场会计实行财务包干的核算。垦区农场开始进入蓬勃发展的新时期。

1984 年，农场开始创办职工家庭农场。垦区会计管理工作由过去面对两千多个生产队，改为面对十几万个家庭农场。总局于 1984 年制订了《黑龙江省国营农场职工家庭农场财务管理若干意见》（即 55 条），1986 年制定了《职工家庭农场财务管理和会计核算方法》，把农场会计的重点放在双层经营体制的管理和核算上，这是农场会计体制上的一次重大改革。

在抓农业经营改革中，农业内部增加了林、牧、渔业比重。同时，大力发展工、商、运输、建筑和服务业。产业结构的调整，使会计工作的内容和重点也相应变化。从 20 世纪 80 年代中期加强了工业、商业、运输业、建筑业、服务业等管理和核算，按农工商分行业计算盈亏，反映了农工商综合经营的特点。农场的工商运建服企业先是实行承包经营责任制，继而实行租赁、兼并、拍卖、股份制等多种改革措施，财务会计工作也进行了相应的改革。

在这一阶段，根据垦区经济改革发展的要求，垦区会计进行了一系列的具体改革。诸如：小型农田水利建设和政策性社会性支出改革为预算拨款单独科目的会计核算，农业联产承包改革的会计核算，财务包干结余和包干补贴资金改革的会计核算，创办家庭农场资产作价转让改革的会计核算，家庭农场"利费税"指标的核定及其核算，家庭农场生产生活"两费自理"和收益分配的会计核算，大小农场统分结合双层经营的会计核算，工商业承包经营改革的会计核算，事业单位创收改革的会计核算，外资建设的核算，基本建设改革为按项目资金来源分别会计核算，电算化改革的会计核算等。

1978 年垦区会计执行了新修订的《国营农场财务会计制度》（又俗称"五项恢复会计制度"），随后又执行了 1986 年新修订的《国营农场财务会计制度》（又俗称"改革会计制度"）。1988 年垦区下发《黑龙江省国营农场财务会计制度补充规定》，"补充规定"根据垦区的实际情况，对 1986 年全国《国营农场财务会计制度》做了具体补充，注意到制度的稳定性、连续性，贯彻了改革开放的方针，更好地适应农场改善经营管理、提高经济效益的需要。增加了很多市场经济方面的核算管理内容。黑龙江农垦会计的电算化网络信息化在全国农垦中率先垂范。早在 20 世纪 80 年代初，垦区就提出并探讨微机的引进与应用。从开始使用微机填制、汇总会计报表，到全面运用微机记账、分析、传输，形成了顺畅、高效的电算化网络系统。电子计算机在垦区会计工作上的运用和网络的建立，会计信息电算化处理、会计预算预测决策的综合性特点的形成，会计电算网络化日益发挥着巨大的效能。农场会计的计算手段的极大提高，把黑龙江农垦会计工作向市场经济方面推进了一大步，标志着垦区会计探索目标由计划经济会计模式向社会主义市场经济会计模式转变，也是在这一历史阶段黑龙江农垦会计开始迈向市场经济的一个重要标志。

五、第五阶段，1992～2006 年构建市场经济会计模式逐步向其转轨

这一阶段经历了 15 年，农场进入建立社会主义市场经济体制的"市场化"改革的新时期，垦区在实施"八五"到"十五"经济建设中初步建立市场经济体制的基本框架。垦区会计也在积极构建市场经济会计模式，并逐步向市场经济会计模式转轨。

1992 年 10 月 12 日至 18 日召开党第十四次全国代表大会，第一次明确提出了建立社会主义市场经济体制的目标模式。1993 年 11 月 11 日至 14 日召开十四届三中全会，通过了《中共中央关于建立社会主义市场经济体制若干问题的决定》，正式确立社会主义市场经济的改革方向和"四梁八柱"的基本体制框架。要求进一步转换国有企业经营机制，建立适应市场经济要求，产权清晰、权责明确、政企分开、管理科学的现代企业制度。2003 年 10 月 11 日至 14 日召开的十六届三中全会审议通过《中共中央关于完善社会主义市场经济体制若干问题的决定》，对完善社会主义市场经济体制做出全面部署。还总结提出科学发展观和构建社会主义和谐社会的重大战略构想，作为深化改革的重要指导思想。

1992 年国家颁布《企业会计准则》。1992 年 11 月底经国务院批准，由财政部发布实行了全国 10 余个行业新的会计制度。其中《农业企业财务会计制度》（又俗称"国际接轨"会计制度），与过去长期计划经济体制下形成的会计制度有很大差别。黑龙江省农垦总局于 1993 年上半年组织对会计人员的培训，完成了从 1993 年 7 月 1 日起实行新会计制度的准备工作，顺利地实现了新旧会计制度衔接。2004 年财政部颁布的按《国际会计准则第 41 号——农业》制订的《农业企业会计核算办法——生物资产和农产品》，2005 年起执行，标志着垦区会计进一步与国际会计相衔接。为垦区构建市场经济会计模式，并逐步向其转轨奠定了法规基础。

1994 年总局制定了《加强垦区财务管理的若干意见》和《农垦企业制定内部财务管理制度的指导意见》，规范了垦区在改革新形势下的财务管理，促进了财会人员从计划经济观念向市场经济观念的转变，促进管理模式、管理方式的转换，垦区财务会计工作进入了一个崭新的阶段。这一阶段垦区会计进行了一系列的具体改革。诸如股份上市公司的资本市场核算，市场效益目标责任核算，按市场情况推行成本（包括农业成本）逆控法，综合财务信息网络系统和预算管理网络控制系统，集中报账制改革的会计核算，垦区实行企业所得税统收汇缴改革的会计核算，养老、医疗、失业保险社会统筹和个人账户相结合改革的会计核算，100% 实现上缴养老统筹费用，社会救济及居民最低生活保障改革的会计核算，网上银行账户"两费"自理，农牧场"利费税"资金集中在管理局管理和核算，刚性预算管理改革的会计核算，职务消费货币化改革的会计核算，推行教师工资卡式发放管理核算，事业单位"企业化"管理改革的会计核算，企业基本建设改革为"在建工程"的会计核算，网络电算信息化改革的会计核算，会计委派制和复合会计人员培训改革等。

按社会主义市场经济发展的需要，垦区会计确定"市场化"改革目标取向，部分借鉴国际会计惯例。主要如市场多元化投资主体改革的所有者权益会计核算，投资资本保全的折旧不

再减少固定基金（投资）改革的会计核算，土地使用权改革的核算。这些改革标志着垦区进一步确立了社会主义市场经济的会计体系，标志着垦区会计进入构建市场经济会计模式，并逐步向其转轨的改革发展的新阶段。黑龙江农垦会计伴随着农垦经济体制改革的脚步，踏实地跨过了由计划经济走向市场经济的每一个台阶，特别是改革开放后几十年来，黑龙江农垦会计是不断发展壮大、逐步趋于完善，初步形成了社会主义市场经济的具有农垦经济特色的现代黑龙江农垦会计模式。其主要特征：一是根据市场需求，会计参与市场预测和决策；二是根据投资多元化，核算所有者权益；三是实行资产负债表原理平衡资产、负债和所有者权益；四是改革折旧核算办法，实行资本保全；五是改革完全成本法，实行制造成本法；六是实行期间费用核算，改革利润计算办法；七是现代会计信息化处理；八是探索现代化大农业、集团多层级国际化经营和资本市场的会计管理核算等。

六、第六阶段，2007 年至今还在继续全面执行会计准则并向国际趋同迈进

这一阶段已经历了 8 年还在继续，农场进入全面建设小康和全面深化改革的攻坚时期，在实施"十一五"和"十二五"规划中腾飞在快车道上，初步取得了辉煌成就。经济建设发展，将进入"十三五"规划以后新时期。垦区会计在执行会计准则中也创新发展，逐步向国际会计趋同迈进。

2007 年 10 月 15 日至 21 日召开了党的十七大会议。2008 年 10 月 9 日至 12 日召开十七届三中全会，审议通过了《中共中央关于推进农村改革发展若干重大问题的决定》，传递很多重要政策信号。2012 年 11 月 8 日至 14 日召开党的十八大会议，是我们党在全面建设小康社会的关键时期和深化改革开放、加快转变经济发展方式的攻坚时期召开的一次十分重要的会议。2013 年 11 月 9 日至 12 日召开十八届三中全会，审议通过了《中共中央关于全面深化改革若干重大问题的决定》，进一步明确了全面深化改革的五大体制改革要点，我国改革再次进入新阶段，发挥市场配置资源的决定性作用。也为垦区会计新阶段改革指明了方向。

2006 年 2 月 15 日发布《中华人民共和国财政部令》第 33 号，公布施行《企业会计准则——基本准则》。2006 年 2 月 15 日下发财会〔2006〕3 号，财政部关于印发《企业会计准则第 1 号——存货》等 38 项具体准则的通知。2006 年 10 月 30 日下发财会〔2006〕18 号，财政部关于印发《企业会计准则——应用指南》的通知。财政部这些命令、通知文件提出的有关会计准则方面的法规，简称"新准则"，都自 2007 年 1 月 1 日起施行（执行）。并要求："不再执行过去的准则、有关企业会计制度、各项专业核算办法和问题解答"。

自 2007 年以后，黑龙江农垦会计进入新一阶段的发展时期，其进程还相当长远。根据中央会议精神，黑龙江农垦在全面建设小康社会和深化改革开放、加快转变经济发展方式的攻坚阶段，取得了辉煌的成就。黑龙江农垦取消了执行半个多世纪的农垦（农业）行业会计制度，统一贯彻执行会计准则，全面与国际会计惯例相衔接，向国际会计趋同迈进。国际资本市场需要统一的、高质量的会计准则和监管约束措施，这能够加强投资者对会计信息的信心，促使投资者海外国际投资，推动全球经济的发展。

进入这一新阶段，垦区和黑龙江农垦会计在新的历史起步后发生很大的变化，开始取得了相当好的业绩。从全总局层面看，具体主要体现在以下十二个大方面：一是垦区认真贯彻实施《黑龙江省垦区条例》（黑龙江省第十一届人民代表大会颁布），黑龙江农垦会计开展了行政社会性和农场政企分开改革方面的有关核算，加重了社会行政会计核算的特色；二是垦区运行省

批准的三个管理委员会，黑龙江农垦会计开展了设立的财政、税务改革方面的有关核算；三是垦区北大荒农业股份公司上市进入资本市场，黑龙江农垦会计开展上市公司改革方面的有关核算；四是垦区在小康社会的城镇化建设中撤队并区，黑龙江农垦会计利用电算网络信息化手段开展高度集中改革方面的有关核算；五是垦区提高农业经营组织化程度实施现代化大农业股份合作社，黑龙江农垦会计开展现代化大农业改革方面的有关核算；六是垦区成立北大荒集团总公司和 10 多个龙头企业集团公司，黑龙江农垦会计开展大集团多层级集团化组织改革方面的有关核算；七是垦区实施公司股份化改革，实行股权多元化，促使黑龙江农垦会计适应公司股份化和股权多元化改革方面的有关核算；八是国家惠农政策得到全面落实，财政多元化惠农资金管理要求，促使黑龙江农垦会计适应财政多元化资金管理改革方面的有关核算；九是垦区按照财政部要求实施国库支付制，促使黑龙江农垦会计适应国库支付制改革方面的有关核算；十是垦区农业建设项目实行专业化管理改革、政府投资代建制、政府收支分类改革，正确反映基本建设财务收支行为，这些促使黑龙江农垦会计适应基本建设财务管理改革方面的有关核算。十一是中央和国务院关于推进事业单位分类改革等，也促使黑龙江农垦会计适应事业和企业结合改革方面的有关核算；十二是经济全球化的深入，垦区走出去到很多个国家实行跨区域国际化开发经营，加速垦区会计的国际化进程，垦区会计开展国际开发经营改革方面的有关核算。

七、最后概要述达现阶段黑龙江农垦会计几方面的命题

近 70 年黑龙江农垦会计改革发展的演进过程，历经沧桑，是有其原因的比较复杂的过程，也是一幅和垦区经济建设改革发展史交相辉映的历史画卷。整个过程是：从无到有、从单一到全面，同时有相当大的波动、反复和扬弃，使黑龙江农垦会计的观念、职能、体制和方法有重大的转变，直至向科学、系统、完善的会计方向迈进，在现阶段使现代化黑龙江农垦会计模式的北大荒地域性、农垦的行业性、专业的技术性、学科的体系性等不断趋于成熟。

从组成看，黑龙江农垦会计包括企业单位会计、事业单位会计和建设单位会计三个组成部分。黑龙江农垦企业单位会计又包括农业会计、工业会计、商贸业会计、运输业会计、建筑施工业会计、担保金融业会计、相互保险业会计、服务业会计等。这些行业综合经营核算，是农垦在 20 世纪 60 年代后逐步发展独创的，我国其他任何部门都没有这样比较齐全的行业综合经营的核算。

现阶段黑龙江农垦会计具有八个方面的自身特色。一是现代化大农业会计核算的特色；二是创新现代化大农业的农场和家庭双层经营会计核算的特色；三是多行业综合经营会计核算的特色；四是新型股份制经营会计核算的特色；五是国际化多层次大集团核算的特色；六是开展会计理论研究的特色，形成了具有垦区特色的会计理论体系，成果显著，凝结着垦区会计理论在这条道路上探索的艰辛；七是创新会计制度的特色，垦区会计形成于新中国成立之前，对国家的农垦会计制度贡献较大；八是还有内涵和特质极其深刻的黑龙江农垦会计精神文化的特色等。

以上多方面说明黑龙江农垦会计概念的内涵。全面概括说，黑龙江农垦会计是黑龙江农垦经济社会管理的重要组成部分，它贯穿于整个黑龙江农垦经济社会文化活动的全过程，包括黑龙江农垦的企业、事业、建设单位和对社会行政的资产、权益和发生的劳动耗费进行核算和监控，在财农两部和省监管下，形成了三级财会体制、千计的核算单位和万计的财会人员，相当规模的电算网络信息化会计，并以黑龙江农垦会计文化和黑龙江农垦会计精神做支撑的独具特

色的较为强大的管理系统。简明扼要说，黑龙江农垦会计，是产生于黑龙江省的，同时包含着并且适应于多层次经营、多生产行业、多社会部门，并直到接受中央的监督检查的会计。

一项事业需要一种精神，一种精神成就一项事业。近70年的黑龙江农垦会计，在北大荒事业和北大荒精神（艰苦奋斗，勇于开拓，顾全大局，无私奉献）以及北大荒特定的环境中，锻造了黑龙江农垦会计精神。这就是：诚实理财——是黑龙江农垦会计的职业根本；节俭务本——是黑龙江农垦会计的服务理念；敬业创新——是黑龙江农垦会计的目标追求；豪迈坦荡——是黑龙江农垦会计的做人胸怀；公正廉洁——是黑龙江农垦会计的道德灵魂；奉献发展——是黑龙江农垦会计的工作动力。黑龙江农垦会计精神的实践内涵是体现了"诚实……发展"12个方面24个字的多种要素构成，这些要素相互配合，形成严谨的"职业根本……工作动力"6个方面的黑龙江农垦会计精神体系模式。黑龙江农垦会计升华的精神，和社会主义核心价值、和中国会计精神、和北大荒精神有很多相同的要素特征，是这些精神的充分发扬和体现，涌现出数以千计的垦区老一辈平凡的会计人员可歌可泣的事迹，有烈士、英雄、模范、先进人物，还有节俭"小抠"、坚持制度、正确对待"运动"、默默无闻的以身殉职的奉献者等，有文评价垦区老财会的人和事"像一段英雄史诗"。这些将在《北大荒绽放一奇葩——黑龙江农垦会计精神》的书中尽情展示精神信息的一个又一个的故事情节，成为垦区会计历史的碑记，竖立起垦区老一辈财会人员精神的优秀群雕。

研究黑龙江农垦会计是一项长期任务。黑龙江农垦会计紧密依附于黑龙江农垦事业，是垦区事业发展的产物，垦区会计事业是充满生机和希望的事业。当前，垦区会计处于垦区经济社会改革发展的重要时期。我们要从历史层面和哲学层面思考，研究垦区会计的现代理论和方法、垦区会计的发展方向和运行机制、垦区财会政策的判断和选择、垦区网络信息化会计发展、垦区会计的学科体系、垦区会计自身的执法监控体系、垦区会计的市场人才、如何更好地为黑龙江农垦经济社会文化服务、准确科学地阐述黑龙江农垦会计的概念内涵等，这些应是今后研究的重要课题。

第二篇　会计方法与会计规程的历史演变

《商法调查案理由书》与清末会计发展

付　磊　崔新婷*

【摘要】 商法调查案理由书在对清末商事立法的建议中，提出了对一系列会计和财务问题的认识，包括公司法人会计主体、会计期间、财产计价、资产减值处理、利润计算、利润分配、公积金提取、资本保全、信息披露等。这表明，清末的会计现代化进程不限于引进西方复式记账法，在会计确认、计量、报告和若干会计基本理论也有着一定的认识和运用，且与当时的世界先进理论相接近。商法调查案理由书中的会计内容，多角度地展示了清末会计的发展状况。

【关键词】 清末商法调查案理由书　会计发展

　　清代末年，中国开始接受西方会计的影响，中国的会计缓慢地向现代会计变化。《连环账谱》（1905 年）、《银行簿记学》（1907 年）、《理财考镜初稿》（1910 年）等著作的问世是中国引进和学习西方会计的标志。除了这些人们熟悉的标志性之外，还有一些人们不太了解的文献、事件同样反映着当时中国会计的状况，商法调查案理由书便是其中之一。

　　商法调查案理由书是清末民间提请清政府商事立法的意见书。1904 年 1 月 24 日清政府颁布《钦定商律》，包括《商人通则》9 条、《公司律》131 条。"这是中国法制史上第一部现代意义上的法典，可谓中国法律近代化的开篇之作。"① 但《钦定商律》是由当时负责主持修订法律的刑部右侍郎伍廷芳等人奉旨仓促而作，"草创之始，难语完备"，存在不少疏漏及不符合实际之处。当时的商界认为，商法关系国家权利，且与商人利害攸关，乃于 1907 年由上海立宪公会发起商法起草委员会，决定实际访查商场习惯，参照各国最新立法例，自行编纂商法草案。② 1907 年 11 月 19～21 日，上海预备立宪公会、上海商务总会、上海商学公会等在上海愚园组织召开第一次全国商法讨论大会，143 名来自全国各地及海外华人的 85 个商会的代表参加会议，就一系列重要而具体的事项达成一致意见，决定指定专人负责草拟各案。1909 年12 月，商法讨论会召开第二次大会，通过了草拟的《商法总则》和《公司律草案》，随后将该两草案及对两草稿的说明——《公司律调查案理由书》和《商法总则调查案理由书》（合称商法调查案理由书）一同呈请清政府施行。清政府农工商部认为，该两项草案系全国各商会"专聘通晓商律之士，调查各阜习惯，参酌法理编纂而成，于实施之际不无裨益，"因而"逐条考核，参互研求，故其采择亦为独多。"③ 遂将草案修改，定名为《大清商律》，共计 367条，送宪政编查馆④审核后报资政院⑤审议。资政院未及通过，清政府即被推翻。中华民国成

―――――――――

　　* 付磊、崔新婷：首都经济贸易大学。
　　① 王志华：《中国商事习惯与商事立法理由书》"前言"，中国政法大学出版社 2003 年版，第 1 页。
　　② 见谢振民：《中华民国立法史》（下册），中国政法大学出版社 2000 年版。
　　③ 《大清新律令》续编卷八，宣统二年（1910 年）五月三十日。
　　④ 清末"筹备立宪"中设置的一个政府机构，负责办理宪政、编制法规、统计政要等事宜。
　　⑤ 清末立宪运动中的议会准备机构，也是清政府仿照西方法规体制设立的中央谘议机关。成立于 1910 年 9 月，终止于 1912 年初。民国成立后，由临时参议院替代。

立后，实业家张謇任北洋政府农商总长时，将《商法总则》和《公司律草案》再予修订，呈报总统颁布。时任总统袁世凯分别于 1914 年 1 月 13 日和 3 月 1 日二次签发"大总统令"公布实施了两法，是为中华民国最早的《公司条例》和《商人通例》。

与《商法总则》和《公司律草案》一同报送清政府的商法调查案理由书（分为《公司律调查案理由书》和《商法总则调查案理由书》两部分）是对《钦定商律》所做修正、补充的说明，讲的是立法的"理由"，即对每一条文的法理说明。该理由书参考英国、美国、德国、法国、日本、意大利、俄国、奥地利、瑞士、匈牙利、荷兰、西班牙、葡萄牙、希腊、巴西、智利、玻利维亚、泰国等十几个国家的立法例，通过对这些国家商事法律的比较，斟酌利弊得失，兼顾中国当时社会经济基础和工商业发展状况，确定选择适合中国的商法条文而成，被誉为"中国近代商事立法运用比较方法的实践典范"[1]。

一、商法调查案理由书的会计内容

商事法律与会计有着天然的关系。后者是前者的调整对象，前者需要后者提供技术支持。商事立法推动了会计的发展，"对近世会计学各分支体系的建立与发展具有深刻影响"[2]；另一方面，商事法律条款也反映了人们对会计的认识，表现着不同时期对会计的理解与运用。在《商法总则调查案理由书》中，设有"商业账簿"一章（第五章），在《公司律调查案理由书》的第四章"股份有限公司"中设有"会计"一节（第六节），专门讨论如何规范商事活动和公司经济活动中的会计行为，其他章节中也有关于会计的条款。这些章节、条款除了要求从事商事活动和开展公司经济活动必须设置符合法律规定的会计账簿，规范地登记账簿，按期保存会计账表等商事法律通常必有的规定外，还提出了关于会计年度、会计主体、财产计价、利润计算、利润分配、公积金提取、资本保全、会计信息披露、会计监查的条款，并对这些会计条款做出了说明，一定程度地反映了清末的会计发展状况。

（一）区别企业财产业主人个人财产

由于缺乏企业法人主体的意识，中国传统商业活动中没有明确区分公司（企业）财产与业主个人财产的要求。《商法总则调查案理由书》认为应当将两者区分开来，分别设置不同的账簿，做不同的记录："为自然人之商人，与法人之商人异。商人之财产与营业上之财产，不能划然各别。家事费用恒挹取之于商店，而列为银钱出入事项之一。其所以分别记载之理由，一以防商人家属流于豪侈，各别记载足使借镜而自返。二以考核倒账之商人，果出于浪费所致，抑由于不可抗力而然，可因此分别施以处理之法"。"盖业既认公司为法人，而公司与股东之财产自判若鸿沟，虽该财产之股东依然负有无限责任，然所谓责任者，不过为公司保证之责任，与商人之直接付无限责任迥别。"[3]《公司律调查案理由书》则提出："本案既明定公司为法人，则股东与公司及公司之债权者，分立为三，人格各别。"[4] 理由书的这些认识不仅能够为商事案件的法律甄别提供会计证据，也为建立会计主体概念奠定了基础，是中国会计主体思想的先驱。

---

① 王志华：《中国商事习惯与商事立法理由书》"前言"第 3 页，中国政法大学出版社 2003 年版。
② 郭道扬：《会计史研究》（第二卷），中国财政经济出版社 2004 年版，第 402 页。
③ 《商法总则调查案理由书》第五章《商业账簿》，见于《中国商事习惯与商事立法理由书》，中国政法大学出版社 2003 年版，第 51 页。
④ 《公司律调查案理由书》第二章《无限公司》，见于《中国商事习惯与商事立法理由书》，中国政法大学出版社 2003 年版，第 153 页。

(二) 财产和报表项目计价

财产计价是会计的核心内容，关系到财产价值表达、利润计算等诸多问题。中国传统商事活动并不研究财产计价问题，传统商律中也没有对商人财产计价的规定。《商法总则调查案理由书》和《公司律调查案理由书》中首次谈到了财产计价的法律规定。

《商法总则调查案理由书》在比较了日本、德国法律的不同规定后认为，法律应规定不同公司对财产采用不同的计价："第一种为商人办法。通常备置日记账之外，仅于营业开始时及其后每年结账时，编造一种财产总目（即'公司出入总账'）为已足，其财产总目，亦以附注时价为已足。第二种为普通公司法。日记账之外，于一定时期编造财产总目与商人办法同。编造财产总目，附注时价与商人办法亦同。所异者为商人应备账簿之外，当加造一种正负比较表（即"股本产业货物以至人欠欠人"，相当于资产负债表）。第三种，股份公司办法。虽编造各种账簿与普通公司同，而估价之法特异，不以时价为准，而以时价与原价之间为其最低者为准。盖商人之种类不同，斯办法不得不略异。商人之设置，应乎规模之大小，义务之繁简，与夫利害关系者之多寡而异，盖自然之势也。"[①] 这段话的意思是：规模、业务繁简、利害关系人多寡不同的企业，财产计价应采用不同的方法，规模小、业务简单、利害关系人少的企业，财产计价可采用时价；规模大、义务复杂且利害关系人多的企业，财产计价应采用成本与时价孰低法。商法调查案理由书没有解释为什么要这样规定，但一般来讲，规模大、业务复杂且利害关系人多的企业，经济和社会影响较大，一旦出现波动，后果严重；为维持经济和社会的稳定，保护众多利害关系人的利益，宜采取谨慎的会计政策，财产计价采用成本与时价孰低法为好，这既与当时的商事惯例和公司应承担的社会责任相一致，也与当时盛行于西方会计理论界与实务界的谨慎性原则不谋而合。

《公司律调查案理由书》则在公司信息披露部分提到了报表项目的计价标准，认为应以法律规定各种资产在报表中的计价标准，以准确表达资产。该理由书在"有限责任公司"一章中建议："当编造每届正负比较表时，须于公司一切财产，依下列之标准，各别注明价目：一、在市面有时价之商货及有价证券，不得超过当日市面上之时价；若时价大于卖入或制造之原价时，不得超过其原价；二、其余之财产，至多照买入或制造之原价而定；三、禁止转变而永远供营业用之固定财产，不拘时价若何，总以买入或制造之原价而定；但须折除逐年耗减之价，或算入相当筹补之费；四、债权之不确实者，仅可记其约估之数；若预计难于索取者，并不得列入；五、创办及管理费，不得作为正号之财产而列入；六、资本及法定公积金并筹补耗损等银额，均应作为除减之数，而归入负号之财产；七、正负相消后所有利益或损失，应于末项附记。"[②]；并解释说，有价证券以成本与市价孰低法计价，是因为其流通行强且时价与历史成本往往差距过大；企业自用的不动产以历史成本计价，是因为这些资产不用于流通，没有必要表现其市价（但应表达其损耗额）；将资本、法定公积金和各种准备金列为负资产，是因为将它们视为资产的抵消项，才能正确地表现利润，并使这部分股东权益有相应的资产保证[③]。理由

---

① 《商法总则调查案理由书》第五章《商业账簿》，见于《中国商事习惯与商事立法理由书》，中国政法大学出版社2003年版，第51页。

② 《公司律调查案理由书》第四章《股份有限公司》第213条，见于《中国商事习惯与商事立法理由书》，中国政法大学出版社2003年版，第347～348页。

③ 《公司律调查案理由书》第四章《股份有限公司》，见于《中国商事习惯与商事立法理由书》第348～350页，中国政法大学出版社，2003年十九世纪时，西方会计理论界流行用"积极财产"（"正资产"）、"消极财产"（"负资产"）解释账户原理的理论。"正资产"指现金、商品、应收票据等资产，"负资产"指应付票据、其他应付款等需偿还的资产来源；"正资产"减去"负资产"后的剩余为资本或资本主的纯资产（文硕，《西方会计史——会计发展的五次浪潮》），经济科学出版社2012年版，第372页。

书同时就报表项目计价标准法律规定的必要性提醒说，日本商法曾经不设报表项目计价标准的规定，任由公司采用市价计量，后来由于"公司财产及股东利入，均受其影响"，已经开始有所转变，我国在制订法律时应对此有足够的注意。①

理由书提出报表计价，表明当时已经认识到了不同计量对资产和利润的影响，并有选择地对不同报表项目采用不同的计价方法；已经掌握了对现行价格、历史成本等计量属性并熟知了不同计价方法的后果；了解了流通很强性的有价证券和经营中长期使用的不动产的不同性质，进而分别采用不同的计价方法；对债权等价值易受损失的资产，确认减值损失，以净值表现其价值。

（三）会计年度与账目结算日

中国传统商业活动对结账期没有统一规定，企业的结账期依习惯做法而定，具体日期各不相同；而按随意选择的结账日时价确定财产，必然造成财产计价的混乱。商法调查案理由书认为应当立法统一企业的结账期："商人为整理其营业之事项，不可无所附丽，而账目以起。账目之良否，以计算方法之良否衡。故结核之期，宜于减短，此不特延宕虚悬，易以丛弊，而于整理手续便利简捷，关系亦至巨。"理由书在比较了德日等国的会计年度法律规定后，认为应当以干支年度（即自然年度）作为会计年度："则凡商人或公司等，不用干支年度为营业年度而另定营业年度者，殊难适用。"在要求以自然年度确定为会计结账的基础上，理由书还指出企业应当以结账日为基准日，计量财产价值，即提出了资产负债表基准日的思想和期末资产计价的原则："结账之期日，由学理推释之，可分为法定期日与实际期日之二种。法定期日者，即法律上所定编造账目之日，而非实际上从事于编造之日。反之，非法律上所定而为实际上从事编造之日，即为实际期日。例如十二月三十日为法定之期日。而实际从事于编造乃为二月十日，是其间相悬有四十日之久。时价之涨落，因之不一。设非先事预防，主持编造者得就其时价之最高者记入账簿，以遂其奸。其在公司，有余利之可图，尤足以启导此弊。盖财产附价藉以抬高，则结算后之余利自多。而执行公司之业务者，且得以此为取媚股东之地，是亦安可不防也。本条②即定义营业年度不得过干支年度，复于一营业年度之结算，指明一定期日而注入其日之时价，庶冒利之徒无由任意填写，以蒙公众，而患或稍纾矣。"③ 理由书中提出的期末财产应以"一定期日而注入其日之时价"的思想，与后世以资产负债表日为资产计价基准日的思想是一致的。接下来，理由书进一步解释了立法确定结账日的初衷："前条④定结算账目应指明时日，原为本条附注时价之张本。所以防商人资产暗亏之弊者，意甚周至。"⑤ 也就是说，立法确定结账日是为了防止高估资产，隐瞒亏损。这显然是谨慎原则的体现和实践。

（四）债权损失处理

债权计量是财产计量的一部分，正确处理不能收回的债权损失，才能准确计量债权，正确

---

① 见《公司律调查案理由书》第四章《股份有限公司》，见于《中国商事习惯与商事立法理由书》，中国政法大学出版社 2003 年版，第 350 页。

② 指《商法总则》第 39 条："无论商人及各种公司，其所定营业年度，至多不得过一干支年度，每年度之算结账目，亦应指明一定之期日为准。"

③ 《商法总则调查案理由书》第五章《商业账簿》，见于《中国商事习惯与商事立法理由书》，中国政法大学出版社 2003 年版，第 51~52 页。

④ 指《商法总则》第 39 条。

⑤ 《商法总则调查案理由书》第五章《商业账簿》，见于《中国商事习惯与商事立法理由书》，中国政法大学出版社 2003 年版，第 52 页。

反映财产价值。商法调查案理由书在提出的立法建议第 40 条中，对债权计量的态度是："债权之不稳确者，应记其约估之数。若预料难于索取者，并不得列入。"[①] 并进一步解释说："债权既不确实，非减成或削除之不可。此盖于商业上注重其资产，公益有关，无论何种商人，均可适用也。"[②]，商法调查案理由书没有也不会提出"约估""债权之不稳确者"和"削除""不确实"债权的会计方法，但清晰表达了对资产减值的认识和以实际价值表现资产的思想。

（五）盈亏计算、利润分配与资本保全

按照中国传统观念，私人独资企业和合伙企业的盈亏计算、利润分配是企业的私事，由企业自行处理，有的地方、行业存在惯例或通行做法，但历来没有法律规定。公司制企业投资者众多，为协调和保护投资者利益，必须规范盈亏计算和利润分配。《公司律调查案理由书》对公司盈亏计算和利润分配提出了如下立法建议：

其一，无论何类公司，均应奉行"无利不分原则"，即为了保护债权人利益，保证资本的完整，只有确实取得了利润才能向股东分配利润，不得以资本分配利润。《公司律调查案理由书》第二章"无限公司"在第 43 条条款建议中称："公司非弥补历年亏损，实有盈余，不得为利益之分配。违背前项之规定而分配时，公司之债权者，得直接向之追缴。"[③] 理由书对这一条款的解释是："本条定关于分利事，所以保护债权者之方法，为充实资本之原则。"[④] "股份有限公司，股东止图目前之利，纵公司受损，可即时脱股。又或移本作利，冀腾股票价值，得以飞卖，重博厚利，故法律防制宜严……德国于有限责任股东，严立分利制限。苟其原出资减损时，须待弥补，不得分派，违者得使追还。而于无限之股东则否。盖惟责任有限者，必须严受其界，使资本之充实。若责任既属无限，自无限之可界。"[⑤] 在第四章"股份有限公司"中又称："盖公司之利益或损失，主依每年正负比较表结算而确定。苟非比较表上除去资本、债务、公积外实见为盈余，不得任意指为利益，而以之分派于各股东。否则公司之财产暗亏，即公司债权之担保甚险。"[⑥] 这些立法建议和解释，限定公司不得在没有利润和没有弥补亏损的情况下分派股利，保证了公司资本的完整，保护了债权人利益，体现了资本保全的思想。

其二，不因过度分配利润而损伤资本，首先要正确地计算利润。理由书在对几种利润计算方法进行分析后认为："利益及损失虽至易明，然亦因各种计算方法之不同，而于公司及债权者甚有关系者。（1）以某年终公司之收入、支出各款两相比较，以其差数作为利益或损失。然如此法仅可谓之盘核现款，不足统计盈亏。盖公司之收入及支出有种种事由。如各股续缴及拆退之银，庄号借用及归偿之款皆是。彼此出入相较，实与损益无关也。（2）以上年终之现存财产与次年终之现存财产两相比较，以其差数作为利益或损失。然如此法，仅可谓年结之盈亏，不能为全局之损益。盖公司现存财产之增加、减少，亦有种种事由，如因店份之添减及债

---

① 《商法总则调查案理由书》第五章《商业账簿》第 40 条，见于《中国商事习惯与商事立法理由书》，中国政法大学出版社 2003 年版，第 52 页。

② 《商法总则调查案理由书》第五章《商业账簿》，见于《中国商事习惯与商事立法理由书》，中国政法大学出版社 2003 年版，第 52 页。

③ 《公司律调查案理由书》第二章《无限公司》第 43 条，见于《中国商事习惯与商事立法理由书》，中国政法大学出版社 2003 年版，第 148 页。

④ 《公司律调查案理由书》第二章《无限公司》，见于《中国商事习惯与商事立法理由书》，中国政法大学出版社 2003 年版，第 148 页。

⑤ 《公司律调查案理由书》第二章《无限公司》，见于《中国商事习惯与商事立法理由书》，中国政法大学出版社 2003 年版，第 149 页。

⑥ 《公司律调查案理由书》第四章《股份有限公司》，见于《中国商事习惯与商事立法理由书》，中国政法大学出版社 2003 年版，第 354 页。

项之借还皆是。前后增、减互异，而亦与损益无关也。（3）以现存财产与现时应有之财产两相比较，以其差数作为利益或损失。此为历届总盘，非每年小结，损益依此而定，始为真确。盖公司之利益多少及损失大小，第一须视公司财产之增减，第二须视公司财产价值之高低，第三须视公司现时应有财产额之加减。以此三种标准而计算得出，始足见为损益。现时商业场中，每年终计算盈亏，亦有仅计算本年之损益与通算开业以来损益之二种，往往有当年市面畅旺，可获盈余，而历年统算，仍不免损者。此亦足见第一、二种之计算，不能确定为公司之损益者也。"① 理由书推崇的第三种方法，是以累计净资产确定利润的方法。这其中含有几层意思：第一，利润的形成不能只以当年收支情况为准，需考虑与以前年度的损益。这与我们当前的利润分配规定是一致的，即必须在弥补前期亏损后才能进行利润分配；第二，利润的形成取决于净资产，这种认识类似于盈利计量的资产负债表观；第三，需将经营利润与资本、债权债务变动带来的资产增减区分开，不能以后者导致的资产增加视为利润；第四，利润中应包括资产价值的增值，从而确认了资产持有利得；第五，计量"现时应有之财产"，必然要以权责发生制为基础，因此计量"现时应有之财产"隐含了权责发生制的思想，表现了理由书对会计核算基础的把握。

（六）会计信息披露

公司律调查案理由书提出，公司应至少每年结算账目，编制报表，提交股东审阅，股份有限公司的会计信息还应在新闻媒体中公开披露；而股份有限公司需要公开披露会计信息，是因为要尽到向社会报告其承担责任的资产保证是多少，是否存在风险的义务："董事局应将公司账目，每年至少结算一次，造具各项册报，送交监查员复核。"②

"公司各项册报，经股东总会准认以后，董事局应即将正负比较表及损益计算书，于公司指定新闻纸，登载广告。"③ "公司之财产既属有限，股东之责任亦为有限。而其限若何，不许使人共知，天下无此人情，各国亦无此便法。故每届账目之结算，其大概情形，总须使之公告。虽或偶遇营业不利，恐将账略公布，于公司之信用甚有危险。然亦不能因此有所顾忌。盖盈亏胜负，乃凡事之常，足为人情所共谅。而欺隐倒骗，则非理之正，殊为法律所不容。"④

《公司律调查案理由书》还建议，公司对外公开哪些会计报告，应由法律做出统一规定："公司所应造具各种册报如下：一、财产总目；二、正负比较表；三、营业报告；四、损益计算；五、有关分派官利（指无论是否取得盈利而固定发放的股利，这是很多中国企业的传统做法）、余利（指按盈利发放的股利）及提存公积金之董事局决议。""公司册报种类不一，皆所以示营业及财产之状况，而法律强使造具之。"⑤ 理由书在对各国法律要求公司披露的报表种类进行比较后，说明了各报表的作用："以财产总账为详记公司财产之状况，而正负比较表则仅示其要目。财产总账为公司所必备之书类，惟于提出会议之际，则仅报告其较简之比较表。

① 《公司律调查案理由书》第二章《无限公司》，见于《中国商事习惯与商事立法理由书》，中国政法大学出版社 2003 年版，第 148~149 页。
② 《公司律调查案理由书》第四章《股份有限公司》，见于《中国商事习惯与商事立法理由书》，中国政法大学出版社 2003 年版，第 345 页。
③ 《公司律调查案理由书》第四章《股份有限公司》第 216 条，见于《中国商事习惯与商事立法理由书》，中国政法大学出版社 2003 年版，第 353 页。
④ 《公司律调查案理由书》第四章《股份有限公司》第 213 条，见于《中国商事习惯与商事立法理由书》，中国政法大学出版社 2003 年版，第 354~355 页。
⑤ 《公司律调查案理由书》第四章《股份有限公司》，见于《中国商事习惯与商事立法理由书》，中国政法大学出版社 2003 年版，第 346 页。

苟该表不足以稽核，则再由财产总目以征信之，与总账及比较表并提于总会①无异。然仅示该表，其贷借关系确否何如，或其间有不当之项目，未可知也。必发觉其疑窦而后要求其详细之总账，以为考核……"②

（七）公积金的提取与使用

《公司律调查案理由书》使用了公积金的概念，认为提取公积金是为了抵御市场波动给公司带来的不利影响，增强公司长期、稳定发展的能力："股份公司所以必使之提存公积而于法律上规定之者，盖公司以所集总股本银为限，各股东不负无限之责任。设有不幸，公司之根本动摇。非特公司债权者，直接受其损失。且一切银根市面，亦间接被其震动，非此不足以预防流弊。又就股东之利益而论，亦不在目前多分余利，而在公司之根本稳固……商事盈亏，犹兵家胜负。惟有后援，庶偶遇挫折，尚堪再举。不致因资力短绌，转失机会。此股份公司所以提存公积为必要。"③《公司律调查案理由书》认为，为了保证公积金的形成，法律应规定公积金的计提比例："公司应为弥补损失起见，按照下列方法提存公积。一、在未满总资本数四分之一时，以每届正负比较表所得盈余至少二十分之一之数；二、当公司创办或增加资本，以超过票面之额发行股份时，所得各股票溢价或其溢价中除费纯存之数。"④

对于为什么要将股票溢价作为公积金（实际上是作为公积金中的资本公积），理由书的解释是："因股票面额以上发行股份所得之溢价，必使归入公积项下者，其理由有数种。一则以此种方法，筹备公积，最为简易。即创办一、二年间，盈余尚少，亦得存有公积，以增公司之信用。二则此所得之溢价，并非营业上之利益，乃各股东取得股份之出资，不宜以之作为利益而分派。三则如许以此种溢价作为利益而分派，势必有专为图得此种溢价之利因而增加资本者。奖励投机的取引，莫此为甚。又或恐狡黠者于发行股份时，定价在券面额以上。一似公司有非常之后望，其所得溢价，直以之分派于各股东，使之与券面额发行者无异。而不知者徒见其分派之速，一似公司于集股后骤已得利者然，不免近于欺世。故必禁其分派而长使保存，以之归入公积者此也。"⑤

理由书还建议应当做出法律规定，公司在提取公积金之前不得向股东分配利润："公司照每届正负比较表所得盈余，非照前条第一号⑥定额提存公积后，不得以之分派于各股东。""公司之财产，非超过已缴之资本额，不见有盈余，股东非俟公司结账盈余，并提存法定公积以后，不得分取利润。此股份公司之一大原则。……无盈余时之分派，名为股息，实即割取一部分之资本。故各国均严禁之。"⑦将前述关于盈亏计算、利润分配与资本保全的条款结合起来看，理由书实际上提出了公司利润分配的前提或顺序，即先弥补亏损和提取公积金，再进行利润分配的。对于公积金的使用，理由书认为"盖法律所定之公积，主为弥补亏损，不能移拨他

---

① 指公司总部。
② 《公司律调查案理由书》第四章《股份有限公司》，见于《中国商事习惯与商事立法理由书》，中国政法大学出版社2003年版，第347页。
③⑤ 《公司律调查案理由书》第四章《股份有限公司》，见于《中国商事习惯与商事立法理由书》，中国政法大学出版社2003年版，第356页。
④ 《公司律调查案理由书》第四章《股份有限公司》第218条，见于《中国商事习惯与商事立法理由书》，中国政法大学出版社2003年版，第355~356页。
《公司律调查案理由书》第四章《股份有限公司》，见于《中国商事习惯与商事立法理由书》第356页，中国政法大学出版社2003年版，第356页。
⑥ 《公司律调查案理由书》建议的公司律第218条第一款"再未满总资本数四分之一时，以每届正负比较表所得盈余至少二十分之一之数"提取公积。
⑦ 《公司律调查案理由书》第四章《股份有限公司》，见于《中国商事习惯与商事立法理由书》，中国政法大学出版社2003年版，第361页。

用。此外苟有所需，一切盈有公司自定条款。限于年利过多时，并酌提某种公积，时谓任意准备金。"①

理由书对公积金提取、使用即利润分配程序的一系列建议，与对现代公司的相关要求基本相符，和现行做法贴近，说明当时对公司会计、财务管理的认识已经达到了一定的成熟度。

（八）监查员职务的设置

为了监督公司业务和促进公司发展，《公司律调查案理由书》建议规定公司设置监查员一职："监查员由股东总会就股东中选人之。"②"监查员之职务如下：一、查察董事局办理公司业务，是否适合法律及本公司定章或股东总会之决议，并举发董事局于职务上有过恶及不正之行为；二、复核董事局造送股东总会之各种账册，并报告其意见于股东总会；三、认为必须特开股东总会时，应即通知召集。"③理由书还分析了设置监查员的意义："盖股东多注意于个人私利，而不注意于全体公益。监查员职守所关，稽核必精，利一。监查员为各股东所信任者，始得被选。于商业簿记之术，较股东自娴，利二；公司营业状况，监查员平日筹之已熟。于册报真实与否，觉察较易，利三。"④"盖股份公司，股东之责任有限，为公司之监察必不周。非先有一为监察之常设机关，恐不足以保护公司之利益。"⑤理由书中提到的监查员，类似于公司监事。要求设置这一职务，表明理由书意识到了需要有人代表股东利益实行对公司事务和经理层的监督，以减少代理成本，表现出具有了公司治理的意识与相应的制度安排。

（九）法律规定公司事务的必要性

《公司律调查案理由书》在提出一系列公司制度的同时，还说明了由法律规定公司事务的必要性："法律所以干预人民营业之私事者，盖因股份公司，于商业及银根关系均极重大，一或不慎，连累者颇多。法律不可不尽其职分而预防流弊。其干涉也，主为保护与公司往来之各户，亦正以保护公司及构成公司之各股东。大抵法律之规定愈严密，因而公司之根本愈坚确，即公司所博公众之信用愈广远。安可取放任自由之空名，而受控慌时起之实害。况官命检查之事，大致多因纠葛涉讼而后起。虽或有因此解散公司之事，然亦多于清查而后，筹议办法，转得挽回补救之途。是于商业不惟无损，而且甚有益。各国所由俱有官命检查之定律者此也。"⑥这段说明中带有如下含义：首先，法律对股份公司做出必要的规定，是为了保护与公司有着利益关系的各方，即保护相关者利益，而这也就保护了公司股东的利益；其次，严格的法律规定有利于公司的巩固，有利于公司赢得公众的信任；最后，政府干预检查公司事务，有助于挽救那些处于经济危机中的公司和稳定社会经济。

除以上所列，商法调查案理由书还有其他一些关于公司会计问题的见解，限于篇幅不再一

---

① 《公司律调查案理由书》第四章《股份有限公司》，见于《中国商事习惯与商事立法理由书》第359页，中国政法大学出版社2003年版，第359页。
② 《公司律调查案理由书》第四章《股份有限公司》，见于《中国商事习惯与商事立法理由书》，中国政法大学出版社2003年版，第333页。
③ 《公司律调查案理由书》第四章《股份有限公司》，见于《中国商事习惯与商事立法理由书》，中国政法大学出版社2003年版，第336页。
④ 《公司律调查案理由书》第四章《股份有限公司》第213条，见于《中国商事习惯与商事立法理由书》，中国政法大学出版社2003年版，第351页。
⑤ 《公司律调查案理由书》第四章《股份有限公司》第213条，见于《中国商事习惯与商事立法理由书》第353页，中国政法大学出版社2003年版，第353页。
⑥ 《公司律调查案理由书》第四章《股份有限公司》，见于《中国商事习惯与商事立法理由书》，中国政法大学出版社2003年版，第366页。

一细述。

二、对清末会计发展的认识

商法调查案理由书提出的有关公司会计规定的条款和解释，表现了丰富的会计内容，这引发了我们对清末会计发展的再认识。

第一，商法调查案理由书反映了当时对商事立法的认识和诉求，大体满足了社会经济活动和公司业务活动的会计立法需要。

社会经济活动需要法律的约束和协调，而司法需要会计提供技术支持。就协调社会经济活动、解决债务和破产纠纷等诉讼案件的需要而言，《商法总则调查案理由书》提出的设置合规的会计账簿、规范记账方法、按期结算账目等建议，使会计资料有可能作为商事司法的证据，发挥了会计在衡量经济权利与责任中的作用。事实上，会计的这些作用本来就是其与生俱有的，早已存在于人类文明之中①。

公司是一种向社会集资兴办、两权分离的企业类型，特殊的组织形式使公司，特别是有限责任公司，对会计的需要甚于独资企业和合伙企业，也特别需要法律规范公司的会计行为。《公司律调查案理由书》中有关会计的条款是在与当时世界各国同类法律做了较充分的比较之后提出的，体现了当时会计立法的国际通行做法，达到了当时会计立法的国际水准。即使从现代公司法的角度看，《公司律调查案理由书》的会计条款也相当全面、适用，这可以通过与新中国《会计法》的比较看出。新中国的《公司法》最初制订于 1993 年、1999 年、2005 年、2014 年三次修订。2014 年新修订完成的《公司法》中提出，制订《公司法》的目的是："规范公司的组织和行为，保护公司、股东和债权人的合法权益，维护社会经济秩序，促进社会主义市场经济的发展"。除了"促进社会主义市场经济的发展"这一目的外，2014 年《公司法》的其他立法目的在商法调查案理由书中都有体现，且为商法调查案理由书所一再强调。为了规范公司的会计行为，2014 年《公司法》单独设置"公司财务、会计"一章（第八章），集中说明对公司会计行为的要求，主要包括财务、会计制度的合法性（第 163 条）、按规定定期编制财务报告（第 164 条）、财务报告的披露（165 条）、公积金的提取（166 条）、公司利润分配的程序（166 条）、违规分配利润的返还（166 条）、股票溢价额列为资本公积（167 条）、公积金的使用范围与留存比例（168 条）等。此外，《公司法》还在第二章"有限责任公司的设立和组织机构"中规定了股东非货币资金出资的作价原则（第 27 条）、股东对公司重要文书和财务会计报告的查阅权（第 33 条）、股东分享利润的依据（第 34 条）、股东不得抽逃出资（第 35 条）、监事会和监事的职权（第 53 条）；在第四章"股份有限公司的设立和组织机构"中规定了股东对公司重要文书和财务会计报告的查阅权（第 96 条）、监事会和监事的职权（第 118 条）；在第五章"股份有限公司的股份发行和转让"中规定了上市公司经营状况和财务报告的公开（第 145 条）。这些规定在商法调查案理由书中几乎都有涉及，只不过表述和具体要求不同罢了。可以说，即使按照现代的标准衡量，商法调查案理由书也达到了公司法所要求的绝大部分会计规则，其会计立法的完整性几近无可挑剔。

第二，商法调查案理由书反映了对会计的认识。商法调查案理由书中的多项条款，表现了对会计的认识，如关于企业法人会计主体的条款、会计期间的条款、以不同计价方法表现不同

---

① 例如，在古埃及、古巴比伦等均将会计文书作为商事法律证书使用。

资产价值的条款、确认资产损失的条款、盈利衡量的条款、资本保全的条款、设立公积金的条款、利润分配的条款、信息披露的条款、会计监督的条款以及对这些条款的解释和说明等。这些条款表现出理由书对会计的认识，意识到了会计主体、会计期间、资产计价、利润计算、资本保全、信息披露等会计问题对企业经济活动的重要性，对这些会计问题有着一定的理解和把握，并实际运用于现实之中。商法调查案理由书是根据当时的商事习惯并借鉴了国家商事立法经验撰写而成的，书中的意见来自于当时对商事习惯的总结，其会计认识也来自当时的经济活动实践。清末时期，中国的商业活动发达，自发资本主义的演进和外国资本的入侵促使资本主义经济有了一定程度的发展并出现了股份制企业①，这突破了传统农耕经济的社会环境，形成了较传统农耕社会和简单商业社会更为先进的会计，催生了对会计的新认识，如同西方资本主义和股份制企业推动了西方会计的发展一样，正像查特菲尔德论述资本主义经济、股份公司对会计的影响时所说的那样："股份公司的创建，确实引起会计思想的很大变化。股份公司'对于将资本资产的永久投资和收益计量的机制结合起来，发挥着媒介作用。'股份公司使连续性观念具有法律效力。通过鼓励经济业务非人格化观点来结束账户的拟人化，只是在稳健主义成为公司财务的基本原则之后，才普遍对未来的意外事项设立公积金准备。在建立以年度为报告期的划分基础，以及流动资产与流动负债、固定资产和固定负债的划分界限方面，股份公司的出现，比其他任何因素都起到更大的作用……稳定金融市场、保护投资者利益的必要性，使政府介入公司的财务报表。而且，股份公司由于拥有迅速地集中巨额资本的能力，为工业生产和工业会计的发展创造了有利的条件。"②

值得指出的另一点是，理由书对一系列会计和财务问题的认识与当时世界主流会计理论，如十九世纪盛行于西方的账户原理、企业主体理论、稳健主义、持续经营、净资产利润观、会计信息强制披露和公司社会责任观等会计理论③相贴近，表现出思想体系上的一致。可以认为，在初步具有了资本主义的经济环境后，中国也和西方一样形成了超越簿记时代的会计认识，且一定程度上与当时西方发达资本主义国家会计理论相仿。

商法调查案理由书所表现出来的对会计确认、计量、记录、报告及账户原理、会计假设、会计原则、资本保全等理论的认识与运用，标志着中国当时开始了从簿记时代向会计时代的进化④。

第三，商法调查案理由书反映了当时对借贷记账法的运用。商法调查案理由书不是会计著作，只是少量地涉及了会计核算方法，但却能够反映出对借贷记账法的运用情况。《公司律调查案理由书》中提出的对正负比较表项目的计价标准中，其中之一是："禁止转变而永远供营业用之固定财产，不拘时价若何，总以买入或制造之原价而定；但须折除逐年耗减之价，或算入相当筹补之费"；在接下来对该标准的解释中，提到了如何运用借贷记账法记录固定资产：

---

①　"股份制企业在旧中国的出现，是鸦片战争以后的事……旧中国的股份公司最早出现的是外国在华办的股份银行，如英国的丽如银行、麦加利银行、汇丰银行，日本的横滨正金银行，德国的德华银行等。帝国主义为了进行商品倾销和原料掠夺，进一步攫得航行于中国内河的特权，还开办了一些轮船公司，如英国的太古洋行和怡和洋行。在工业方面，帝国主义在1895年正式取得在中国的设厂权，在此之前已非法设立的工厂至少有100多家，其中英商开办的约63家，美商开办的约7家，俄、法、德商开办的约33家。虽然这些企业并不全部是股份制公司，但其中有一部分采取股份形式。……中国创办的民族资本主义股份企业始于19世纪70年代，从1872年到1894年一共办了100多个民族资本主义近代企业。较早的有1894年朱鸿度在上海开办的第一个商办的纱厂——裕源纱厂，但是封建政权有时对获利较多的商办厂矿产任意收归官办，因而限制了股份企业在工业中的发展。"孙树义等主编：《股份制企业操作全书》第15～16页，中国计划出版社1992年版。

②　（美）迈克尔·查特菲尔德著，文硕、董晓柏译：《会计思想史》，中国商业出版社1989年版，第128页。

③　参见（美）迈克尔·查特菲尔德著，文硕、董晓柏译：《会计思想史》，中国商业出版社1989年版。

④　按照部分学者的历史时期划分，簿记时代指工业革命前，用于简单商业交易的以记账为主的会计时期；会计时代指工业革命之后，反映近代大工业和公司制企业带来的折旧、会计分期、持续经营、资本与收益区分、会计报告、资本保全和投资者利益保护、审计鉴证、法规要求等诸多复杂情况，在内容、方法和理论上比簿记极大扩展了的会计时期（吴水澎，1996；杰恩·戈弗雷等，1998；郭道扬，2008；许家林，2010）。

"供营业用之财产，并不以之转变，故与时价之涨落无关，可常以取得之原价为准。惟日久使用必有消耗，而价额为之削减。渐次消减，可至于全无价值。非络续筹备弥补之费，列入借方，则须于贷方扣减逐年耗减之价额，始可与其买入或制造之原价相合……若于借方不加入此种新调准备金，而于贷方折扣逐年耗减数额，以之计算其财产现时之实价，理亦相通……例如计值三十万之轮船或机器，每年耗减一万元，至三十年后不能复用，必须更新。则公司当每年筹备一万元，另行提存公积，以作此项弥补或更新之费。设使用一年之后耗减万元，当编造比较表时，非于借方加入筹补之费一万元，而贷方仍记其原价。即于借方并不增添项目，而惟于贷方照其原价折减为二十九万元。"① 这段话中借贷记账法的运用是：如果固定资产的借方记入损耗补充资金，须于贷方扣减逐年损耗数，才能够表现资产的原价（即：资产借方的原价 + 借方增记的损耗补充 – 贷方的损耗补充 = 资产原价）；如果借方不增记损耗补充资金，而贷方逐年扣减损耗，则可反映资产的净值（即：资产借方的原价 – 贷方的损耗补充 = 资产净价）；一项价值三十万元的机器，每年损耗一万元，一年后编制比较表时，若借方加计一万元，贷方就表现原价；若借方不增添金额，贷方就该从原价折减为二十九万元。理由书在这段话中清晰地使用了借、贷符号，并指出对于发生的经济事项应同时在借方和贷方予以记录。此外，理由书在论及正负比较表的缺点时所说的"其贷借关系确否何如，或其间有不当之项目，未可知也"，也清晰地使用了借、贷的术语。

理由书的上述内容，显示出当时对借贷记账法已经比较熟悉。需要理清的一个问题是，完成理由书的时间（1909 年）距我国学者编写的第一部介绍西方复式记账法、但未提及借贷记账法的《连环账谱》出版时间（1905 年）不过晚四年，与我国学者编写的第二部介绍西方借贷记账法的《银行簿记学》（1907 年）出版时间仅差两年。按照清末时期新知识在中国传播的速度，《连环账谱》和《银行簿记学》（出版于日本）的社会影响在两年至四年内不会太大，因此可以断定理由书的作者对借贷记账法的运用不是从《连环账谱》和《银行簿记学》中学到的，而是另有渠道。一种可能性是，中国某些由西方人管理的机构（如海关、税务机关、邮政部门）和企业（如部分银行、铁路）早在 19 世纪中后期即已使用借贷记账法，在这些机构和企业中工作的中国人接触到并学会了借贷记账法，随后将这一方法运用到其他单位，传授给其他人员，这是借贷记账法在中国传播的更有效的渠道②。这也就是说，在《连环账谱》和《银行簿记学》出版的同时甚至更早的时候，借贷记账法已经在中国商界（应该仅限于商界的高层）流传，已经有部分中国人掌握了借贷记账法，中国当时对现代记账方法已经有了一定程度的运用，而不仅仅是刚刚知道。

商法调查案理由书所含有的会计内容是多方面的，它多角度地展示了清末时期中国会计发展的状况，使我们对那个时期的会计发展有了更全面的认识，或许还会引发我们对中国近代会计发展历程的重新评价。

主要参考文献

[1] 郭道扬：《会计史研究（第二、三卷）》，中国财政经济出版社 2008 年版。
[2] 郭道扬：《中国会计史稿》，中国财政经济出版社 1988 年版。

---

① 《公司律调查案理由书》第四章《股份有限公司》第 213 条，见于《中国商事习惯与商事立法理由书》，中国政法大学出版社 2003 年版，第 349 页。
② 西式簿记在中国的传播途径是多样的。例如据资料记载，1881 年 9 月《申报》曾刊登"上海账目同书学堂"的招生广告，称教授华人学习外国账目。尽管尚不掌握该学堂具体授课内容的资料，不能肯定是否有人在十九世纪后期已经在中国传播西式簿记，但可以肯定西式簿记应该是通过多种渠道传入中国的。

[3]（美）迈克尔·查特菲尔德著，文硕、董晓柏译：《会计思想史》，中国商业出版社1989年版。

[4] 文硕：《西方会计史——会计发展的五次浪潮（上）》，经济科学出版社2012年版。

[5] 吴水澎：《财务会计基本理论研究》，辽宁人民出版社1996年版。

[6] 葛家澍、刘峰：《会计大典·第一卷会计理论》，中国财政经济出版社1998年版。

[7]（澳）杰恩·戈弗雷等著，孙蔓莉等译：《会计理论（第五版）》，中国人民大学出版1998年版。

[8] 许家林：《会计理论发展通论》，经济科学出版社2010年版。

[9] 谢振民：《中华民国立法史（下册）》，中国政法大学出版社2000年版。

[10] 孙树义等：《股份制企业操作全书》，中国计划出版社1992年版。

[11] 高德步：《中国经济简史》，首都经济贸易大学出版社2013年版。

湖南出土简牍会计史料发现成果研究

陈　敏 *

【摘要】近年来出土的湖南简牍中发现大量与会计、经济、财税有关的历史文献材料，本文对里耶秦简、走马楼汉简、益阳兔子山县府简、郴州苏仙桥晋简等近年来湖南省重大考古发现资料进行了研究，从中整理出对会计史研究存在重大新发现新结论新证据的简牍文献，并对先秦两汉时期会计结算方法、借贷契约制度、上计制度、粮米物价水平等进行了分析，为先秦两汉会计史研究提供了最新的史料证据，其中，里耶秦简中的四柱结算法账目简为首次公开发现，刻齿简为现存唯一的秦代官厅借贷审核制度证明，益阳兔子山东汉时期三联账为现今发现较早的联排记账史料。

【关键词】会计史　湖南出土简牍　四柱结算法　上计制度

一、湖南出土简牍概况及会计经济简内容

湖湘大地，物产丰富，人杰地灵。三湘四水孕育了悠久的历史文化和深厚的民俗积淀。湖南从 1952 年至今已陆续出土近 20 万枚竹简木牍，成为中国出土简牍最多的省份。这些简牍从战国到魏晋跨越千年，贯穿了整个简牍时代，记录了中华文明奠基时期的灿烂与辉煌，也为研究这一时期的历史、政治、经济、文化提供了宝贵的原始材料。

表1　　　　　　　　　　　　　湖南出土简牍情况一览

时　间	出土简牍名称	年代	简牍数量	简牍内容	出版情况
1953 年 7 月	仰天湖楚简	楚	43 片	遣策	
1972 年	马王堆汉墓	西汉	312 支 200 支	遣策 医简	
1983 年	常德德山夕阳坡 2 号墓楚简	楚	2 枚	诏书	
1987 年	慈利石板村楚简	楚	一千余枚（4 371 片）	先秦古籍	
1993 年 2 月	西汉长沙王后"渔阳"墓木楬	西汉	数十枚	遣策	
1999 年 6 月	沅陵虎溪山汉墓竹简	汉	1 500 余枚	黄簿、美食方、日书	《虎溪山前汉简》

续表

时　间	出土简牍名称	年代	简牍数量	简牍内容	出版情况
1996 年 7 月	长沙走马楼三国吴简	三国吴	14 万余枚	户籍、档案、赋税、账簿、田制	《长沙走马楼三国吴简（壹—柒）》文物出版社（2003～2013）
2003 年 11 月	长沙走马楼汉简	西汉	2 000 余枚	司法文书、职官、郡县、疆域、交通邮驿、户口统计、上计制度	尚未出版
2002 年 5 月	湘西里耶秦简	秦	37 000 余枚（有文字的 17 000 余枚）	户口登记、土地开垦、田租赋税、劳役、仓储钱粮、兵甲物资、司法邮驿、医药疾病等	《里耶秦简（壹）》文物出版社（2012）
2003 年 12 月	郴州苏仙桥三国吴简	三国吴	140 枚	簿籍、文书、纪事、书法	
2003 年 12 月	郴州苏仙桥晋简	西晋	940 枚	官府文书上计簿	
2004 年 4 月	长沙东牌楼汉简	东汉	426 枚（有文字或墨迹的 206 枚）	邮亭文书和公私信件、户籍、名目、签牌、券书、杂账等	《长沙东牌楼东汉简牍》文物出版社（2008）
2013 年 5 月	益阳兔子山遗址简牍	战国楚、秦、张楚、西汉、东汉、三国吴	约 15 000 枚	益阳县衙署档案及公私文书，涉及人口、田亩、物产、赋税、司法等	尚未出版
2007 年	岳麓书院藏秦简（岳麓秦简）	秦	2 000 余枚	《质日》、《为吏治官及黔首》、《占梦书》、《数书》、《奏谳书》、《秦律杂抄》和《秦令杂抄》	尚未出版

　　湖南出土的简牍中，有许多涉及会计账簿和财政税收账册，如果把遣策也列进去的话，目前出土的简牍中，大部分都有记录会计账簿的简。其中，会计账簿简数量较多的有走马楼三国吴简、里耶秦简、益阳兔子山县简、郴州苏仙桥三国吴简和晋简。这些简中有关的记录内容涉及行政管理、户籍、田亩、赋税、农牲数量、兵甲船只、上计制度、仓储钱粮以及校券、数简

等，对研究先秦两汉至三国时期的政治、经济、社会制度、会计方法等都有十分重要的价值。

表2　　　　　　　　　　　　　　湖南出土简牍中会计与经济简内容

出土简牍名称	年代	会计与经济简内容	研究价值
仰天湖楚简	楚	遣策	对研究单式记账方法有很好的参考
马王堆墓汉简	西汉	遣策	对研究单式簿记的发展有很好的参考意义
西汉长沙王后"渔阳"墓木楬	西汉	遣策	对研究早期流水账记账方法有很好的参考
沅陵虎溪山汉墓竹简	西汉	黄簿：详细记载了西汉初年沅陵国侯的行政设置，吏员人数、人户、田亩赋税、农牲数量、兵甲船只数量的增减及增减的原因	对研究西汉初期的行政、户籍管理制度、记账方法、社会生产状况有很好的意义
长沙走马楼三国吴简	三国吴	赋税、户籍、田制、钱粮出入、档案账簿	对研究三国孙吴时期政治、经济、军事、社会制度以及记账方法有十分重要的价值
长沙走马楼汉简	西汉	人口户籍统计、上计制度	对研究汉代郡国的上计制度很有价值
湘西龙山里耶秦简	秦	户口登记、土地开垦、田租赋税、仓储钱粮、兵甲物资	对研究秦朝历史、经济、会计方法具有重要意义
郴州苏仙桥三国吴简	三国吴	簿籍：钱米的数量登记及牲畜价值记录	对研究三国时期的记账方法十分有意义
郴州苏仙桥晋简	晋	上计簿（计阶簿）	对研究西晋时期上计制度、物价、赋税情况都有很好的参考价值
长沙东牌楼汉简	汉	杂账	数量不多
益阳兔子山遗址简牍	战国楚、秦、汉、三国吴	田亩、物产、赋税、钱粮登记	对研究战国至两汉三国时期当时的财政经济、会计制度有很好的价值
岳麓书院藏秦简（岳麓秦简）	秦	数简	对研究秦代校券、刻符记账有很好的参考

在已经出土的简牍中，长沙走马楼三国吴简以其涉及经济及赋税内容简牍数量众多，研究内容和价值也最为丰富。而沅陵虎溪山汉简、里耶秦简、苏仙桥三国吴简和晋简虽然在经济类简牍数量上不能与走马楼三国吴简相比，但对于会计史和经济史的研究价值，仍然是非常重要的。受简牍整理、解读和出版的限制，以这些出土简牍为史料所进行的经济史与会计史方面的研究尚不多见。而出土不久的益阳兔子山遗址简牍及尚在整理中的岳麓秦简中，也有大量涉及经济文书及会计事项的简牍，待简牍整理出版工作完成，亦可为先秦两汉会计与经济史研究提供极有价值的参考。

二、里耶秦简中发现中国最早的四柱结算法

（一）四柱结算法起源于秦以前

　　四柱结算法是中国古代单式簿记发展的极大成就，且这一结算方法一直沿用至今，保留在现代的账户结构和账簿结算制度中。"期初余额＋本期增加－本期减少＝期末余额"这一账户数据关系成为建立账户和反映资金运动的基本原理。而关于四柱结算法的产生时间，学界一直存有争议并不断探索。郭道扬教授在《中国会计史稿》（1982）中认为四柱结算法大约产生于唐代中期，"唐代天宝年间，闻名中外的'四柱结算法'可能已处于行将诞生的前夜。虽然我们目前尚无确凿的史实证实，在唐代中期的官厅会计核算中已有了'四柱结算法'的运用，但仅就现有的史料完全可以证实，'四柱'早在我国唐代中期就处于萌芽阶段，到唐代后期已创立并在一定范围内得到运用"。而李伟国在《宋朝财计部门对四柱结算法的运用》（1984）一文中仍认为四柱结算法的真正运用是宋代以后。1986年，杨际平、韩国磐在《现存我国四柱结算法的最早实例》（1986）一文中，对敦煌文书残片"吐蕃巳年沙州仓曹状上勾覆所牒"进行了缀合与复原，提供了唐代中期四柱结算法已在官府会计文书中实际运用的直接证明材料。他们认为，"四柱结算法的创立，在此（唐代中期）之前。"2008年，郭道扬教授所著《会计史研究（第三卷）》出版，对于四柱结算法的产生时间，有这样一段论述"自拙著《中国会计史稿》出版后，有关结账方法的研究引起了广泛关注，其中一些著名的经济学家和历史学家也参与研究讨论，他们的考证为四柱结算法的产生时间提供了新的证据。居延汉简中已经出现四柱结算法实例，因此，四柱结算应该在汉代已经产生。"

　　然而，里耶秦简出土简牍中的8～147号简为四柱结算法最早产生于何时又提供了新的证据。郭道扬教授于2012年对里耶秦简8～147号简进行了研究，分析认为，这枚记录兵器收支的简牍，采用的是典型的四柱结算法。

图1　里耶秦简8～147号简

简文如下：

迁陵已计卅四年余见弩臂百六十九。凡百六十九。出弩臂四，输益阳。出弩臂三，输临沅。凡出七。今九月见弩臂百六十二。

此简记录了秦始皇三十五年（前212年）迁陵县的弩臂输出及库存情况。结合秦朝的上计制度，秦以十月为岁首，地方户口、土地、财税、器物等上计相关的数据统计，于九月截止。

这枚简中的弩臂输出及库存记录，采用的即是四柱结算法结构：

上余弩臂　　百六十九　　（169）

今收弩臂　　无　　　　　（0）

凡出弩臂　　七　　　　　（7）

现余弩臂　　百六十二　　（162）

这枚珍贵的秦简，为四柱结算法至少最早产生于秦代提供了可靠证据，也使四柱结算法的产生时间又得到了更新，郭道扬教授已将这一发现收录于正在撰写的《会计通史》之中。

（二）湖南出土简牍所见四柱结算法的演变

四柱结算法由三柱结算法发展而来，这已是学界公认的共识，但从三柱结算法到四柱结算法发展的过程中，结算要素经历了一个发展变化的过程。这一过程本人在博士论文《唐五代宋初敦煌寺院会计制度研究》中已有述及，但受当时研究的史料限制，对这一过程分析提供证据较少。目前，对湖南出土简牍中的经济文书类简牍进行整理发现，三柱结算法向四柱结算法发展的过程中，结算要素的确经历了一个先增后减的演变过程。

以上述里耶秦简8～147号简为例，除"上余"、"今收"、"凡出"、"今余"四个要素以外，账簿中还有一条记录是"凡百六十九"，"凡"是汇总，合计的意思，这条记录实际上是上期结余和本期收入的合计数。里耶秦简8～147号简中弩臂的本期收入为零，故上期结余与本期收入的合计数与上期结余数相等（均为百六十九）。

类似的记录在长沙走马楼三国吴简中也有所见。走马楼三国吴简中有许多"今余简"，如：

今余钱二万四千二百九十　己　（壹·5 254）

今余千三千二百　己　（壹·5 450）

今余吴平斛米麦豆二万三千五百六十二斛七斗七升六合　（贰·9 028）

今余钱五 万 ▨ （贰·8 613）

今余吴平斛米三 □ 三百六十三 斛 □ 斗七升 ▨ （贰·8 277）

今余钱三千五百 ▨ （叁·6 749）

由于简牍散失，已无法得到完整的账簿记录，但从简文的内容可以看出，这是计账时的"期末结余"数。可见，三国孙吴时期的会计记账也使用了四柱结算法。但在走马楼三国吴简中，还有一些简的记录为"承余新入"，如：

右承余新入财用钱一万□千八百　己　（壹·5 227）

右承余新入口算钱四千　　　　己　（壹·5 195）

右四月旦承余新入苣钱廿七万七百八十　（壹·5 672）

这些简牍记录中的"承余新入"是一种记账符号，所记的也是上期结余与本期收入的合计数。里耶秦简和走马楼三国吴简中"凡"与"承余新入"的记录，证实从三柱结算法到四柱结算法发展演进的过程中，记账要素经历了先增后减的过程。早期的四柱结算法中的"承余新入"，其实就是三柱结算法中的"入"，也就是说，三柱结算法时期并非没有"上期结余"的概念，只是因为结余数太少或基本没有而在记账时被忽略不计，合并到"本期新入"，作为一项列示。而随着经济业务的发展，对账簿记录要求及记账水平的提高，"上期结余"项被独立出来，但最初反映上期结余与本期收入的合计项并没有立即消失，而是在很长一段时间里被保留在账簿结构中，直到人们最终意识到这一项目对账户结算的多余，才从账户结构中去掉，从而形成了现在我们看到的"四柱"式账户结算要素。

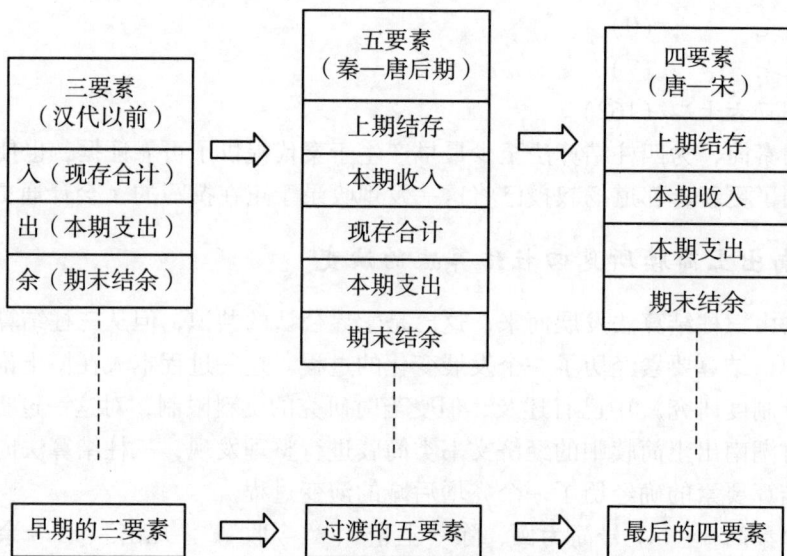

图2　四柱结算法记账要素发展过程

三、里耶秦简刻齿简所见秦代借贷契约制度

里耶秦简出土带有刻齿的简115枚，张春龙，大川俊隆（2015）对这些刻齿简进行了研究，这些刻齿简均为"校券"，按照所核校内容不同，分为入券、出券、出入券、辨券、参辨券、中辨券、右券、左券、别券、责券、器券等，简的侧面带有刻齿，刻有与简文中记录的财产物资数量相对应的数字。如图3所示：

图3　里耶秦简　简 8 - 1545　8 - 1592　8 - 1809　8 - 1335

张春龙和大川俊隆对刻齿简中的刻符进行了解读，将其与简文中的数字一一对应，且不同形状的刻齿代表不同的进制及单位。如万、千、百、十及石、斗、升等不同单位的区分。

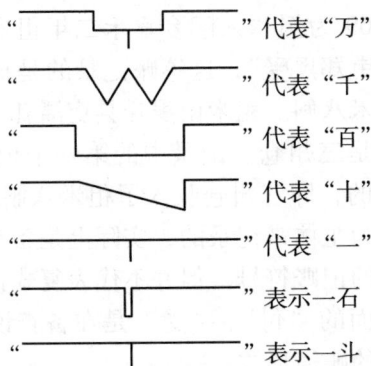

图 4

刻符记账出现于早期人类的记账活动中，如新石器时代早中期至新石器时代晚期，曾有大量刻符记事（账）发现。而至秦代，文字早已产生并普及，刻符的使用不再只是为了记账，而是文字记账的辅助功能，用于监督校对。刻齿的数量金额与简文中一致，使得持券的双方都不能随意篡改交易数额，有效地保证了交易的公平和账目的严谨。

四、湖南出土简牍所见两汉至三国时期的会计记账方法

出土的会计记账简牍中，有关财产收支账的记账形式，有非常明显的特点，即同一笔交易记录有"入"、"付"、"受"多个记账符号记录。这一记账形式不仅在长沙走马楼三国吴简中大量可见，在兔子山遗址简牍中的东汉粮米出入库简牍中也有。现列举部分简牍实例如下：

入□乡嘉禾二年租米八斛就毕☲嘉禾二年九月廿八日叟丘县吏潘孔关邸阁董基付仓吏郑黑受 （壹·2869）

入平乡嘉禾二年佃帅限米八斛七斗毕☲嘉禾浸二年九月三日顷丘番琼关邸阁董基付仓吏谷汉受 （壹·3233）

入平乡嘉禾二年租米九斛胄毕☲嘉禾二年十月廿三日□□丘张溏邸阁董基付仓吏郑黑受 （壹·2934）

入吏赵野还员口渍米□□嘉禾二年十一月廿四日关邸阁郭据 付 仓吏监贤受 （壹·3088）

入吏赵野还员口渍米五斛嘉禾二年十二月廿六日关邸阁李嵩付仓吏监贤受 （壹·3111）

入桑乡嘉禾二年还所贷食黄龙二年私学限米四斛胄毕嘉禾二年十二月十日浭丘张行关邸阁董◪ （壹·5154）

入平乡嘉禾二年还所贷员口嘉禾元年渍米十斛六斗胄毕嘉禾元年十月十七日□□丘石门关◪ （壹·5173）

入三州仓运黄龙元年佃卒限米八十一斛三斗七升□□□ 其五十斛八斗七升□□□□ 其廿二斛五斗 中 （壹·9512）

入三州仓运黄龙元年私学限米四百七十七斛六斗八升 其二百六十五斛二斗四升□□先入

二百一十二斛四斗四升后人合运　中　（壹·9548）

　　以现代会计记账规则来看这些账务记录，是十分有意思的，因为在同一笔记录中同时出现了两个甚至两个以上的记账符号，且方向相反。那么这些记录是采用了复式记账还是单式记账的另一种表现形式？以简壹·2869为例"入□乡嘉禾二年租米八斛就毕 灵嘉禾二年九月廿八日叟丘县吏潘孔关邸阁董基付仓吏郑黑受"，这笔账记录的是嘉禾二年三州仓仓吏郑黑收到叟丘县吏潘孔交由关邸阁董基的租米八斛。租米由叟丘县吏潘孔上交，关邸阁董基经手，再交付三州仓仓吏郑黑，其记账主体应是三州仓。记录中的第一个记账符号"入"是以三州仓即记账主体为财产物资运动方向而记的，即三州仓收入了租米八斛。后面的"付"、"受"是以财产物资的管理人员和仓库保管员为主体来记录的，实际上是备查说明。因此，这些记录虽然在同一笔交易中有两个和两个以上的记账符号，但并不代表复式记账，仍是单式记账，第一个记账符号才是账务记录的方向，后面的"付"、"受"是在备查说明时使用的在不久前出土的益阳兔子山简牍记录中，也有同样的账簿形式。

图5　益阳兔子山简 J6⑥3

释文：

　　入掾胡盛平斛品米三斛五斗二升六合　　建安十九年二月二日付倉嗇夫文　　熊受

　　入掾胡盛平斛品米三斛五斗二升六合　　建安十九年二月二日付倉嗇夫文　　熊受

　　出掾胡盛平斛品米三斛五斗二升六合　　建安十九年二月二日付倉嗇夫文　　熊受

　　这是东汉晚期（建安十九年，公元214年）的一套会计三联单，记录粮米的出入库数。与走马楼出土的三国吴简类似，这枚简中每条记录也都有"入"、"付"两个相反方向的记账符号。依上分析，每条记录的第一个符号为记账符号，后面的是备查说明。采用三联式记账，表明当时的财产登记制度和程序是很严格的，其中一联用于财物部门记账，另外两联分别由交纳者胡盛平和仓啬夫文熊保管，以便清查核对。

上述记账时同一记录使用多个记账符号的特点，在湖面出土简牍中，目前仅见于汉简和三国吴简，秦简及战国简中由于缺少相关的简牍实物记录，尚不能说明除两汉三国以外，其他时期有无此类账簿，相关结论还有待更多出土简牍的发现及整理之后才可进行。但走马楼三国吴简及兔子山汉简均使用了相似的记账形式，说明在这一时期，这种记账形式已被官厅会计所认可并广泛使用。

五、湖南出土简牍中所见汉代上计制度

中国古代的"上计"制度最早可追溯到西周，《周礼·天官》中有"岁终，则令群吏正岁会。月终，则令正月要。旬终则令正日成，而以考其治。"《周礼》中对上计考核制度的要求，可以算做中国"上计"制度的渊源。"上计"制度自西周初建，后世不断继承发展，成为中国古代封建时期一项重要的财政会计制度。秦汉时期，上计制度与方法发展到一个新的阶段，秦代称之为"计偕"，汉代始称"计簿"或"上计簿"。春秋至秦汉时期的上计报告，内容除财政收支、经济状况审查之外，还涉及人户、垦田、行政机构设置、吏员任职设置、灾害与盗窃等。其中，人户、田亩、钱粮出入等为上计的主要内容。《汉宫旧仪》中记载了汉代皇帝亲临受计的情况，"皇帝会诸侯于酎金庙中，以上计仪设九宾陪位也"，体现了当时的朝廷对上计制度的高度重视。

湖南出土简牍大部分是官府文书，其中有大量各地郡县的统计汇总账目及数据，均为"上计"文书。如郴州苏仙桥西晋简，均为晋惠帝时期，公元300年前后，桂阳郡的上计资料——计阶簿。记事详细到年月日，内容涉及桂阳郡及辖下各县概况、县城的规模、吏员设置、数量登记、县城区域，面积，行政区方圆大小以及河流、道路，驿站邮亭的数量及使用情况，管理人员配置等。

走马楼出土的西汉简牍中，也有关于"上计"制度的简文。如图6所示。

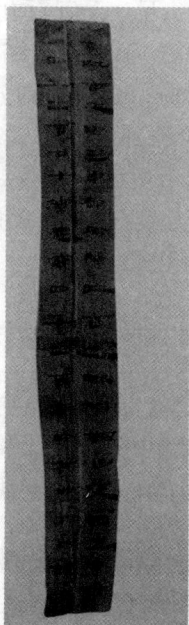

图6 走马楼汉简–7

释文：五年九月丙辰朔壬申，都乡敢言之，狱移劾曰，复移五年计余口四千二百廿七，案阅实四千二百七十四，其四十九口计后。

这是某乡上报人口有误，上级审查后令其重新核实再报。经核实后的文书再逐级上报送长沙内史、中尉守卒史。从这些简牍记录中，可以对两汉及魏晋时期的上计制度有很真实的了解。

六、郴州苏仙桥吴简所见三国时期粮米的物价

郴州苏仙桥出土三国吴简中，有一些记录粮米价格的简牍。如简 V−40 "男子黄孔米六百八十六斛八斗六升为钱七百九十六万"，简牍实物如图 7 所示。

图 7　简 V−40

如计算可知当时米价为每斛（石）一万一千五百九十钱。

关于秦汉时期的米价，学者多有研究。丁邦友总结了近年来学界对秦汉时期物价的研究认识，尹振环认为秦统一前官定的粮价为每石 30 钱；到公元前 216 年（始皇三十一年），米价涨到每石 1 600 钱；至秦亡汉兴之际，粮价涨到米石万钱。陈连庆认为战国至汉初的粮价，约在一石（斛）30 钱之谱。钱剑夫《秦汉货币史稿》认为每石 30 钱应是秦代最低的米价。林甘泉主编《中国经济通史·秦汉经济卷》认为一石 30 钱大概是秦朝初年的一般粮价。根据这些学者的研究，秦代的粮价大约为 30～1 600 钱每石。

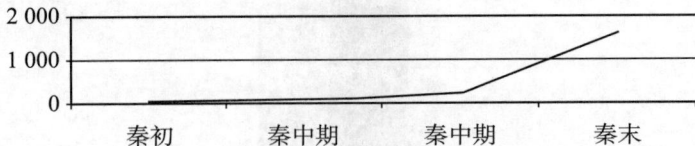

图 8　秦代的粮价（根据文献研究数据）

西汉的粮价记录相对较丰富，故讨论得最多。陈啸江《西汉的通货单位和物价》认为如果统一按五铢钱来计算，则西汉一代的粮价水平大约在数十钱到二千钱上下波动。李剑农《先秦两汉经济史稿》认为汉代"通常谷粟之标准价格，每石必在百钱以下"。马大英《汉代财政

史》认为，汉代谷价的正常波动，应是在每石几十钱至每石百几十钱之间。堀毅《秦汉物价考》认为汉代的粮价为每石一百钱左右。胡宏起《汉代的物价问题及其对策》认为西汉粮价正常价格应为每石百钱以内。黄今言《秦汉商品经济研究》认为，就通常的市价而言，西汉的米价当为石百余钱，谷价则每石30～100钱之间。

关于东汉的粮价，周国林《东汉粟谷平价斛百钱》认为东汉时期"粟谷平价"应该是百钱。林剑鸣《秦汉史》认为，东汉粮价正常年景一般的应为百钱至千钱左右，最高粮价为五十万，最低粮价为三十钱。钱剑夫《秦汉货币史稿》认为东汉初粮价偏离正常轨道，价格奇高；到汉明帝时期，粮价大跌，每石三十钱；安帝以后，粮价逐日上涨，米或石二千，或谷石万余，但官价还是每石百钱。梁仲勋《汉代物价探讨》认为整个汉代的粮价水平呈上升趋势，东汉的谷价比西汉为高，通常在每石百钱以上。《经济卷》认为东汉初粮价暴涨，粟斛数万钱；到明帝时期，粮价又大幅度回落，最低时"粟斛直钱三十"；这以后，粮价又呈起落状，但总的趋势是不断上涨；和帝以后，粮价大约以"谷石千"或"谷石千五百"为正常价格；东汉末，粮价空前腾贵，最贵时一斛达数十万钱。黄今言认为，东汉的米价当为石150～200钱左右，谷价则每石百余钱。

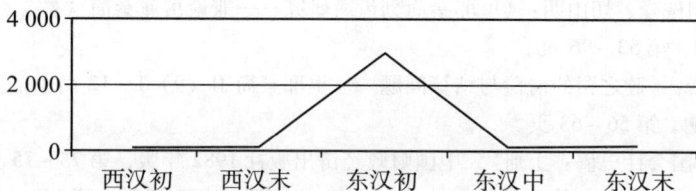

图9　两汉时期的粮价（根据文献研究数据）

文献研究秦至两汉时期粮价大约为每石30～150钱之间，朝代更替时物价不稳，出现暴涨，东汉初期曾有达到每石数万钱。郴州苏仙桥三国吴简 V－40 简文所记米价每石 11 590 钱，可谓天价。这样昂贵的物价显然不是正常水平，应是三国时期时局动荡，战乱频繁，导致粮食缺乏，物价飞涨。这一时期其他商品价格水平是否也高于秦汉时期，需待更多简牍整理发现之后，深入研究。

另郴州苏仙桥出土晋简中，还有一些简记录了粮米单位换算。如图10所示。

图10　简 C－20

释文：入米四斗五升合为米一万四千四百八十二斛。

根据这段简文，可以计算出米每升米约为三千二百一十八斛，可见当时记账已有统一计量单位的思想。

湖南出土简牍数量极多，内容丰富，历史时间跨度大，为会计史和经济史研究提供了大量有价值的第一手历史材料。本文仅就简牍整理比较完整的里耶秦简、走马楼三国吴简、走马楼西汉简及郴州苏仙桥出土简牍中的会计经济简文进行了部分研究。从这些简牍中已经可以发现先秦两汉时期的上计制度、记账形式、财产管理方面具有一定的规律和特点，如将出土简牍再作联系和整理，如沅陵虎溪山汉墓竹简、兔子山遗址县府简，能获得更多有关先秦两汉至三国时期会计、经济、财政税收方面的研究成果。

主要参考文献

[1] 郑曙斌、张春龙等：《湖南出土简牍选编》，岳麓书社 2013 年版。

[2] 吴荣曾、汪桂桥梅：《简牍与古代史研究》，北京大学出版社 2012 年版。

[3] 高敏：《长沙走马楼简牍研究》，广西师范大学出版社 2008 年版。

[4] 王焕林：《里耶秦简校诂》，中国文联出版社 2008 年版，第 22～24 页。

[5] 张春龙、大川俊隆、灯山明：《里耶秦简刻齿简研究——兼论岳麓秦简"数"中的未解读简》，载于《文物》2015 年第 3 期，第 53～96 页。

[6] 张金光、秦赟：《赎之罚的清偿与结算问题——里耶秦简 JI（9）1～12 简小记》，载于《西安财经学院学报》2015 年第 4 期，第 56～63 页。

[7] 郭道杨：《中国会计史稿：上册》，中国财政经济出版社 1982 年版，第 73～75 页。

[8] 郭道扬：《会计史研究（第三卷）》，中国财政经济出版社 2008 年版，第 152～156 页。

[9] 陈荣杰：《试论走马楼吴简中的"儌钱"和"地儌钱"》，载于《中国社会经济史研究》2014 年第 1 期，第 21～25 页。

[10] 朱德贵：《长沙走马楼简牍会计凭证初探》，载于《会计之友》2013 年第 9 期，第 112～114 页。

[11] 蒋福亚：《走马楼吴简恢复吴国经济原貌》，载于《社会科学报》2012 年第 5 期，第 1～2 页。

[12] 朱德贵：《汉代会计报表、会计科目设置和结算制度研究》，载于《会计之友》2012 年第 3 期，第 123～126 页。

[13] 李均明：《走马楼吴简会计用语丛考》，载《出土文献研究》（第七辑），上海古籍出版社 2005 年版。

[14] 蒋福亚：《走马楼吴简经济文书研究》，国家图书出版社 2012 年版。

论三国时期孙吴政权的官方记账凭证分类

——长沙走马楼出土简牍的财务研究之一

谢甲天[*]

【摘要】 长沙走马楼出土的十余万枚简牍中，至少有数千枚简牍堪称是标准的三国时期的原始记账凭证，这对于中国古代会计史的研究来说，无疑是一个振奋人心的特大喜讯。按照现代会计理论，财务凭证是记录经济业务、明确经济责任、并按照固定的格式所编制的据以登记会计账簿的书面证明。而长沙走马楼出土的有关财务的简牍，完全符合这一标准，应属于三国时期孙吴政权的官方会计账簿中的相关凭证，本文仅对这些简牍从会计记账凭证分类的角度进行初步研究。

【关键词】 孙吴政权 简牍 凭证

研究中国古代会计史，需要大量翔实的原始资料来支撑，目前公认在商朝的甲骨文中发现的有关会计事项记载的文字，毕竟还是只言片语，研究的价值有限。而战国时期的《法经》，虽然规定了"会计簿书如果丢失、错讹，与被盗数额同罪"，但并未收录券契（当时的原始凭证）。至于其他流传下来的有限典籍，其中或许会有星星点点与会计凭证相关的内容，学者们将它们拼凑在一起去分析、推测，进而得到中国古代会计凭证的大体模式，但难免会有偏差。长期以来，鲜有完整的、连贯的古代原始记账凭证供学者研究，这的确是中国古代会计史研究的一大憾事。

然而，1996 年 7~12 月，文物工作者在长沙走马楼的古井遗址进行保护性挖掘时，意外发现了十余万枚简牍，经过几年的细心清洗整理，简牍中所记载的内容真实呈现在众人面前。特别是其中数千枚简牍堪称是标准的三国时期的原始记账凭证，这对于中国古代会计史的研究来说，无疑是一个振奋人心的特大喜讯，它完全改变了过去研究三国时期会计史缺失原始资料这一窘境，为会计界的进一步研究提供了有力的证据。

会计史的研究表明，早在秦汉时期，我国就已建立起超越文字叙述式的"单式记账法"。当时的会计和国库组织发展到了较为完备的程度，凭证和账簿作为官府重要的档案，交由专吏负责长期保存。按照现代会计理论，财务凭证是记录经济业务、明确经济责任、并按照固定的格式所编制的据以登记会计账簿的书面证明。而长沙走马楼出土的有关财务的简牍，完全符合这一标准，应属于三国时期孙吴政权的官方会计账簿中的相关凭证。本文仅对这些简牍从会计记账凭证分类的角度进行初步探讨。

---

* 谢甲天：湖南大学工商管理学院 MBA。

一、财政收入类凭证

三国时期，孙吴政权所辖的长沙郡，虽然属于社会经济相对落后的地区，但这里风调雨顺，民众勤奋，物产丰富，官府的财政收入自然也颇丰厚，这些收入不仅仅只是现金，还有粮食、布匹、兽皮等其他形式，因此，在简牍的书写上，也有别于现代会计专用记账凭证中的收款凭证。至于简牍名称、编写日期、来源方、经济业务数量、有关人员签章等记账凭证基本信息，虽然不是很齐全，但在不同的简牍中，还是可以找到相应内容。本文按照财政收入的主要来源将简牍划分成以下几类：

（一）官府出租土地收入凭证

三国时期的孙吴政权，将大量的国有土地出租给吏民，以获取高额的地租。就长沙地区来说，包含若干个乡级地方行政机构，而在它的下级机构是"丘"（相当于"里"），每"丘"有十几到几十家佃户。在长沙走马楼出土的简牍之中，就有两千多份券书不仅写明了土地面积与应交纳的数量，部分中还出现了"旱败不收"的字样，并有"付仓吏××毕"的字样，这充分表明简牍是官府收受佃户输纳时制作和书写的收入凭证（收据）。

小赤丘男子王喜……其米六十三斛六斗，四年十一月七日付仓吏李金。凡为布二匹三丈九寸二分，四年十二月七日付库吏潘有……凡为钱三千四百五十钱，四年十一月六日付库吏潘有毕。嘉禾五年三月三日，田户曹史赵野、张惕、陈通校。　　（4·53）

东□丘男子陈仓，佃田二町，凡十二亩，皆二年常限。旱不收，亩收布六寸六分。凡为布七尺三寸，四年十二月一日付库吏潘有。其旱田亩收钱卅七，凡为钱八百八十八钱，四年十一月七日付库吏潘有毕。（4·284）

□丘男子陈溪（？），火种田三町，凡卅亩。旱田亩收布六寸六分，凡为布一丈四尺四寸一分，五年二月十七日付库吏番有。（4·560）

朴丘士吴□，佃田十五町，凡□□□皆二年常限。其九亩熟田，依书不收钱布。其七十亩旱田，亩收布六寸六分……斛四斗……旱田亩收钱卅七，凡为钱二千五百九十，准入米一斛六斗三升……　　（4·493）

在这些官府向田家收取的凭证中，清楚记载了出租土地的收入有税米、税布和现金，可见当时的实物税与货币税并存，如果单从地租本身的发展趋势来看，已经是高于劳役地租与实物地租的原始模式了。通过这些简牍，表明三国时期孙吴政权的土地出租收入凭证已普遍使用，其内容也相当完备，达到了规范化、制度化的程度。

（二）口钱与算赋收入凭证

口钱又叫口赋，即通常说的人头税，它始于秦朝。而到了西汉时期，口钱则专指儿童人口税，起征年龄也不断降低，从最初的七岁提早至三岁；东汉末年，政治黑暗，口钱更是到了一岁就起征，举国怨声载道。

算赋最早起源于战国时期的秦国，是用于军事性质的人口税，当时称之为"赋"或者"军赋"。汉朝继承了秦制，汉高祖四年即令"初为算赋"。自此，汉朝开始了算赋与口钱的并征，史籍也屡有记载。

三国时期，魏国是改变汉制的急先锋，它将口钱与算赋合并成"户调制"，即由按人头缴税改为按户缴税。而孙吴政权却秉承维护汉朝的态度（这也是吴蜀联合抗魏的政治基础），仍旧执行汉代以来的相关制度。因此，在长沙走马楼出土简牍中就可以看到大量与口钱和算赋相关的凭证。

其三百卅四人小口口收钱五合一千六百七十（4 436）

其六百八人大口口收钱廿八合一万七千廿四钱（4 464）

其二百五十二人算人收钱一百廿合三万二百卅（4 980）

其五万七千四百五十二年口算钱（5 196）

入广成乡嘉禾二年口算钱四百　　（5 197）

入模乡嘉禾二年口算钱四千四百（5 212）

入广成乡嘉禾二年口算钱四千　　（5 214）

入南乡嘉禾二年口算钱一千三百五十（5 229）

类似的简牍还有很多，此未悉录。官府对每一小口的"口钱"征收标准为五钱，成人的"算赋"征收标准为一百廿钱。上述部分简牍的内容还包含了各乡的口算钱的收入总量与时间，具备了会计凭证的基本要素。当然，三国时期孙吴政权的口钱、算赋制度也出现了一些变化，如将民户与吏民分别立籍，采用不同的征收标准，缓解了吏户的困境；又如允许将口钱、算赋的现金缴纳变换成实物缴纳，详见如下简文：

入模乡二年林丘邓改口算麂皮二枚□嘉禾二年十二月廿日烝弁付库吏潘□（8 264）

（三）商业市租钱收入凭证

中国古代征收"市租"的制度由来已久，例如《商君书·垦令》中就有"重关市之赋"的词句；而《汉书·高五王·齐悼惠王刘肥传》之中更是有"临淄十万户，市租千金"的说法，可见当时的"市租"是指在各类市场内所征收的商贾营业税。

史料中有许多关于三国时期孙吴政权设置市场的记载，既然设置了专门的市场，就为市租的征收创造了有利条件，也必定会有征收"市租"的凭证。我们在长沙走马楼出土的简牍之中，还真的发现了不少这样的记录。

入……一日……七月钱九月十一日市租钱……钱□……□（3 963）

□□市租钱三千二百（5 271）

承十二月旦薄余嘉禾二年市租钱十万七千二百（5 242）

承二月旦薄余嘉禾二年市租钱一千八百（5 332）

领三月市租钱十一万二千七百□（9 280）

承正月旦薄余嘉禾二年市租钱三千三百（5 376）

其七万一千三百二年市租钱（5 317）

……千二百六十市租租钱　　（5 451）

□□ 市租 钱一万四千□（5 573）

上述简牍都真实地记载了"市租钱"的征收，尤其是第5451号简所书"市租租钱"的字样，更是清晰地表明，"市租钱"是课之于市场的税种。第5242号简文表明，仅仅是嘉禾二年，官府除支出以外，盈余的市租钱就多达十万七千二百钱，可见全年的市租征收量必定远远大于此数，这也是长沙地区商业贸易繁荣的真实写照，标志着商品经济的高度发达。

（四）特种行业税收入凭证

孙吴政权统治时期的长沙地区，存在着名目繁多的苛捐杂税，在简牍中能看到的就有十余种之多，并且主要以钱币的形式缴纳。从税种来看，涉及手工业、特种商业（酒）、特色种植、设备租赁、办公费用等，下面看看其中最主要的几种：

1. "陶租钱"与"绹租钱"

入……一万四千二年陶租钱（5 215）

入……一千八百二年绹租钱（5 233）

其八百二年绹租钱（5 280）

其一万四千二年绹租钱（5 279）

上述四枚简牍实际上是对手工业者的收税凭证，要注意"陶"与"绹"在字义上的区别，前者所指的是制陶手工业，而后者所指的是制绳手工业。至于其他的手工业，虽然我们发现所对应的简牍，但可以类推，相信也有对应的税收。

2. "酒租钱"

二月领酒租钱一万四千七百（4 379）

右领酒租钱四万四千一百（4 418）

承正月旦薄余嘉禾二年酒租钱一千八百（5 346）

□……酒租钱具钱□（6 039）

凡四家一岁领酒租钱具钱十万二 千 □（6 365）

类似简牍还有多枚，完全证明当时的官府对酒业实行专卖并课取酒税。此处简文中不写"入"酒租钱多少，而写"领"酒租钱。这个"领"字代表管理的意思，正符合孙吴政权对酒类商品进行专卖的实情。另外，所征收的"酒租钱"还必须是完好无损的优质钱币——具钱（意为重量足够的钱），这在简牍中被多次提到。

3. "租具钱"

□□及禁绝□租具钱一万五千八百无所课应（4 341）

合为租具钱九千无所收责……（4 342）

临湘丞橡副言县领三年租具钱五万六千八百都吏唐王□□民□□入四（6 935）

长沙走马楼出土简牍中有关"租具钱"的简文并不太多，但"租具钱"这一税收名目却清晰可见。史学界推测，"租具钱"可能是指一些民众无力购买铁质农具（当时最先进的农具），而向官府租用铁质农具时所征收的税，至于征收细节及税率均不太清楚。

4. "财用钱"

入中乡嘉禾元年财用钱八百□嘉禾元年二月十日湛龙丘潘□（1 615）

入模乡嘉禾元年财用钱七千□嘉禾二年二月十日吏铁霸付库吏殷连□（1 663）

入平乡嘉禾二年财用钱四千四百（5 322）

入西乡嘉禾二年财用钱一千（5 226）

同样的简牍还有许多，"财用钱"的征收起源于汉代，"财用"二字不是指一般的财与物，而是专指官府中各级部门日常办公所必需的办公用品。最初征收"财用钱"仅用于官府购置纸、笔墨、封泥等办公用品，但到后来就逐渐演变成官府的一项固定的正式税收项目。而征税对象为户中成丁，证明"财用钱"已是变相的人头税。虽然"财用钱"似乎应该"专款专用"，但实际中是否有挪借他用的可能，尚无从考证。

5. "柚租钱"

右新入柚租钱一万四千（5 449）

在已清理出的简牍中，这是唯一有关征收"柚租钱"的凭证。柚子本是湖南的特产水果，当地种植面积比较广。从上述简文中我们发现，官府一次就能收"柚租钱"一万四千，可见官府对果树种植课以重税，也说明当时长沙地区的柚子产量非常高。

另外，在长沙走马楼出土的简牍之中，我们还发现了"除龙钱"、"儌钱（地儌钱）"、"鋘钱（鋘买钱或官鋘钱）"、"苽钱（租苽钱）"等税种，作为记账凭证的简牍真实地记载了这一切，它充分证明，当时长沙地区的民众用钱币当作支付手段的现象已经是十分普遍，而针对手工业、土特产业和商业为征收对象的各种租税，更是直接反映出该地区手工业、土特产业和商业的发达。

二、国库支出类凭证

以现代会计理论来看，支出凭证是指从财务借支的各类凭证。三国时期，孙吴政权在长沙地区既然有大量的财政收入，也就必然存在着财政支出。事实上，在长沙走马楼出土的简牍之中，就有许多属于国库支出凭证，它们大多具备了支出凭证的几个要素：向谁借？借的什么（钱币还是粮食等）？借了多少？并备注借款干什么用（有助于以后回想借款的情形确认）？什么时候借的？借款人等。根据支出的目的，我们把这一类简牍进行如下的分类：

（一）用于官府采购凭证

长沙走马楼出土的简牍之中，有一些关于官府以钱币或粮食采购相关物质的记录，属于典型的国库支出凭证。

平出钱二百廿一万一千七百六十五钱雇元年所调布麻水牛皮并□（1 144）

□万四千斛直一千八百付库吏殷连当市二年调布（3 733）

□百廿就留付□市今年所市布□十四四一丈六尺付库吏殷连□（4 372）

已入四万三千一百□龙□上庙所市绢缥布 贾 □（6 386）

五万一千八百册付□　布合□□（8 550）

□□付市吏潘狩市所调布廿三匹二尺（8 723）

上述简牍表明，官府采购物品主要是用钱币，少数情况下也用粮食。而购买的物品种类大多数是布、麻、水牛皮等，而且每次花费的数量也相当庞大，已知凭证中最多的一次用钱为二百廿一万一千七百六十五，最多的一次用粮达一万四千斛。这么多采购物品官府肯定不是用于自己消费，倒是有点像南朝和隋唐朝的"和市"方式：即当某一产品大量上市造成价贱时，官府出资购买稳定物价；而到了该产品淡季物价飞涨时，官府又将产品投放市场去平抑物价。如果情况属实，就从另一个侧面反映出当时的官府有意稳定商品市场经济的发展。

（二）用于商业中介凭证

由于官府从社会市场上大量采购各类物品，势必导致专门从事商业贸易的中介人物的出现，并且这类中介人物一般都具备官方背景，得到了官府的保护与支持，应该属于官商。

□还价人李绶米十二斛八斗（1 736 甲）

入民还 价 人李 绶 米一斛　 已 中（2 022）

其九斗六升价人李绶黄龙□年米　　己（2 074）

其一百廿三斛五斗二升价人 李绶 黄龙三年……　　中（2 553）

□其九斛四斗六升价人李绶□□（2 470）

入刘阳还价人李绶米卅四斛□（6 718）

入吏文水邓铁所贷价人李绶米十九斛八斗（9 539）

上述七简中出现的"价人李绶"，估计就是一名官商，他多次与人发生借贷关系，不仅是商业贸易活动的中介人，也是交易时粮食的出贷人。根据这一特征，"价人"已具备了后世的粮食商行以及钱庄的某些性质。国有资产通过"价人"去获取更大利益，而"价人"的活跃也在一定程度上推动了商品经济的繁荣。

（三）用于军粮调拨凭证

三国初期，战争频频爆发，孙吴政权为对抗魏国、蜀国，建立了庞大的军队体系，而部队的粮食补给工作就成为各级地方官府的一项重要任务，长沙地区虽然不处在战事前沿，却是孙吴政权的重要粮草供给基地。因此，长沙走马楼出土简牍作为国库支出凭证，必定会有军粮调拨的记录。

廿八斛九斗一升运送大屯及给禀诸将吏士□米一万三千卅六斛（1 737）

所督军邑居跳傅所领吏士卅三人嘉禾元年七月直人二斛嘉禾□□（1 815）

都尉儿福仓橡阮父所领师士九十人嘉禾元年六月直其卒六人人三斛廿二 人 □（1 993）

士四人禀起嘉禾元年四月讫七月其一人二斛□□三人人一斛……（2 014）

其二百卅七斛五斗司马黄 升 黄龙三年屯田限米（2 066）

三斗九升九合七勺被督军粮都尉嘉禾元年六月十四日戊申书给镇 南 □（2 303）

大屯及给禀诸将吏□□余米一万三千七百七十三斛□□□□（2 304）

出土的军粮调拨简文有好几种书写格式，上述示例的简文中大都注明了时间、人数、粮食数、负责人等，至于军粮的调配形式，既可以直接发放给各级将士，也可以作为俸禄发放给朝廷官员，还可以转运到指定的地点（军队粮草集结地）。我们知道，三国时期已开始实行屯田制，其中军屯屯田的收入，一般由所属军队全部进行征收，但采取了收支两条线，由专门的官员负责军队系统禀给士兵军粮，简牍中显示出每人每月的定量标准为二斛或二斛五斗粮食。若军屯粮食不够，再由地方财政支出补足。

（四）用于货币互换凭证

长沙走马楼出土的简牍显示，当时的长沙郡内有专门储存钱币的仓库，其中钱币的总金额数量之多令人吃惊。

钱九万一千四百五十付库吏殷连领与前所入合八十七万 八千 □□斛五斗嘉禾元年（1 121）

由此可见，仅某一钱库由库吏殷连所负责管理的钱币就有"八十七万八千"之多，很明显，这还不是当地官府储存钱币的全部。为了发挥巨大的储存钱币充当流通手段的作用，官府也实施了一系列便民的措施，其中一个重要用途，就是进行"具钱"与"行钱"的互换。

□□□□今狩书言起正月一日讫六月卅日合领具钱□□□四千一百收除□□　（4 374）

□□钱一万四千 为行钱十二万□千三百 ……（5 240）

出具钱八万一千为行钱八万五千二百 九 十五钱市嘉禾二年调布嘉禾三年正月卅 (5 359)

出具钱三万为行钱三万一千一百九十四钱市嘉禾二年调布嘉禾三年正月卅 (5 379)

右出行钱九万五千二百九十五钱 (5 462)

右出行钱廿二万□□□□ (5 600)

"具钱"是官府储存的钱币中，具有合法性和完备性的钱币，即官方认可的标准钱币；而"行钱"则为市面上流通的良莠不齐的劣质钱币（主要存在轻重不等、剪凿等现象）。三国时期，孙吴政权允许"具钱"与"行钱"同时存在，并且规定了一个"具钱"与"行钱"的兑换比例，大约是 100：104～105 左右，要根据"行钱"的良莠程度视情况而定，这些都是为了便于货币的流通，促进商品贸易的发展。

三、减免税赋类凭证

古代的免税凭证也称为免税文书，它比较生动直观地展现了处于萌芽状态时期的官府征税手段。减免税赋这类"薄税敛"的做法，是古今纳税人的共同愿望，也是古今政府惯用的惠民政策和措施。一般来看，在封建王朝的初期，官府都会采取一些税赋减税政策，以利民生，恢复生产力。而长沙走马楼出土的简牍，大多数正是记载三国时期孙吴政府最初几年的历史事件，自然其中就包含有许多涉及减免税赋的内容。经过仔细整理，我们发现三国时期孙吴政权减免税赋的原因有多种多样，以现在的标准来看，孙吴政权在税收政策上，确实有值得称道的地方，它明显减轻了部分纳税人的负担，对恢复和促进当时的生产发展起到了一定的推动作用。总的来看，三国时期孙吴政权的减税免税可划分为如下几类：

（一）身体病残减免税赋凭证

长沙走马楼出土简牍中记载有关疾病的种类不少，例如"盲目"、"聋耳"、"刑手"、"肿足"、"雀足"、"腹心病"、"狂病"等。疾病导致了劳动力的丧失，个人的生活都无法保障，自然也谈不上缴税了。如是，孙吴政权针对这一类情况制定了统一的减免税赋的相关政策，详见以下简文：

妻大女詧年廿三算一肿两足复□ (2 896)

富贵里户人公乘胡礼年五十四算一肿两足复 (2 957)

富贵里户人公乘李平年卅□算一盲右目复□ (3 048)

妻大女□年廿五 算一肿两足复 (9・3067)

富贵里户人公乘李平年廿廿□ 算一盲右目复 (9・3075；图三：1)

子公乘客年廿八 算一苦腹心病复 (9・3075；图三：2)

上述简牍都属于因身体疾病而减免税赋的凭证，具体理由非常详细：有足（单足或双足）肿胀的；有眼睛失明的；有患"腹心病"的等。简文中的"复"字的意思为免除税赋，这在史籍中多有出现，例如《汉书・晁错传》就有"不得一算之复"，也正是免除税赋这个意思。

除病痛之外，还有一些人出现了身体残疾（简文中的"刑"字在史学界有争议——可能是官刑、或自残、或战争，具体成因不在本文讨论之内），例如失去了一只手或者一只脚的，严重的有双脚残疾。这些因残疾丧失部分或全部劳动能力的人，也都在免除税赋人员的范围之内。

常迁里户人公乘何著年五十四算一刑两足复 (2 950)

高平里户人公乘鲁开年卅二算一刑左手复 (9・3017；图三：2)

尾妻大女 汝 年十五算一刑右足复（3 328）

毫无疑问，三国时期孙吴政权对病残者（无论何种原因导致）实行了免除税赋的优待政策，这对于当时的社会稳定起到了积极作用。

（二）年龄因素减免税赋凭证

早在汉朝的时候，就有优待高年的律令，到了三国时期对于老年人免征税赋的制度也被保留下来。既然老年人已进入免税阶段，许多事物活动都与他们无关，记录老人的简文也就相对较少，在长沙走马楼出土的众多简牍之中，只找到 14 枚标明"老男"、"老女"的简牍，其中年龄最小的为 61 岁。因此，有关孙吴政权的老免的年龄标准似乎不难确定，部分学者认为是在过完花甲之年，从六十一岁开始算起。

老男胡公年六十一踵两足（5 162）

老男赵友年六十五（5 211）

兴妻老女麦年六十四……（8 931）

民大女李婵年七十一□（8 933）

厚母大女妾年一百一岁（9 009）

吉阳里户人老女赵妾年八十一（10 111）

以上简牍中并没有"复"字，那是因为他们的年龄都已达到（或超过）六十一岁，不需要政府优复，所以简文中也没有另行强调。反之，如果年龄小于六十一岁，只有当身体出现病残时，需要经过优复才能免除税赋。

（三）特殊人群减免税赋凭证

在长沙走马楼出土的简牍中，出现了几类特殊人群，他们或多或少都能享受到减免部分税赋的优惠政策。

1. "士"

朴丘士吴□，佃田十五町，凡□□□皆二年常限。其九亩熟田，依书不收钱布。其七十亩旱田，亩收布六寸六分。……斛四斗。……旱田亩收钱卅七，凡为钱二千五百九十，准入米一斛六斗三升（下略）（4·493）

□丘士逄君，佃田十七町，凡七十六亩，皆二年常限。其六亩熟田，依书不收钱布。其七十亩旱田，亩收布六寸六分，凡为布一匹一丈八尺，准入米二斛五斗八升二合（下略）（4·550）

据史学界考证，此处的"士"可能是指由北方迁徙到南方来的读书人及其后代，孙吴政权为了拉拢与团结这批读书人，可谓费尽心思，除对其中特别有才之士委以重任外，普通的读书人也给予了"士"的名号，并享受一定的减免税赋优惠政策，这就有了"依书不收钱布"的规定，况且该政策子孙后代都可以延续享受。

2. "复民"

己酉丘复民五□表，佃田三町，凡廿九亩，皆二年常限。其廿四亩旱田，亩收布六寸六分。定收五亩，亩收米五斗八升六合。亩收布二尺……其旱田亩收钱卅七，凡为钱八百八十八钱……（4·42）

己酉丘复民郑饶，佃田八町，凡卅五亩，皆二年常限。其卅亩旱田，亩收布六寸六分。定收五亩，亩收谷五斗八升六合。为米三斛七斗六合，亩收布二尺……凡收布二丈九尺八寸……其旱田亩收钱卅七，其熟田亩收钱七十，凡为钱一千二百九十五钱……（4·50）

"复民"属于一类租税负担略轻于普通租田民户的特殊人群，他们也承租了官府的田地，但绝不是享受复除税赋的待遇。例如上述两枚简牍中，"复民"的五亩熟田，虽然不是按一般定收标准的一斛二斗（每亩），而是降到了五斗八升六合（每亩），但要缴税是无疑的。尽管减免税赋的数额十分有限，但多少也表现出官府对"复民"的优惠政策。

3. "州吏"

利丘州吏黄杨□佃田十八町，凡卌亩，皆二年常限。租田亩收米五斗八升六合，凡为米廿三斛四斗四升……（4·226）

弦丘州吏陈康，佃田八町，凡廿亩，皆二年常限。租田亩收米五斗八升六合，凡为米十一斛七斗二升……（4·296）

此处的"吏"并非官吏的意思，在中国古代，将服徭役者命名为"吏"，汉代时，"吏"是受国家征发服役的对象，他们分为"郡吏"、"县吏"和"州吏"。"州吏"所纳米叫"租米"，每亩也只要缴五斗八升六合，而"郡吏"、"县吏"所纳米叫"税米"，每亩达一斛二斗。这说明"州吏"是诸吏中地位最高的，受到了官府的减免优待。

四、结语

简牍的清理与辨认需要一个极其漫长的过程，据长沙简牍博物馆的工作人员介绍，到目前为止，整理好并公示出的简牍尚不到出土总量的50%。从已知的涉及财务记账凭证的简牍来看，它们完全符合会计凭证记录的基本要求，如"入、出"和"余"作为会计记录的符号已通行一致，并且冠于首位，而会计对象的名称则置于其后，以此明确会计对象的经济性质。另外，简牍中也出现了如"集凡"、"谨列"、"莂"等会计专门用语。作为会计凭证，长沙走马楼简牍采取的是单式会计记录法，不论是收入还是支出，都只进行了单方面的记录，但收入说明了来源，支出也讲清了用途。该记账方式已经能够较全面地反映三国时期经济活动的过程，无论是从形式还是内容上看，这批简牍的记录都是相当完整的、全面的、准确的。就当时的历史条件来说，这些简牍已属于比较科学规范的会计凭证。

主要参考文献

[1] 高敏：《长沙走马楼简牍研究》，广西师范大学出版社2008年版。

[2] 朱德贵、刘威威：《长沙走马楼简牍会计凭证初探》，载于《会计之友》2013年第26期，第112～114页。

[3] 杜汉超：《长沙走马楼三国吴简米出入记录所见会计制度探讨》，吉林大学论文，2009年。

[4] 朱德贵：《汉代会计凭证研究》，载于《会计之友（中旬刊）》2008年第10期，第103～104页。

[5] 李均明：《走马楼吴简会计用语丛考》，载于《出土文献研究（第7辑）》，2005年。

[6] 长沙市文物考古研究所等：《长沙走马楼三国吴简·竹简（壹）》，文物出版社2003年版。

[7] 长沙简牍博物馆等：《长沙走马楼三国吴简·竹简（贰）》，文物出版社2007年版。

[8] 于振波：《走马楼吴简中的限米与屯田》，载于《南都学坛》2004年第1期，第29～33页。

[9] 谷口建速：《走马楼吴简：与库相关的账簿与财政系统》，清华大学历史系，社会·经济·观念史视野中的古代中国国际青年学术会议暨第二届清华青年史学论坛论文集下，清华大学历史系，2010年。

[10] 韩树峰：《吴简中的口算钱》，载于《历史研究》2001年第4期，第171～172页。

复式记账符号新论

——从"Per/A"到"收/付"

满一兴*

【摘要】在 1494 年出版的"现代会计之父"卢卡·帕乔利的《簿记论》中,复式记账符号是一对拉丁词汇"Per/A",而不是至今通行已近 500 年的"借/贷"。"Per/A"被选作复式记账符号是记录经济交易的内在需求,更有其语义基础:即在"Per/A"均有"在……手中"这一相同含义的同时,"Per/A"还具有相对的含义——"Per"指内部、"A"指外部。"Per/A"被改成"借/贷"是一场历史的误会。中国长期使用的单式记账符号"收/付"可以推广到复式记账法中,并且比"Per/A"更适合作为复式记账符号。用易学易懂的"收/付"取代难学难懂的"借/贷"非常必要且简单易行,即用"收"取代"借"、用"付"取代"贷"。解决"现金须反收反付"问题的关键是,用"股利证书"将抽象的"收入"具体化。

【关键词】复式记账符号 Per/A 借/贷 收/付

一、引言

会计史研究表明,复式记账法起源于 13 世纪意大利早期银行业。世界公认现代会计之父卢卡·帕乔利在其 1494 年出版的《簿记论》中第一次系统地总结了当时已发展相当成熟的威尼斯式簿记的基本原理和方法,书中引入的复式记账符号为"Per/A"。16 世纪早期,荷兰商人简·英平·克里斯托弗尔(Jan Ympyn Christoffels)在将《簿记论》由意大利文编译成荷兰文时,原有的复式记账符号"Per/A"被改成"借/贷"且通行至今。

用"借/贷"做复式记账符号存在一个突出的问题,即原本具有实际意义的"借"、"贷"二字只能作为抽象的无意义的记账符号,让初学者感到"难学难懂",为什么"上/下"、"左/右"、"前/后"等不可以作为复式记账符号,而偏偏是"借/贷"?无人能给出令人信服的解释。在《簿记论》从荷兰进一步传播到世界各国的过程中,有人试图用别的符号取代"借/贷",有人则努力寻求"借/贷"用作复式记账符号的合理解释。19 世纪中晚期《簿记论》传入亚洲后,日本和中国的学者有过用"收/付"取代"借/贷"的理论探索并实际推行,但始终存在一个"现金须反收反付"问题无法解决,最终不得不放弃努力而回归"借/贷"。

在这个漫长过程中,有两个根本问题未得到重视:为什么《簿记论》中的复式记账符号是"Per/A"而不是其他?"现金须反收反付"问题是否可以得到彻底解决从而使得"收/付"可以作为复式记账符号?本文从探寻《簿记论》中复式记账符号"Per/A"的语义出发,对上述两个问题做出了回答。

---

* 满一兴:华南农业大学经济管理学院。

二、"Per/A"的语义与复式记账基本方法

（一）"Per/A"的语义

主要职业为教师的卢卡·帕乔利撰写《簿记论》的目的是为了传播知识，因而用通俗的意大利语写成该书；但书中所介绍的一对记账符号应是拉丁语词汇，因为中世纪欧洲通用的书面语言是拉丁语，"Per/A"这对专用符号也应在《簿记论》成书之前流行很长时间，卢卡·帕乔利没有必要去改动，直接引用即成。

从一本拉英－英拉词典 *The Bantam New College Latin & English Dictionary* 给出的关于 Per、A 的词义中可以看到，Per、A 被选用为复式记账符号是有其语义基础的。

首先，两个词汇具有相同的一种含义——（of agency）at the hands of；意思为"（对代理人而言）在……手中"。其次，两个词汇还具有不同但相对的意义。Per 有一条词义为：for one's or it's own sake，on it's own account；A 则有一条词义为：（of space）from，away from。简言之，Per 用以指内部，A 用以指外部。

"Per/A"这对词汇既具有相同的含义又具有相对的含义这一特征，正是它们被选用为复式记账符号的语义基础。

（二）用"Per/A"进行复式记账的基本方法

复式记账是对经济交易进行的全面而准确的记录。一般而言，经济交易可分为三大类：物物交换、钱物交易和物（钱）的借贷。前两类交易中存在两个交易主体和两个交易客体；第三类交易则有些特殊，从形式上看，交易主体有两个，但交易客体只有一个。然而，当第三类交易中的借入方出具一份借物（款）合同之类的凭证后，交易客体便有了两个[①]，从而具备了运用 Per/A 这对符号准确进行记录的客观基础。

《簿记论》第十一章首次引入"Per/A"这对符号时写道：

"Per 总是用来指借方……"、"A 则表示贷方……"、"……符号 Per 应写在每笔分录的开头，因为一般总是应先说明借方，然后才紧接着说明 A 方或是贷方。通常用两条平行的小斜线'//'将这两者分开……"[②]

从对"Per/A"基本用法的介绍中可以明显看出，复式记账法起源于早期银行业是毋庸置疑的。银行接收存款业务时，银行就是"借方"，存款人则是"贷方"。用符号"Per/A"来记录时，银行应记录如下：

Per：现金//A：存款凭证

这笔分录的含义是：现金在银行手中，存款凭证在存款人手中。不难看出，这笔记录的确全面而准确地反映了银行接收存款业务后，从银行角度观察到的两个主体和两个客体的状况。

---

①　这类原本只有一个交易客体的两个主体的交易，是复式记账法产生的一个重要经济前提，因为没有复式记账法，此类交易将会衍生出许多问题。复式记账法起源于意大利早期银行业便是明证，因为银行与存（借）款人之间的交易是典型的资金借贷交易，没有复式记账的话，根本无法连续开展业务。

②　笔者认为，"用两条平行的小斜线'//'将这两者分开"的书写方式非常适合论文写作中涉及复式会计分录的内容，因此本文所有的复式会计分录均遵循了这种古老的书写方式。

（三）关于"Per/A"语义的进一步讨论

由于从《簿记论》中看不到存款人将现金存放到银行时的复式记录，更没有存款人从银行取回现金时银行和存款人各自的记录举例，从而"Per 指内部、A 指外部"的含义在《簿记论》中未能第一时间得到明确说明；但正是"Per 指内部、A 指外部"这一层相对意义的存在，使得"Per/A"这一对复式记账符号可以运用于银行业以外的各类工商企业及其他个人或各类组织。

仍以银行接收存款人存款业务为例，探讨交易双方应该如何运用"Per/A"进行复式记账。

若严格按照"Per 总是用来指借方"、"A 则表示贷方"、"符号 Per 应写在每笔分录的开头"的规定，当存款人在将现金存入银行时，应记成：

Per：现金//A：存款凭证

即存款人与银行所做记录完全一样。这样的记录，对于存款人这个记账主体本身而言可能不会有任何问题，但经济交易两个主体之外的任何第三方在不掌握记账主体信息的前提下，便无法判断究竟是谁在记账。

如果存款人记录如下：

Per：存款凭证//A：现金

此记录可以表明"Per 指内部、A 指外部"，但却违反了 Per 总是"用来指借方"、"A 则表示贷方"的规定，因为借方是银行。

进一步对存款人从银行取回现金时银行和存款人各自应有的记录加以分析，可以看到，"Per 总是用来指借方"、"A 则总是用来指贷方"这个规定是有局限的。

当存款人从银行取回现金时，若严格按照"Per 总是用来指借方"、"A 则表示贷方"的规定，银行应记录为：

Per：存款凭证//A：现金

如果将该笔业务与之前的银行接收存款业务联系起来，仍可说明银行遵循了"Per 总是用来指借方"、"A 则表示贷方"的规定，因为银行是"借方"、存款人是"贷方"；但是，单独从这笔业务来看，"借方"应是存款人，"贷方"应是银行，若如此理解，则与"Per 总是用来指借方"、"A 则表示贷方"的规定相矛盾。

如果银行记录成：

Per：现金//A：存款凭证

这样则与接收存款业务时的记录一样，明显不可取。如果想满足"Per 总是用来指借方"、"A 则表示贷方"的要求，又要与接收存款时的记录有所区别，则应记成：

A：存款凭证//Per：现金

然而，这样记录又与"符号 Per 应写在每笔分录的开头"这一规定相矛盾。同样矛盾的情形也会出现在存款人一方。

如果将"Per 总是用来指借方、A 则表示贷方"扩展理解为"Per 总是用来指内部、A 则表示外部"的话，且仍然遵循"符号 Per 应写在每笔分录的开头"的规定，则一切问题就会迎刃而解。

仍以存款人存取现金为例。存款人将现金存放银行时就必须记录为：

Per：存款凭证//A：现金

当存款人从银行取回现金时，就必须记录为：

Per：现金//A：存款凭证

同样地，银行按照这样的规定去记录相应业务时也非常容易处理。另一个好处是，经济交易两个主体所做记录是相对的，完全不知情的第三方也可以通过观察复式记账记录知道记账主体是谁。

综上所述，对"Per/A"的含义应如是理解：首先，它们具有"在……手中"这一相同的含义；其次，Per指内部，A指外部。这就是Per/A被选作复式记账符号的语义基础。

三、复式记账符号"Per/A"被改为"借/贷"是一场历史的误会

从上文可以看到，当明确"Per/A"这对复式记账符号的语义之后，复式记账的基本原理和方法是非常容易理解和掌握的。然而，现在通行的却不是"Per/A"，而是"借/贷"这一对"难学难懂"的复式记账符号，因为原本有实际意义的"借/贷"二字只能被当做抽象的无意义的复式记账符号去使用，同时还必须熟悉复杂的记账规则。特别是对于初学者而言，涉及现金的一些交易不可避免地让人想到"借/贷"的本义，因此不免引起一些混淆。现以一小微企业从另一企业借入现金的交易为例来说明。

用"借/贷"作为复式记账符号应记录如下：

借：现金//贷：其他应付款

毋庸置疑，这笔记录中的交易双方确实存在"借/贷"关系，非常容易理解；当该小微企业还款时则应如下记录：

借：其他应付款//贷：现金

这笔分录就不那么容易理解了，因为原来的借者这时已变成了贷者，但记账记录仍然在借方，因为贷方有现金；并且两次记录中的"现金"这一交易客体完全可以用"借/贷"本义去理解。然而，除了现金交易之外，任何其他的用"借/贷"作记账符号的复式记账记录中，"借/贷"又不能用其本义去理解，而只能被当成抽象的无意义的符号。为什么是这样？五百年来一直困扰着会计理论工作者和会计实务人员。

如果改回用"Per/A"作记账符号，且遵循"Per指内部、A指外部"、"Per应写在每笔分录的开头"的规则，上述例子中的小微企业在借入现金和归还借款时应分别记录如下：

（借入现金时）Per：现金//A：借款凭据；

（归还借款时）Per：借款凭据//A：现金

当看到这些记录的人还知道"Per/A"两个符号具有相同的"在……手中"的意思时，上述复式记账记录的含义可说是不证自明。

因此，回顾历史，荷兰商人简·英平·克里斯托弗尔将卢卡·帕乔利《簿记论》中的记账符号"Per/A"改成"借/贷"，实在不是一次成功的变革。相反，笔者称之为"一场历史的误会"，理由如下：

首先，职业主要是教师的卢卡·帕乔利并不是一名银行业实际从业人员，对起源于早期银行业的复式记账原理和方法可能不是十分精通，以至于在将复式记账方法推广到一般商业企业时，他仍然局限在银行业的原有规则中，如"Per总是用来指借方……"之类的表述等。

其次，卢卡·帕乔利未将"Per/A"的准确含义明白无误地表述出来。《簿记论》第十一章开篇即写道，"在分录账中，使用了两个独特的表达符号，一个称为Per，另一个称为A，两个符号各有特定的含义"，然而，接下去并没有关于"Per/A"各自含义的介绍，而只是介绍

了两个符号的使用原则，即"Per 总是用来指借方……"，"A 则表示贷方……"。

最后，卢卡·帕乔利在其专著《簿记论》第十一章引入"Per/A"这对复式记账符号之初，并未举例说明"Per/A"各自是如何应用的；在接下来的第十二章中介绍的却是"现金"和"资本"两个账户名称使用的方法，而"现金"和"资本"之间的关系并不是普通的"借/贷"关系。该书此后剩余内容中亦不见能明确说明"Per 总是用来指借方……"、"A 则表示贷方……"的实例。

综上所述，如果卢卡·帕乔利能在第一次引入"Per/A"这对复式记账符号之时，将其含义表述明确并举出足够的实例，同时注意到复式记账法从银行业推广到一般工商企业之后应不再局限于"Per 总是用来指借方……、A 则表示贷方……"那样的表述，估计简·英平·克里斯托弗尔在编译《簿记论》时就不会轻易将"Per/A"改成"借/贷"了。简·英平·克里斯托弗尔将"Per/A"改成"借/贷"的原因，应该是"Per/A"作为一对介词，运用和理解有些不方便。然而，五百年前他这一简单的改动，却给全世界初学簿记原理的人们以及会计史研究人员增添了更多麻烦。因此，笔者认为"Per/A"被改成"借/贷"是因一名教师和一名商人两名非会计专业人士引起的"一场历史的误会"。

四、"收/付"比"Per/A"更适合用作复式记账符号

（一）"收/付"用作复式记账符号的可行性

最先流行于意大利威尼斯的复式记账符号"Per/A"能够准确记录经济交易的两个主体之间交易完成之后的状况。中国长期使用的一对单式记账符号"收/付"也可以作为复式记账符号，并且更加直观易懂。因为从物物交换、钱物交易和物（钱）的借贷三大类经济交易来看，在第三大类交易一方主体创造出一种交易凭证之后，经济交易无非是两个主体各自将自己所拥有的东西付出去，同时收回原属对方的东西。

仍以银行接收存款人存放现金业务为例。

（1）若用"Per/A"作为符号记账，银行和存款人各自应记录如下：

银行的记录，Per：现金//A：存款凭证；

存款人的记录，Per：存款凭证//A：现金。

两笔记录反映了同一个事实，即"现金在银行手上，存款凭证在存款人手上"，即银行收到存款人存放现金这笔交易完成后的结果。

（2）若用"收/付"作为记账符号，银行和存款人各自应记录如下：

银行的记录，收：现金//付：存款凭证；

存款人的记录，收：存款凭证//付：现金。

两笔记录在反映银行收到存款人存放现金这笔交易完成后结果的同时，还忠实记录了两个交易主体各自的经济交易行为。

由此可见，"收/付"完全可以用作复式记账符号①。

---

① 由于包括物（钱）借贷交易在内的三大类型经济交易中的两个主体均有"收"、"付"的行为发生，而"借"、"贷"则仅仅是两个主体各自的单一行为，换句话说，"借"、"贷"只是三大类经济交易中两个主体的一种特殊行为，而"收"、"付"则是三大类经济交易主体的普遍行为，因此，用"借"、"贷"这种特殊行为去描述"收"、"付"这种普遍行为是违背基本逻辑规律的。

（二）"收/付"与"Per/A"的对比

从上述简单的例子中可以看到，"收/付"与"Per/A"均可用作复式记账符号，形式上没有太大的区别；然而，"收/付"与"Per/A"相比，更适合用作复式记账符号。

（1）"Per/A"是一对介词，它们记录的是经济交易完成后的一个静态结果；而"收/付"是一对动词，不仅能反映经济交易完成后的静态结果，而且还能记录经济交易行为。

（2）"Per/A"作为一对介词，其意义是含蓄的，必须结合经济交易的主体和客体等实际内容才能表述出完整的意义；而"收/付"作为一对动词，其意义是外现的，能直接表达出经济交易的内容，并且贴近经济交易主体的日常生活和工作，从而使得"收/付"比"Per/A"更容易理解。

（3）"Per/A"只能表达经济交易两个主体间的"内/外"这一层相对的含义；"收/付"则能同时表达两个主体间和单个主体内部的两层"内/外"相对的含义，即两个主体之间有"收/付"行为，两个主体本身各自也有"收/付"行为的发生。

（4）"收/付"还可以表达出两个客体各自的运动方向。在银行收到存款人存放现金交易的例子中，实际上还存在有关两个经济交易客体的两种"收/付"行为：

其一，（银行）收：现金//（存款人）付：现金；

其二，（存款人）收：存款凭证//（银行）付：存款凭证。

虽然对于无数个别的工商企业等记账主体而言，这种记录似乎没有实质意义，但在宏观国民经济统计中，如国民账户体系（SNA）、国际收支平衡表（BOP）等，却有着不可忽视的意义。

综上所述，"收/付"比"Per/A"更适合做复式记账符号。

五、用"收/付"取代"借/贷"的必要性

自荷兰商人简·英平·克里斯托弗尔将卢卡·帕乔利《簿记论》中的复式记账符号"Per/A"改为"借/贷"以后，用"借/贷"作为复式记账符号的复式记账方法已在世界各国通行五百余年。自那以后，有实际意义的"借/贷"只能成为纯粹的、抽象的复式记账符号的合理性跟随成了一道无解的谜题，至今仍困扰着研究、讲授、学习及应用会计学基本原理的人们。

本文通过追溯卢卡·帕乔利意大利语原著《簿记论》中复式记账符号"Per/A"的语义发现，"Per/A"被用作复式记账符号是有其语义基础的；本文还论证了在中国长期使用的单式记账符号"收/付"二字可以推广到复式记账法中，并且优于"Per/A"。因此，用"收/付"取代原本不是复式记账符号的"借/贷"非常必要。

第一，会计研究及教学人员不必再为解释"借/贷"作为复式记账符号的合理性而烦恼，因为"借/贷"原本就不是复式记账符号。如果不是荷兰商人简·英平·克里斯托弗尔在编译《簿记论》时自做主张进行改动，这本来也就不是一个问题。

第二，由于用"收/付"作为复式记账符号既是对物物交换、钱物交易和物（钱）借贷三大类经济交易事实的自然而真实的记录，也是日常生活中各类经济交易主体行为的体现，记录对象直观具体，因而易于理解和学习，也有利于会计基本原理的传播和会计基本技术的推广。特别是对于初次接触会计基本原理的人而言，由于在学习和实际操作时根本不必要事前背熟用"借/贷"作为复式记账符号时必需的那些记账规则，只需忠实地将经济交易事实和行为记录

下来，因此易学易懂、不难掌握。

第三，用"收/付"取代"借/贷"作为复式记账符号能更好地凸显会计主体性。因为"收/付"不仅能够反映经济交易两个主体间的关系，而且还是各个主体自身"收"、"付"两种行为的体现。无论卢卡·帕乔利《簿记论》中的"Per/A"，还是目前通用的"借/贷"，它们都只是在经济交易两个主体之间这一层面上具备一种相对关系，并不能反映经济交易的每一单个主体自身均有"收"有"付"的这种相对关系。

第四，用"收/付"取代"借/贷"作为复式记账符号更有利于宏观经济统计数据的采集及各种宏观经济报表的编制。因为每个个人、每个独立的工商企业等微观经济主体的经济交易数据是宏观经济统计的基础，复式记账法亦是各种宏观经济报表编制的基础方法；用"收/付"作为复式记账符号，不仅可以提高微观经济数据质量，而且可以提高宏观经济报表的编制质量及可读性。

总而言之，"收/付"是比"Per/A"更好的一对复式记账符号，而"借/贷"原本就不是复式记账符号，因此，用"收/付"取代"借/贷"非常必要。

六、用"收/付"取代"借/贷"的具体方法及"现金须反收反付"问题的解决

（一）用"收/付"取代"借/贷"的具体方法

用"收/付"取代"借/贷"的具体方法是，用"收"取代"借"，用"付"取代"贷"。

原本不是复式记账符号的"借/贷"被改成复式记账符号的一个重要因素是，荷兰商人简·英平·克里斯托弗尔在编译卢卡·帕乔利的《簿记论》时，受到其中"Per 总是指借方……"、"A 则总是指贷方……"、"Per 一般应写在每笔分录的开头"等相关表述的影响；因此，用"借/贷"作为复式记账符号记账时，总是"借"在前，"贷"在后。考虑到 Per 还可以指内、A 还可以指外，用"收/付"取代"借/贷"的方法就变得非常简单，即用"收"取代"借"、用"付"取代"贷"，因为"收"指收入内部、"付"指付出外部。进一步分析用"借/贷"作为复式记账符号编制会计分录的相关规则也可以看到，的确应该如此。因为记录在"借"方的内容，如"资产的增加、负债和权益的减少"，均存在"收"的行为；记录在"贷"方的内容，如"资产的减少、负债和权益的增加"，均存在"付"的行为。

需要指出的是，用"收/付"取代"借/贷"，仅仅改变了复式记账符号，而不会对现行会计体系产生任何其他冲击，正如五百年前"Per/A"被"借/贷"取代一样。然而，用"收/付"取代"借/贷"不仅澄清了一场历史误会，恢复了复式记账符号的本来面目，而且使得复式记账法更加易懂易学。

（二）"现金须反收反付"问题的解决

1. "现金须反收反付"问题的由来

"现金须反收反付"问题是复式记账法传入中国后，中国会计学人在用"收/付"取代"借/贷"的理论探索和实际应用中遇到的一个突出问题。具体而言，这个问题是在企业取得销售收入并收到现金时，若用"收/付"作为记账符号，应记成"付：现金//收：收入"；若记成"收：现金//付：收入"显得与常识不符。因为根据常识，似乎收入一定要记成"收"，

不能记成"付",但问题正出在这里①。

2. "现金须反收反付"问题的解决

依据本文的论述,应用"收"取代"借"、用"付"取代"贷",那么,如何解释"销售收入"列入"付方"这一与常识相违背的做法呢?实际上很简单,结合当代股份公司的做法,收入是所有者(股东)权益的增加,当实现销售收入并收到现金实物的同时,应付出"股利证书"②(股权投资回报凭证)给股东。

现假定有一商品流通企业出售了一批存货,即时收到现金货款,用"借"、"贷"作为记账符号记录和反映这笔经济交易要分作两步完成。

首先,要反映现金收入的取得:

借:现金//贷:销售收入

其次,需结转销售成本:

借:商品销售成本//贷:商品存货

销售该批商品获得的利润则可以通过对比销售收入和商品销售成本得到。

用"收"、"付"作为复式记账符号记录和反映该笔销售业务,理论上可记录如下:

收:现金//付:商品存货 + 股利证书(利润)

由此可见,"收:现金//付:收入"完全符合经济交易实际情况;反之,若记成"付:现金//收:收入",那才是真正与事实相悖,令人费解。

行文至此,出现"现金须反收反付"问题的深层次原因已凸显出来:会计史上试图用"收/付"取代"借/贷"作为复式记账符号的会计学者们均被"收入"的字面意义所蒙蔽,未能透彻理解"收入"的真正含义。损益表中的收入仅仅是一个记录下来的数字而已,代表所有者权益的增加,收入的具体承载必定是记账主体收到的现金或其他资产。一个会计主体的负债(债权人权益)增加一定是"收"入现金、"付"出债券的结果;股东权益增加则有两种可能,一是发行股票,记账主体在"收"入现金的同时应"付"出股票;二是经营赚得利润,这时一定是"收"入的各类资产超过"付"出的各类资产,差额部分应"付"给股东股利证

① 2009年国际货币基金组织(International Monetary Fund)出版的《国际收支和国际投资手册》(第6版)第8页中写道:国际收支具有两个分录的这种性质可用不同方式表现在汇总数据中。在该书表2.1中,分录性质通过列标题(即:贷方、借方、金融资产净获得和负债净产生)反映,一般认为这种表示便于用户理解。在另一种表示中,贷方分录显示为正,而借方分录显示为负,这种表示可用以计算差额,但需要为用户做更多的解释(如:资产增加显示为负值)。

"资产增加显示为负值"这一问题的性质与"现金须反收反付"问题的性质完全相同,均认为"收"入应记为"收"("+"),这一思想恰恰是错误的;正确的应该是,"收"入实际资产时表示资产增加,"收"入自身发行的债券/股票时意味着负债/权益减少;反之亦然。因此,在财务领域,"收"、"付"与"+""-"之间并不存在简单的一一对应关系。

② 股利证书是股票持有者享有收益分配权的证明。在计算机和网络技术不发达、银行自动转账业务未出现之前,当一公司有经营利润并决定向股票持有者派发现金股利时,总是先派发股利证书给股票持有者,然后股票持有者便可以在任何时间方便地将现金股利领回。

债券持有者的回报是利息。传统的债券一般是在发行债券时,除了付给债券购买者印有面值、息票率、发行日和到期日等要素的正券之外,同时会将所有的利息领取凭证——息票一同交由债券购买者,以后债券持有人便可以定期地凭息票向债券发行者领取现金利息。

为什么股票发行者不像债券发行者那样,在股票发行时就将股利证书派发给股票持有者呢?原因在于,理论上应派发的股利证书数量是无穷的,只要企业处于正常经营状态,因为股票发行者不存在偿还本金的问题;同时,现金股利的派发数量事前不可能确定,一定是企业经营赚得利润并得到股东大会批准之后才确定下来,并且每次派发的现金股利数量不大可能是一个固定不变的数字。

至于在用"收"和"付"作为复式记账符号记账时,每取得一笔收入时均要付出股利证书,仅仅是一个理论上的假定;正如将所有者看成是记账主体的"外部人",而所有者对企业所拥有的减去债务之后的剩余资产的索取权不会受到丝毫影响一样,一定程度上的理论与实际相分离是允许的。

另外,将所有者看成"外部人",实质上是复式记账法从银行业推广到一般工商企业去的一种内在需求,如果不将所有者看成记账主体的"外部人",所有者投资类业务就不构成经济交易,因为只有一个主体和一个客体。卢卡·帕乔利《簿记论》第十二章关于"现金"和"资本"如何记录的讨论就是"外部人"假定的具体体现,只是因时代的局限,他未能明确提出这个假定。

书以保障其收益分配权。

当然，实际操作中不必要（也不可能）每完成一笔销售业务就立即计算出利润来，也不必每次都"付"给股东股利证书，现行的损益计算方法仍然适用。这里只是从理论上证明，用"收"取代"借"、用"付"取代"贷"，可以很好地记录和反映销售收入的取得（以及其他各种经济交易），现金毋须反收反付。

七、结论与讨论

卢卡·帕乔利《簿记论》中的复式记账符号是"Per/A"，不是"借/贷"。"Per/A"被选用为复式记账符号不仅是准确记录经济交易的内在需求，而且有其语义基础。易学易懂的复式记账符号"Per/A"被改成难学难懂的"借/贷"是一场历史的误会。中国会计史上长期使用的单式记账符号"收/付"经推广可以成为复式记账符号，而且更优于"Per/A"，因此非常有必要用"收/付"取代"借/贷"；具体方法是用"收"取代"借"、用"付"取代"贷"。解决"现金须反收反付"问题的方案是，用"股利证书"将抽象的"收入"具体化，"收：现金//付：收入"是对"利润分配"的客观记录。

如果用"收/付"取代"借/贷"作为复式记账符号，复式记账原理和方法将变得易于理解和学习，不仅有利于会计基本原理的传播和会计基本技术的推广，而且还有利于宏观经济统计数据的采集及各种宏观经济报表的编制。

由于用"收/付"作为复式记账符号记录经济交易是对各类经济交易的两个主体和两个客体的全面反映，因此，许多经济现象和事实能够得到更好的解释。例如，政府收得现金税收收入，就应记为：

收：现金//付：欠条

政府欠谁的、欠什么？政府的基本职能是为社会提供基本公共服务，因此，政府收到税款后不能够乱花，而应通过提供优质高效的基本公共服务来清偿它的债务，以体现"取之于民、用之于民"的税收基本原则。

更进一步，将"收/付"用于对微观企业的资产负债表和宏观国家的国际收支平衡表进行分析，可以很好地解释企业间资本流动和国际资本流动。在一个主权国家之内，一企业向另一企业进行投资，这种资本的"一收一付"，在微观层面的企业间有了资本流动，但宏观层面的资本总量却不会变化；将其推广到国际资本流动方面，亦应得到一些有价值的结论。至于还有哪些经济现象和事实可以用"收/付"进行更好地解释，有待经济理论的深入研究和实践发展的持续检验。

主要参考文献

[1] 蔡锡勇：《连环账谱》，立信会计出版社 2009 年版。

[2] 葛家澍、吴水澎：《新中国成立以来会计基本理论文章摘编》，天津人民出版社 1983 年版。

[3] 葛家澍：《必须替借贷记账法恢复名誉》，载于《中国经济问题》1978 年第 4 期。

[4] 顾准：《顾准会计文集》，立信会计出版社 2010 年版。

[5] 郭道扬：《会计史研究》（第三卷），中国财政经济出版社 2008 年版。

[6] 国际货币基金组织：《国际收支和国际投资头寸手册》第六版，2009 年版。

[7] 卢卡·帕乔利著，R. G. 布朗，K. S. 约翰斯顿译（英文版），林志军，李若山，李松玉译（中文版）：《簿记论》，立信会计出版社 2009 年版。

[8] 陆善炽：《论借贷学说与收付理论》，载于《会计杂志》1934 年第四卷第一期。

［9］潘序伦：《高级商业簿记教科书》，立信会计出版社 2009 年版。

［10］文硕：《西方会计史》（上），经济科学出版社 2012 年版。

［11］谢霖，孟森：《银行簿记学》，立信会计出版社 2009 年版。

［12］徐永祚：《改良中式簿记概说》，立信会计出版社 2009 年版。

［13］张苏：《巴氏会计系统及其描述原理》，载于《会计之友》1993 年第 3 期。

［14］钟恺：《论收支簿记法》，载于《会计杂志》1934 年第四卷第五期。

1929 年《盐业银行会计规则》评析

孙青霞　黑广菊　韩传模[*]

【摘要】 盐业银行为当时著名"北四行"之一，为永利制碱厂、福星面粉厂等天津民族工业提供了大量贷款。本文以天津市档案馆的银行档案为依据，从会计科目的设置、会计凭证、账簿、记账方法、决算方法等方面梳理了天津盐业银行 1929 年会计规则和会计实务，并与现时商业银行会计规则进行比较和评析，得到如下启示：人才是会计改良和发展的基础和关键，会计信息的受托责任观已有所凸显，中央银行的缺位和银行公会的有限作用不利于银行的发展。

【关键词】 盐业银行　会计规则　"北四行"

　　银行作为经营货币的企业、起着借贷功能的"中介人"，其对产业资金融通具有重大意义。而银行作用的发挥也要看银行自身经营效益的好坏，其中，银行的会计信息是否透明公开、是否能反映银行经营状况和效益，主要是看本银行的会计规则是否科学合理。民国时期，中国的华资银行多是股份有限公司，定期召开股东会议，分发资产负债表、损益表等给股东，银行财务状况的好坏、利润的多少可以通过其资产负债表、损益表一目了然的知晓。盐业银行为当时著名"北四行"（盐业、金城、大陆、中南银行）之一，是北洋政府本着以盐款为财政收入，为维持盐业、调剂金融而由国务卿徐世昌、财政部参政张镇芳于 1915 年 3 月筹办，总行设在北京。1915 年 5 月 29 日设天津分行。1917 年盐业银行改革，总经理由吴鼎昌继任。从天津档案馆保存的盐业银行档案资料中发现，1929～1943 年盐业银行为永利制碱厂、福星面粉厂等天津民族工业提供了大量贷款。鉴于此，本文以天津市档案馆的银行档案为依据，梳理了天津盐业银行 1929 年会计规则和会计实务，并与现时商业银行会计规则作比较，进而对其作出评析。

一、天津盐业银行会计规则介绍

　　存档于天津档案馆的盐业银行 1929 年修订的《盐业银行会计规则》共分为十二章，分别是：第一章总则、第二章会计科目、第三章传票、第四章分类日记账、第五章账簿、第六章表报（现在称之为报表）、第七章报单、第八章计息法、第九章结账法、第十章各本行往来款项记账办法、第十一章决算、第十二章附则。

　　第一章总则共 24 条。首先，说明了本次修订的原因，如第一条"本行现行会计规则订自民国四年（1915 年），因营业之扩张，认为有修改必要，兹依银行公会会计科目统一名词，参

＊　孙青霞、黑广菊、韩传模：天津财经大学。

图 1　天津赤峰道上的盐业银行旧址，现为中国工商银行天津分行

酌我行事实重行编制以资遵守而便实用。"其次，强调了本次主要修改的地方，即引进传票作为记账凭证，第五条规定："此项改换账簿重订会计规则，为手续简捷起见，废去各行日记账，以双传票制代之，传票应以复写两份，一份为该行记账根据，一份寄总管理处审查，但传票非经经副理盖章后不得记账。"以及会计科目、账簿、报表的格式内容等统一问题，第七条"本规则所规定会计科目及各种账簿、传票、表、单、存折、单据等名称、式样、颜色、尺寸必须书一（统一），均应由总管理处规定，各本行不得随意增减变更。"还就数字错误的改正，账簿、表的更正，账簿、表的签章责任问题，账簿、表的保存等一些类似于现行会计基础工作的内容进行了规范。第十三条规定：记账本位币为银圆。

第二章会计科目共 4 条。盐业银行会计科目分为负债类、资产类、损益类共三类，详细科目见表 1 的比较与评析。

第三章传票共 13 条。这是本次修订的重点，第二十九条规定："各本行从前以日记账为主要账，今既废去不用，应以传票为主要根据且为记入各账簿之凭证，兹将关于传票种类及作用分条说明详述于此。"传票作为记账凭证分为三种：收入传票白纸红字长五寸半宽七寸，支付传票白纸黑字长五寸半宽七寸，转账传票白纸蓝字长五寸半宽十寸半。传票上记载的内容有：会计科目、年月日、凭证单据的号数逐笔记入、原币及折合本位币数目、利率、期限及起息和到期日期、户名人名并其他事实等七项。传票应复写两份，一份作为银行的记账根据，一份应寄送给总管理处审查，并强调传票必须有经副理的盖章才能记账。

第四章分类日记账，只有 1 条，因为此次修订废去日记账改以传票为记账凭证，不利于检查和总管理处稽核，为此，添设分类日记账五种：定期存款日记账、定期放款日记账、抵押放款日记账、信用透支日记账、抵押透支日记账。

第五章账簿，盐业银行的账簿分为主要簿和补助簿（或辅助簿）。第四十三条规定："账簿分主要、补助两类，从前以日记账及总账为主要账，现在废去日记账以传票替代日记账，当然，以传票为根据，以总账为主要账，其余各账簿为补助账。""各种账簿，除主要账应于每年两次决算后，开业日更换新簿外，其余辅助各账簿应继续登记至页数用尽为止，但有别种原因不在此限。"总管理处所用的账簿有：总日记账、全体总账、分类总账。与股本有关的账有：股本账、股票分户账、股票买卖过户账、分期续收股本账、股票抵押账、股票挂失账、股东名簿、股权簿、股东印鉴簿、股票过户手续费账、印刷股票账。与公积金和股利有关的账有：法定公积金账、股利平均公积金账、盈余滚存账、四会储蓄基金账、股利账、未付股利账。各行使用的主要账即总账有定期存款、账簿目录等六十九种。

第六章表报，现在称之为报表。盐业银行所用报表共有三十五种。每日用的报表有（4种）：日计表、营业库存表、各科目合并表、行市表。每月用的报表有（5种）：月计表、各本行往来对账单、兑换总账余额表、行员薪水一览表、各种月报（有66种）。决算使用的报表有（19种）：营业实际报告表、资产负债表、损益表、管辖内营业实际报告表、管辖内资产负债表、管辖内损益表、资产目录、各科目合并表、应付未付利息表、应收未收利息表、预收付损益表、兑换升耗表、未达兑换升耗表、有价证券试算表、有价证券估价损益表、表报号数报告表、各本行往来未达增加对数单、放款比较表、存款比较表。根据情况需要随时使用的报表有（7种）：催收款项报告表、没收押品报告表、信用放款报告表、抵押放款报告表、透支报告表、抵押透支报告表、启用账簿报告表。各行每日应寄送总管理处（总部）的有：抄报传票、各科目合计表、各种分类日记账、日计表、库存表、行市表。

第七章报单，是关于盐业银行分行、办事处之间电汇、信汇、票汇等的办理规则，共有29条。

第八章计息法，是关于利息的计算方法。

第九章结账法，第十章各本行往来款项记账办法。

第十一章决算。①决算期。决算期为半年，每年两次决算，上半年以六月三十日为决算期，下半年以十二月三十一日为决算期，如遇休息日仍应以这两日为决算期。②决算期要做的工作。决算期要进行的账务处理包括：结算利息、清结账目、确计损益、摊提费用、结报损益、未达项处理。③决算报表。决算报表分为决算正表和决算附表，决算正表包括：营业实际报告表、管辖内营业实际报告表、资产负债表、管辖内资产负债表、损益表、管辖内损益表、资产目录、管辖内资产目录。营业实际报告表即为一个决算期的记账凭证汇总表。决算附表有：各科目合并表、兑换升耗表、未达兑换升耗表、有价证券损益表、有价证券试算表、应收未收利息表、应付未付利息表、预收付损益表。④决算报表编制程序（见图2）。

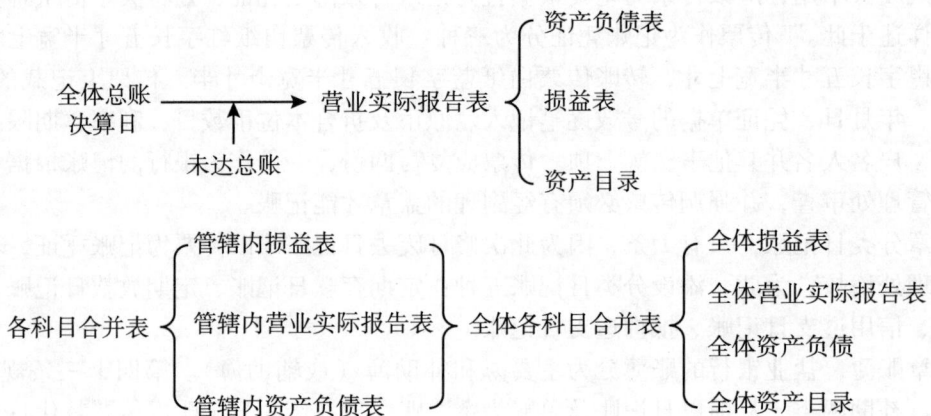

图 2　盐业银行总管理处编制全体决算表的流程

图 2 是盐业银行总管理处编制全体决算表的流程图，总管理处根据全体总账（根据未达总账调整后的）和全科目合并表编制全体营业实际报告表，其次，根据全体营业实际报告表编制全体资产负债表、全体损益表和全体资产目录。

第十二章附则。

二、盐业银行会计规则与现行商业银行会计规范的比较与评析

（一）会计科目的设置

表 1 是盐业银行会计科目与现行商业银行会计科目的比较，盐业银行会计科目分为三类：负债类、资产类、损益类。现行商业银行的会计科目分类六类：资产类、负债类、共同类、所有者权益类、成本类、损益类。

表 1　　　　　　　盐业银行会计科目与现行商业银行会计科目的比较①

	盐业银行会计科目（左列）	现行商业银行会计科目（右列）
资产类	现金、运送中现金、银行公会基金、存放同业、押汇、买入汇款、存出保证金、买入期证券、有价证券、应收未收利息、暂记欠款、贴现、往来透支、往来抵押透支、四行准备库垫款、同业透支、定期放款、定期抵押放款、催收款项、代放款项、托收款项、没收押品、四行储蓄会基本金、储蓄部资本、营业用房地产、营业用器具、开办费期收款项各本行、储蓄部往来、兑换、前期损益、本年上期总损益、去年上期总损益、去年下期总损益、去年全年总损益、管辖内前期损益未收股本	库存现金、银行存款、存放中央银行款项、存放同业、其他货币资金、结算备付金、存出保证金、交易性金融资产、买入返售金融资产、应收股利、应收利息、其他应收款、坏账准备、贴现资产、拆出资金、贷款、贷款损失准备、代理兑付证券、代理业务资产、贵金属、抵债资产、融资租赁资产、持有至到期投资、持有至到期投资减值准备、可供出售金融资产、长期股权投资、长期股权投资减值准备、投资性房地产、长期应收款、未实现融资收益、存出资本保证金、固定资产、累计折旧、固定资产减值准备、在建工程、工程物资、固定资产清理、无形资产、累计摊销、无形资产减值准备、商誉、长期待摊费用、递延所得税资产、待处理财产损溢
负债类	存入保证金、透支同业、借入款、定期存款、往来存款、特别往来存款、暂时存款、本票、同业存款、汇出汇款、应解汇款、活支汇款、期付款项、卖出期证券、代收款项、转放款项、应付未付利息、行员储蓄金、备还放款存入金、各本行、储蓄部往来、兑换、前期损益、本年上期总损益、去年上期总损益、去年下期总损益、去年全年总损益、管辖内前期损益股利、未付股利呆账准备金、营业用房地产提存金股本、法定公积金、股利平均公积金、盈余滚存	存入保证金、拆入资金、向中央银行借款、吸收存款、同业存放、贴现负债、交易性金融负债、卖出回购金融资产款、应付职工薪酬、应交税费、应付利息、应付股利、其他应付款、代理买卖证券款、代理承销证券款、代理兑付证券款、应付债券、未确认融资费用、预计负债、递延所得税负债
共同类		清算资金往来、货币兑换、衍生工具、套期工具、被套期项目

---

① 表 1 以现行商业银行会计科目的排序为标准，将盐业银行的会计科目也按这一顺序进行排列，左列有而右列没有的会计科目，放在左列下方；右列有而左列没有的会计科目，以下划线标识。

	盐业银行会计科目（左列）	现行商业银行会计科目（右列）
所有者权益类		股本（实收资本）、资本公积、盈余公积、一般风险准备、本年利润、利润分配、库存股
成本类		研发支出
损益类	利息、汇水、手续费、房地产租金、保管费、有价证券损益、兑换损益、杂损益、摊提营业用房地产器具、摊提开办费、各项开支、呆账、储蓄部损益、货栈损益	利息收入、手续费及佣金收入、租赁收入、其他业务收入、汇兑收益、公允价值变动收益、投资收益、营业外收入、利息支出、手续费及佣金支出、其他业务成本、营业税金及附加、管理费用、资产减值损失、营业外支出、所得税费用、以前年度损益调整

1. 资产类科目的比较和评析

盐业银行的现金为广义现金，等同于现在的库存现金和银行存款；银行公会基金接近现在的存放中央银行款项；押汇和买入汇款类似现在的其他货币资金；"买入期证券、有价证券"类似于"交易性金融资产、买入返售金融资产"；"暂记欠款"类似"其他应收款"；"往来透支、往来抵押透支、四行准备库垫款、同业透支、定期放款、定期抵押放款"类似"拆出资金、贷款"；催收款项类似贷款损失准备；"四行储蓄会基本金、储蓄部资本"类似长期股权投资。

盐业银行的"各本行、储蓄部往来、兑换、前期损益、本年上期总损益、去年上期总损益、去年下期总损益、去年全年总损益、管辖内前期损益"等科目，属于往来科目，如果是借方（收方）余额就归为资产，否则为负债。

盐业银行的资产类设有"未收股本"，说明当时的银行业采用的是非实收资本制，存在认缴但未缴的股本。盐业银行的"暂记欠款"科目核算的是"凡支出之款，一时无科目可归者，均归此科目。"开办费分为20个子目有：薪金、工食、膳费、交际费、房地租、营缮费、邮电费、车马费、旅费、运送费、保险费、印刷费、广告费、书报费、文具费、灯炭费、诸税、损款、律师费、杂费。

就资产类科目而言，虽然盐业银行的诸多科目名称与现行科目名称不是完全一样，但大多数现行科目核算的内容，当时的盐业银行也有相应的科目来核算，只是科目名称不完全一样。

2. 负债类科目的比较和评析

以前将所有者权益有关的股本等也作为负债类（如股本、法定公积金、股利平均公积金、盈余滚存），现在将其单列一类，说明所有者权益越来越引起报表使用者的重视，2008年会计制度改革增加所有者权益变动表更是凸显这一点。

现行的"吸收存款"科目可以涵盖盐业银行"定期存款、往来存款、特别往来存款、暂时存款、同业存款、透支同业"等科目。以前存款分为四类，现在在二级明细中进行细分，报表更简洁概括。

有些今天作为资产备抵项目的，如呆账准备金、营业用房地产提存金（类似累计折旧），以前归为负债。

1929年盐业银行没有设置"存放中央银行款项"的会计科目，但在1948年11月16日的资产类各科目余额表中有向中央银行缴存保证金一笔，说明中央银行作为银行的银行正在逐步发挥宏观经济调控作用。

3. 损益类科目的比较和评析

损益类的利息，既包括利息收入，也包括利息支出，"凡收付下面各项利息均归此科目：存款息、放款息、贴现息、有价证券息、借入款息、各本行往来息、同业往来息、杂项息、四行基本储金息、股本官息、公积金暨盈余滚存息。"同样，手续费（代理收付款项手续费、杂项手续费）也是如此。房地产租金是指所有房地产的租金收入，保管费（证券物品保管费、出租保险箱柜保管费）为所收的证券物品保管费收入和出租保险箱的收入，这两者等同于现在的租赁收入。现在的科目一目了然，从科目名称上就比较容易辨识，而盐业银行当时的科目从名称上不易辨识。

按现行商业银行会计制度，货栈损益应该列为其他业务收入或其他业务成本；科目"摊提营业用房地产器具、摊提开办费、各项开支①、呆账"核算的内容几乎等同于管理费用，而各项开支用包含了诸税，现在是通过营业税金及附加和所得税费用进行核算的，这样可以更明了地分析银行的税收负担。

（二）会计文件

1. 会计凭证的比较与评析

《盐业银行会计规则》不仅引进传票作为记账凭证，还将其分为三种，同时规定了每种传票的大小尺寸和书写颜色，一方面，简化了记账手续，节约了记账成本；另一方面，方便了检查和稽核。至此，盐业银行的会计凭证可以说也是分为原始凭证和记账凭证（传票），1929 年盐业银行的会计规则规定，采用西式记账凭证（称为"传票"），规则原文为"此项改换账簿重订会计规则，为手续简捷起见，废去各行日记账，以双传票制代之，传票应以复写两份，一份为该行记账根据，一份寄总管理处审查，但传票非经副理盖章后不得记账"。这一记账凭证的引入应归功于谢霖与他的《银行簿记学》。谢霖（1885 ~ 1969 年）在留学东瀛期间，于 1907 年 4 月（光绪三十三年三月）与孟森合著的《银行簿记学》一书在东京刊行，书中论述了西方记账凭证（传票）、会计报表（损益计算书、资产负债表）等的设计和使用说明，并介绍了西方复式记账法在银行业的应用。1905 ~ 1909 年，谢霖在日本明治大学攻读商科，回国后，先在四川总督衙门任文案委员；清末，就职于大清银行。辛亥革命后，先后为中国银行、交通银行改革传统记账法，建立新式银行会计制度。谢霖还先后应聘于北京大学、复旦大学等高等院校，后任中央银行秘书长、财政部财政特派员，任粮食部、民生轮船公司常年会计顾问，著有《簿记学》、《会计学》、《审计学》、《银行会计》和《中国之会计师制度》。

2. 会计账簿的比较与评析

盐业银行的会计账簿分为：分类日记账、主要账和辅助账。这些账簿既有序时账簿（分类日记账），也有总分类账和明细分类账，还有备查账簿（辅助账）。《盐业银行会计规则》关于账簿的格式与登记，账簿的启用与错账更正、结账与对账、账簿的更换与保存等都作出了类似现行商业银行会计制度的规定。

3. 会计报表（表报）的比较与评析

虽然盐业银行的报表种类很多，但决算所用的报表只有营业实际报告表、资产负债表、损

---

① 各项开支分为 20 个子目：薪金、工食、膳费、交际费、房地租、营缮费、邮电费、车马费、旅费、运送费、保险费、印刷费、广告费、书报费、文具费、灯炭费、诸税、损款、律师费、杂费。见《盐业银行会计规则》第二十八条。

益表和资产目录，而现在商业银行需要披露的是资产负债表、利润表（损益表）、现金流量表和所有者权益变动表。

（三）记账方法与决算方法的比较与评析

记账方法是指按照一定的规则，使用一定的符号，在账户中登记各项经济业务的技术方法。会计上的记账方法最初是单式记账法，随着社会经济的发展和人们的实践和总结，单式记账法逐步改进演变为复式记账法。复式记账法从其发展历史看，曾经有"借贷记账法"、"增减记账法"、"收付记账法"等。盐业银行采用的是"收付记账法"。

事实上，1912 年大清银行改为中国银行后，在其筹备处南京，开办了高级商业学堂，来传授西方簿记，主讲者是从日本高等商业学校毕业的归国留学生，如吴鼎昌（吴达诠，盐业银行董事）、谈荔孙（谈丹崖，大陆银行的开办者）、谢霖等。

三、启示

（一）人才是会计改良和发展的基础和关键

我国第一个推行改良中式簿记的银行是大清银行（郭道扬，2008）。1903～1906 年，清政府先后选派学员留学日本，其中有相对一部分学员专攻商科，如吴鼎昌、谈荔孙、李家驹、谢霖等。吴鼎昌，1903 年 4 月获四川官费留学日本，在东京高等商业学校学习，1910 年回国，先后任中国银行正监督、袁世凯造币厂监督、中国银行总裁、天津金城银行董事长、盐业银行总经理、内政部次长兼天津造币厂厂长等职。谈荔孙（1880～1933 年），1898 年，考入南京江南高等学堂学习，毕业后被两江总督端方以官费旅往日本留学，在日本东京高等商业学校（今日本东京商科大学）攻读银行经济专科。1908 年 4 月，谈荔孙回国就任江南高、中两等商业学堂教务长兼银行学教习；教学中，他开办银行实践室，让学生在实践中学习知识，掌握技能，培养了一批国内最早的银行会计人才。他曾以优等成绩考取清政府商科举人，被授予度支部（管理财政的机构）主事，后改任大清银行稽核；1912 年，大清银行改组为中国银行，他任该行计算局局长，积极在全国推行新式会计制度，被广泛采用；1914 年，他赴南京筹建中国银行分行，兼任行长，后设立了大陆银行。1904 年，时任学部右侍郎的李家驹赴日本考察经济，回国时带回《日本会计制度考》四册，为当时的会计改良创造了条件。在大清银行时期，适逢部分学员赴日留学归来，一些学员参加了大清银行的工作，为在大清银行改良会计制度提供了人才准备。

（二）会计信息的受托责任观已有所凸显

当时的"北四行"，不论是盐业银行还是大陆银行，其在每年的召开的股东常会上，都要分发其银行的资产负债表、损益表等给股东，以便股东了解银行的财务状况和经营成果。

（三）中央银行的缺位和银行公会的有限作用不利于银行的发展

1917 年在上海成立了中国的银行公会，随后，天津银行公会于 1918 年 2 月由中国银行、交通银行等 9 家银行发起成立，其会务活动包括：组织同业贷款投资、组织同业稳定金融市场、维护同业共同利益、统一营业会计制度、筹款募捐。在统一营业会计制度方面，《盐业银行会计规则》第一条写到："依银行公会会计科目统一名词，参酌我行事实重行编制以资遵守而便实用。"盐业银行设有"银行公会基金"会计科目说明银行公会"维护同业共同利益"作用的发挥，但"北四行"的四行储蓄会的发起设立，足见当时中央银行的缺位和银行公会的有限性。

主要参考文献

［1］盐业银行总管理处：《盐业银行会计规则》，1929 年 6 月订。

［2］黑广菊、曹键：《盐业银行档案史料选编》，天津人民出版社 2012 年版。

［3］王建忠：《会计发展史》，东北财经大学出版社 2007 年版。

［4］郭道扬：《会计史研究：历史、现时、未来》（第三卷），中国财政经济出版社 2008 年版。

［5］《潘序伦文集》，立信会计出版社 2008 年版。

［6］天津市地方志编修委员会：《天津通志（金融卷）》，天津社会科学出版社 1995 年版。

［7］天津档案馆，盐业银行天津分行负债类各科目明细表。

［8］天津档案馆，盐业银行天津分行资产类各科目明细表。

［9］天津档案馆，盐业银行天津分行储蓄部日计表。

［10］天津档案馆，盐业银行天津行损益表。

［11］天津档案馆，盐业银行天津行资产负债表。

［12］天津档案馆，盐业银行天津行资产目录。

［13］天津档案馆，天津盐业银行贴现放款各户明细表。

［14］天津档案馆，盐业银行天津分行日计表。

中国企业会计准则思想
演进原因的历史考证
——风俗习惯的视角

刘常青[*]

【摘要】中国企业会计准则思想30年的演进，有着丰富的社会和经济原因，风俗习惯就是一个主要原因。本文首先对中国企业会计准则思想以及对其演进有着很大影响的风俗习惯进行了历史考察，接着在构建模型的基础上根据历史资料验证了风俗习惯对于中国企业会计准则思想演进的积极作用。

【关键词】中国 企业会计准则思想 过程 风俗习惯 验证

一、引言

中国企业会计准则思想经过 30 年的演进，依次经过准备阶段，基本准则的建立、颁布和实施阶段，具体准则的建立、颁布和实施阶段，新会计准则体系的全面建立、颁布和实施阶段以及新会计准则体系的进一步完善和发展阶段（刘常青，2009，2010，2005）。

中国企业会计准则思想的演进有着丰富的经济和社会原因，归纳起来主要有以下几个方面：经济发展水平、会计准则思想的供求关系、社会环境等（刘常青，2005）。社会环境又分为与企业会计准则思想密切相关的政府政策和风俗习惯（刘常青，2005；Liu Changqing，2011）。本文拟构建一个模型来解释中国企业会计准则思想演进与风俗习惯之间的关系。

（一）简要模型

（1）被解释变量。中国企业会计准则思想的演进是我们要解释的对象，标识码为 TA。

（2）解释变量。与企业会计准则思想密切相关的风俗习惯，在中国企业会计准则思想的演进中发挥着促进或者制约的作用，标识码为 SEC。

当经济发展处于低水平时，漠视甚至抵制会计准则传播和推行的风俗习惯会影响，乃至阻碍会计准则思想的供给发展、需求发展以及供求交流的发展，使得会计准则思想在供求双方间传播的交易成本非常高，限制甚至阻止了会计准则思想的传播和演进。

随着经济的发展，鼓励会计准则传播和推行的风俗习惯可以推动经济发展以及本国各行业之间的交流甚至国际交流，从而使会计准则思想的需求逐渐变得迫切和多元化，会计准则思想的供给更加多元化和更能够适应会计实务需求，通过减少会计准则思想供求之间沟通的交易费用，进而促进了会计准则思想的传播和演进。

（3）模型的表达式及其作用机理。

$$TA = F(SEC)$$

---

* 刘常青：郑州航空工业管理学院会计学院。

当风俗习惯的正向增量作用达到一定程度，就会通过促进国内国际交流，进一步促进会计准则思想的供求提升，包括需求的增强和更有效，供给的量、质提高以及供求间沟通的有效，进而通过交易费用的减少来促进会计准则思想的演进。

（二）研究方法

在纵向历史考证的基础上，采取重要事件考察等方法，通过揭示风俗习惯与中国企业会计准则思想演进两者之间的关系，借以证明前者对于后者的促进作用。

二、模型中各个变量的历史考察

（一）中国企业会计准则思想的演进（刘常青，2009，2010，2005）

（1）1980 年，新创刊的《会计研究》第 1 期发表了第 1 篇有关会计原则的论文——《论社会主义会计的原则》（李宝震，1980），认为社会主义会计应该遵循科学性原则、阶级性原则、经济核算原则等三个方面的原则，标志着中国企业会计准则思想的演进进入了准备阶段。

（2）1987 年，中国会计学会在年会上宣布成立了 7 个专题研究组，其中一个就是"会计原则及会计基本理论研究组"，该组负责的课题中有两个课题，它们分别是"社会主义会计原则的含义、内容、层次及其地位和作用"和"制定社会主义会计原则的方法、程序及其相应机构"。可见，1987 年中国会计学会"会计基本理论和会计准则专题研究组"的成立，标志着中国企业会计准则思想的演进进入了基本准则的建立、颁布和实施阶段。

（3）1992 年，财政部在深圳市召开了第一次会计准则国际研讨会。在这次会议上，财政部首次正式公布了制定具体会计准则的意向和安排，即在未来 3 年左右的时间里，按照需要和可能，制定 30 多个具体会计准则。这标志着中国企业会计准则思想的演进进入了具体准则的建立、颁布和实施阶段。

（4）2002 年年底，在中国香港召开的第 16 届世界会计师大会上，时任财政部部长助理冯淑萍明确表示，我国将用 3 年左右的时间建立和完善中国会计准则体系（冯淑萍，2003）。这标志着中国企业会计准则思想的演进进入了新会计准则体系的全面建立、颁布和实施阶段。

（5）2009 年 9 月，财政部发布了《中国企业会计准则与国际财务报告准则持续全面趋同路线图（征求意见稿）》，宣布"中国企业会计准则与国际财务报告准则实现持续全面趋同的完成时间……确定为 2011 年。2010～2011 年将是中国企业会计准则与国际财务报告准则持续全面趋同的关键时期，财政部计划 2010 年启动准则体系的修订工作，力争 2011 年完成，2012 年起在所有大中型企业实施。……2011 年之后，中国企业会计准则和国际财务报告准则都将进入相对稳定时期，实务中如果出现新的交易或事项，将通过持续全面趋同机制加以解决。"（财政部，2009）2010 年 4 月财政部发布了《中国企业会计准则与国际财务报告准则持续全面趋同路线图》，宣布"中国企业会计准则将保持与国际财务报告准则的持续趋同，持续趋同的时间安排与 IASB 的进度保持同步，争取在 2011 年年底前完成对中国企业会计准则相关项目的修订工作，同时开展必要的宣传培训，确保所有上市公司和非上市大中型企业掌握相关会计准则的变化，并得到有效应用。"（财政部，2010）这标志着中国企业会计准则思想的演进进入了新会计准则体系的进一步完善和发展阶段。

（二）与企业会计准则思想密切相关的风俗习惯及其变化

如今，中国经济文化的发展早已越过了从"耻言货利"向"尚利获誉"转化的初级阶段，中国会计思想研究也早已步入了专业化研究阶段，因此风俗习惯的变化主要从社会大众对于会计专业（包括会计准则）学习和研究的态度等方面来考察，并最终体现在所有相关专业的报考人数、留学人数等成果和效果上。由于"报考人数"指标难以找到直接数据，所以我们选择了出国留学人数和来华留学人数来作为替代指标："出国留学"和"来华留学"均反映了我国会计知识水平的提高以及人们对会计的热爱程度，"出国留学"进一步反映了人们对会计知识的渴求，反过来会促进中国会计水平的提高；"来华留学"进一步反映了我国会计知识的水平之高，获得了我国大陆以外人们的青睐。

1. 准备阶段（1980～1986 年）

20 世纪 80 年代初以李宝震教授为发起人的会计人员首先开始了对会计准则的个体性、自发性研究。这时期的会计研究人员主要是作为个体进行自发研究。1980 年的出国留学人数和来华留学人数（《中国教育年鉴》编辑部，1984）：（1）出国留学人数为 2 124 人；（2）来华留学人数为 576 人。

2. 基本准则的建立、颁布和实施阶段（1987～1993 年）

（1）中国会计学会在成立之初，并没有重视会计准则问题。直到 1983 年，中国会计学会年会上通过的 1983～1985 年工作要点中，才提出要研究"社会主义会计原则、会计准则及其与西方会计准则的联系和区别……"然而学会的呼吁似乎并没有获得应有的响应，为了改变这种状况，中国会计学会在 1987 年年会上宣布成立了 7 个专题研究组，其中一个就是"会计原则及会计基本理论研究组"，该组负责的课题中有两个与会计准则，它们分别是"社会主义会计原则的含义、内容、层次及其地位和作用"和"制定社会主义会计原则的方法、程序及其相应机构"。会计准则研究从此开始了以组织形式推动的阶段，1988 年 9 月该研究组更名为"会计基本理论和会计准则研究组"，从此开始了重点研究会计准则的阶段。（2）在上述形势下，财政部会计司（当时为会计事务管理司）于 1988 年 10 月 31 日专门成立了会计准则课题组，并立即投入工作，从此财政部主导和组织了中国会计准则的调查、研究、设计、草拟、制定和实施工作。1987 年的出国留学人数和来华留学人数（中华人民共和国国家教育委员会计划财务局，1988）：（1）出国留学人数为 4 703 人；（2）来华留学人数为 2 044 人。

3. 具体准则的建立、颁布和实施阶段（1992～2001 年）

（1）财政部积极主动地承担起制定具体会计准则的任务。1992 年 2 月 26～28 日，财政部在深圳市召开了第 1 次会计准则国际研讨会。在这次会议上，首次正式公布了制定具体会计准则的意向和安排，即在未来 3 年左右的时间里，按照需要和可能，制定 30 多个具体会计准则。为之，财政部采取了以下措施：①强化准则制定工作组，具体负责具体会计准则的研究与起草工作。②制定明确的准则制定程序，与国内外会计人才建立了相对明确而固定的合作关系，有利于及时收集民意和调动各方积极性。③成立国内外专家咨询组，以便充分利用国内外人才资源，广泛借鉴国际会计惯例，保证会计准则的质量。④多次召开国内具体准则研讨会。第一，为了广泛听取国内外专家对具体准则的意见，1995 年 10 月 7～8 日，北京商学院、中国人民大学、北京轻工业学院受财政部和中国会计学会委托，由北京商学院会计系在北京具体承办了面向华北和东北地区召开的具体会计准则研讨会；第二，1996 年 3 月 11～22 日财政部在北京连续召开了两次会计准则国际研讨会等。（2）中国会计学会主动配合财政部工作，并首先推动关于具体准则的国内研讨。在 1992 年 2 月财政部会计准则国际研讨会"具体准则制定计划"的导引下，在 1992 年财政部颁布基本准则并于 1993 年 7 月实施后"加紧制定具体准则"的精神感召下，中国会计学会"会计准则、会计改革专题研讨会"经过近 1 年的筹备，于 1993 年 10 月 20～

23 日在河北省涿州市召开，此次研讨会的主要议题之一就是关于制定具体会计准则的有关问题（包括企业集团会计准则等问题），从此拉开了会计学术界研究具体会计准则的序幕。在财政部具体准则征求意见稿发布以后，又于 1994 年年底召开了关于具体准则征求意见稿的研讨会；1995 年 10 月又与财政部联合召开了关于具体准则征求意见稿的研讨会等。（3）为了加强会计准则的咨询工作，听取社会对会计准则制定工作的意见和建议，财政部于 1998 年 10 月 12 日成立会计准则委员会，其委员来自政府部门、学术界、注册会计师行业、证券监管部门和企业界。从而不仅使我国会计准则建设的咨询工作不断走向规范化和制度化，而且增加了咨询专家代表及其代表民意的广泛性。1992 年的出国留学人数和来华留学人数（中华人民共和国国家教育委员会计划建设司，1993）：（1）出国留学人数为 6 540 人；（2）来华留学人数为 4 000 人。

4. 新会计准则体系的全面建立、颁布和实施阶段（2002～2009 年）

（1）2002 年年底在中国香港召开的第 16 届世界会计师大会上，时任财政部部长助理冯淑萍明确表示，我国将用 3 年左右的时间建立和完善中国会计准则体系（冯淑萍，2003）。（2）财政部于 2003 年完成了会计准则委员会的重大改组，改组后的会计准则委员会由财政部副部长楼继伟担任主席，部长助理冯淑萍担任秘书长。委员共 20 名，由财政部聘任，聘期两年。会计准则委员会下设会计理论专业委员会、企业会计专业委员会、政府及非营利组织会计专业委员会、会计准则委员会办公室以及由 160 名会计专业人员组成的会计准则咨询专家组。（3）2003 年 5 月 13 日，财政部印发了《财政部会计准则委员会工作大纲》，规定了委员的权利和义务，明确了会计准则委员会的工作机制和要求；研究组在会计准则委员会及其办公室的领导下开展日常咨询工作。（4）2003 年 9 月，财政部会计准则委员会为完善我国会计准则体系，加强会计准则的研究工作，结合当前我国制定会计准则的需要，为制定我国会计准则建立必要的理论准备，及时地组织了 40 多项会计准则重点研究课题。（5）根据多年准则研究和制定的经验，财政部认为全面建立和完善我国会计准则体系的时机已经成熟，于是在被国务院确定为改革攻坚年的 2005 年加快了全面构建和推行新会计准则体系的步伐，从此会计准则建设进入实质性的突破阶段，除修订基本准则以外，财政部还陆续印发了 22 项具体准则的征求意见稿，同时对于已经发布的 16 项具体准则也进行了全面的梳理、调整和修订。（6）为了给准则体系的很好实施提供准备，财政部 2006 年 8 月 1 日发布了《企业会计准则应用指南》（征求意见稿）；2006 年 10 月 30 日发布了《企业会计准则应用指南》。（7）2007 年 1 月 1 日新准则体系开始实施以后，2007 年 2 月 1 日在网站上公布了《企业会计准则实施问题专家工作组意见》；2007 年 9 月举办了"新会计准则培训班"等。在这一阶段，形成了"财政部主导并主动吸纳学会精英、会计界全国上下共同参与、协力研究、制定和实施会计准则体系"的大好局面。2002 年的出国留学人数和来华留学人数（中华人民共和国教育部发展规划司，2003）：（1）出国留学人数为 125 000 人；（2）来华留学人数为 85 800 人。

5. 新会计准则体系的进一步完善和发展阶段（2009 年至今）

（1）2009 年 9 月财政部发布了《中国企业会计准则与国际财务报告准则持续全面趋同路线图（征求意见稿）》等。（2）2010 年 4 月 2 日，财政部发布《中国企业会计准则与国际财务报告准则持续趋同路线图》以后，引起了我国会计理论研究和实务工作者的强烈反响。对此，中国会计学会于 2011 年 4 月 11 日在北京工商大学举办了资深会员论坛"国际财务报告准则变革及中国对策"，财政部会计司刘玉廷司长在论坛上做了《趋同路线图是动员令》的演讲。2009 年的出国留学人数和来华留学人数（中华人民共和国教育部发展规划司，2010）：（1）出国留学人数为 229 300 人；（2）来华留学人数为 238 184 人。

三、模型中各变量的取值及验证

（一）各变量的取值

表1　　　　　　　　　　　　因变量和自变量的取值

		准备阶段	基本准则的建立、颁布和实施阶段	具体准则的建立、颁布和实施阶段	新会计准则体系的全面建立、颁布和实施阶段	新会计准则体系的进一步完善和发展阶段
中国企业会计准则思想的演进		1980 年，第1篇会计原则论文发表	1987年，中国会计学会"会计基本理论和会计准则专题研究组"成立	1992 年，财政部首次正式公布了制定具体会计准则的意向和安排	2002 年年底，财政部部长助理冯淑萍明确表示，我国将用 3 年左右的时间建立和完善中国会计准则体系	2009 年 9 月，财政部发布了《中国企业会计准则与国际财务报告准则持续全面趋同路线图（征求意见稿）》
风俗习惯	主要事件	20 世纪 80 年代初，会计人员开始个体性、自发性研究	① 1987 年，中国会计学会宣布成立"会计原则及会计基本理论研究组"。② 1988 年，财政部会计事务管理司成立会计准则课题组，并立即投入工作	① 1992 年，财政部在深圳首次正式公布了制定具体会计准则的意向和安排。②中国会计学会主动配合财政部工作，并首先推动关于具体准则的国内研讨。③ 1998 年，财政部成立会计准则委员会	①2002 年年底，财政部部长助理冯淑萍明确表示，我国将用 3 年左右的时间建立和完善中国会计准则体系。②2003 年，财政部完成了会计准则委员会的重大改组，并印发了《财政部会计准则委员会工作大纲》。③2003 年 9 月，财政部会计准则委员会为完善我国会计准则体系，结合当前我国制定会计准则的需要，及时组织了 40 多项会计准则重点研究课题。④除修订基本准则外，财政部还陆续印发了 22 项具体准则的征求意见稿，同时对于已经发布的 16 项具体准则也进行了全面的梳理、调整和修订等。⑤2006 年，财政部正式发布 1 项基本准则和 38 项具体准则。⑥2006 年 8 月至 2007 年 2 月，财政部相继发布了《企业会计准则应用指南》、《企业会计准则实施问题专家工作组意见》等	①2009 年，财政部发布《中国企业会计准则与国际财务报告准则持续全面趋同路线图（征求意见稿）》。② 2009 年 9 月 12 日，中国会计学会会计准则专业委员会就上述《路线图》进行了研讨。③ 2010 年，财政部发布《中国企业会计准则与国际财务报告准则持续趋同路线图》等
	出国留学数（人）	2 124	4 703	6 540	125 000	229 300
	来华留学数（人）	576	2 044	4 000	85 800	238 184

注：①将准备阶段作为基期
②假设所有未考虑的因素在本期与在相比较的对象期相同
③将本期的前一个比较对象期与本期（包括本期）之间所发生的变化视为本期的变化

（二）验证

表2 各影响因素在中国企业会计准则思想演进中的作用

		第一阶段演进到第二阶段	第二阶段演进到第三阶段	第三阶段演进到第四阶段	第四阶段演进到第五阶段
风俗习惯	主要事件	+	+	+	+
	出国留学数（人）	+	+	+	+
	来华留学数（人）	+	+	+	+

注：①将第一阶段"准备阶段"作为基期

②假设所有未考虑的因素在本期与在相比较的对象期相同

③将本期的前一个比较对象期与本期（包括本期）之间所发生的变化视为本期的变化

④各因素变化为正的为正向作用，记为"＋"；各因素变化为负的为反向作用，记为"－"；各因素没有变化的为无作用，记为"0"。

⑤对第五阶段因素作用的评价需要谨慎对待，因为截止到目前，本期经历的时间还嫌短暂，随着时间的推移，本期中各因素的作用或许还会发生新的变化

上表表明，风俗习惯的增量发展表现为：

（1）第一阶段到第二阶段，包括：①主要事件，由民间自发研究发展到官方和民间共同研究。②出国留学，由2 124人增加到4 703人。③来华留学，由576人增加到2 044人。

（2）第二阶段到第三阶段，包括：①主要事件，研究者没有发生变化，仍然是官方和民间共同研究，与前期不同的是，财政部于1998年专门成立了会计准则委员会来主导研究。②出国留学，由4 703人增加到6 540人。③来华留学，由2 044人增加到4 000人。

（3）第三阶段到第四阶段，包括：①主要事件，研究者没有发生变化，仍然是官方和民间共同研究，与前期不同的是，由财政部进行重大改组以后的会计准则委员会来主导研究。②出国留学，由6 540人增加到125 000人。③来华留学，由4 000人增加到85 800人。

（4）第四阶段到第五阶段，包括：①主要事件，研究者没有发生变化，仍然是官方和民间共同研究，与前期不同的是，财政部通过发布《中国企业会计准则与国际财务报告准则持续全面趋同路线图（征求意见稿）》来主导研究。②出国留学，由125 000人增加到229 300人。③来华留学，由85 800人增加到238 184人。

上述历史考察告诉我们，风俗习惯在正向增量发展的基础上，通过促进国内国际交流，进一步促进会计准则思想的供求交流提升，对于中国企业会计准则思想演进，起到了必不可少的促进作用。

四、结论

经过验证，我们发现，在中国企业会计准则思想演进的整个过程中，当风俗习惯的正向增量作用达到一定程度，就会通过促进国内国际交流，进一步促进会计准则思想的供求提升，包括需求的增强和更有效，供给的量、质提高以及供求间沟通的有效，进而通过交易费用的减少来促进中国企业会计准则思想的演进。当然鉴于历史资料的搜寻与研究实非易事，我们需要进一步挖掘有关资料，以充实我们的研究成果。

主要参考文献

［1］刘常青：《中国企业会计准则思想发展路径的考证之一（背景）》，载于《郑州航空工业管理学院学报》2009 年第 5 期，第 113～119 页。

［2］刘常青：《中国企业会计准则思想发展路径的考证之二（特点）》，载于《郑州航空工业管理学院学报》2009 年第 6 期，第 105～110 页。

［3］刘常青：《中国企业会计准则思想发展路径的考证之三（创新）》，载于《郑州航空工业管理学院学报》2010 年第 1 期，第 63～71 页。

［4］刘常青：《中国企业会计准则思想发展路径的考证之四（积累和挑战）》，载于《郑州航空工业管理学院学报》2010 年第 2 期，第 81～87 页。

［5］刘常青：《中国企业会计准则思想发展路径的考证之五（总结与思考）》，载于《郑州航空工业管理学院学报》2010 年第 3 期，第 64～69 页。

［6］刘常青：《中国会计思想发展史》，西南财经大学出版社 2005 年版，第 230～241 页。

［7］Liu Changqing, "Principal Factors Affecting IDBT Evolution", Journal of Service Science and Management, 2011, (4), pp445 –452.

［8］李宝震：《论社会主义会计的原则》，载于《会计研究》1980 年第 1 期。

［9］冯淑萍：《中国的会计改革与发展——在第十六届世界会计师大会"中国论坛"上的演讲》，载于《上海会计》2003 年第 1 期，第 1～3 页。

［10］财政部：《中国企业会计准则与国际财务报告准则持续全面趋同路线图（征求意见稿）》，载于《会计研究》2009 年第 9 期，第 3～5 页。

［11］财政部：《中国企业会计准则与国际财务报告准则持续全面趋同路线图》，载于《会计研究》2010 年第 4 期，第 89～90 页。

［12］《中国教育年鉴》编辑部：《中国教育年鉴 1949～1981》，中国大百科全书出版社 1984 年版。

［13］中华人民共和国国家教育委员会计划财务局：《中国教育统计年鉴（1987 年）》，北方工业大学出版社 1988 年版。

［14］中华人民共和国国家教育委员会计划建设司：《中国教育事业统计年鉴（1992 年）》，人民教育出版社 1993 年版。

［15］中华人民共和国教育部发展规划司：《中国教育统计年鉴（2002 年）》，人民教育出版社 2003 年版。

［16］中华人民共和国教育部发展规划司：《中国教育统计年鉴（2009 年）》，人民教育出版社 2010 年版。

［17］财政部：《制定具体会计准则的目标、内容、组织和程序》，载于《会计研究》1994 年第 4 期，第 1～3 页。

［18］财政部：《财政部成立会计准则咨询专家组》，载于《会计研究》1993 年第 6 期，第 49 页。

［19］陆兵：《加快建立中国会计准则体系促进社会主义市场经济发展》，载于《会计研究》1995 年第 1 期，第 4～9 页。

［20］财政部全国会计人员继续教育教材编审委员会：《企业会计准则及股份有限公司会计制度讲解（1998）》，中国财政经济出版社 1999 年版。

［21］刘玉廷：《中国会计改革理论与实践》，民主与建设出版社 2003 年版。

［22］任明川、大卫·亚历山大：《中国会计准则的发展问题：背景分析》，载于《中国会计与财务研究》2000 年第 3 期，第 93～107 页。

［23］王进、肖菁华：《国际会计准则发展的最新动态及对我国的启示》，载于《交通财会》2000 年第 1 期，第 46～49 页。

［24］白莉：《我国会计准则的现状及发展趋势》，载于《山西经济管理干部学院学报》2004 年第 3 期，第 40～41 页。

［25］王建新：《我国会计准则的建设成就与发展趋势》，载于《中国总会计师》2006 年第 2 期，第 24～

26 页。

[26] 何和平：《我国企业会计基本准则的发展与变化》，载于《北方经贸》2006 年第 9 期，第 70~72 页。

[27] 付磊：《我国企业会计改革的回顾与思考》，载于《会计研究》2007 年第 12 期，第 23~28 页。

[28] 喻灵、冷冰：《积极行动　稳步推进企业会计准则持续全面趋同》，载于《会计研究》2009 年第 9 期，第 10~14 页。

[29] 陈信元、金楠：《新中国会计思想史》，上海财经大学出版社 1999 年版。

[30] 郭道扬：《会计史研究（第二卷）》，中国财政经济出版社 2004 年版。

[31] Ren M. C. and Alexander D.. Issues in Developing Accounting Standards in China：A Contextual Perspective，China Accounting and Finance Review，2000（03）：108－125.

[32] 中华人民共和国国家统计局：《中国统计年鉴》，中国统计出版社 2011 年版。

合并范围的变更历程研究

闫华红　邵应倩[*]

【摘要】自 1992 年《企业会计准则》的颁布到 2014 年财政部对《企业会计准则第 33 号——合并财务报表》进行修订，我国会计准则和会计制度不断地进行完善，逐步趋同于国际会计准则，使得企业利用合并范围的变更进行操纵的空间逐渐狭小。本文以合并范围作为研究对象，首先介绍了完善合并范围理论的重大意义和时代背景，再通过对我国会计制度的变更历程的内容进行说明，并在此基础上与国际准则进行分析比较，接下来对合并范围其他相关问题进行分析，针对所存在不足提出自己的建议，希望对合并范围的研究有所裨益。

【关键词】合并财务报表准则　合并范围　变更历程

一、引言

合并财务报表的合并范围是指应当纳入合并财务报表编制的子公司的范围，即子公司是否应当包含在合并财务报表的编报范围之内的界定标准，是由会计准则制定并依据实施。根据准则的发展历史，合并范围是以控制作为基础进行确认，控制主要划分为数量标准和质量标准，由之前的单独依照半数表决权判断，发展到现在结合实质性权利作为判断依据，并不断补充控制的内容和使用。

19 世纪末美国公布第一份合并财务报表，是因为控股公司在美国发展的较早，英国于 1910 年出现合并财务报表却一直到 20 世纪 30 年代末开始普遍使用，而一直到第二次世界大战之后，绝大多数西方国家才开始逐渐使用。纵观各国情况，随着合并财务报表的产生和发展，合并财务报表会计准则也应运而生。1950 年，美国注册会计师协会（即 AICPA）发布最早规范企业合并与合并财务报表的会计准则并在美国实施，其他西方国家实施相对落后，国际会计准则委员会（即 IASC）于 1976 年发布第 3 号国际会计准则（即 IAS 3）《合并财务报表》。

我国合并财务报表最早于 1992 年颁布《企业会计准则》时提出总括性要求，在 23 年间经过了四次修订，在此期间我国国内的经济形势发生了巨大的变化，逐步融入世界经济体系，经历企业并购浪潮，世界金融危机，股市震荡起伏的多重考验，合并财务报表准则的修订也适时而行，针对存在问题进行完善。我国虽然起步较晚，但是发展迅速，且逐步与国际会计准则趋同，针对合并财务报表准则的研究逐步发展，其中合并范围的研究一直是热点问题，并在每一次的准则的修订中不断加以完善。

目前关于合并范围的理论研究中，在 2003 年发布第 27 号国际会计准则（即 IAS 27）《合并财务报表和单独财务报表》取代股权将控制确定为界定基础后，国内外许多专家学者对于

---

* 闫华红、邵应倩：首都经济贸易大学。

"控制权"的研究成为焦点，杨绮（2004）认为界定实质性控制权标准，将赋予管理层较大的职业判断空间。对于合并财务报表国内外准则的比较也一直是准则研究的重点之一，孙淑云（2008）和励贺林（2008）分别从合并范围的数量和质量标准，不纳入合并范围子公司的条件等三个方面进行比较，说明国内准则规范对国际准则的逐步趋同。合并范围的研究主要是关于对合并范围的界定问题，常一励（2006）认为合并范围的合理界定是合并财务报表能够真实反映企业集团财务状况经营实质的必要前提；也是满足信息使用者信息需求的首要条件。

随着我国市场经济的发展与完善，企业集团母子公司之间以及各子公司之间交易的类型日益复杂多样，交易的数量也不断增长，合并范围的界定使得合并财务报表所披露的会计信息更具有可靠性和相关性，合并范围的准确与否直接影响着合并报表提供信息的准确性和有用性。每一次合由于合并范围会受到合并理论和经济形势的影响，时至今日形成了以控制为基础的合并范围确定原则，从而更加合理真实地反映集团的经营实质。

二、合并范围的准则规定变更分析

回顾我国会计准则的发展历史，合并范围是以控制作为基础进行确认，控制主要划分为数量标准和质量标准，由之前的单独依照半数表决权判断，发展到现在结合实质性权利作为判断依据，并不断补充控制的内容和使用。

（一）2006 年以前会计准则中对合并范围的规定

1992 年 11 月，颁发《企业会计准则》，对合并财务报表的编制提出了总括性的要求。第六十三条规定："企业对外投资如占被投资企业资本总额半数以上，或者实质上拥有被投资企业控制权的，应当编制合并会计报表。特殊行业的企业不宜合并的，可不予合并，但应当将其会计报表一并报送。"对于合并范围的规范只确定了数量标准，简单提出了控制权并没有对此进行注解和判断。

1995 年 9 月，颁布《合并会计报表暂行规定》，进一步规范了合并财务报表的编制，明确提出合并范围的数量标准和质量标准，从而奠定了合并范围的基础。

（1）若母公司持有被投资企业的过半数以上（不包括半数）权益性资本时直接将其纳入合并范围，分为三种情况直接拥有、间接拥有、直接和间接方式混合拥有。作为合并范围的数量标准，其判断方式得到沿用。

（2）若不持有其过半数以上的权益性资本时，分析四种质量判定标准，符合其中之一即纳入合并范围。即①通过与该被投资公司的其他投资者之间的协议，持有该被投资公司半数以上表决权；②根据章程或协议，有权控制企业的财务和经营政策；③有权任免董事会等类似权力机构的多数成员；④在董事会或类似权力机构会议上有半数以上投票权。在当前的四种质量判定标准中，多集中于表决权、任免权和投票权等能够对子公司进行经营性重大决策的权利。

（3）不纳入合并范围的 6 种情况，包括：①已关停并转的子公司；②按照破产程序，已宣告被清理整顿的子公司；③已宣告破产的子公司；④准备近期售出而短期持有其半数以上的权益性资本的子公司；⑤非持续经营的所有者权益为负数的子公司；⑥受所在国外汇管制及其他管制，资金调度受到限制的境外子公司。

此次对于合并范围的规定已比较详尽，由于明确了数量标准、质量标准和不纳入合并范围内的情况，因此在实际中可操作性较强。同时，它吸取了国际准则关于一般原则规定的大部分内容，但缺乏国际准则实质性的判断原则。

2000 年 12 月，颁发《企业会计制度》，在 1995 年 7 月财政部会计司所发布的具体会计准则合并会计报表征求意见稿的基础上，考虑我国实际情况做了一些改动。第一百五十八条规定："企业对其他单位投资如占该单位资本总额 50% 以上（不含 50%），或虽然占该单位注册资本总额不足 50% 但具有实质控制权的，应当编制合并会计报表。合并会计报表的编制原则和方法，按照国家统一的会计制度中有关合并会计报表的规定执行。""企业在编制合并会计报表时，应当将合营企业合并在内，并按照比例合并方法对合营企业的资产、负债、收入、费用、利润等予以合并。"

首先新增了合营企业纳入合并范围的规定，其次确定合并范围时采用的首要标准是以注册资本为基础的数量控制标准，在采用首要标准无法做出判断时才采用实质控制权的质量控制标准，进一步确定了数量标准和质量标准的相互关系。

（二）2006 年会计准则中对合并范围的规定

2006 年 2 月，颁布《企业会计准则第 33 号——合并财务报表》，第六条到第十条详述了合并范围的相关规定。

1. 首次提出合并范围应当以控制为基础予以确定的基本原则

控制是界定报表合并范围的关键，是指一个企业能够决定另一个企业的财务和经营政策，并能据以从另一个企业的经营活动中获取利益的权力。对"控制"的强调，体现了"实质重于形式"的要求，即凡是母公司控制的子公司和实质上能够实施控制的被投资单位（是子公司）以及特殊目的实体都需要纳入母公司合并财务报表的合并范围。

2. 描述了"控制"的数量标准和质量标准

数量标准，即母公司直接或通过子公司间接拥有被投资单位半数以上的表决权，可以理解为形式上的控制。

质量控制，即实质上的控制，只当母公司拥有被投资单位半数或以下的表决权，满足下列条件之一的，视为母公司能够控制被投资单位，包括：（1）通过与被投资单位其他投资者之间的协议，拥有被投资单位半数以上的表决权。（2）根据公司章程或协议，有权决定被投资单位的财务和经营政策。（3）有权任免被投资单位的董事会或类似机构的多数成员。（4）在被投资单位的董事会或类似机构占多数表决权。

同时规定，有证据表明母公司不能控制被投资单位的，被投资单位则不能纳入合并范围。

采用以表决权为基础的控制标准，比注册资本或权益性资本更具实用性，强调实际意义上的控制，而不是法律形式的控制，使得判断标准发生了重大改变，是以控制权的质量标准为主，数量标准为辅进行确认。

3. 提出应当考虑潜在表决权的情况

第九条规定："在确定能否控制被投资单位时，应当考虑企业和其他企业持有的被投资单位的当期可转换的可转换公司债券、当期可执行的认股权证等潜在表决权因素。"扩大了合并范围。

4. 取消不纳入合并范围的被投资公司情况

将从事特殊经营活动的子公司纳入合并范围，要求母公司应当将其全部子公司纳入合并财务报表的合并范围，坚持了控制标准的一贯运用，强调了实质重于形式的会计原则。

此次企业会计准则在原有合并范围规定的基础上进一步发展，有助于提高合并财务报表信息披露质量和透明度。国际上对合并范围的确定基础从最初的基于"控制权",到强调基于"实际控制",此次颁布的企业会计准则中也强调了合并范围的确定以实际控制为基础的原则。但对于暂时性控制和非营利组织是否纳入合并范围的问题,因频繁发生产权变动导致连续编制合并财务报表失去可比性的情况并没有做出相关的规定。

(三) 2014 年会计准则中对合并范围的规定

2014 年 2 月,修订《企业会计准则第 33 号——合并财务报表》,重新定义了控制的概念和判断标准,新增母公司是否作为投资性主体的认定,回报可变性的评价,委托人与代理人的判断和单独主体的判断,趋同于国际会计准则,更加贴合我国目前的实际情况。

2014 年 2 月 17 日,颁布修订的《企业会计准则第 33 号——合并财务报表》,要求自 2014 年 7 月 1 日起,在所有执行企业会计准则的企业范围内施行该准则。第七条到第二十五条详述了合并范围的相关规定,相比之前内容有所增加。而此次的修订,提高了企业合并财务报表质量,规范了财务报表的编制和列报,坚持了我国准则与国际准则的持续趋同。针对合并财务报表准则中合并范围的内容修订包括,重新定义了控制的概念和判断标准,新增母公司是否作为投资性主体的认定,回报可变性的评价,委托人与代理人的判断和单独主体的判断,主要可以划分为两个部分:一是合并范围的调整,二是对于控制的定义及判断标准的变化。

1. 合并范围的调整

修订前的合并财务报表准则规定,母公司应当将其全部子公司纳入合并财务报表的合并范围。

新准则规定,母公司应当将其全部子公司(包括母公司所控制的单独主体)纳入合并财务报表的合并范围。如果母公司是投资性主体,则母公司应当仅将为其投资活动提供相关服务的子公司(如有)纳入合并范围并编制合并财务报表;其他子公司不应当予以合并,母公司对其他子公司的投资应当按照公允价值计量且其变动计入当期损益,同时提出对母公司是否为投资性主体的判断条件和具有的特征。

对于母公司投资性主体的判断流程如图 1 所示。

2. 对于控制的定义及判断标准的变化

修订前的准则定义:"控制"是指一个企业能够决定另一个企业的财务和经营政策,并能据以从另一个企业的经营活动中获取利益的权利。新准则将"控制"定义修改为:"控制"指投资方拥有对被投资方的权利,通过参加与被投资方的相关活动而享有可变回报,并且有能力运用对被投资方的权利影响其回报金额。将控制划分为三要素,并对三要素的内容进行了详细的补充和解释。

关于控制的判断标准变化,主要增加了以下几项。

(1) 引入关于拥有决策制定权的投资者是委托人还是代理人的判断指引。按照新准则中的规定,代理人仅代表主要责任人行使决策权时,代理人不控制被投资方,而是由主要责任人控制被投资方。

(2) 引入对被投资方可分割部分(单独主体)的控制的判断。新准则中规定,当有确凿证据表明同时满足规定的条件,投资方应当将被投资方的一部分视为被投资方可分割的部分(单独主体),进而判断是否控制该部分(单独主体)。

(3) 引入"实质性权利"概念。当控制仅考虑与被投资方相关的实质性权利,即"实质性控制"。当投资方持有的表决权份额小于 50% 时,如果综合考虑投资方持有的表决权相对于其他投资方持有的份额大小以及分散程度、投资方和其他投资方持有的被投资方的潜在表决权、其他合同安排产生的权利、被投资方以往的表决权行使情况等有关因素和条件后仍可具有控制。

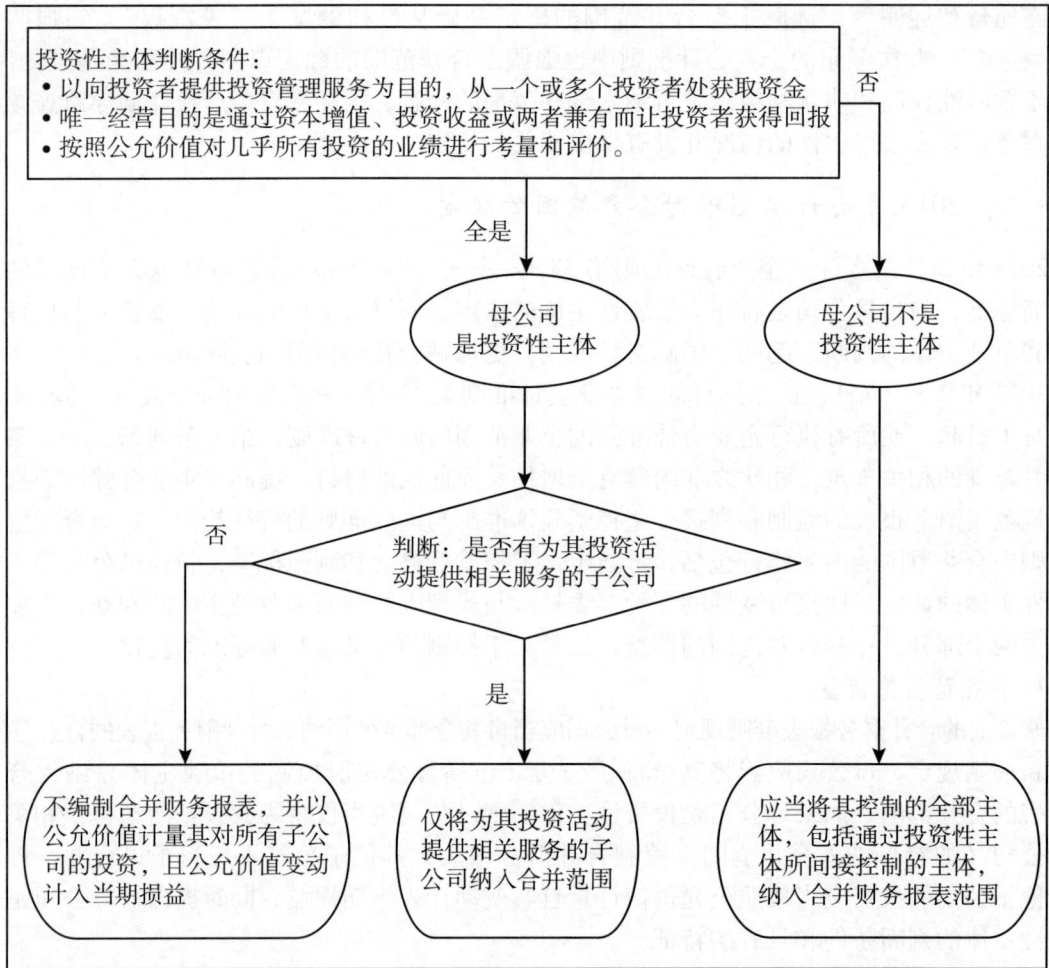

投资性主体判断条件：
• 以向投资者提供投资管理服务为目的，从一个或多个投资者处获取资金
• 唯一经营目的是通过资本增值、投资收益或两者兼有而让投资者获得回报
• 按照公允价值对几乎所有投资的业绩进行考量和评价。

否

全是

母公司
是投资性主体

母公司不是
投资性主体

否

判断：是否有为其投资活动提供相关服务的子公司

是

不编制合并财务报表，并以公允价值计量其对所有子公司的投资，且公允价值变动计入当期损益

仅将为其投资活动提供相关服务的子公司纳入合并范围

应当将其控制的全部主体，包括通过投资性主体所间接控制的主体，纳入合并财务报表范围

图1

控制所包含的三项基本要素："对被投资者的权利"、"可变回报"以及"能够行使权力影响可变回报"，要求在实际判断中，只有当且仅当投资方具备上述三要素时，才能表明投资方能够控制被投资方。其中"投资方拥有对被投资方的权力"是判断控制的第一要素，也是准则中修改最大，解释最详尽的要素。

"投资方拥有对被投资方的权力"的判断，要求投资方需要识别被投资方并评估其设立目的和设计、识别被投资方的相关活动以及对相关活动进行决策的机制、确定投资方及涉入被投资方的其他方拥有的与被投资方相关的权利等，以确定投资方当前是否有能力主导被投资方的相关活动。在目前的准则规定中采用了数量标准（表决权所占比例）和质量标准（实质性权利）共同评价的模式，其中质量标准占有主导优势，强调在实际判断中，评价投资方当前是否有能力主导被投资方的相关活动为主要依据。

"因参与被投资方的相关活动而享有可变回报"的判断集中在判断投资方享有被投资方的回报是否变动以及如何变动，通常体现为从被投资方获取股利。

"有能力运用对被投资方的权力影响其回报金额"的判断特别提出了，拥有决策权的投资方是以主要责任人的身份进行还是以代理人的身份进行的情况，以及在其他方拥有决策权时，投资方还需要考虑其他方是否是以代理人的身份代表该投资方行使决策权的情况，这也是准则

中新提出的并和国际准则趋同的要点之一。

根据《企业会计准则第33号——合并财务报表》和《企业会计准则——合并财务报表》应用指南的相关规定和解读，对"投资方拥有对被投资方的权力"的判断由于文字赘述过于繁琐，可以将其简化为以下判断流程图：

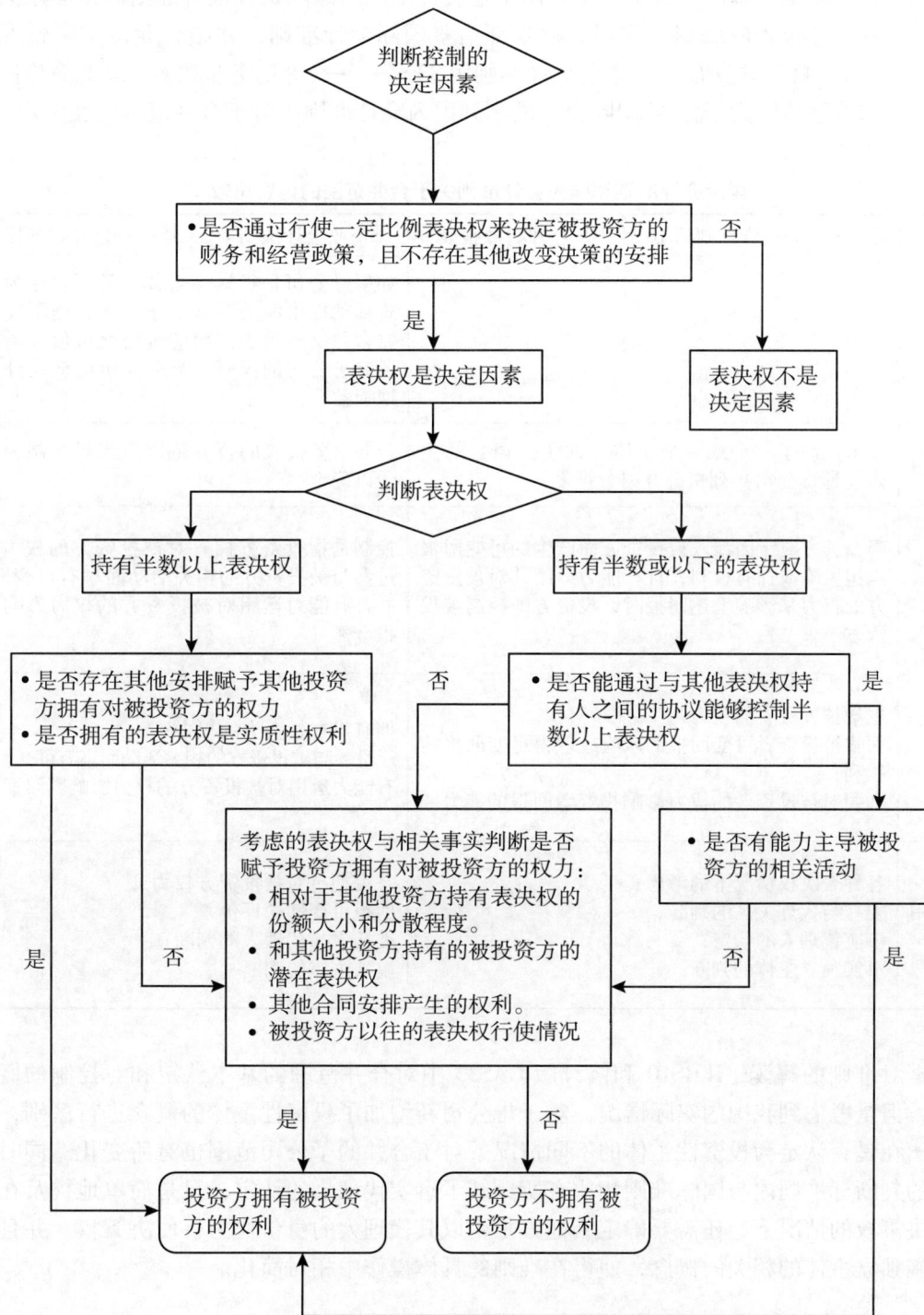

```mermaid
flowchart TD
    A{判断控制的决定因素}
    B[·是否通过行使一定比例表决权来决定被投资方的财务和经营政策，且不存在其他改变决策的安排]
    A --> B
    B -->|是| C[表决权是决定因素]
    B -->|否| D[表决权不是决定因素]
    C --> E{判断表决权}
    E --> F[持有半数以上表决权]
    E --> G[持有半数或以下的表决权]
    F --> H[·是否存在其他安排赋予其他投资方拥有对被投资方的权力 ·是否拥有的表决权是实质性权利]
    G --> I[·是否能通过与其他表决权持有人之间的协议能够控制半数以上表决权]
    H -->|是| J[投资方拥有被投资方的权利]
    H -->|否| K[考虑的表决权与相关事实判断是否赋予投资方拥有对被投资方的权力]
    I -->|否| K
    I -->|是| L[·是否有能力主导被投资方的相关活动]
    K -->|是| J
    K -->|否| M[投资方不拥有被投资方的权利]
    L -->|否| K
    L -->|是| J
```

图 2

（四）与国际准则关于合并范围的分析比较

2011 年，国际会计准则理事会（即 IASB）发布了《国际财务报告准则第 10 号——合并财务报表》（以下简称为 IFRS10），整合了 IAS 27、SIC – 12 中对控制的概念，并以控制作为确认是否纳入合并范围的基础。为了保持我国企业会计准则与国际财务报告准则的持续趋同，进一步规范合并财务报表的编制和列报，财政部借鉴国际会计准则，并结合我国实际情况，于 2014 年 2 月 17 日修订并发布了《企业会计准则第 33 号——合并财务报表》（以下简称修订版 CAS33）。表 1 简要罗列了现行的国际会计准则和国内会计准则中对于合并范围的相关规定。

表 1　　　　　　　国际会计准则和国内会计准则关于合并范围的内容比较

	《国际财务报告准则第 10 号——合并财务报表》	《企业会计准则第 33 号——合并财务报表》
母公司		如果母公司是投资性主体，且不存在为其投资活动提供相关服务的子公司，则不应当编制合并财务报表，而应按公允价值计量其对所有子公司的投资，且公允价值变动计入当期损益
合并范围	要求控制了一个或多个主体（即子公司）的主体（即母公司）列报合并财务报表	合并财务报表的合并范围应当以控制为基础予以确定
控制定义	当投资方对于因涉入被投资方而产生的可变回报承担风险或拥有权利，且有能力运用其对被投资方的权力来影响上述回报时，投资方即控制被投资方	控制是指投资方拥有对被投资方的权力，通过参与被投资方的相关活动而享有可变回报，并且有能力运用对被投资方的权力影响其回报金额
控制构成要素	主导被投资者的权力； 面临被投资者可变回报的风险或取得可变回报的权利； 利用对被投资者的权力影响投资者回报的能力	拥有对被投资方的权力； 通过参与被投资方的相关活动而享有可变回报； 有能力运用对被投资方的权力影响其回报金额
控制应用原则	各种表决权情况下的考虑； 委托与代理关系的判断； 事实代理人的认定； 事实独立主体的判断	是否拥有对被投资方权力； 回报可变性的评价 委托人与代理人的判断； 单独主体的判断

根据对准则的解读，IFRS10 和修订版 CAS33 中对合并范围的基本认定和对控制的概念趋于一致，但是考虑到我国的实际情况，对于母公司新增加了投资性主体的概念进行区别，规定了母公司在是否认定为投资性主体的不同情况下对于合并的子公司范围也有所变化。同时，对于控制的判断标准国内与国际准则相比有所删减了事实代理人的认定，只是简单地提及在其他方拥有决策权的情况下，还需要确定其他方是否以其代理人的身份代为行使决策权，并且没有提出实施独立主体的相关的概念，使得在准则的具体操作中相对简化。

三、我国合并范围变更的其他相关问题

（一）"控制"的研究分析

根据合并财务报表准则中合并范围的变更历程来看，"控制"已成为判断合并范围的基础，合理理解控制的概念是正确判定合并范围的必要条件，因此对于"控制"的分析有助于更好地理解合并范围。

美国会计准则委员会（即 FASB）在 1999 年的合并财务报表准则征求意见稿中，将"控制"定义为"一经济实体具有指导另一经济实体经营活动的政策和管理的非共享的决策能力，从而由后者正在进行的经济活动中增加自身的利益或限制自身的损失。"在安然事件后，发布了准则解释公告第 46 号《可变利益实体的合并》，引进"可变利益法"，将控制以及合并建立在实体收益或损失潜在变动的基础上，适合那些并非通过表决权控制实体或权益投资人不承担剩余经济风险的情况，更加丰富了"控制"的概念和内容。国际会计准则委员会（即 IASB）将"控制"定义为"统驭一家公司的财务和经营政策，并以此从该公司的经营活动中获取利益的权利。"并不断进行补充和修订，最终定义为"当投资方对于因涉入被投资方而产生的可变回报承担风险或拥有权利，且有能力运用其对被投资方的权力来影响上述回报时，投资方即控制被投资方。"

我国企业会计准则中对于控制的定义与国际是趋同的，从 2006 年首次提出控制是指一个企业能够决定另一个企业的财务和经营政策，并能据以从另一个企业的经营活动中获取利益的权力。到 2014 年修改为投资方拥有对被投资方的权力，通过参与被投资方的相关活动而享有可变回报，并且有能力运用对被投资方的权力影响其回报金额。更加合理地对控制的概念进行描述，有助于对于控制判断的充分理解。

（二）合并理论对合并范围的影响

从各国准则研究发展的历程来看，形成了三大主要的合并理论，即母公司理论、实体理论和所有权理论，不同合并理论对合并范围均能产生不同程度的影响，因此有学者认为应当研究分析在不同合并理论下对合并范围的影响。

母公司理论强调合并财务报表是母公司财务报表的扩展，侧重于母公司股东的利益，主要满足母公司股东的信息需求。实体理论是从企业集团角度解释与说明合并会计报表的原理与关系，强调全体股东的利益，并主要满足全体股东的信息需求。所有权理论是指在编制合并会计时既不强调企业集团中的法定控制或实际控制关系，也不强调企业集团各成员企业在所构成的经济实体中的平等关系，而是强调编制合并会计报表的企业对纳入合并范围的企业所拥有的所有权。

其中所有权理论按比例合并法编制合并财务报告，反映拥有的而非控制的资源，与以控制为基础的合并范围判定相矛盾。王晓岚（2008）认为母公司理论通常以法定控制为基础、以持有半数以上表决权为标准来确定合并范围；实体理论以实质性控制为基础，就对其拥有的有控制权而纳入合并范围，不必取得法定上的权力作为控制的基础，能够更加真实客观地反映合并财务报表信息。

四、研究结论

合并财务报表准则在二十多年间得到了飞速的发展，并逐步与国际会计准则趋同，合并范

围因其重要性一直作为研究重点之一，在发展的历程中不断进行完善和修订，以更好地反映当前经济形势下，对合并财务报表信息质量的要求。

（一）进一步完善合并财务报表准则中合并范围的规定

从国际会计准则趋同的大趋势和我国实际国情来考虑，现行的修订版 CAS33 已经跟国际会计准则大部分趋同，但是事实代理人的认定，事实独立主体的判断并没有提及，可以在考虑在市场进一步发展的同时，结合有关情况进行补充。对于实质性控制权利的判断可以参考 IFRS10 的列举方式，将应用指南中的举例情况相结合，简化文字的繁琐复杂，列举主要考虑事项，便于财务人员的理解和操作。而关于潜在表决权和可变回报的内容只是进行了简要的提及，可以考虑进一步明确，列举一些依据标准便于财务人员判断。

（二）扩大对于合并财务报表的信息披露内容

首先，应当披露合并范围的确定过程，按照纳入范围子公司披露控制的确定理由。控制作为确定合并范围的基础，应当基于事实比照标准进行评价判断，部分子公司不具有上市资格，在母公司的合并财务报表如果不对控制理由进行披露，将会导致信息使用者在使用信息进行预测评判时，缺乏一定的参考依据。

其次，当报告年度内合并范围发生变化时，应当考虑披露信息，包括变化范围内各个子公司对于重大财务项目的具体影响数值，年度内所有股权转移事项对于财务报表重大项目所带来的具体影响变动数值等有关内容，同时为了使外部投资者更好地了解母公司的盈余构成，可以考虑编制当合并范围没有发生变动时的合并财务报表，方便投资者进行对比分析，减少上市公司利用合并范围变动进行盈余管理，对投资者带来的蒙蔽性。

主要参考文献

[1] 财政部：《企业会计准则第 33 号——企业财务报表》，经济科学出版社 2006 年版。

[2] 财政部：《关于印发〈企业会计准则第 33 号——合并财务报表〉的通知》，2014 年 2 月 17 日。

[3] 财政部：《〈企业会计准则第 33 号——合并财务报表〉应用指南》，2014 年。

[4] 中国会计准则委员会：《国际财务报告准则第 10 号——合并财务报表》，中国经济出版社 2013 年版。

[5] 常一劢：《合并范围界定研究》，东北财经大学硕士学位论文，2006 年。

[6] 侯自民：《对企业合并财务报表合并范围变化的研究》，载于《现代商业》2012 年第 18 期，第 196 ~ 197 页。

[7] 励贺林：《合并财务报表合并范围初探及对相关问题的思考》，载于《现代会计 2》2008 年第 4 期，第 44 ~ 47 页。

[8] 刘杰、章艳：《对合并财务报表修订版的评析》，载于《经营与管理》2014 年第 7 期，第 116 ~ 118 页。

[9] 李红娟：《关于合并范围界定与合并理论选择的思考》，载于《现代商业》2015 年第 3 期，第 222 ~ 223 页。

[10] 孙淑云：《合并财务报表的合并范围》，载于《现代会计》2008 年第 3 期，第 39 ~ 42 页。

[11] 吴革、刘肇阳：《中国会计准则国际趋同对盈余管理的影响》，载于《中国注册会计师》2014 年第 10 期，第 49 ~ 53 页。

[12] 王晓岚：《财务报表合并范围研究——准则探讨与实务分析》，厦门大学硕士学位论文，2008 年。

[13] 张红云：《会计报表合并范围有关问题的博弈分析》，载于《中国管理信息化》2009 年第 3 期，第 26 ~ 29 页。

[14] 张万华：《企业财务报表合并范围操纵及监管对策探析》，载于《财经界（学术版）》2014 年第 11 期，第 168 ~ 169 页。

合并财务报表理论的应用
现状与未来发展

陈贤彬[*]

【摘要】合并财务报表编制的理论依据主要有母公司理论、所有权理论和实体理论三种观点。世界上大多数国家的合并报表准则基本上都是基于母公司理论制定的。我国于2014年2月重新修订的《企业会计准则第33号——合并财务报表》则是在母公司理论的基础上，吸收了所有权理论的部分观点而形成，这种编制模式有一定的现实合理性，但也存在理论依据不一致，编制困难，以及可理解性较差等问题，本文在对合并财务报表理论进行重新梳理的基础上，提出了改进我国合并财务报表的一些建议。

【关键词】合并财务报表　母公司理论　所有权理论　实体理论

一、引言

随着我国资本市场的快速发展，以控制为纽带建立起来的多层级企业集团成为一种极为普遍的企业组织形式，进而导致合并财务报表编制问题成为会计领域中的一个重大理论问题。合并报表理论是指导合并财务报表编制的重要依据，在长期的会计实践中，逐渐形成了母公司理论、所有权理论和实体理论三种主要观点。目前，世界上大多数国家的合并财务报表准则都是依据母公司理论制定的，我国于2014年2月重新修订的《企业会计准则第33号——合并财务报表》则是在母公司理论的基础上，吸收了部分所有权理论的观点而形成，这种模式有一定的现实合理性，但也存在理论依据不一致，编制困难，以及可理解性较差等问题，本文在对合并报表理论进行重新梳理的基础上，针对企业合并财务报表的编制问题提出了一些改进建议，以对我国会计准则建设有所裨益。

二、合并财务报表理论的基本观点

在确定合并财务报表的合并范围、构成要素及基本结构时，由于观察视角、服务对象、编制目的不同而形成了不同的理论观点，这些观点大致可概括为母公司理论、所有权理论和实体理论。

（一）母公司理论的要点

母公司理论是基于母公司视角来观察被合并企业乃至整个公司集团的财务状况、经营成果

*　陈贤彬：广东财经大学

和现金流量，并据以编制合并财务报表的理论。其基本观点如下：（1）合并范围的确定以"法定控制"为基础，即以是否拥有控制权为标准决定是否将被投资企业纳入合并范围。（2）强调"控制权"而非"拥有权"，即将所能控制的子公司的资产、负债、所有者权益、收入、费用及利润全部并入合编报表，而对于不能控制的被投资企业，即使拥有较高的持股比例亦不予以合并。（3）合并财务报表反映的内容强调母公司所享有的权益部分，用公式表示即为："母公司权益＝资产－负债－少数股东权益"。在这里，少数股东权益被视为类似于负债的一种特殊权益；少数股东收益视为类似于利息费用的一种特殊支出。（4）只确认母公司所享有的商誉，即商誉等于母公司合并成本减去母公司所享有的以公允价值计量的子公司净资产相应份额后的金额，而不确认少数股东商誉。

（二）所有权理论的要点

所有权理论是基于所有权视角来观察被合并企业乃至整个公司集团的财务状况、经营成果和现金流量，并据以编制合并财务报表的理论。这种理论的基本观点如下：（1）合并范围的确定不强调"法定控制"，而强调"所有权"或"拥有权"，即拥有即予合并，也就是说，作为投资企业的合营企业和联营企业已纳入合并范围；（2）合并基础强调比例合并法，即将被合并企业的资产、负债、所有者权益、收入、费用及利润按持股比例并入合并财务报表；（3）母公司与子公司、合营企业或联营企业之间的交易及未实现交易损益，按持股比例予以抵销；（4）不拥有则不予以反映，即合并财务报表中不列示"少数股所权益"和"少数股东收益"，（5）商誉既包括对子公司的合并商誉，也包括对合营企业或联营企业投资所形成的商誉。

（三）实体理论的要点

实体理论是把被投资企业视为一个不可分割的经济实体，进而观察被投资企业，以及由投资企业（包括持有少数股权的企业）与被投资企业组成的公司集团的财务状况、经营成果和现金流量，并据以编制合并财务报表的理论。（1）合并范围的确定强调"法定控制"，而不强调"所有权"或"拥有权"，即能控制则将整个实体纳入合并范围；（2）将所能控制的经济实体——子公司的资产、负债、所有者权益、收入、费用及利润全部并入合编报表；（3）被合并经济实体的全体股东，包括少数股东亦视为公司集团的所有者，"少数股东权益"和"少数股东收益"被视为公司集团所有者权益和收益的一部分，不单独列示；（4）商誉为子公司全商誉，也就是说，既包含母公司商誉，也包含少数股东商誉，商誉总额为子公司合并日的整体市值与其账面价值之差。

三、合并财务报表理论的应用现状

编制合并财务报表所依据的理论观点不同，所确立的合并财务报表的合并范围、编制基础及基本结构就有所不同。然而，在现实经济环境中，由于合并财务报表编制的主要目的是反映母公司所控制公司集团的整体财务状况、经营成果和现金流量，因此，母公司理论不可避免地成为编制合并财务报表的主要理论依据。从目前的情况看，国际会计准则，英美等国家的会计准则，以及我国新颁布的企业会计准则有关合并报表的编制基本上都是依据母公司理论制定的。其具体做法如下：（1）基于母公司控制的视角编制合并财务报表；（2）在确定合并范围时，强调以"法定控制"为基础，即以是否拥有控股权决定是否将被投资企业纳入合并范围；（3）将子公司的资产、负债、所有者权益、收入、费用及利润全部并入合编报表；（4）将"少数股东权益""少数股东收益"分别在资产负债表和利润表中单独列示；（5）只确认母公司所享有的商誉，而不确认少数股东商誉，即合并财务报表中的商誉等于母公司合并成本减去母公司所享有的以公允价值计量的子公司净资产相应份额后的金额。

尽管母公司理论构成了合并财务报表编制的主要依据，但在实际运用时也适当地借鉴了其他理论观点一些做法，如在确定合并内容时，"母公司理论"与"实体理论"的观点不谋而合，即将被投资企业视为一个整体，将其全部的资产、负债、所有者权益，以及收入、费用和利润并入合并财务报表。在抵销非控制条件下未实现内部交易损益时，实际上是采纳了"所有权理论"的基本观点，即在编制合并财务报表时，将投资企业与合营、联营企业之间的顺流交易或逆流交易所形成的未实现损益按所有权比例予以抵销。具体地说，对于逆流交易所形成的未售出资产所包含的内部利润按母公司持股比例予以抵销；对于顺流交易所形成的内部交易收入和内部交易成本亦按母公司持股比例予以抵销。

四、合并财务报表理论的启示意义

尽管不同理论依据的观察视角和编报目的各不相同，但各有其存在的客观依据和适用条件，因此，在会计实务工作中或在进一步修订合并财务报表准则时应充分吸收各种理论观点的优点与合理之处，以进一步提高我国合并财务报表的信息含量。

（一）补充披露少数股东商誉

对于合并财务报表中的商誉问题，现行准则遵循母公司理论，认为少数股东不具有控制权，因而没有必要在合并财务报表中提供反映少数股东所拥有的商誉。然而，从实体理论的观点出发，合并财务报表不仅要给企业的大股东或母公司提供决策信息，也要为子公司少数股东提供决策信息；不仅要为现有股东提供信息，还要为潜在股东及其他报表使用者提供信息，因此，合并财务报表不仅要反映归属于母公司的合并商誉，也要反映归属于少数股东的合并商誉，以避免企业所拥有的无形资源受到忽视。改进做法有两种：一是在表内确认全商誉，即在表内确认归属于少数股东的商誉，同时相应增加归属于少数股东的权益；二是通过报表附注披露子公司的全商誉，即不在表内确认全商誉，而只在会计报表附注中补充披露子公司的全商誉。从现实情况来看，后一种做法可能更易于为人们所接受。

（二）放弃非控制条件下未实现内部交易损益的抵销

按照现行合并财务报表准则，投资企业下属合营企业或联营企业并未纳入合并财务报表的编制范围，但当投资企业与合营企业或联营企业发生顺流交易或逆流交易而产生未实现内部交易损益时，要依据所拥有的所有权比例对未实现内部交易损益及相关项目进行抵销。具体做法是：在运用权益法时，要按未实现内部交易损益的所有权比例调减所确认的长期股权投资及相应的投资收益。在编制合并财务报表时，对于逆流交易，要抵销包含于存货中的未实现内部交易损益，并恢复被抵销掉的长期股权投资；对于顺流交易，则要按持股比例抵销掉对合营企业或联营企业的内部交易收入和内部交易成本，并恢复抵销掉的投资收益，其实质是将对合营企业或联营企业的内部交易收入和内部交易成本及其所增加的长期股权投资予以抵销。上述会计处理及报告方法的理论依据实际上是"所有者理论"，这样做的结果必然导致以下问题的出现：（1）在确定合并财务报表范围时既强调"控制权"，又强调"所有权"，模糊了合并财务报表的合并范围；（2）增大了会计处理及合并财务报表编制的难度，降低了会计信息的可理解性，且没有足够事实依据能够证明这种做法能够提高会计信息的有用性。（3）合营企业或联营企业在经营活动上具有相对独立性，投资企业并不能决定下属合营企业或联营企业的财务政策和经营政策，因此，以"控制"为纽带连接起来的公司集团不应包括合营企业或联营企业，因而在会计处理时没有必要将投资企业与其下属合营企业或联营企业未实现的内部交易损益予以抵销。基于以上原因，在运用权益法时，没有必要按未实现内部交易损益的相应比例调减所确认的长期股权投资及相应的投资收益；在编制合并财务报表时，也没有必要按持股比例抵销对合营企业或联营企业的内部交易损益及相应的项目。鉴于这一事实的潜在影响，可在合并财务报表附注中披露关联方交易时，对于合营企业或联营企业的内部交易损益予以充分披露。

（三）基于母公司视角确定同一控制下的合并报告期间

现行合并财务报表准则规定：母公司于报告期内因同一控制下企业合并增加的子公司，在编制合并财务报表时，应视同合并后的报告主体从受最终控制方开始控制时刻起一直存在。具体地说，在编制合并资产负债表时，应视同报告期初合并后报告主体就已存在，并做相应的调整；在编制合并利润表时，应将被合并企业合并当期期初至报告期末的收入、费用、利润全部纳入合并利润表；在编制现金流量表时，同样应将被合并企业合并当期期初至报告期末的现金流量纳入合并现金流量表。这一规定的实质是把同一控制下的合并理解为形式上的合并。其后果是，一方面忽视了企业合并的事实，并且将合并期初至合并日被合并企业的利润和现金流计入合并利润与现金流之中，从而歪曲了企业集团的经营成果和现金流量；另一方面则加大了合并报表的编制难度，降低了其可理解性，如必须编制并不存在的合并当期年初至合并日的利润表和现金流量表，在编制合并日资产负债表及合并期末资产负债表时要恢复被抵销掉的留存收益等。

上述做法所提供的信息，实际上是基于合并双方的共同控制方来观察的，而不是基于因合并而由投资企业和被投资企业共同组成的新的公司集团来观察的。依据母公司理论，合并财务报表应基于母公司视角来观察合并方与被合并方共同组成的公司集团财务活动情况，因此，企业合并期初至合并日的利润和现金流量，以及合并日前形成的留存收益不应该体现在合并财务报表中。因此，有必要对同一控制下的合并财务报表编制作如下调整：（1）明确将合并日作为新的公司集团的创立日；（2）合并当年的年度报表的期间为合并日至当年年末；（3）合并日合并财务报表不再编制合并利润表和合并现金流量表；（4）比较资产负债表的可比较日期为合并日与年度末，正如一个新成立的公司一样，比较合并利润表和合并现金流量表的前期可比较数据应为零；（5）为充分揭示同一控制下企业合并的实际情况，可在会计报表附注中补充披露合并期初至合并日的合并双方各自的财务状况、经营成果和现金流量。

五、结语

合并财务报表理论是人们在长期的会计实践中总结概括而形成的基本理论观点，这些基本观点直接影响到合并财务报表的基本结构和编制方法。从目前的情况看，合并财务报表主要是用来反映以"控制"为纽带连接起来的企业集团的财务状况、经营成果和现金流量，因此，基于控制方视角构建的母公司理论理应成为合并财务报表编制的主要依据。当然，也不能完全否认母公司理论之外的其他理论观点所具有的合理之处，基于理论依据一致的要求，现实的做法应该是：合并财务报表合并范围的确定，以及基本结构、主要项目、编制方法主要依据母公司理论的基本观点来建构，其他理论观点的合理之处可通过表外披露的方式予以充分吸收。

主要参考文献

［1］陈美华：《会计理论系统研究》，西南财经大学出版社 2012 年版。

［2］财政部：《企业会计准则第 33 号——合并财务报表》，2014 年。

［3］张然，张会丽：《新会计准则中合并报表理论变革的经济后果研究——基于少数股东权益、少数股东损益信息含量变化的研究》，载于《会计研究》2008 年第 12 期，第 39~46 页。

［4］郑海英：《联营企业与完全集团成员企业交易及其披露研究》，载于《会计研究》2002 年第 7 期，第 45~48 页。

我国西南地区少数民族会计文化调查研究报告

曾 军 冯选选 雨田木子[*]

【摘要】少数民族会计文化是我国会计文化体系和发展历程中的重要组成部分，少数民族会计文化的研究对中国会计发展史的研究与保护具有重要促进作用。本文从 20 世纪以来会计史研究文献分析出发，明确了少数民族会计文化研究对会计史研究体系的补充作用，并以西南地区 35 个少数民族为调查对象，采用田野调查、走访调查和文献调查等研究方法，分析和研究我国西南少数民族的记录计量文化、财资租借文化、民族商贸文化等会计文化形态。在研究过程中，以各少数民族在不同文化角度呈现的不同文化形态为主要内容，以实际示例和口述历史为依据，分析研究了记事文化、计数文化、计量文化、租佃文化、借贷文化、契约文化、商帮文化、货币文化和贸易文化等九类文化的具体形态，以及少数民族会计文化的多元性、民俗性、差异性、制约性和外来影响性等五大总体特征。由于存在研究局限性、缺乏横向比较、未研究多层面的影响、口述主观性、缺少史料研究等不足，未来的研究工作需要弥补以上缺陷，提升研究意义和理论价值。

【关键词】西南地区 少数民族 会计文化 文化调查

一、引言

（一）研究背景

文化产生于环境的适应和改变过程（爱德华·泰勒，1871），是人类思想观念、行为特征、生活方式和风俗习惯的总和（杨世忠、马元驹，2012）。会计的产生依赖于特定的文化环境和经济环境，在不断的实践过程中积累形成的物质行为属性和精神行为属性实现了会计行为向会计思想的转变，当会计思想逐渐被载体固化，便形成了会计文化并在更大范围内传播和实践。因此，会计文化来源于经济实践，并对经济实践产生影响。

从学术界对会计发展历史的研究和梳理来看，最初的会计文化形态便是旧石器时代中晚期的简单刻记、绘图记数和绘图记事（郭道扬，1982；郭道扬，2004），并逐步产生商业文化、计量文化、货币文化、借贷文化、契约文化、簿记文化、官厅会计文化、企业会计文化、会计制度文化等诸多文化形态和文化范畴。不可否认的是，在整个中国会计文化发展过程中，少数民族群体的贡献是不可忽略的，从原始社会末期佤族、傈僳族、基诺族的结绳计量，傣族的结藤计数，再到后来各族的计量文化、南方古丝绸之路商贸文化、民族商帮文化、土司文化等，

---

* 曾军、冯选选、雨田木子：云南财经大学。

都是少数民族群体在经济实践过程中创造的珍贵会计文化遗产。因此，少数民族会计文化是我国会计文化体系和发展历程中的重要组成部分，少数民族会计文化的研究对我国少数民族文化和会计文化的研究与保护具有重要促进作用。

（二）研究现状及述评

对于中国会计史的研究，本文梳理了从20世纪以来国内的相关研究成果，认为目前中国会计史研究主要包括以下研究范畴或研究阶段：

（1）在20世纪早期和中期，主要是将会计发展纳入经济发展史范畴中，如全汉昇在20世纪30年代至60年代中对中国经济史的相关研究、《中国经济思想史》（唐庆增，1936）、《中国经济思想简史》（叶世昌，1978、1987）、《中国经济史论丛》（傅筑夫，1980）、《中国财政史》（该书编组，1981）等著作中均涉及与会计发展历史相关的内容。

（2）从20世纪70年代末改革开放时期开始，中国会计史研究体系逐渐形成，形成了对整个历史阶段会计发展的综合研究成果，如《中国会计史稿》（郭道扬，1982、1988）、《会计发展史纲》（郭道扬，1982）、《中国会计简史》（李宝震、王建忠，1989）、《中国会计发展简史》（高治宇，1985）、《中国古代财计体制沿革》（郭道扬，曹大宽，1992）、《中国会计史话，一至十二》（曹玉海，2001）、《会计史研究，第一、二、三卷》（郭道扬，2004、2008）、《中国会计历史原创性研究》（刘文文，2009）、《中国会计通史系列问题的研究初纲》（冉明东，2012）等成果是从整体研究的角度分析了我国从古代到现代会计发展的整体历程。

（3）从20世纪80年代以来，众多成果是对我国特定历史阶段会计发展的某些方面进行分期研究，主要包括从我国各历史发展时期会计制度、财计管理、会计工作、契约文化、会计史料、会计监管、内部控制、货币文化、贸易经济、土司文化、理财思想等方面所体现的会计思想发展进行研究，如先秦时期（李孝林，1984、1991、1997、2008；郭道扬，1982、1988；刘殿庆，1996；唐婉晴，2008；陈菁菁，2014；苗向敏，2015）、秦汉时期（郭道扬，1982、1988；李孝林，1983、1991；王三北，1984；李均明，1998；上官绪智，2005；朱德贵，2007；朱卫华，2007；王万盈，2010；刘会颖、郭颖，2014；左璠，2014）、三国两晋南北朝时期（吴刚、梁艳，1996；李卿，2002；杜汉超，2009；何立民，2009；沈刚，2010；徐秀玲，2011；邵露、王伟国，2013；莫磊、张涛，2014）、隋唐宋时期（王三北，1984；肖建新，2002；高磊，2011；王文书，2011；陈敏，2012；侯凌静，2012；陈曦，2013；王旭，2014；莫磊、李月娥，2014）、元明清时期（傅建木，1989；李治安，1994；智安莉，1994；刘殿庆，1997；万明，2003；贾霄锋，2004；蓝武，2005；赵丽生，2008；关静，2010；邹建达，2011；杨淑红，2012；马良，2013）、民国与新中国成立前时期（楚财，1990、1991；李耀宗，2007；傅瑞盛，2008；周杨，2009；任敬怡，2010；王曼，2012；马建军，2013；康美云，2014）以及新中国成立时期（杨纪琬、余秉坚，1987；谢诗芬，1988、2000；余秉坚，1991；郭道扬、王雄，1992；郭道扬，1992；葛家澍、刘峰，1999；孟焰，1999；余秉坚，1999；葛家澍，2000、2007；康均，2000；李玲，2003；黄莹、张世钧，2006；付磊，2007、2008、2010、2012；孔庆林、李孝林、向代蔷，2007；杨兴龙，2007；黄珺、凌志雄，2008；盖地，2009；许家林、朱廷辉等，2009；高洁，2010；乔春华，2010；朱廷辉、马宁，2010；黄爱华，2012；王磊磊，2013；方拥军、薛玉莲，2014）。

（4）20世纪末期以来，部分成果按照历史发展的进程选择会计发展的具体角度进行研究，主要包括会计文化（汪洋，2010；蔡静，2012；杨立福、刘春燕，2012；杨世忠、马元驹，2012）、制度历史（付钟瑶，2006；康均，2006；张琳，2015）、特殊史料（陈敏、谭燕亮，2009；桑郁，2003；李伟，2005；施增阳、宁静，2014；张鲁娜，2014；莫磊，2014）、会计思想（高月管，1987；方宝璋，2003；李耀宗，2008；祝子丽，2011；杨智杰，2014）、会计贡献（孔祥毅，2005）等具体角度。

综上所述，中国会计史的研究已经取得了较为丰富的成果，研究涉及历史综合研究和分期研究，并且存在特定历史时期和具体研究角度的选择。从文献成果中不难看出，作为我国会计发展历史进程重要组成部分的少数民族会计发展历史研究还处于起步阶段，大多数成果主要集中于文化变迁（李晓斌，2002；桑郁，2003）、特定的历史时期（莫磊，2014）或个别区域内个别少数民族（李伟，2005；施增阳、宁静，2014；张鲁娜，2014）的研究，缺乏系统性和整体性，因此，本文以我国西南地区少数民族会计文化发展为研究对象，通过多种调查方式，探寻我国少数民族会计发展的基本文化形态和文化内容，为研究少数民族会计发展历史奠定基础，对中国会计史研究体系具有一定的补充作用，具有较强的理论意义和学术价值。

（三）调查设计

1. 调查研究对象

西南地区是我国少数民族最多的地区，包括四川、重庆、贵州、云南、广西等 5 个省市、自治区或直辖市，本文以西南地区的少数民族为调查研究对象，按照本土化即民族村落的形成时间在新中国成立以前的原则，依据部分少数民族社会历史发展调查，剔除新中国成立后人口流动导致新增加的民族，最后确定壮族、彝族、侗族、布依族、瑶族、苗族、白族、藏族、回族、哈尼族、傣族、傈僳族、仡佬族、拉祜族、佤族、水族、纳西族、羌族、仫佬族、景颇族、布朗族、毛南族、普米族、阿昌族、怒族、京族、基诺族、德昂族、独龙族、门巴族、珞巴族、蒙古族、满族、朝鲜族、畲族等 35 个少数民族列入本次调查研究范围。

2. 调查方法

本文的调查工作从 2014 年 3 月开始，以中国少数民族财会博物馆馆藏文物为基础，依托文物收集的走访、采买过程，历时一年半的时间，基本完成了对西南地区各少数民族会计文化情况的调查工作。

（1）田野调查。

以相关研究平台和大学生实践项目为载体，组织队伍进行田野调查，涉及云南、广西、贵州、重庆、四川等地区的 19 个少数民族村落和 27 个相关专业性档案馆、博物馆、纪念馆或文化馆。

（2）走访调查。

在田野调查过程中，还有针对性地选择民族村落中的族长或长者，以及对该民族有深入研究的专家学者进行走访调查或访谈，形成口述历史档案。

（3）文献调查。

在整个研究过程中，先后取得 27 个少数民族的部分档案资料，并根据相关文献著作，对各少数民族文献中涉及会计发展历史的内容进行梳理。

二、我国西南地区少数民族会计文化的主要内容

（一）记录计量文化

记录计量文化是指在少数民族生产生活过程中所出现的记录、计算和计量等方面的文化形态，包括记事文化、计数文化和计量文化，涵盖历史上西南各少数民族曾经或至今还在使用的各类记事方式、计数工具、计量原则、计量工具和计量单位等内容。

（二）财资租借文化

财资租借文化是指在少数民族内部个人与个人之间、个人与组织之间、组织与组织之间的财产和生产生活资源的租用、借贷和业务合作等过程中出现的相关文化形态，包括租佃文化、借贷文化、契约文化，涵盖族群内部租佃的结算过程和结算方法，日常生产生活过程中出现的借贷方式及其结算方法和结算形式、族群内部或族群之间的业务契约形式及其履行原则等内容。

（三）民族商贸文化

民族商贸文化是指在少数民族经济发展过程中出现的商贸形式、商贸要道、商帮商号及其配套的金融机构等文化组织形态，包括商帮文化、货币文化和贸易文化，涵盖民族商帮组织形式、商帮管理体系、商贸货币结算方式、贸易形式、贸易发展等内容。

此外，族群治理文化也是少数民族管理文化的重要范畴，是少数民族群落在内部和外部两个层面的治理过程中形成的治理机构、治理制度、治理方式、治理层级、内部管理等文化组织形态。由于本文篇幅的限制，将在后期研究成果予以阐述。

三、我国西南地区少数民族会计文化形态调查

（一）记录计量文化

1. 记事文化

据民族学的调查，我国的藏族、景颇族、赫哲族、哈尼族、傣族、佤族、苗族等都有物件记事的风俗；鄂温克族、独龙族、黎族、佤族、哈尼族、瑶族、景颇族、拉祜族、藏族、傈僳族、苗族等民族都有符号记事的材料；佤族、黎族、拉祜族等民族还有图画记事的材料①。少数民族记事文化有口口相传、刻木为契、刻竹记事、绘图记事、记事历法、贝叶记事、族谱记事、立牌记事等多种形式。各民族在不同时期、不同事件下采用的记事方法是不同的，主要是以原始形态为主，均是采用易获得的载体为主，如木头、树叶、麻绳，以本族理解的符号在上面进行标刻，对不同的事项进行记录，形成了各民族独特的记事文化。

---

① 汪宁生：《从原始记事到文字发明》，载于《考古学报》1981年第1期。

表1　　　　　　　　　　　　　西南少数民族历史上曾出现过的记事文化形式

民族	方式	特点	示例代表
白族	刻木为契 结绳记事 石刻记事	刻木记录重要时日 结绳记录家庭重要事项 石刻记录族群重要事件	重要时日按照倒刻的方式进行记录，白族石刻是重要的历史记载
壮族	物件记事 符号记事 图画记事 土俗字记事	初期没有文字，以实物或者图画、符号来记事，后期出现土俗字，来作为对原始记事方式的补充	用实物记事如草芥记事、石子记事；用符号记事如结草记事、插枝记事、刻木记事；用图画记事即在青铜器、铜鼓等以摹拟、绘制实物的形象来记录事情；土俗字即可用于记账等
傣族	树叶刻字 贝叶记事 刻竹记事	在树叶上刻字	贝叶经用于保存贵重记事
傈僳族	刻木记事 立牌记事	以木片为工具记录事项	立牌记事通常记录重要事项
佤族	刻木记事	最早发现具有债券债务关系的记事形式 常用木刻记录重要时日	以木刻形式记录和计量借贷 竹片上刻缺口来表示时间，一个缺口代表一天，过一天砍去一个缺口
纳西族	象形文字 哥巴文字记事	两种文字都是字数少，且字形原始，很难适应现代社会的需要	象形文，是表意的；哥巴文，是表音的，一个符号表示一个音节没有字母，像老彝文
怒族	刻木记事 结绳记事	当事人眼看木刻花纹、手摸结绳时，触结思索，恢复记忆	根据不同的事件刻上不同的花纹，或结不同长度的结。凡是比较重大的事件，均以刻木为凭；大事结一大结，小事结一小结
景颇族	刻木记事	刻木计算时日和时间	外出行走则在刀柄上刻划横道计算日期的，每走一天刻一道
基诺族	刻竹记事	用竹柱子记载借贷关系，刻好记号的竹子一分为二，分别由借贷双方各持一支保管	柱子上刻的标记不同，代表的含义也不同
独龙族	刻木记事	记录契约关系或纠纷，木刻为记，双方各持一半 以木刻记时间或工作量	记录当事人的契约或纠纷关系，发生变化时，或焚毁或计算命金 木刻一般用削平的木板记录两人相约见面的时间地点，一直到新中国成立后近十年左右，当时的独龙族寨子还仍然用木刻记工分
藏族	刻木记事 文字记事	松赞干布时期，藏族结束刻木记事，创造了藏文，并用于对生产、生活的事务进行记录	藏族地主阶级开始使用民族文字对自己财产的变动进行详细记录
珞巴族	刻木记事 结绳记事	没有文字，长期靠刻木结绳记事，不同事项采用不同的方法	约定日期，即用绳子打结，每日用刀割去一结，到没结时就是约定的日子； 借实物，即用刀刻木，用刻纹代表一定的数量

2. 计数文化

在少数民族发展历史上，先后出线过谷粒计数、豆米计数、结藤计数，刻木计数、测牛计数、算筹计数等计数方式和十进位制计数法、十六进制计数法、二十进位制计数法和筹算等计算方法。少数民族对于计数文化的发展远不如记事文化发展的丰富，但形式却有所相同，以刻木结绳为主，简单易懂、方便理解。

表2   西南少数民族历史上曾出现过的计数文化形式

民族	方式	特点	代表
傣族	结藤计数 十六进制计数	傣族的结藤计数与傈僳族的结绳计数类似，都是用藤、绳打结以计量与重大事项相关的数目 傣族在很长一段历史时期采用十六进制进行计算	用不同大小和多少的结，来体现不同物品的种类和数量
佤族	刻木计数 结绳计数	木刻两面一面代表借数，一边代表贷数；结绳的个数和结绳大小均代表不同数量	在绳子上打结，则表示借用银钱、物品的数量
傈僳族	结绳计数	傈僳族养育结绳计数上表示的是代养侄儿时使用的粮食衣物等的供给数目。结婚结绳计数上记录一个傈僳族人家在为儿子娶新媳妇时所需的礼金数目	打结的大小与多少，代表所需记录的不同物品的种类与数量
布朗族	刻木计数 数苞谷粒	计数方法原始，十以上借用傣语	不同的木刻代表不同物品的数量
哈尼族	豆米计数	计数方法原始，简单易懂	用豆米的数量来衡量物品的数目，至今仍在使用
白族	以牛计数	以牛的头数和大小作为计数载体。大小的计算是用一根绳子量一下牛的胸围，然后再量绳子有几拳，一般以10拳为标准，不够10拳的数量则直接折价计算	地积：阿别，2架牛； 阿早别，0.5架牛； 阿早，1架牛
珞巴族	刻木计数 结绳计数 进制计算	算筹除用手指和脚趾外，还用木棍、竹棍、豆粒、石子和串珠等；十进位制计数法，二十进位制计数法和筹算	"凡算之法，先识其位"

3. 计量文化

计量是少数民族人民生活和经济活动不可缺少的部分，由于其区域性分布的原因，不同民族的计量文化呈现出较多差异，一般存在计量工具和计量单位的差异两种形式。少数民族的计量工具有斗（箩或衣更）、升、邦、筒、竹筒、葫芦、木桶、章特、戥子秤（雌都）、大秤（章给）、拽称、杆秤等。一般计量单位有箭程、脚步、排、兵多、过更或过、庹、弓、寸、尺、市尺等长度单位；斤、市斤、钱、两、等、篓、挑等重量单位；石、斗（箩或衣更）、升、半升、亢、邦、筒、碗、赛因等容量单位；亩、分等地积单位。计量文化是各民族发展得较为成熟的文化，计量方式多种多样，计量工具也是直接运用到日常生产生活过程，并相应有不同的换算单位，用于不同的计量形式。

表3　　　　　　　　　　　　　　西南少数民族历史上曾出现过的计量文化形式

民族	工具	方式	代表
傣族	拽称 十六两秤	有10个刻度，一坎为3.3两，十坎为一拽； 一斤有十六个刻度	至今仍有地方在使用坎作为计量单位；半斤八两，一斤十六两
壮族	筒 - 粮食计量工具	古代以只（头）计价；用容器量，汉朝以后，以衡器秤斤两，计价交换。	筒即是升，以10筒为一斗，10斗为1石计算的
彝族	斗 - 粮食计量工具	以几斗来衡量粮食的多少	一石10斗，一斗10升，一升10合
佤族	赛因、碗	以碗为单位衡量农作物的多少	一赛因为12碗，但由于各寨计量工具"碗"的大小不一，1赛因的多少也不一
阿昌族	笋	烟丝出产量以矼为单位计量；稻谷种植产量以笋为单位计量	1亩烟地的面积出烟丝产量平均为25矼
怒族	竹筒	以竹筒作为衡量产物数量的标准	3升=1个竹背，5升=1只鸡 1钱=1个容量为10碗酒的酒瓶或能补一把铁锄的破铁皮
德昂族	篓	计量方式为篓每篓种的水田劳动和田间管理需要11道工序，需58～63个人工，31个牛工	每篓约40市斤
独龙族	拳	对于猪牛等贵重且会生长的物品一般采用"拳"为计量方式	拳的确定采用绳子量牛胸围，对折后用拳头量，看总共几拳则在木刻上刻相应数量长痕。如有零头或不足，则以少量粮食找补
珞巴族	简单的器具	1. 长短以排、兵多、脚步、箭程、过更或过、庹计量 2. 容量以斗或升作为容量单位 3. 重量用绳索量前腿部位的胸围长度作为计算标准	1. 陆地距离以脚步为准，水域宽窄以箭程为单位； 2. 斗叫"衣更"，一个"衣更"相当于100公斤左右。升分为大中小三种。小升叫"麦腊娘奔"相当于1公斤。大升叫"白玛娘奔"或"衣更娘奔"，相当于4公斤，中等升叫"过勒娘奔"相当于2.5公斤。 3. 对猪、牛、羊的计量方法，是用绳索量前腿部位的胸围长度作为计算标准，即有多少"庹"、"兵多"或几指宽
拉祜族	兀、笋（斗）、邦、筒、碗	兀、笋（斗）、邦、筒、碗等既作为工具又作为单位	6笋为一兀，约120市斤；1邦有两筒，1邦约4市斤，1筒4碗；4碗为1筒，66碗为一笋，360碗为一兀

（二）财资租借文化

1. 租佃文化

根据目前经济史学的调查研究，租佃制度主要经历了分成租佃制、立契租佃制和单纯纳租制等阶段。从支付方式上看，也有实物地租、货币地租、劳役地租和饲养牲畜分成等形式。在少数民族地区，租佃制度的发展历程不仅具有中原或汉族地区的发展特点，还有一些特殊的民族特征，历史上出现过小租、马盘税、木耳香菌租、车马租、拜年租、鸡租、署公粮、汛公粮、保公粮、督办署服装费、伙头粮、养廉费、积谷、填仓谷、马料款、马秣粮、汛丁食粮、保丁食米、征兵款、请兵款、户籍款、交通款、保丁脚费和教育金等20余种租佃形式。从整体发展历程上看，少数民族租佃方式多样，收租方式较为灵活，带有较多的民族色彩，但等级观念较重，存在一定程度的剥削关系。

表4　　　　　　　　　　　西南少数民族历史租佃文化形式

民族	租佃方式	特点
壮族	租金的收取一般每年分两次。民国以前都是以"活租"交租，即每年按产量的一半（50%）交给土官，后变为固定地租，即规定一半田交6斗（计360斤）谷，一子交3斗	分田租和畲地地租两种；按等级收租，租金分两年收取；一半交给土官，后为固定地租
彝族	官租：小租和佃谷 强制性的不等价交换	根据播种面积收租；租金多少与任职大小有关；农民所欠的官租杂派也会变成高利贷
瑶族	分田租、地租两类。田租按面积征收，地租按劳力和产量征收。地租采取货币地租和实物地租的形式。一般地租等于每年农民收入的30%～50%，包括征收客谷、酿酒、粮鸡、白工若干等形式	地租分田租、地租两类；最常见的是实物地租和劳役地租；田租以"角"为面积单位，由地主任意划定
傣族	一般均向地主和土司府租种，按年交租	以活租形式，以产量的30%～50%为额度
傈僳族	租佃关系主要是地租，当地人称之为"分粮"；由其中一方出租工具与种子，被租借人出力，待收成后双方平分；存在互借土地的情况。在人力有限情况下，傈僳族人会将土地借给亲友，不收取代价，两家共同劳动，合犁合种。 族内存在租猪的形式，即借入大小母猪，长大了生小猪两户平分	被称之为在特殊情况下的互相帮助；存在习惯性借地情况；租借方式不同于其他剥削形式的租借，更多则是互相帮助的性质
拉祜族	地主、富农对农民的剥削方式主要是土地剥削和高利贷剥削。土地剥削包括租佃和雇工	出租土地全部是水田；雇佣关系很普遍
水族	水族地租有实物地租、劳役地租和饲养牲畜分成等形式	地租按当年实际产量对半分成

续表

民族	租佃方式	特点
布朗族	活租，即依产量对半分或三七分； 固定分租制即是死租，每年规定交定额	租佃在寨内普遍是单户租出和单户租入
毛南族	佃农交租主要是交实物地租	按当年产量计算的活租，只有少数是定租
德昂族	迁往坝区的德昂族，向傣族土司租种田地； 大寨德昂族的租佃关系主要可以分为三种：本寨成员佃耕本寨村公地，本寨成员之间发生的租佃关系以及佃耕外寨土地	坝区主要发生于水田或者熟地上； 村寨主要发生在头人和群众、富裕户和贫穷户之间； 租额是以佃耕者在土地上播下多少籽种量为标准
苗族	租种地主的土地，要送鸡酒给伙头或地主，或送佃埂（押金）钱； 贫苦农民常常帮长工抵租； 地租的承担形式包括定额、三成分、对分和三七分等形式，三成分租中1/3归地主，2/3归农民	苗族农民90%以上都沦为地主的佃农； 地租以实物为主，也有折成货币的
满族 朝鲜族	"吃大租"、"分种"。地主出土地，佃户出劳动力； 由大地主处租来大片土地，再以高租额出租给佃户，从中榨取"小租"之利	租地时就讲秋收后交租的数量；地主出土地，佃户出劳动力
畲族	遇灾荒歉收，租金亦不得减少。租额约占产量的50%（有些地区高达产量的70%）；送年礼或受其他劳役	租额固定、方式多样

2. 借贷文化

借贷活动作为古代经济活动和社会活动的重要形式，伴随着社会衍变和经济发展的全部过程。借贷文化主要有借贷方式、借贷利息计算方式及古代政府对借贷的约束等范畴。西南少数民族地区经济发展程度较中原地区和汉族地区落后，但随着部分地区民族经济的发展，民族借贷文化亦呈现多样性。借贷方式一般有实物借贷、货币借贷、典当等。借贷利息的核算有无息贷、低息贷和高利贷三种，期限分为定期和不定期。少数民族农民之间的借贷一般以无息贷和低息贷为主，主要体现为民族内部的互帮互助，而向地主的借贷大多属于高利贷，分谷贷、钱贷和油贷三种，一般需以牛只、房屋、土地、山林、水塘等为抵押品，借者要请中间人为凭，立约双方签名盖章为证；债利因时间推移而不断提高，利上加利（复利，俗称"驴打滚"），还有所谓"扣九"、"扣八"等结算方式。

表5　　　　　　　　　　　西南少数民族历史上借贷文化形式

民族	方式	特点
壮族	银钱、谷米的借贷；田地的典当	借贷方式多样且灵活。复利方式中还包括"坐本起利"的复利法
侗族	借贷有无息贷、低息贷和高利贷三种	收息规则健全 借高利贷需要抵押品

续表

民族	方式	特点
布依族	高利贷形式：分实物借贷、货币借贷、买卖青苗等数种	借贷率与土司政府政策有很大关系
瑶族	农民向地主借谷借钱，年利一般在 50%～100%；若不能按时归还，则利上加利（复利） 存在个别农民向地主借猪肉等物品的情况	可以帮工偿还借债，方式灵活
哈尼族	借贷关系一般分为实物借贷和货币借贷两种	高利贷是哈尼族债利关系的主要形式
拉祜族	利贷形式多种多样。谷物借贷年利率一般是 50%，货币借贷年利率一般是 100%	高利贷是随着汉族文化影响进入拉祜族社会的
傣族	借贷立约，借粮者须照原借品归还，并折还其价值，则按起借时的市价为折合标准； 借粮食为期半年（青黄不接之际），息不得超过 30%，但至秋收必须本息一概还清，不能还清者须先付息，然后再贷半年，利率不变。所贷苞谷、洋芋、荞子等均同	货币互换较为灵活 规则明确且较为完善 族长地位显赫，族内重要借贷事项需由族长同意
水族	租有实物地租、劳役地租和饲养牲畜分成等形式，利息一般是 30%～50%	最普遍的是实物租借
纳西族	货币借贷一般都是复利，绝大多数都是月利。	粮食借贷为主
仫佬族	仫佬族很早就有了货币借贷的现象，当时借的货币是银子，月利是 3 分，如借 10 两（14 元）银子，每月就要交 4.2 毫的利息	借贷现象出现较早； 借货币的手续要比借稻谷麻烦
佤族	借贷一般以木刻形式记录和计量； 以下情况没有利息：对牲畜（牛、骡、马）、家畜、盐、茶等的借贷；父子间借贷；关系很好的同姓、亲戚等，只要泡筒酒请吃一顿饭即可，或是借贷利息很轻，但关系疏远的同姓一般还是有息；两人合伙经商，互相借欠，经议定无息的；盖房子的互助及共同性的开支，无息。 债利有 4 种形式：①粮食、大烟、货币，一般年息都是 50%；②债利不定，视债权人和债务人的关系不同，债利可多可少，但差额不大；③实物折合；④不定息	借贷关系非常普遍； 佤族的刻木记事是迄今为止发现的最早的具有债券债务关系的记事形式； 借贷关系主要发生在本寨内部
布朗族	借贷物包括实物（谷、大烟）和货币两类	以实物借贷的利率最高
毛南族 普米族	毛南族的借贷以货币借贷和实物借贷为主；货币借贷有所谓"扣九"、"扣八"等结算方式。	实物借贷比货币借贷形式更为普遍
阿昌族	抵押，高利贷剥削的另一种形式；典当，银到田还；买卖分为"活卖"和买断	均成立契约，亦有双方请寨中老人作证，聚餐言明
怒族	债利关系在怒族中存在普遍，借一元半开，年利玉米 6 升，到期无力偿还者，则利上生利。	利息重，放高利贷的大多数是汉族、白族地主商人
独龙族	有借有还，如借用价值较高的东西且无法归还的，则以粮食等物品抵充，高利贷形式较少	契约关系较少

民族	方式	特点
京族	借贷分定期和不定期两种；典当的东西有土地、渔业生产资料、衣服、家具等，其中以田地居多	利息收取灵活；规则较为完善；典当在京族的历史上较为普遍
朝鲜族	高利贷的年利率为60%以上，借粮食和种子多为春借一斗秋还二斗	高利贷年利率较高
德昂族	群众间的小额短期借贷，不付利息，属相互周转，解决临时急需；向高利贷者借债要有抵押品，一般是水田，无田户借债要请债主信得过的保人，债还清时，收回抵押权；年付30%的利息，少数人由于付不起债务，只有帮工抵债	借贷关系的发生与生活水平有很大关系
基诺族	基诺族的借贷关系是在20世纪三四十年代才发展起来的，利息高的有的达到原来的50%，个别有一年利率高达100%。不过，原始的互通有无仍然存在，高利贷仍属于个别现象。将这种关系记载竹柱子上，柱子上刻的标记不同，代表的含义也不同，把刻好记号的竹子一分为二，分别由借贷双方各持一支保管	借贷关系起步较晚，发展缓慢
苗族	借贷多系实物，一般年利率在50%以上，农民借贷要有保人，写借契；保人必须要有牛马，一旦借债人搬走，其债务由保人偿还，或强迫拉走保人的牛马	借贷关系比较普遍，地主收益很大，担保制度较为健全
满族	以粮食借贷为多，利息较高，部分地区更有借一石还二石或一石八斗的	借贷规则明确
畲族	高利贷一般有借钱、借谷、收茶青、收谷青等；向汉人地主、富农借贷，利息比本村地主、富农高，最低年利50%，还不清利上加利	与汉族区域的债务往来较多

3. 契约文化

契约是一种信用，在历史发展进程中，随着土地所有制的发展，土地及土地附属物的买卖、典当、租佃、招佃以及日常生活和生产过程中的银钱借贷等都产生了契约文献。在少数民族地区，民族经济的发展同样伴随着契约文化的发展，出现租佃契约、土地抵押、典当、买卖契约、借贷契约、税赋契约等多种契约文化形式。由于很多少数民族没有文字，故契约订立时依然以汉字书写，但反映的都是民族经济活动。

表6   西南少数民族历史上的契约文化形式

民族	立约事项类型	基本特征	特殊要求
畲族	分关书 田契及婚书	以宗族至上、孝亲为本、差序有别为基本原则，体现诚信、宽容和互助精神，突出对自律的要求	土地买卖的契约文书，必须写明卖因、坐落位置、土名、价目，有买卖双方及中人的签字。立契时，买主要请中人和卖者饮酒面订立，即席签名，否则无效等

民族	立约事项类型	基本特征	特殊要求
瑶族	租赁契约（批山契约）	制作精细、考虑周全，内容明确	契约订立遵循自愿、协商的原则，并要求有中人和见证人，强调契约的全面、即时履行，双方不得反悔，否则承担违约责任
苗族	租佃、买卖、文书、借贷、讨字	苗族契约是发达的民间私契，其凭证功能尤为突出、重要，是一套完整的纠纷解决机制	一般情况下，当事人互相协商解决，协商不成则需要第三方参与，或调解，或审判
侗族	林业契约（书面契约、民事契约、要式契约）	蕴含诚信法律精神；是一种法律文书；具有解决纠纷的功能	除了当事人双方都要承担相应的义务外，第三人要承担作证义务或调解纠纷的义务或拟定契约条款的义务
白族	房契、地契田契、借契	白族签订买卖契约的程序基本与内地相同；具有较强的法律效力	除了卖主在契约上签字画押外，凭中人和见证人也要签字画押，买卖双方的权利义务在契约中一一书写明白，有的还要摆上几桌酒席，借此告知亲戚和乡邻
彝族	土地买卖典当和租佃	体现出政治上的不平等以及经济上的剥削关系；在彝族社会有着法律的效力；封建领主对农奴握有生杀大权	有些彝族地区不仅要缴纳劳役、实物等地租和各种苛捐杂税，甚至还要交纳"人租"
壮族	田地买卖典当契约	土地典当成为高利贷资本向土地转化的一种方式；关于田地出售的原因都写得十分简单；农民（农奴）被迫举债；与时政经济有着很大的关系；土司管理力度较大	土司衙门递交申请书；然后向土司衙门交缴一定数量的银钱，才能得到土司衙门钤印公证后的文约

（三）民族商贸文化

1. 商帮文化

在少数民族地区，由于交通不便，地处偏远，经济发展水平较低，导致在历史上出现了众多贸易商队，一般以马、驴、骆驼等动物作为运输工具，先后被称为马帮、驼帮，后统称为商帮，成为少数民族地区人们生产和生活与外界进行沟通和交易的重要载体。在西南地区少数民族发展历史上，曾出现回族马帮、白族商帮、腾冲商帮、纳西族马帮、青藏商队、仡佬族商帮、广西商队、苗寨商号等众多商贸组织，他们将外界的先进管理思想带入少数民族地区，成为少数民族地区经济发展的重要推动力量。

表7　　　　　　　　　　　　西南少数民族历史上的商帮文化及其贡献

民族	商贸地区或国家	典型代表	主要贡献	管理思想
白族	大理、保山、腾冲、昆明、巍山、弥渡、漾濞、昭通以及重庆、成都、宜宾、泸州等地，以及缅甸、印度等国家	喜洲商帮：永昌祥、锡庆祥、复春和、鸿兴源 鹤庆商帮：同心德、兴盛和、福春恒、庆昌和、恒盛公	不仅繁荣了地方商品经济，注重经营市场的开拓，与马帮精诚协作架起了沟通国际商贸的桥梁，促进了国际物资交流，对发展中外经济的繁荣有重大贡献。	创立"鸿账"核算体系，引入复试记账原理 重视商业信息和人才培养 引进西方资本管理手段，个人集资形成"股东"，最早在我国形成了"股份制企业"
回族	云南、四川、西藏等地，以及邻近东南亚、南亚国家	"原信昌"商号、三盛商号、炳兴祥商号	对丝绸之路的拓展与繁荣起到了积极作用	以城镇为贸易中心，向四周辐射式经营 诚信为商
纳西族	吐蕃、南诏、大理以及云南西北地区、四川、西藏等	"锡顺鸿"商号、"仁和昌"商号	纳西族商帮拥有自己的马帮，自养、自运、自销、自负盈亏，促进了丽江地区经济和马帮运输业的发展	既是贸易经营组织，又是运输组织，入伙分红形成股东制
藏族	德钦、芒康、拉萨、普洱丽江等地，以及尼泊尔、印度、不丹等国家	藏族马帮	增加各少数民族地区的经济交流以及文化的相互融合，曾为西藏解放提供了大力支持	以丽江作为重要的物资集散地。重信义，讲诚信内部纪律严明，管理规范
多民族混合	腾冲、保山、下关及多个滇西地区以及上海、武汉、重庆、香港等地，以及缅甸、泰国、印度等国家	腾冲商帮（三成号、春延吉）	使腾冲地区较早地接受了外来文化的影响，发展了当地的对外经营，使得腾冲成为云南商业最发达的地区之一	规模经营，股份制管理结合商号特点，选用专业人才总结经验，不断创新管理模式
仡佬族	贵州、湖南、四川、云南、西藏等地	打铁仡佬 仡佬药铺	把仡佬地区的铁器、医药贩卖到周边地区，又买回所需商货	将民族技艺与商贸相结合
普米族	四川木里、甘孜，盐源、西昌、丽江、大理喜洲等	羌式的"马帮贸易"	自产自销每个村都组织有马帮，由大家推举出的头人带领，途中的一切开支由大家分担	以村寨和族群为单位，建立商贸队伍
彝族哈尼族	墨江、墨黑等地，以及缅甸、老挝、越南等国家	迤萨马帮	繁荣地方经济，促进本地与外界、其他民族的经济文化交流	采用科学管理制度—股份合作制（按股分红，盈亏均摊）
佤族	勐董、勐角、勐省、南腊、岩帅等地，以及缅甸、泰国、印度等国家	佤邦	以实际行动赢得了各族群众的信赖，为发展民族贸易工作奠定了基础	"一少（要的少）、二多（给得多）、三公道（价格公道）"的贸易方针设立流动贸易组和边境贸易组

2. 货币文化

货币作为经济活动的重要载体，经历了一个漫长的发展历史过程，从原始社会时期的石币、商周时期的贝币、铜贝、铜铸币、刀币等，再到后来的铜钱、金银、票号、纸币等都是货币发展的历史形态。在西南少数民族地区，经济不流通，导致在很长时期均以最原始的货币形态参与经济活动，如贝币一直到唐宋时期依然是云南、广西、四川等地少数民族普遍流通的货币形式，此外还出现滇币、缯帛、食盐、金属货币等多种货币形式。

表8 西南地区部分少数民族历史上使用的货币

民族	历史货币形式
傣族	石贝、贝币、滇币、铜钱、半开、卢币、银毫、滇票、伪法币、金元券
彝族	石贝、贝币、滇币、食盐、货泉、大泉、五铢钱、碎银、小制钱、半开、银圆、镍币、滇票、麻票、伪法币、伪关金、金圆券
壮族	贝币、刀币、滇币、半两钱、铁母钱、五铢钱、四铢钱、越南钱、货泉、莽钱、金元券
侗族	缯帛、食盐、货泉、大泉、五铢钱、大布黄千、白银、汉票、袁头光洋、大清银币、湖北杂洋、四川汉字杂洋、新老半开、广东洋、江南洋、北洋龙板、半截票、新滇币及外币如法币、墨西哥鹰洋、越南搬庄、澳洲花边、金圆券
布依族	贝币、滇币、食盐、货泉、大泉、五铢钱、金银、其他金属货币、金元券
藏族	实物货币、串珠、金沙、金银、自铸币、章噶纸币
瑶族	贝币、滇币、半开铜钱、铜圆、金银、银圆、金圆券
哈尼族	贝币、牲畜、银、铜、银锭、银圆、铜钱、银锞、马蹄银、银圆大洋、银圆半开、其他金属货币

3. 贸易文化

西南地区少数民族的商业贸易主要有串门买卖、集市贸易、季节性的赶马经商等形式，其中以集市贸易最为常见，如"街子"、"渔村—六街"、"乡集场"等。其交换方式又分为实物交换和货币交换，一般用粮食、畜产品等换回生产、生活必需品。

表9 西南地区部分少数民族区域贸易文化

民族	贸易形式	交易方式	交易物品
白族	农村集市－街子	物物交换	沙金、生漆、黄连—盐巴、布匹和铁质生产生活用具
哈尼族	街子（有汉族、彝族、傣族）	货币购买或以物易物	自产产品交换不能生产的产品
布依族	乡集场	使用金、银、铜等货币；存在赊销业务	熊皮、狐狸皮、麝香等畜产品；战马、棉织品、丝织品、农具
傣族	和缅甸的贸易	货币买入	很多土产外销和生活必需品来自缅甸
仡佬族	集市	白银支付	为买而卖
水族	集市	物物交换、货币交易	民族特需产品

续表

民族	贸易形式	交易方式	交易物品
纳西族	街子	货币交易	商品种类较多
羌族	市集—百日场（每天）	以物易物、货币交换	农副土特产品换取日用百货
普米族	串门方式进行买卖、赶马经商活动	等量物物交换	用小麦、苞谷和蚕豆换取鱼、盐、茶、布匹
怒族	与内地、缅甸交易	货币购买	黄连、贝母和黄金，交换牛、猪、羊等畜生及铁器和食盐
基诺族	与傣族、汉商交易	以物易物，白银、半开银币购买	茶叶交换食盐、铁器与针线等
独龙族	本地交易、外商贸易	物物交换到本币、外币交换	本地产品作为交换品折价
回族	回族马帮、商业贸易、走"夷方"	以物易物	农、牧、日用百货、民族用品的交易为主
门巴族	集市	利用藏币、章嘎作为一般等价物	用土特产与藏区交换生活必需品
土家族	商业集镇或商业码头	货币购买	交易产品种类繁多
畲族	无本族贸易市场，到附近其他民族市场进行交易	使用货币	主要输出木材

四、我国西南地区少数民族会计文化发展的特征分析

（一）会计文化多元性

西南少数民族是我国少数民族最多的区域，大约占有全国 2/3 的少数民族数量和人口的分布。每个少数民族在经济发展过程中都有此民族的会计思想和文化，这也就造就了少数民族会计文化的多元性。此外，少数民族会计文化的多元性还体现在同一个文化形式在不同民族中有不同的规则和解读。

（二）会计文化与民族习俗相结合

会计文化来源于生活，由于少数民族的宗教信仰和风俗习惯的影响，众多少数民族会计文化都是经济生活和民族习俗的结合产物，如白族三月街采买习俗、傣族坎的度量，佤族不计息的传统等。

（三）会计文化差异性受居住区域远近的影响

文化多元性与差异性并存，不同民族之间、不同区域内的同一民族之间在会计文化上均有差异性，这种差异性随着距离的增加而增加，然而，在同一区域或相近区域的不同民族的文化

重复程度较高，如傣族和景颇族、佤族和布朗族、哈尼族和彝族等均在某些文化方面呈现出较高的相似性。

（四）会计文化发展受民族经济发展的影响

在同一时期，横向比较各民族会计文化发展情况，可以发现经济发展程度较高、地理位置优势较大或对外贸易交流较多的少数民族在会计文化发展程度较高，这与现今时期会计发展与经济发展相协调的状况具有一致性。

（五）汉族及外来会计文化是少数民族会计文化发展的重要影响因素

随着少数民族地区商贸的不断发展，汉族地区及国外的一些先进管理思想和会计文化通过商帮、商队传播到少数民族地区，在白族会计文化发展过程中，汉族文化、国外文化与白族文化的交融和融合体现得最为明显，这也是白族地区经济发展和会计文化发展程度较高的重要影响因素。

五、研究不足之处与未来的研究方向

（一）调研范围存在局限性，需要扩大调研对象和范围

本文的研究过程中，实地调研仅限于部分民族的部分区域，缺乏对单个民族的整体性调研，主要的研究还是依赖于档案材料和文献资料，具有较大的局限性，也导致本文的贡献不足。

（二）没有对不同区域的同一民族进行横向比较，需要对不同省份、州市内的同一民族进行比较分析

西南地区的少数民族区域分布较为分散，壮族、彝族、苗族、傣族等少数民族分布于多个省份或多个州市，由于区域差异性导致文化差异性的原因，从研究角度需要对同一民族不同区域进行横向比较分析，因此，在未来的研究过程中，需要对各民族不同区域分布下的差异性进行横向比较分析。

（三）全文基于单独民族本身，没有对民族之间的关系或影响进行研究，需要增加国外、汉族、其他少数民族对该民族的影响等研究内容

本文的研究主要是基于单独文化状态下各民族会计文化的总结研究和特征分析，而在长期的历史发展过程中，绝大多数少数民族不是孤立存在的，存在与国外、汉族和其他少数民族之间的经济往来和文化交流，因此，相近各族之间的文化影响是必然存在的，下一阶段研究过程中需要对该影响进行分析研究。

（四）很多研究观点仅仅来自于调查过程的口述或理论分析研究，缺乏史料的佐证，需要加强对相关史料的收集和挖掘

由于本文的研究采用田野调查和访谈调查等形式，对很多文化的分析研究来自于老者的口述证据，具有较大的主观性。在整个研究过程中，对史料的收集和整理的时间不足，这是未来

很长时期研究工作的核心内容。

主要参考文献

［1］曹务坤：《从诚信的视角看清代黔东南锦屏侗族、苗族林业契约》，载于《贵州民族研究》2011 年第 3 期，第 145 ~ 149 页。

［2］楚财：《民国时期的会计法规》，载于《财会通讯》1990 年第 5 期，第 63 ~ 64 页。

［3］楚财：《民国时期会计事务处理程序》，载于《财会通讯》1991 年第 1 期，第 61 ~ 62 页。

［4］付磊：《改革开放 30 年我国会计史研究主要成果概览》，载于《会计之友（下旬刊）》2008 年第 12 期，第 15 ~ 20 页。

［5］付磊：《改革开放以来我国会计史研究述评》，载于《财会通讯（综合版）》2008 年第 12 期，第 24 ~ 31 页。

［6］付磊：《会计史研究三十年》，载于《会计研究》2008 年第 12 期，第 24 ~ 30 页。

［7］付磊：《企业制度演变与会计发展》，载于《会计研究》2012 年第 7 期，第 3 ~ 7 页。

［8］盖地：《会计与共和国同进步——从税务会计视角看新中国会计的发展》，载于《财务与会计》2009 年第 19 期，第 77 页。

［9］葛家澍、刘峰：《新中国会计理论研究 50 年回顾》，载于《会计研究》1999 年第 10 期，第 7 ~ 14 页。

［10］葛家澍：《基本会计准则与财务会计概念框架》，载于《财务与会计》1997 年第 10 期，第 41 ~ 43 页。

［11］葛家澍：《新中国会计理论发展要略》，载于《上海市经济管理干部学院学报》2007 年第 5 期，第 46 ~ 51 页。

［12］郭道扬：《会计史研究：历史·现时·未来. 第一卷》，中国财政经济出版社 2004 年版，第 1 ~ 578 页。

［13］郭道扬：《会计史研究：历史·现时·未来. 第二卷》，中国财政经济出版社 2008 年版，第 1 ~ 696 页。

［14］郭道扬：《会计史研究：历史·现时·未来. 第三卷》，中国财政经济出版社 2008 年版，第 1 ~ 522 页。

［15］郭道扬：《二十世纪会计大事评说（九）——二十世纪中国的会计改革》，载于《财会通讯》1999 年第 9 期，第 7 ~ 14 页。

［16］康均：《新中国会计思想发展述评》，载于《重庆商学院学报》2000 年第 5 期，第 64 ~ 67 页。

［17］孔庆林、李孝林、向代蕾：《新中国会计对象理论创新史研究》，载于《北京工商大学学报（社会科学版）》，2007 年第 4 期，第 98 ~ 102 页。

［18］李伟：《乌江下游土司时期贡赋制度考略》，载于《贵州社会科学》2005 年第 2 期，第 40 ~ 44 页。

［19］李孝林：《从云梦秦简看秦朝的会计管理》，载于《江汉考古》1984 年第 3 期，第 85 ~ 94 页。

［20］李孝林：《金文、简牍——古代会计、审计史料的无尽宝藏》，载于《会计之友（上旬刊）》2008 年第 5 期，第 98 ~ 100 页。

［21］李孝林：《我国古代对世界会计、审计史的贡献》，载于《北京商学院学报》1991 年第 2 期，第 57 ~ 64 页。

［22］李治安：《元代中央与地方财政关系述略》，载于《南开学报》1994 年第 2 期，第 21 ~ 23 页。

［23］刘会颖、郭颖：《秦汉时期会计专家张仓对上计制度的影响》，载于《兰台世界》2014 年第 27 期，第 128 ~ 129 页。

［24］罗树杰：《论壮族土司田地契约文书的类型——壮族土司田地契约文书研究之一》，载于《广西民族学院学报（哲学社会科学版）》1999 年第 1 期，第 66 ~ 67 页。

［25］孟焰：《从建国后我国会计的发展历程看未来的发展方向》，载于《中央财经大学学报》1999 年第 10 期，第 18 ~ 21 页。

［26］莫磊、李月娥：《论蒙古帝国至元朝前期会计思想及财计组织演进——基于民族与文化融合的视角》，载于《财会通讯》2014 年第 4 期，第 121 ~ 123 页。

［27］莫磊、张涛：《浅析民族与文化融合对财计官制传承和发展的影响——以北魏官厅会计发展为例》，载于《法制与经济（中旬）》2014 年第 2 期，第 88 ~ 92 页。

［28］《中国会计通史系列问题研究》课题组、冉明东：《中国会计通史系列问题的研究初纲》，载于《会计论坛》2012 年第 2 期，第 76 ~ 86 页。

［29］邵露、王伟国：《我国会计凭证的历史演变》，载于《财会月刊》2013 年第 20 期，第 112 ~ 113 页。

［30］佘建明、袁纣卫：《绥远回族商帮的内部结构》，载于《回族研究》2006 年第 4 期，第 98 ~ 103 页。

［31］申旭：《回族商帮与历史上的云南对外贸易》，载于《民族研究》1997 年第 3 期，第 99 ~ 105 页。

［32］唐婉晴：《〈周礼〉中的会计制度初探》，吉林大学论文，2008 年。

［33］汪宁生：《从原始记事到文字发明》，载于《考古学报》1981 年第 1 期。

［34］王三北：《论秦汉至初唐间的中央财政管理机构》，载于《西北师大学报（社会科学版）》1984 年第 4 期，第 34 ~ 40 页。

［35］王万盈：《2009 年先秦秦汉经济史研究述评》，载于《中国经济史研究》2010 年第 2 期，第 117 ~ 125 页。

［36］王文书：《宋代借贷业研究》，河北大学论文，2011 年。

［37］王旭：《从券书到契纸——中国传统契约的物质载体与形式演变初探》，载于《湖北大学学报（哲学社会科学版）》2014 年第 6 期，第 86 ~ 153 页。

［38］谢诗芬：《新中国会计史研究种种》，载于《会计研究》1988 年第 3 期，第 48 ~ 49 页。

［39］杨纪琬、余秉坚：《新中国会计工作的回顾（四）》，载于《会计研究》1987 年第 5 期，第 43 ~ 47 页。

［40］姚继德：《云南回族马帮的组织与分布》，载于《回族研究》2002 年第 2 期，第 67 ~ 65 页。

［41］余秉坚：《中国社会主义会计史研究的有关问题》，载于《会计研究》1991 年第 4 期，第 18 ~ 41 页。

［42］余宏模：《清代水西彝族土目和彝文田契试析》，载于《贵州民族研究》1979 年第 1 期，第 45 ~ 54 页。

［43］中国会计学会：《会计史专题》，经济科学出版社 2012 年版，第 1 ~ 360 页。

［44］《中国少数民族社会历史调查资料丛刊》修订编辑委员会：《中国少数民族社会历史调查丛书》，民族出版社 2009 年版。

"会计口述历史"项目介绍

曹巧波[*]

2012年，上海国家会计学院下属中国会计视野网开始启动"会计口述历史"项目，旨在抢救性记录会计学界、实务界及政界前辈的历史经历。2013年，在郑州召开的中国会计学会第八届会计史年会上，我们曾经对项目做过介绍。截至2015年9月30日，项目一共记录了35人，平均年龄81岁，其中三人已经逝世。

一、背景

对于历史研究来说，特别是对于想了解特定历史的普罗大众而言，亲历者的讲述因其兼具故事性和真实性而具有更特殊的传播效应。我们会计界的历史也是如此。

现代会计传入中国至今，政府层面的制度演变、学界的著述与辩论、实务界的孜孜贡献，大多有完整的文字记录。正式出版的文字，严谨、专业，但毕竟篇幅有限，无法涵盖所有。而口述历史，大多伴有录音或者视频，受访者的讲述更为立体、生动，简单的手势、微妙的眼神、短暂的停顿、瞬间的欣喜，都可以在文字之外传达出耐人寻味的意境。

另一方面，随着网络的普及，会计界的历史能够以视频、音频、文字、图片等方式，通过各种渠道传递到各个受众群体。刚入学的大学生，可以从大师们初涉会计的经历中体会时代的变迁，专业选择更加自由，也更需要独立思考。事业上升期的会计同仁，可以从前辈在特殊历史时期中展现出的坚韧与顽强中汲取营养。专业的会计史研究学者，也可以从前辈们在变革时期的彷徨与思考中得到启发。

中国会计视野网隶属于上海国家会计学院，始创于1998年，现有注册用户200多万。作为行业领先的综合性媒体，我们对于会计行业的口述历史一直有所关注。2011年8月，我国著名会计学家、中南财经政法大学易庭源教授的去世，他的弟子许家林教授写了一篇长文怀念，让我们深切地意识到会计前辈的不断凋零，使得这种关注开始上升到行动层面。经上海国家会计学院副院长谢荣教授的联系，我们于2012年4月20日采访了他的导师、我国著名会计学家、上海财经大学徐政旦教授。这是我们项目的开始。

二、我们的做法

项目初期，我们参考学习了《大家来做口述历史》、《口述史读本》等书籍，并得到温州大学口述历史研究所所长杨祥银博士等专业人士的指点。开展三年多以来，得益于广大同仁的

* 湖南大学工商管理学院 MBA（全日制）

不断提点，我们初步摸索出一套行之有效的工作方法。

（一）采访对象

完整的会计历史涵盖学界、政界、实务界。鉴于时间、人员、资金等资源有限，我们把采访范围聚焦到 75 周岁以上的群体，主要做抢救性记录。经过业内人士的相互介绍，我们已经记录完大部分全国知名的学界前辈，涉及上海财大、厦门大学、财政部财科所、江西财大、西安交大、东北财大、天津财大、中央财大、台湾政治大学等高校。

（二）采访大纲

分两条主线，其一是口述对象的个人经历，比如家庭背景、教育情况、个人评价、对后辈的期许，其二是他的会计历程，比如实务工作、教学方法、学术观点、与同仁的交往等。最后，会请这些前辈题写"会计口述历史"这六个字作为纪念。

（三）现场记录

我们会提前半个月把采访大纲送达采访对象，让其有充足的时间来回顾往昔。记录一般在前辈的家中进行。提问者、摄像师、摄影师三人，同步进行。其中，摄像师具有较大的自主权，可以请采访对象回答特定问题；摄影师还需要同步翻拍老照片、证书、图书和手稿等。一般持续三小时，考虑到受访者身体健康因素，有时候需要分两天采访。

现场采访中，还有一项极为重要的工作，就是请采访对象签署版权赠予协议。项目组可以全权处理因采访所形成的文字、照片、视频。

（四）后期整理

文字方面，我们会请速记公司派人到上海国家会计学院，现场观看视频整理采访内容。双方签署有保密协议。然后由我们的编辑重听录音，修正错误，补充历史史实，再由外聘编辑进行文字润色，撰写成文。经采访对象审核确认后，这些文章发布在中国会计视野网（包括其网站、微博、微信）、《会记》杂志、上海国家会计学院官方网站和微信。自 2013 年 11 月起，《中国会计报》也开始连载这些文章。

视频方面，我们根据上述确认后的文字内容，请专业人士撰写视频脚本，并制作二十分以内的视频，发布在优酷、腾讯视频等媒体，随后也在中国会计视野系列媒体转发。

（五）衍生工作

为让前辈们的口述留下永久性纪念，项目组在上海国家会计学院教学楼专门开辟场地，用于展示他们的素描画像、文字简介等。学院每年培训全国会计人员数万，这项展示也成了他们接受专业教育的一部分。

（六）经费来源

从 2012 年至今，我们先后得到北京中瑞诚、致同、信永中和、江苏苏亚金城、天健、大华、利安达、上海王琦赟、上海华皓、上海国家会计学院 EMBA 金融十期班、瑞华等会计师事务所为主的单位或集体以及致同会计师事务所陈箭深先生、广西东方广信会计师事务所有限公司柳州分所邓枚芳女士等个人的捐款，共计 48 万元。根据工作计划，整个项目尚缺四十余万元经费。

三、我们的成果

（1）采访35人，累计114小时的视音频。其中3位已经逝世，包括徐政旦、葛家澍、尹锡章。在中国会计视野网首页显目位置设有专题链接。

图1

（2）完成撰稿24篇，全部发布在中国会计视野网、《中国会计报》。

图2

（3）制作视频专题片 12 份，累计播放 1.7 万次。

0:20:45	0:16:16	0:17:29	0:15:15	0:15:21
会计口述历史之尹锡章先生	会计口述历史之杨宗昌教授	会计口述历史之毛伯林教授	会计口述历史之丁平准先生	会计口述历史之陈如圭先生
发布：2015-07-10	发布：2015-06-08	发布：2015-05-19	发布：2015-02-12	发布：2014-10-22
播放：1,229	播放：1,733	播放：1,255	播放：1,649	播放：83
0:12:58	0:22:15	0:19:28	0:17:37	0:15:31
会计口述历史-石人瑾教授访谈	会计口述历史之汪建熙教授	会计口述历史之蔡宗舜教授	会计口述历史之徐政旦教授	会计口述历史之常勋教授
发布：2014-09-04	发布：2014-08-13	发布：2014-06-17	发布：2014-05-09	发布：2014-03-31
播放：864	播放：3,373	播放：2,567	播放：996	播放：63

0:20:37
会计口述历史之葛家澍教授
发布：2014-03-31
播放：1,016

图3 腾讯视频搜"会计口述历史"的结果

（4）我们制作了采访前 20 人的素描及中英文简介，悬挂在上海国家会计学院第二教学楼，做永久纪念和行业宣传之用。特别值得一提的是，2015 年 7 月 21 日，时任财政部部长楼继伟在上海国家会计学院短暂视察期间也参观了这一展览，并对此项工作予以肯定。

图4

（5）业界的其他认可。

来自中国注册会计师协会的行业史专家、中国会计博物馆的负责人已经和我们就会计口述历史成果的展示和使用进行过卓有成效的商讨。

四、完整计划

（1）采访记录。学界、政界、实务界构成了会计从业人员的全景图，目前我们采访的 35 位对象已经涵盖了大部分学界代表人物，我们希望在 2016 年前完成总共 50 位人员的拍摄，后续的采访重点在政界与实务界。我们特别需要诸位同行在访谈线索方面的支持。

（2）访谈后期整理和传播。根据上述采访计划，预计在 2017 年上半年完成对全部人物的内容的整理、审核、发表。

五、一些问题的思考

（一）记录什么

我们记录会计人的历史，侧重于个人的经历与思考，而不是老前辈当年的专业成就细节。

（二）逝世多年的前辈，怎么记录

通过采访他们的直系家属、学生等，间接来做会计名家的口述记录，包括杨纪琬、潘序伦、雍家源、奚玉书等。

（三）不方便现场记录的，怎么做

对于远在国外的人选，我们通过视频、录音等方式做口述记录。

（四）版权如何处理

我们与口述人签订版权赠予协议。对于所有捐款，我们也均有正式的协议，并开具公益捐赠发票。

（五）口述人的口述有误怎么办

同一个事实，仁者见仁，更何况是回忆，难免有差错遗漏。所以，除非是明显的史实性错误，我们不会去纠正。

上海国家会计学院"会计口述历史"项目团队
2015 年 10 月 8 日

附件一、口述记录进程

2012 年（5 人）

4 月 20 日、23 日，采访大华会计师事务所创始人、上海财经大学徐政旦教授（1922～2013）

6 月 13 日、29 日，采访原证监会第一任首席会计师、中投副总经理汪建熙博士（1951～）

8 月 8 日，采访原上海财经大学会计系主任石人瑾教授（1926～）

9 月 9 日，采访原证监会首席会计师、IASB 理事张为国教授（1957～）

12 月 27 日，采访厦门大学葛家澍教授（1921～2013）

2013 年（15 人）

3 月 14、15 日，采访江西财经大学裘宗舜教授（1921～）

5 月 16、17 日，采访原中注协秘书长丁平准先生（1937～）

5 月 17 日，采访信永中和会计师事务所董事长张克先生（1953～）

5 月 20 日，采访厦门大学常勋教授（1924～）

5 月 28 日，采访原台湾政治大学校长郑丁旺教授（1942～）

5 月 30 日，采访财政部财政科学研究所杨周南教授（1938～），她也是杨纪琬教授的女儿

6 月 3 日，采访浙江会计师事务所（现天健会计师事务所）创始人陈如洪先生（1934～）

6 月 4 日，采访原浙江会计师事务所（现天健会计师事务所）副所长尹锡章先生（1919～2014）

7 月 21 日，采访台湾政治大学吴安妮教授（1954～）

7 月 24 日，采访北京工商大学张以宽教授（1929～）

8 月 15 日，采访西南财经大学毛伯林教授（1927～）

8 月 16 日，采访财政部财政科学研究所王世定教授（1944～）

9 月 2 日，采访西安交通大学杨宗昌教授（1927～）

9 月 23 日，采访上海财经大学王松年教授（1930～）

10 月 11 日、11 月 1 日，采访东北财经大学欧阳清教授（1930～）

2014 年（8 人）

4 月 16 日，采访厦门大学吴水澎教授（1941～）

5 月 8 日，采访天津财经大学于玉林教授（1934～）

6 月 27 日，采访原立信会计师事务所主任会计师、原潘陈张会计师事务所主任会计师潘华恭先生（1932～）

7 月，采访原 IMA 中国资深顾问杨继良先生（1931～）

7 月 17 日，采访英国伦敦政经学院麦克菲教授（1946～）

7 月 19 日，采访中央财经大学魏振雄教授（1931～）

7 月 30 日，采访原上海市审计局第一任副局长赵洪元先生（1928～）

8 月 20 日，采访内江职业技术学院高级讲师余盛钧先生（1922～）

2015 年（7 人）

4 月 29 日，采访无锡立信会计学校创始校长周京生先生（1937～）

6 月 10 日，采访原华能财务公司副总经理庄肇嘉先生（1929～）

6 月 11 日，采访潘序伦先生的女儿潘屺瞻女士（1920～）

7 月 22 日，采访原华能集团总会计师魏云鹏先生（1942～）

7 月 23 日，采访我国现代政府会计制度设计者雍家源教授的儿子雍小楼先生（1932～）

8 月 5 日、6 日，采访原广西财经学校副校长席玉聚先生（1923～）

8 月 19 日，采访原华东电力集团公司副总会计师肖桐青先生（1940～）

附件二、致谢名单

上海国家会计学院原院长夏大慰教授、院长李扣庆教授、原副院长管一民教授、原副院长谢荣教授、副院长刘勤教授、副院长卢文彬博士、院长助理易宏勋、教务部主任张各兴、办公室主任马丽娜、副教授佟成生、副教授王纪平、副教授江百灵、朱丹博士、刘梅玲博士

厦门国家会计学院副院长黄世忠教授、信息管理处处长阎虎勤、林学颖，研究生处处长王一平

北京国家会计学院办公室副主任贾跃华、刘宵仑副教授

中国注册会计师协会秘书长陈毓圭

财政部会计司覃东、冷冰

中国资产评估协会副秘书长张建刚

财政部中华会计函授学校副校长韩粤

中国财政杂志社副社长秦中艮

中国会计报总编助理李京、记者于濛

温州大学口述历史研究所所长杨祥银博士

大连出版社社长刘明辉

厦门大学管理学院副院长刘峰教授

中南财经政法大学会计学院许家林教授（已故）

西南财经大学党委书记赵德武教授、会计学院院长彭韶兵教授

江西财经大学会计学院副院长谢盛纹教授、工商管理学院王光俊博士

西安交通大学管理学院会计与财务系主任田高良教授、张俊瑞教授

西北大学冯均科教授

北京工商大学潘爱香教授

上海市财政局会计处副处长乔元芳

河北省注册会计师协会副秘书长李万军

北京中瑞诚会计师事务所总经理何源泉

信永中和会计师事务所董事长张克、合伙人郭晋龙、合伙人史宣章、合伙人刘景伟

江苏苏亚金诚会计师事务所主任会计师詹从才

天健会计师事务所董事长胡少先、原文化品牌部主管汪修生、文化品牌部兀敌

致同会计师事务所首席合伙人徐华、合伙人管理委员会主席陈箭深、合伙人陆翔

普华永道中天会计师事务所北京主管合伙人吴卫军、合伙人杜源申

大华会计师事务所董事长梁春、合伙人吕秋萍

瑞华会计师事务所合伙人张连起

德勤华永原合伙人朱祺珩

交通银行财务处处长吴建友

江苏中烟工业有限责任公司财务处副处长杨勇

锦天城律师事务所叶红军律师

上海对外经贸大学杨淑娥教授

中国会计博物馆理事会秘书长李颖琦

原《新会计》主编夏明曦

天津财经大学会计系田昆儒教授

著名会计学者文硕

北京三川金舟贸易有限公司总经理熊尊

无锡市注册会计师协会秘书长尹晓波

立信会计出版社社长窦瀚修

原华能财务公司副总经理庄肇嘉

原华能集团总会计师魏云鹏

广西财政厅会计管理处处长陈海涛

中国会计学会会计史专业委员会主任委员付磊教授

上海公信中南会计师事务所副主任会计师周逸

第三篇　新中国的会计、审计改革与未来发展

内部控制重心演变：由腐败防控到效率提升*

李连华　汪祥耀

【摘要】 内部控制重心的演变反映着内部控制发展的历史轨迹。内部控制由以最初的以腐败防控为重心转变为目前以效能提升为重心，是企业竞争环境变化的结果，反映着内部控制自身的环境适应性特征。我国借鉴采用效能重心论的内部控制系统并不完全贴合中国国情。由于中国国有企业比重大，代理问题和腐败现象严重，应该采取以腐败治理为重心的控制体系，使内部控制在反腐败中发挥更大作用。

【关键词】 内部控制　重心演变　历史分析

企业内部控制，无论国外还是中国都已经发展到了一个比较成熟的阶段，政府或职业组织颁布有比较完整的内部控制规范体系，企业较为普遍地建立起了完善、有效的内部控制制度。但是，即便如此，从历史演变的视角来梳理其发展历程仍然具有价值和意义。这是因为，这种历史视角下的分析与透视不仅可以使其发展脉络更加清晰，阶段特征更加明显，而且可以使我们明确其中的得失、进退，知道哪些事情代表着进步，哪些事情在现在看来可能是一种倒退而需要进行纠正。这种意义上讲，回顾和总结经常是以纠错机制在事物进化与发展中起作用的。这也是事物循环发展经常呈现的一种常态。

一、内部控制产生之初：以腐败防控为重

凡事皆有主次、轻重之分。内部控制也不例外。以内部控制目前的功能定位和目标追求来判断，其工作重心无疑是在效能提升方面。这是因为，无论是中国《企业内部控制基本规范》中的"五目标论"、美国《内部控制——整合框架》中的"三目标论"，还是日本《内部控制评价与审计准则》的"四目标论"[①]，其核心要义都是企业的管理效率与效果问题，学术界有人将之称为企业价值导向（李心合，2007；张先治等，2012），或者财务报告导向（朱荣恩等，2003；齐保垒、田高良，2012），这些只是效率与效果的体现对象与衡量指标不同，其基本含义并无区别。但是，如果以此溯源或者反推出内部控制就是源自于人们对于效率与效果的

---

* 李连华、汪祥耀：浙江财经大学。基金项目：国家社科基金重点项目："基于内部控制视角的腐败防控机制与实现路径研究"（项目编号：15AJY002）

① 我国 2008 年颁布的《企业内部控制基本规范》将内部控制目标界定为经营效率效果、资产安全、财务信息可靠、合法合规、战略实现；美国 1992 年颁布的《内部控制——整合框架》将内部控制目标认定信息可靠、合法合规、战略实现；美国 1992 年颁布的《内部控制——整合框架》将内部控制目标认定为经营效率与效果、财务报告的可靠性、法律法规的遵循性；日本 2007 年发布的《内部控制评价与审计准则》将内部控制确定为业务活动的有效和效率、财务报告的可靠性、营业活动遵守相关法规、资产保全。

追求，则是不准确的，甚至是错误的。事实上，内部控制在其产生之初是与舞弊防范联系在一起的，也可以说，它是肇始于对于腐败与舞弊的防范，是防御性质的，而不是今天所讲的出于对于效率与效果的追求。

美国是现代内部控制的策源地，而且现在仍然引领着内部控制的发展方向。因此，考察美国内部控制的产生背景、演变轨迹具有标本意义。历史上，内部控制的概念几经演变，由最初的内部牵制、内部会计控制、管理控制到现在的内部控制，其边界、范围不断调整、扩展，但是，通常认为其起源点还是在于内部牵制（吴水澎、陈汉文，2000；刘明辉、张宜霞，2002等）。换而言之，内部控制的最初形式和原始状态就是内部牵制（internal check）。所以，考察内部控制重心的最初形成与定位，应该从内部牵制阶段开始，或者以内部牵制作为分析的源点。

对于内部牵制的功能、范围和作用，不同文献表述略有差异。比如，柯氏会计词典认为，内部牵制是为提供有效的组织和经营，并防止错误和其他非法业务发生而制定的业务流程，其主要特点是以任何人或部门不能单独控制任何一项或一部分业务权力的方式进行交叉检查或交叉控制；而乔治·E·班尼特（George E. Bennett）在1930年则将之定义为，是由账户和程序组成的协作系统，这个系统使得员工在从事本职工作时，独立地对其他员工的工作进行连续性的检查，以确定其舞弊的可能性。内部牵制在我国也有很早的实践形式（郭道扬，2004），比如，西周时期就是类似于今天的稽核岗位。朱熹在评述《周礼·理其财之所出》一文中曾经指出："虑夫掌财用财之吏。渗漏乾后，或者容奸而肆欺……于是一毫财务之出入，数入之耳目通焉。"意为考虑到掌握和使用财务的官吏可能进行贪污盗窃，弄虚作假因而规定每笔财赋的出入，都要经几个人的耳目，以达到互相牵制的目的[1]。可见，尽管这些表述不尽相同，但是其所体现的一条思想主线就是如何防范由于委托代理关系而可能导致的实际经管人进行职务侵占、贪污等败德行为以及各种潜在的错误与舞弊。这是内部牵制的工作重点，也是其产生的本意和宗旨。正因如此，我们才有内部控制源于腐败、舞弊防控，并以腐败防控为重心的判断结论。

在历史上，内部控制的腐败防控重心主义思想，一直到20世纪90年代之前都没有改变。在这一时期的文献和职业组织的文件中，但凡涉及内部控制的功能与作用，首当其冲的就是预防腐败和舞弊问题。比如，罗伯特·K·莫茨在其著作《审计理论结构》（1965年出版）中在谈及内部控制时做了如下表述[2]："令人满意的内部控制系统的存在，排除了发生舞弊和差错的或然性"；再比如，1985年出版的在世界上广受影响的《蒙哥马利审计学》在论及内部控制系统时同样指出[3]："总体来说，制定方针和程序，以及监督其执行情况的目的是保护企业的资产，使其免受由于业务处理过程中的差错和舞弊而造成的损失，并保证财务记录的可靠性"。可以发现，这当中并没有提及内部控制在提高企业效能方面的作用。我们认为这并非疏忽，而是反映了当时的一种主流思想和认识观点。这种思想和认识在美国颁布1977年颁布、1988年修订的《反国外腐败法案》（The Foreign Corrupt Practices Act，FCPA）更是得到淋漓尽致的体现[4]。1977年美国参议院在立法说明中明确指出，为了防止海外腐败行为而要求企业必须保持

---

[1]　李凤鸣、韩晓梅：《内部控制理论的历史演进与未来展望》，载于《审计与经济研究》2001年第7期，第2~8页。

[2]　（美）罗伯特·K·莫茨著，文硕等译：《审计理论结构》，中国商业出版社1990年版，第184~185页。

[3]　（美）杰里·D·沙里文等著，蒙哥马利审计学翻译组译：《蒙哥马利审计学》，中国商业出版社1989年版，第171~172页。

[4]　关于该法案的翻译名称，我国理论界和实务界多有争议。主要有美国《海外反腐败法》、美国《反海外腐败法》、美国《海外腐败行为法》，以及美国《反海外贿赂法》。其中的关键是把核心术语翻译成"腐败"还是"贿赂"的问题。考虑到我国全国人大批准的《联合国反腐败公约》中把"corruption"翻译成"腐败"，具有中国的立法支持。因此，采用美国《反国外腐败法案》更为适当。

准确的会计记录和建立并维持有效的内部控制。该法案与内部控制相关的条款主要有两个部分组成：一是保持记录，要求会计记录的透明性、完整性和真实性，保证证券交易委员会可以进行有效的监督。该条款的目的是防止三种不当行为：不记录非法交易、虚假记录以隐瞒非法交易、制作交易数量准确而性质错误的记录。二是内部控制，要求设计、维持一种内部财务控制制度，以充分合理地保证所有的交易都获得了授权。实际执行时，SEC 主要从董事会的职权、公司程序与政策在内部的传达情况、权力与责任的分配、个人能力与操守、遵守和执行程序与政策的能力、有效的内部审计等六个方面来评价内部控制制度的有效性。该条款的目的是以企业自律的手段来预防贿赂与腐败行为的发生。由这些条款不难看出，FCPA 法案赋予了内部控制以防控腐败行为的重任，是把会计与内部控制看作为预防商业贿赂的"前沿阵地"厚待的。而且事实上，无论是行贿受贿、洗钱行为，还是偷漏税等都和企业的内部控制有着千丝万缕的联系，如果内部控制制度设计合理，执行有效，就可以事前防范绝大部分的腐败行为。

二、内部控制重心演化：由腐败防控到效能提升

但是，20 世纪 90 年代之后，内部控制的重心由原来的以腐败舞弊防控为主逐渐转变为以效能提升为主。其发展与演化的基本路线就是内部控制的腐败防控功能的重要性逐渐下降而效能提升的重要性则是逐渐上升。这种发展态势的最终体现和标志就是 1997 年美国 COSO 委员会颁布《内部控制——整合框架》。在这份重要的、具有全球航标影响力的内部控制规范文件中，已经没有单独列示和突出内部控制的腐败防控功能，而是将这种作用隐含在了合规性目标之内了。不仅如此，整个报告从开篇到结尾，其始终强调的思想主线是企业的微观效率和资本市场发展的宏观经济效率，而不是如何防范腐败与舞弊的问题。

那么，为什么会发生这种转变呢？我们认为，这需要从管理需求变化与内部控制自身发展两个方面来进行合理的解释。首先，从管理需求来看，美国对内部控制反腐败的功能需求在20 世纪 90 年代之后有所降低。在历史上，19 世纪中叶直至 20 世纪 70 年代之间是美国腐败现象比较严重的时期，当时商业贿赂泛滥，其间最典型的就是"水门事件"的发生。在这种环境下，当时很多公司基于竞争和挤压对手的目的而向外国政要、客户进行行贿。其结果，这种行为虽然有助于美国企业在和外国企业竞争时获胜，但是，也严重毒化了美国国内的市场经济秩序，同时又有悖于美国一直奉行的商业理念和价值观，尤其是因贿赂而受到最大伤害的可能并不是国外的企业，而恰恰是美国本土的正直而优秀的企业。因此，美国在 20 世纪 70 年代之前一直把治理商业贿赂和腐败作为其重要任务，期间陆续出台和修订了《联邦选举竞选法》、《监察长法》、《政府道德法》、《独立检察官法》和《反国外腐败法》等各种相关法规。这些法律不仅着眼于宏观、政治领域，而且强化了微观视角、经济领域的反腐败措施，主张把在企业内部封堵作为整个反腐败的第一条防线。自然，在这种情况下内部控制的反腐败功能就受到了特别的重视。但是，到了 20 世纪 90 年代，也就是说在 FCPA 颁布实施 20 年之后，美国的商业贿赂行为已经受到有效控制，市场经济秩序得到很大好转。据有关资料显示，从 1986 年至2005 年的 20 年期间，美国被联邦指控的各类腐败官员共有 23 602 人，每年在 1 150 人左右，基本上呈一条平稳的曲线，高低差别只在几十人之间。另据"透明国际" 2001 年至 2005 年全球清廉指数排名显示，美国每年得分均在 7.5 分以上，一直居第 17 位左右，属于比较廉洁的国家。虽然说，在美国并没有根除腐败现象，而且事实上也不可能彻底根除腐败现象，但是，就整体而言，美国企业的腐败行为已经受到有效控制，这是事实。目前，美国企业的腐败现象

呈现出的是一种点状、非连续性的特征，没有出现大面积的、连续性的腐败行为。在这种情形下，政府部门、职业组织对于内部控制的反腐败功能的关注度自然就下降了。

其次，内部控制从腐败防控为主转变为以效能提升为主，也是内部控制自身发展、演变的必然结果。内部控制就其本身功能分析，其具有防御与创造两种基本能力。但是，到底哪一种功能起主导作用、更加重要一些，则是既取决于现实管理的需要，又受到人们的认知能力的影响。在内部控制的演化历史中，从内部牵制阶段开始一直到 20 世纪 70 年代之前，人们对于内部控制的理解和认识主要是基于腐败与舞弊的防控进行的，也就是说，比较重视内部控制的预防功能。但是，在这之后尤其是到 20 世纪 90 年代，随着理论研究和人们对于内部控制理解的不断深入，其在解决因分工、委托代理而出现的效能损失方面的重要作用逐渐得到挖掘和重视。人们开始认识到企业的根本使命应该在于创造价值，而价值创造又取决于管理效能。因此，内部控制作为企业内部的一个管理系统，理应为企业提高效能与创造价值服务，并以此作为自己工作的重心。这种思想在 20 世纪 90 年代之后成为主流认识。另一方面，人们基于实践与历史也开始意识到之前为了防范腐败、舞弊而设置过多的牵制措施审批环节等也对企业提高效率和应对市场竞争形成了伤害，是本末倒置，或者至少说是不全面的，有失偏颇。况且，对于企业来说，反腐败在很大程度上是一个社会公平和市场经济秩序的问题，这本来应该是政府的管理责任，而不应该是企业的任务。这也是内部控制的反腐败功能之所以在企业逐渐弱化而效能提升功能则日益被重视的原因。如果从这种意义上讲，内部控制由腐败防控为主走向以效能提升为主，也可以说是回归到了它的本命，而并非是走入歧途。

三、中国的借鉴之路与发展歧途

借鉴与移植，通常被认为是最有效率的发展路径。但是，其前提条件是先进者与后进之间具有同质性可以类推，或者是两者具有异质性可以反向推理，又或者是后进者能够对先进者的经验做到透彻的理解，可以举一反三，触类旁通。中国的内部控制理论研究和内部控制规范体系建设都是在借鉴、移植美国 COSO 报告的基本上进行的。这一点从我国颁布的《企业内部控制基本规范》与美国《内部控制——整合框架》在内部控制概念、内部控制目标、内部控制要素的高相似度上可以得到验证。这种借鉴做法使得我国在很短时间内建立起了自己的内部控制规范体系，而不是像美国那样用了将近一百年的时间去进行探索。但是，中国的这种移植与借鉴是否合乎中国之体，或者说是否切合中国的实际国情呢？对此，我国理论界却是鲜有评议，在中国《企业内部控制基本规范》颁布后，整个理论界除了赞扬之声外，似乎没有人提出过异议。

不过，根据我们的观察与分析，中国对于美国《内部控制——整合框架》的借鉴与移植是存在着一定偏颇的。而对于这些偏颇的认识与修正，其实也并不会影响，或者颠覆对于中国内部控制规范体系建设及其成效的积极性评价。这些偏颇或者考虑不周之处主要表现在：

第一，对美国内部控制的演变历史、重心转化及其背后的经济、社会和政治因素缺乏深入、系统性的考究，导致对内部控制的实践适应性、发展阶段性缺乏全面的评估与准确的认知。内部控制作为一种管理工具，其产生于实践需要，又要服务于实践。最终都是要解决问题。以美国为例，20 世纪 90 年代之前美国面临的主要是腐败防控问题，之后则是效率与资本市场的健康发展问题。这是其内部控制发展的思想主线与主要阶段。这背后的驱动因素显然是不同的。前期的驱动因素是严重的贿赂，其中尤其以"水门事件"为典型；后期的驱动因素则是美国公司的竞争力减弱以及"安然事件"、"世通"财务造假降低了资本市场的运行效率。这种以问题牵引为导向的内部控制发展轨迹，反映出的正是内部控制与管理实践之间的互动性、对应性与适应性。而中国对于内部控制的理论研究与内部控制规范的制定，是在中国与国际接轨以及服务于中国企业参与国际竞争的大背景下进行的，强调的是与国际看齐，而忽视了内部控制与中国企业管理实践之间的对接性、适应性。

第二，中国内部控制的管理思想与内部控制规范的制定明显地脱节于中国企业的管理实践与所面临的主要问题。内部控制是要解决问题的。面临的问题不同就决定了每个国家内部控制的不同特征。那么，中国企业管理面临的主要问题是什么呢？我们分析，首先是由于国有企业比重大、政企分离不彻底及集权体制而导致的大面积的腐败问题。这种腐败不仅表现在企业向政府进行寻租，而且企业之间的商业贿赂也是触目惊心，特别是政府采购、基建工程、并购重组、医药销售、企业贷款、招投标等更是成为腐败的重灾区。据有关资料显示，[①] 仅 2004 ~ 2007 年之间我国监察机构查处的企业腐败案件就有 169 000 起、职务犯罪 52 000 人，而且近些年有愈演愈烈之势。治理腐败，不仅事关社会的公平正义、政治稳定，而且也影响着中国企业的健康发展。因为，在一个腐败盛行、靠潜规则的环境下会加重逆向选择，出现劣币驱逐良币的后果。腐败导致中国企业家不走正道（张维迎，2010）。其次是企业管理效率与资本市场的健康发展问题。我们目前有上市公司 2 692 家，保证资本市场健康发展也是内部控制工作的重要使命。不过，如果与美国相比，我国上市公司的总量和市直占整个国民经济的比重都比较小，这和美国的情况相差甚远。由此也就决定，中国的内部控制应该有与中国国情相对应的实施重点，这就是腐败的防控问题。

第三，我国对于内部控制发展方向的整体把握，既偏离中国的管理实际，又与前沿趋势不相一致。美国自 1997 年颁布《内部控制——整合框架》后虽然内部控制的重心已经偏向以企业效率和资本市场的健康发展为主，但是，其并没有放松对于内部控制反腐败功能的研究与探索，为了验证这种判断，我们在 EBSCO（美国人文学全文数据库）以"internal control"作为关键词检索到 1 270 篇相关论文；以"internal control"和"corruption"（腐败）联合作为关键词检索到 3 450 篇论文，以"internal control"和"bribery"（贿赂）或者"fraud"（舞弊）检索到 1 篇论文，以"internal control"和"rent-seeking"（寻租）进行联合检索到 2 050 篇论文，合计起来在美国的研究文献中，与腐败相关的内部控制研究文献共有 5 501 篇，而与反腐败无关的文献只有 1 270 篇，前者是后者的四倍多，这说明美国学术界大部分是基于反腐败问题而研究内部控制的。同时，在立法层面上，美国国会 2002 年通过的《萨班斯—奥克斯利法案》同样包含了很多内部控制的内容。反观我国，我们在中国知网（CNKI）上以"内部控制"＋"腐败"检索 1990 年之后的文献，只找 10 篇文献，而以"内部控制"作为关键词检索的文献则多达 78 362 篇，前者只占后者的万分之一点二，表明我国对于内部控制研究与关注几乎忽略了反腐败这一重要维度，这和美国的研究方向和中国严重的腐败现实都形成了鲜明对照；不仅如此，在我国颁布的《会计法》和《公司法》中也几乎没有明确的关于内部控制的条款和内容。

第四，作为整个问题的分析结论与建议，我们主张，我国应该调整目前以效率为单一指向的内部控制体系，改为以腐败防控和效率提升并重的二元内部控制体系。这应该是最贴合中国实际的发展方向。具体而言，在内部控制制度设计与实施中，需要结合流程梳理企业腐败行为

---

① 郭晓果：《国有企业腐败现象产生的原因及分析》，载于《经济研究导刊》2011 年第 31 期，第 35 ~ 36 页。

的潜在节点，在方法上，要注重制牵制机制、举报机制、信息传递机制、查处机制、奖惩机制的应用。唯有如此，才能充分发挥内部控制在中国经济社会发展中的重要作用。

主要参考文献

［1］李心合：《内部控制：从财务报告导向到价值创造导向》，载于《会计研究》2007 年第 4 期，第 54 ~ 60 页。

［2］张先治等：《西方管理控制学派梳理与观点述评》，载于《审计与经济研究》2012 年第 1 期，第 79 ~ 88 页。

［3］朱荣恩、应唯、袁敏：《美国财务报告内部控制评价的发展及对我国的启示》，载于《会计研究》2003 年第 8 期，第 48 ~ 53 页。

［4］齐保垒、田高良：《基于财务报告的内部控制缺陷影响因素研究》，载于《管理评论》2012 年第 2 期，第 135 ~ 140 页。

［5］吴水澎、陈汉文、邵贤弟：《企业内部控制的理论发展与启示》，载于《会计研究》2000 年第 5 期，第 2 ~ 8 页。

［6］刘明辉、张宜霞：《内部控制的经济学思考》，载于《会计研究》2002 年第 8 期，第 54 ~ 56 页。

［7］何慧：《内部控制理论的发展历程研究》，载于《经济研究专刊》2011 年第 15 期，第 83 ~ 84 页。

［8］郭道扬：《中国会计史研究第一卷》，中国财政经济出版社 2004 年版。

［9］蒋洁：《强化会计基础工作规范，预防腐败滋生》，载于《会计之友》2012 年第 1 期，第 59 ~ 60 页。

［10］李凤鸣、韩晓梅：《内部控制理论的历史演进与未来展望》，载于《审计与经济研究》2001 年第 7 期，第 3 ~ 8 页。

［11］施先望：《内部控制理论的变迁及其启示》，载于《审计研究》2008 年第 6 期，第 79 ~ 83 页。

［12］张宜霞：《企业内部控制的范围、性质与概念体系——基于系统和整体效率视角的研究》，载于《会计研究》2007 年第 7 期，第 37 ~ 43 页。

我国古代考课制度及其与经济
责任审计的关系研究

邢维全*

【摘要】考课制度是我国古代对政府官员实施经济监督的基本制度，其发展横跨了我国漫长的封建社会。古代考课制度与我国国家审计中的经济责任审计制度在思想上是一脉相承的，都是对官员实施经济监督的重要手段，因此，对古代考课制度的考察以及对其中经济责任审计思想的挖掘将对我国国家审计理论与实践的发展具有一定的启示作用。

【关键词】考课　官员考核　经济责任审计　国家审计

中国古代对职官的考课制度历史悠久，从春秋战国时期的"上计"制度到清代的"六法考吏"，延续千年，经久不衰，是中国古代职官管理的重要制度。从字面上看，"考"假借为"攷"，有敲、击的意思，可引申为查核、求证之意；"课"，试也，有考核之意。考课就是国家依照所颁布的法令和行政规则，在一定的年限内，对各级官吏进行考核，并依其不同表现，区别不同等级，予以升降赏罚，所以考课制度又与官吏的铨选任用有着紧密的联系。《东观汉记·张酺传》有："（刺史）考课众职。"《三国志·魏志·夏侯玄传》又有："自长以上，考课迁用，转以能升。"在我国封建社会，考课制度在各个朝代都有其不同的特点，或详或略，或严或弛。及至唐代，考课已经成为一项比较完整的政治制度，对我国古代考课制度的研究将在一定程度上对现代经济责任审计制度的完善和发展具有启示作用。

一、我国古代考课制度的演进

考课制度历代虽有差异，但一脉相承，沿袭不衰。《尚书·舜典》载："三载考绩，三考，黜陟幽明"，即舜帝三年考察一次政绩，考察三次后，罢免昏庸的官员，提拔贤明的官员，可见考课制度起源甚早。

（一）隋唐之前以上计制度为载体的考课

夏商西周时期，是考课制度的萌芽阶段。《史记·夏本纪》载："自虞、夏时，贡赋备矣。或言禹会诸侯江南，计功而崩，因葬焉，命曰会稽。会稽者，会计也。"这里的会计，有定期会集诸侯，对其贡赋征收进行考核的意思，是对诸侯和方国缴纳贡赋的情况进行的全面审查与考核。限于夏商时代的经济发展状况，这一时期"当是会计、审计合为一体的时期"（李宝震、王建忠，1989），而审计的职能中，官员考核与财计出入监督亦难以分离，考课的内容包

---

* 邢维全：审计署审计科研所。

含于审计之中。

及至周代，审计及其蕴含的考课功能，开始显露出独立的萌芽。西周时期通过王的巡狩和诸侯的定期朝觐述职来实现对地方官员的考察，周天子在巡狩时考察诸侯卿大夫的政绩，并根据考核结果给予惩罚或奖励；而朝觐述职则是诸侯和地方官员定期到王朝汇报工作，所报内容和考核标准与天子巡狩时基本一致。西周时期审计的特色是所谓"官计制度"，所谓官计，是对官吏财经方面政绩进行考核的政治制度，包括每年一"岁计"，三年一"大计"，涵盖了财计出入考核和官吏考核监督的双重职能。《周礼》大宰职文说："岁终，则令百官府各正其治，受其会，听其致事，而诏王废置。三岁则大计群吏之治而诛赏之"，记述了西周时期的对官员的考核办法。此时，审计财计出入的活动同时包括对官员的考核，并由大宰统领这些含有审计性质的经济监督活动。概言之，西周时期的朝觐巡狩制度尚非严格意义上的考核制度，且当时的考核一般不与官吏的黜陟相关联。究其原因，西周实行世官制，贵者恒贵，贱者恒贱，官位升迁变动极少，并不以专门的考核作为官吏黜陟的依据。

春秋战国时期，世官制开始走向衰亡，为适应中央集权的国君控制管理全国和选贤任能的需要，韩、赵、魏、秦等国相继推行"上计"制度。上计制度管理监督地方政治、经济、财政、社会状况，考察考核地方官吏政绩，"见功而兴赏，因能而授官"。与西周的官计制度相比，上计制度的考核内容更为丰富，程序更为完善。所谓"上计"，具体说来就是将上计地区一年的赋税收入财政支出和该地在一年内的人口、垦田、盗贼、狱讼等情况以及下一年度的收支预算等情况写在木券①上，剖而为二，国君执右券，臣下执左券，年终时由国君亲自考核。《韩非子·主道》将上计制度描述为："符契之所合，赏罚之所生也"。这一时期，作为中央集权制下的考课制度，上计制尚处于初创时期。从形式上看，合券责官的方法比较简单；从内容上看，考核标准仅涉及以税赋征办为主的一些政绩，尚缺乏德、才等考核标准。同时需要注意的是，监察制度②在战国时期初步形成，赵、韩、魏、齐、秦均设有御史，对百官监督。

秦朝基本沿用了秦国的上计制度，并被推广到全国。汉承秦制，东西两汉四百余年间，上计相延不绝。西汉时期，上计制度达到鼎盛，主要表现在设置了计相、主计，由丞相乃至皇帝受计，郡国负责上计的官吏主要是郡丞、长史，且统治者对上计采取严明的态度，如武帝元狩二年（公元前121年）上谷太守众利侯郝贤所上戍卒财物收支账目不清，即被免职。东汉继续延续和发展上计制度，但地位有所下降。东汉时仅由司徒受计，郡国负责上计的官吏是郡丞、长史的下属，即"上计掾"、"上计吏"。东汉中叶，皇权旁落，官僚机构腐败，上计制度逐渐走向衰落。汉末，魏蜀吴三国鼎立，在曹魏政权中，设有比部，是中国最早的独立政府审计机构。当时的比部主要负责三方面事务：第一，对政府和部门经费开支和财务出纳进行财务审计；第二，主法制，考官吏，定刑赏；第三，负责传递、存档和保管诏书、律令和文书。（文硕，1996）

魏晋南北朝时期对官员的考课基本沿袭了汉代的传统，仍然以上计和分层考核为主，负责各郡上计的人员仍称为上计吏或上计掾等。到南北朝时期，连年战乱，国家四分五裂，官吏的考核制度极不正常，上计的形式虽仍存在，但实质已经发生变化，成为皇帝或朝廷向地方官府或官员索取贡物的一种形式，上计制度逐渐淡出。

---

① 券最初是作为记载债权债务、买卖合同的凭证而被使用的，将一券剖分为两半，由参与经济活动的双方当事人各执一半，作为凭据。

② 监察制度滥觞于西周王朝设立的"监国"一职。

（二）隋唐宋时期考课与审计的相对分离

隋唐时期，进一步巩固专职的审计机构"比部"，突出其财务审计职能，同时考课制度亦得到加强和完善，并与对财政收支的审计逐渐分离，考功曹作为独立的机构行使职能。考课之法见于《唐六典》，分为小考和大考。小考每年进行一次，评定当年政绩优劣；大考则三至四年进行一次，四品以下官员由吏部考核，三品以上官员则由皇帝亲自考核。唐朝考课以标准的细化为重要特征，形成了所谓四善二十七最法。"四善"是对官员个人品德和工作作风的总体要求，即德义有闻、清慎明著、公平可称、恪勤匪懈。"四善"之法强调了对官员个人品行操守的考核与监督。"二十七最"则根据官员的不同工作性质和职责制定了详细的具体考核标准，如对仓库官的要求是"谨于盖藏，明于出纳，为仓库之最"。"二十七最"偏重于用既定标准考核特定岗位官员的治绩。可以说，从唐朝开始，中国封建社会的考课制度才有了真正的发展。

宋朝时历行中央集权，鉴于唐朝末年藩镇割据的教训，宋朝非常注重对州县地方官的依法考课。宋朝考课制度的一项重要方法，称为"磨勘"制，即指审核、推究、勘验薄历文状的做法程序，各次考核的记录累计起来，形成资历，作为日后升迁的依据。磨勘制实际上只注重年资，而轻视政绩，造成宋朝官场"不求有功，但求无过"的风气极盛。范仲淹、王安石等改革家曾就此提出"明黜陟"的主张，但都未能施行。

隋唐宋三代均于吏部四曹中专设考功曹，掌官吏考课，同时，三代均沿用比部的设置，御史台和御史监察制度在国家财政经济领域强化了对官吏的监督。客观上，这一时期对官员的考课与国家审计从形式上相分离，形成了审计监督与官员考核并行的局面，但二者在实施过程中并非泾渭分明，而是存在诸多交叉和重叠，互相倚重，共同发展的。此一时期是我国封建社会的鼎盛时期，可以认为，完善的监察考核制度是繁荣之基，而监督考核导向的偏差则会造成经济和政治上的失败。宋朝考课制度注重资历，而忽视治绩，导致考课制度中对官员经济责任的审计内容被弱化，考课已现衰落之端倪。

（三）元明清时期以科道制度为载体的考课

元代的政治制度基本延续宋制，考课仍然注重资历。明、清时期，与考课制度相似，国家审计的功能亦被弱化，审计机构基本上隶属于作为监察系统的都察院①，设六科、十三（十五）道，构成独立的监察系统，史称科道制度。这一时期的监察机关集监察和审计职权于一身，形成了高度集权、机构庞大制约严密的强有力的监察体系。考课针对文官和武官分别进行，考核工作由吏部和都察院共同进行，吏部考功司具体负责。文官的考课分"考满"与"考察"，其中，考满是对官员在一定任职年限内的考核，以三年为基本单元，三年为初考，六年为再考，九年为通考，通考综合初考和再考成绩评定等第，确定奖罚；考察则重点监察过失，而不论任职年限。根据考核官员是否为在京官员，考察分为京察和外察，对武官的考核称为"军政考选"，表明对官员的考课从制度上逐渐细化和完善，但明王朝吏治逐渐腐败，导致考课制度的功效难以发挥。

清朝的官员考核基本依照明制，称为"京察"与"大计"。京察考核京官，六年考核一

---

① 明代的审计发展，从明初至洪武二十三年，沿用唐、宋旧制，由比部行使审计职权，从洪武二十三年至明末，则实行都察院审计体制，外部审计由都察院和六科给事中行使。

次，三品以上由王大臣负责考察，其他官员由各自部门长官进行考察；大计考核外官，三年考核一次，主要由各省督抚负责。后来京察与大计均改为三年一次，合称考满。在考察标准上，顺治四年（1647年）定制为"四格八法"。"四格"指守、财、政、年四个方面；"八法"基本照搬明朝的考课制度，将不称职的官员分为贪、酷、不谨、年老、有疾、浮躁、不及八种类型。

明清的科道监察含有财计监察的内容，但也仅是其庞大监察职能中的一部分而已，唐宋时期本已专一的政府审计职能再度与监察合并，实为审计史上一次倒退，且其考核官吏经济责任的职能在此一时期并未发挥作用。至清末宣统时期，清政府曾一度酝酿创设审计院，拟以其专行审计职权，但该设想尚未实施，清即告灭亡。

二、我国古代考课制度的发展脉络

考课制度作为我国古代封建王朝治理国家、考核官员的一项基本制度，从考课与国家审计之间关系的视角出发，其发展大致经历了如下三个阶段：

（一）官员考课与国家审计相结合阶段

春秋战国至秦汉时期是我国审计制度发展的初期，这一时期政府对官员治绩的考核是中央政府对地方政府的监督的重要方面。地方官员对其辖区内的治理状况负总责，官员的治绩直接关系到其仕途荣辱。特别是"上计"制度的逐渐确立和发展，形成了职无不监，无所不咨，监审合一的政府审计制度。此一阶段，上计与对官员政绩的考核奖惩紧密结合，朝廷根据上计的结果，确定被考核官员的等次，并定其赏罚。正如李金华（2003）指出，上计制度把地方官吏的治绩具体化为一套有形的指标，并建立按期逐级上报指标完成情况的制度化渠道，为考察官吏的优劣、勤惰提供了重要依据。上计制度成为考核官吏、澄清吏治的重要手段。此为考课制度的形成时期，此时的考课不具有独立的形态，上计制度肩负考课和审计的双重职能，且以审计地方财政收支作为考核官员的切入点。

（二）官员考课与国家审计相分离阶段

隋唐宋时期，随着时代的发展和政府职能分工的细化，考课逐渐作为政府审计工作的独立部分单独行使官员考核职能，对官员的考核与对政府财政收支行为的监督开始出现分离。

此时，政府审计工作开始将对官员个人的考核与其所管辖地区的财计监督区别开来，分别进行审计监督。这种模式可以看作是目前我国经济责任审计与其他政府审计职能具有明确分野的历史渊源。理论上，政府组织存在的问题与其领导人是有联系的，审计政府财政收支的结果也可以在一定程度上评价政府官员，但是双方并不能画等号，二者的职能是交叉重叠的。考课部门的独立，彰显了对官吏的监督在政府监督体系中的重要地位，同时也是与这一时期我国经济的发展状况相适应的。

（三）官员考课和国家审计共同依附于行政监察体系阶段

由于诸多历史的原因，对官员的考课一直以来难以奏效，有逐渐弱化的趋势，特别是明清两朝，实行科道合一制度，官员考核、政府审计与行政监察的合并，实为一种倒退，这一现象本质上反映了政府审计在封建社会末期的消亡，是我国封建社会走向末路的体现之一。这一阶段，政府审计逐渐走向衰败，甚至在一些时期成为官员政治斗争的工具，考课只能依附于行政监察体系，既不能促进审计的发展，也不具有独立的监督考核职能。此为考课的衰落阶段。

三、考课制度与经济责任审计的关系

在中国古代审计演进的各个历史时期，大体贯穿着两条线：一条以勾考账簿为主，审查钱粮收支真实性，类似于今天的财政财务收支审计；一条是以考核官吏财政经济方面的治绩为主，与行政监察职能紧密结合的审计活动。这两者互为补充，在不同的时期又有增减强弱之分。（李金华，2003）上文所称"以考核官吏财政经济方面的治绩为主，与行政监察职能紧密结合的审计活动"，笔者认为，即指与考课制度相关的审计活动。从历史的演进来看，考课制度与审计制度相伴而生，最初以"上计"制度为载体，依附于国家审计的发展而发展壮大起来，并在唐代达到顶峰，且在隋唐宋时期与审计分离，行使相对独立的考课职能，但这种独立仅仅是组织形式上的，国家审计活动依然完成了考课的部分职能，及至元明清时期，国家审计职能逐渐弱化，已难保证考课制度的正常运行，此一时期，国家审计依附于行政监察系统并保留下来，但服务于官员考核的宗旨并未改变。历史证明，封建王朝的腐败是不能提供考课制度发展所必需的制度环境的，国家审计中考课职能的弱化是必然的。

我国古代考课制度中的经济责任审计思想，集中体现在如下方面：其一，考课产生初期，考课与审计合一，侧重于对官员任职期间治绩的考察，且偏重于对财政经济责任的监督，后扩展到对德、才等方面的全面考核，并产生了功能上的分化，由审计机构（如隋唐时期的比部）完成财计监督职能，而由考功部门专门针对德、才等官员个人操守情况进行评价，从而形成了审计与考课的分离，但国家审计的结果仍然是考课的重要参考依据。

其二，古代考课制度与国家审计在功能上是重叠交叉，互相补充的。历代政府对官员考核的需求以及审计技术手段的专业性，使得我国的国家审计制度从源头上具有辅助考核官员的功能，而这一功能在我国社会主义国家审计中的集中体现，即为经济责任审计。考课与国家审计的功能交叉，构成了现代经济责任审计制度的历史基础（如图1所示）。

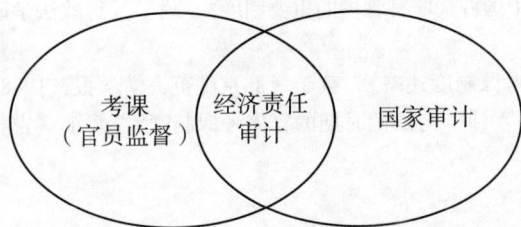

图1　考课、国家审计与经济责任审计关系示意图

以古鉴今，我国现代国家审计制度肇始于20世纪80年代初期，其时并没有针对官员个人的审计监察，政府审计将注意力集中于对财政财务活动的监督。从我国审计史的两条主线来看，此时的政府审计职能较为单一，这是与当时我国社会主义市场经济的发展阶段的现实状况相适应的。随着时代的发展，审计环境不断变化，特别是改革开放不断深化的历史背景下，政府官员和国有企业负责人被赋予了更多的控制权和自由裁量权，政府官员与其辖区经济活动的关系更为密切和深入，原有的干部管理和考核机制缺乏对官员和国有企业负责人的经济责任进

行监督的内容，而且从技术上，组织和人事部门不具备专门的技术手段和相关知识技能。以此为契机，政府审计为适应审计环境的变化，提出了针对国有企业负责人的厂长经济责任审计制度，并在山东等地取得了试点成功，从而发展和完善了我国中国特色社会主义国家审计制度，体现了国家审计服务国家治理的根本目标。目前，经济责任审计提供的信息，已成为对政府官员和国有企业负责人选拔任用的重要依据①。

经济责任审计可以说是我国古代考课制度在现代社会主义市场经济条件下的一种新的发展。我国古代的考课制度虽然是为了维护和巩固封建专制统治而建立的，且在考课实施过程中也存在徇私枉法、党同伐异的弊端，但从考课制度几千年来的发展完善，以及考课内容和考课标准的不断丰富来看，其蕴含的循名责实、奖优罚劣、以人为本、注重操守的思想，是值得在我国经济责任审计工作中吸收和借鉴的。

主要参考文献

［1］［东汉］许慎：《说文解字》，辽海出版社 2014 年版。

［2］［清］段玉裁：《说文解字注》，凤凰出版社 2015 年版。

［3］《十三经注疏》整理委员会：《十三经注疏周易正义》，北京大学出版社 1999 年版。

［4］本书编委会：《中国历代官制》，齐鲁书社 1995 年版。

［5］邓小南："西汉官吏考课制度初探"，载于《北京大学学报（哲学社会科学版）》1987 年第 2 期，第 22～27 页，第 33 页。

［6］方宝璋：《中国审计史稿》，福建人民出版社 2006 年版。

［7］冯勇：《中国古代考课制度中的权力制约机制》，载于《法律文化研究》2009 年第 1 期，第 399～413 页。

［8］李宝震，王建忠：《中国审计简史》，中国审计出版社 1989 年版。

［9］李金华：《中国审计史（第一卷）》，中国时代经济出版社 2003 年版。

［10］文硕：《世界审计史》，企业管理出版社 1996 年版。

［11］于振波：《汉代官吏的考课时间与方式》，载于《北京大学学报（哲学社会科学版）》1994 年第 5 期，第 90～94 页。

［12］翟继光：《党政主要领导干部和国有企业领导人员经济责任审计规定实施细则》，见于《释义与典型案例分析及常用法律法规汇编》，国家行政学院出版社 2014 年版。

［13］张晋藩：《考课——中国古代职官管理的重要制度》，载于《行政法学研究》2015 年第 2 期，第 34～38 页。

［14］张文强：《魏晋北朝考课制度述略》，载于《北京师范大学学报》1988 年第 5 期，第 85～93 页。

［15］朱红林：《〈周礼〉"六计"与战国时期的官吏考课制度》，载于《吉林大学社会科学学报》2012 年第 1 期，第 52～58 页。

---

① 2014 年 7 月 27 日发布的《党政主要领导干部和国有企业领导人员经济责任审计实施细则》确定，经济责任审计结果应当作为干部考核、任免和奖惩的重要依据。

审计意见文本的样板化：经济后果和文化渊源

赵子夜[*]

【摘要】 审计意见的文本体现出高度的样板化的特征，即使在无保留意见加说明段的意见中，说明段的样板化特征依然明显。样板化的报告帮助管理层免于发布过于乐观的信息，对报告者予以了保护。这一现代财务的现象在本土的历史中可以找到文化渊源，比如同业互评中的样板化报告和官官相护的社会网络，所谓言多必失。但是，样板化的报告有损于投资者对信息的需求。本文以中国上市公司 2001~2011 年的审计意见的说明段的文字为检验对象，发现对于非国有公司而言，审计文本的样板化会引发市场的差评，但这一现象在国有样本中并不明显，结论有助于我们理解样板化特征在现代财务报告中的经济后果。

【关键词】 审计意见　样板化　文化渊源

一、审计报告文本的样板化

审计报告的文本具有明显的样板化的特征。一份标准的无保留意见包括"管理层对财务报表的责任"、"注册会计师的责任"和"审计意见"三部分。对于 90% 的获得标准无保留意见的上市公司而言，其审计报告从格式到文字的内容基本一致（除了公司的名称）。审计报告之所以呈现出如此高度的样板化，其原因在于标准且统一的报告可以有效地规避诉讼风险，所谓言多必失。在文本分析的研究领域中，罗杰斯等（Rogers et al.，2011）发现，过于乐观的报告更容易在股价下跌后引发诉讼，从而给管理层带来显著的履职风险。文本的语调和诉讼的关系和会计稳健性类似，为了降低诉讼风险，公司可以用更为否定的语调，或者使用劝诫性的言语来暗示投资风险，从而彻底规避诉讼风险（Nelson and Pritchard，2007）。

对于样板化的现象而言，中国上市公司的无保留审计意见加说明段提供了良好的研究机会。由于美国的审计意见的说明段一般在脚注中予以披露，不利于研究者进行统一阅读和比较。相比之下，中国公司的审计意见的说明段则按照统一的格式予以了披露。以 2001~2011 年无保留审计意见加说明段为对象，笔者发现有不少公司连续两年被出具此类意见，这为衡量样板化提供了基础。本文利用文本分析中的计算两段文字相似度的指标利文斯顿编辑距离（Levenshtein edit distance）来衡量审计报告的样板化程度。

$$审计意见的样板化程度\ OLVD = \frac{公司\ t\ 期的审计报告文字和\ t-1\ 期文字部分的利文斯顿编辑距离}{t\ 期和\ t-1\ 期报告中内容较长者的文字长度}$$

OLVD 的取值范围为 [0，1），取值越高表示两段文字越相似。该指标计算了从某个字符

---

* 赵子夜：中国会计学会会计史分会成员，上海财经大学会计学院副教授，会计与财务研究院研究员，会计学博士。作者感谢财政部会计领军人才（后备）学术 5 期项目和国家自然科学基金（编号：71102137）的资助。

串（A）转换到目标字符串（B）所需要的最少的编辑步骤，编辑步骤包括"插入，删除和替换"的数目。值得一提的是，由于利文斯顿编辑距离在计算时不考虑语境的问题，因此，该指标不能完美地刻画文字的样板化程度。表1列示了有效研究样本的样板化程度的分布：

表1　　　　　　　　　　　　　　　审计意见文字的样板化程度

位置	数值
100% 最大值	0.9268293
99%	0.9268293
95%	0.8815789
90%	0.8625954
75% Q3	0.7259259
50% 中位数	0.5404814
25% Q1	0.2888483
10%	0.1157895
5%	0.0634441
1%	0.0212766
0% 最小值	0.0212766

从表1中可以看出，审计意见文字的样板化程度存在较大的方差，既有几乎完全相同的文字（OLVD 的取值接近1），也有完全不同的格式（OLVD 接近于0）。有趣的是，审计意见的样板化程度呈均匀地分布，比如，25% 位数取值为 0.289，中位数取值为 0.540，75% 分位数取值为 0.726，最大值为 0.93。接下来，下表列示了 OLVD 取值为 0.5（中位数）的文本相似度的实际情况。

表2　　　　　　　　　　　　　　　样板化的审计意见文本示例

期间	T 期	T－1 期
说明段内容	我们提醒会计报表使用人关注，贵公司 2006 年度实现净利润 2 473.04 万元，扣除非经常性损益后的净利润为－2 899.65 万元。截至 2006 年末，贵公司累计未分配利润为－58 911.61 万元。 此外，如本报告附注十一第 1 项所述，贵公司逾期借款高达 36 863.96 万元，均涉及诉讼，其中已经判决败诉的金额 36 163.96 万元。贵公司已在会计报表附注十一第 18 项披露了拟采取的改善措施，但其持续经营能力仍然存在重大不确定性。本段内容并不影响已发表的审计意见。	此外，我们提醒会计报表使用人关注，如本报告附注十一第 17 项所述，贵公司 2004 年度亏损 3 096.76 万元、2005 年度亏损 16 747.95 万元，已连续 2 年亏损，贵公司已被银行起诉的债务总额为 25 892.97 万元，导致贵公司债务状况严重恶化，贵公司已在会计报表附注十一第 17 项充分披露了拟采取的改善措施，但其持续经营能力仍然存在重大不确定性。本段内容并不影响已发表的审计意见。
样板化程度	0.54	

从表2中可以看出，当两期的审计文字内容的相似度达到0.54，其样板化的程度已经非常高。首先，两段的文字都是通过三部分信息来说明公司的持续经营能力存在问题。其次，审计师在选择文本内容时也采取了样板化的方式，第一段是引用公司的净利润来说明亏损的问题，第二段是引用涉及诉讼的负债来暗示财务风险。在第三段中，审计师提到了公司披露的改善措施，但并未具体的对各项措施进行分析。最后，整个报告在措辞和语气方面非常一致，除了对公司的持续经营能力所有提示外，没有提供任何额外的信息。值得一提的是，该案例的文本相似度是0.54，仅仅处于全样本的中位数的水平，由此而见，中国上市公司审计意见说明段的文字的样板化的程度是比较高的。

二、样板化报告的历史踪迹和文化渊源

样板化的报告有助于报告人规避风险，减少报告的责任，具有直接的本土文化渊源。一个典型的例子是，在古代中国的官僚制中，官官相护是历代中央朝廷难以解决的问题。当中央朝廷要求地方官员进行相互评价时，各地的官员在对其他官员书写评语时，会因潜在的风险而尽量将其报告样板化，这一风险就是每个人都不愿意得罪出于官僚网络中的成员。

根据格兰诺维特（2007）的社会网络理论，网络内的成员需要遵守一套网络内的行动规则，并享受网络和关系带来的收益。如果行动人打破网络内的行动规则，就会遭到网络内部的惩罚。显然，当中央朝廷要求各地官员相互评价，就要求官员打破官员网络内部的行动规则，而这是地方官员们所不愿意做的。比如，如果A地的官员对B地的官员进行严厉的批评，则使得B官员难以获得进一步的晋升，甚至可能受到惩罚。于是，B官员就会动用其所在网络的力量对A进行惩罚，比如报复式的参奏。官员之间的网络非常普遍，有些是根据官员是否同乡来构建，所谓乡谊，而有些则是根据官员中举的年份来构建，所谓年谊。这些无所不在的网络，最终使得官员互评的报告形成了一种流于形式的过场，报告者不会得罪网络中的任何人，中央也无法对官员的好坏进行真正的区分，这就是所谓的官官相护的社会学解释。

孔飞力（2012）的研究给出了一个典型的案例，来帮助说明这一论述。有清一代，官员的绩效考核以三年为一个单位，中枢要求地方对各类官员予以互评，类似于审计报告的同业互查。显然，在同业互查的报告中，负面的评价会给官员的升迁带来巨大的打击，过于负面的评价甚至会使得地方官员招致弹劾。于是，样板化的互评报告大行其道，下列样板化的语言便是清代官吏制度中最常见的：

才情敏达，精详慎重。

清慎勤谨，治政有方。

精明强干，办事干练。

沉稳持重，办事敏练。

……

这些样板化的语言大而宽泛，没有实质性的信息含量，虽然使得报告人免于风险，但却使得中央朝廷对官员的考核流于形式。类似的模板化报告也能在现代的论文评述中找到踪迹，

论文语言通顺，

选题得当，

文献梳理恰当

对研究议题有一定贡献

……

显然，如此宽泛的评述，使得评论人减少了被专业诉讼的可能性。但对于作者而言，这样的样板化的文字报告则没有提供建设性的修改意见，无益于论文的实质性的提高。

三、审计报告的文本的样板化的负面效应：经验证据

样板化在现代财务报告中的运用是否具有经济后果？本部分将为之提供经验证据。本文采用事件研究法来为这一问题提供答案，基本模型为：

$$CAR_{[-1,1]} = \beta_1 OLVD + \beta_2 UE + \beta_3 LOSS + \beta_4 SP + \beta_5 DE + \beta_6 SIZE \cdots\cdots 1$$

其中，CAR［-1，1］为用资本资产定价模型计算的累计超额回报，β 系数的估计期为窗口期前 120 个交易日，超额回报的计算限定在 10 个日历日期限中，事件日前 300 天内有 60 个样本可以估计 β，CAPM 的调整拟合系数如果小于 0 则予以剔除。UE 为未预期盈余，计算方法为（t 期利润 - t - 1 期利润）/期末市场价值。LOSS 为虚拟变量，当公司亏损取 1，否则为 0。SP 为虚拟变量，当公司微利也就是 ROA 在区间［0，0.01］取 1，否则为 0。DE 为资产负债率。SIZE 为期末总资产的自然对数。对于该模型，本文将分别用国有样本和非国有样本进行回归。分组回归的原因在于，国有公司即使被出具带说明段的审计意见，也可能因为更容易获得集团公司或者地方政府的支持而保持持续经营能力，因此，投资者对国有公司的审计意见的文字中的信息需求弱于非国有公司（赵子夜和林敏华，2015）。

审计意见说明段的文字内容来自国泰安的 CSMAR 数据库，审计意见的文字样本为 2001～2011 年，因为 OLVD 为 t 期和 t - 1 期文字的编辑距离，所以最终的研究期间为 2002～2011 年。本文在用资本资产定价模型计算超额回报时删除了少量调整的拟合系数为负的样本，随后，在因控制变量缺失而剔除了少量样本后，最终的有效样本为 293 个，其中国有样本 165 个，非国有样本 128 个。为避免极值效应，本文对所有的连续变量在 1% 的水平上进行了缩尾（winsorize），极值处理后的描述性统计见表 3。

表 3   特征变量描述性统计

变量	N	标准差	最小值	最大值	中位数	均值
CAR［-1，1］	293	0.058	-0.147	0.127	-0.014	-0.017
OLVD	293	0.268	0.021	0.927	0.540	0.507
UE	293	0.246	-1.035	2.544	0.001	0.016
STATE	293	0.497	0.000	1.000	1.000	0.563
LOSS	293	0.500	0.000	1.000	0.000	0.478
SP	293	0.308	0.000	1.000	0.000	0.106
DE	293	1.961	0.093	16.545	0.770	1.214
SIZE	293	1.343	15.418	22.671	20.507	20.277

CAR［-1，1］：用资本资产定价模型计算的累计超额回报，β 系数的估计期为窗口期前 120 个交易日，超额回报的计算限定在 10 个日历日期限中，事件日前 300 天内有 60 个样本可以估计 beta，CAPM 的拟合系数如果为负则予以剔除；OLVD：t 期和 t - 1 期带说明段的无保留审计意见的审文字的相似度，公司 t 期的文字部分和 t - 1 期文字部分的 LE 值（Levenshtein edit distance)，除以两段文字中较长者的文字长度，取值范围 [0，1]，越高表示两段文字越相似；UE：未预期盈余，t 期利润减去 t－1 期利润再除以期末市场价值；STATE：公司最终控制人为国有取 1，否则为 0；LOSS：公司亏损取 1，否则为 0；SP：公司 t 期 ROA 在（0，0.01）取 1，否则为 0；DE：资产负债率；SIZE：期末总资产的自然对数。

回归检验的结果见表 4。从中可以看出，对于非国有样本而言，OLVD 在 10% 的水平上双尾负显著，说明对于民营公司而言，审计意见文字的样板化程度越高，则越容易引发负面的经济后果。投资者对于高度样板化的文本予以的负面的评价，表明他们的信息需求没有得到满足。显然，报告人规避风险的行为有可能损害投资者的利益，其中的逻辑，是样板化的报告使得信息传递的效率下降。这一研究结论也对近期美国 PCAOB 咨询公众是否要求审计方在审计报告中提供更多的信息，打破样板化的格式形成呼应①。另一方面，在国有样本中，OLVD 的估计系数不显著，模型在整体上也未通过显著性检验，说明在信息需求不高的情况下，样板化的报告并不会引发明显的经济后果。本文的结论为海内外兴起的文本研究提供了增量的证据（Henry，2008；Demers and Vega，2011；Davis et al.，2012；Loughran and McDonald，2011；Feldman et al.，2009）。

表 4　　　　　　　　　审计意见的文本相似度的经后果

	非国有样本		国有样本	
	系数	P 值	系数	P 值
截距	－0.036	0.778	－0.018	0.872
OLVD	－0.043	0.098	－0.012	0.574
UE	－0.001	0.971	0.019	0.587
LOSS	－0.009	0.414	－0.003	0.759
SP	0.014	0.365	0.000	0.987
DE	0.003	0.165	－0.003	0.523
SIZE	0.003	0.573	0.001	0.790
年度效应	控制		控制	
样本量	128		165	
F 值	2.67 ***		0.87	
R^2	0.151		0.059	

注：模型 P 值经公司维度 CLUSTER 调整，双尾，变量定义同表 3。

四、结论

中国上市公司获得的无保留加说明段的审计意见中存在明显的样板化的特征，其中的文字依照模板化的方式组合列示，这一现象有利于审计方规避报告风险。样板化的报告的文化渊源可见本土历史中，地方官员在同业互评中为实现官官相护的而向中央朝廷提供没有实质信息含

---

① PCAOB. Concept release on possible revisions to PCAOB standards related to reports on audited financial statements and related amendments to PCAOB standards. Release no. 2011－003. 2011.

量的样板化报告。样板化的报告不利于信息使用者，以当代审计意见的文字为检验对象，本文为此论断提供了初步的证据。检验结果表明，对于非国有公司而言，审计报告的样板化的程度越高，市场反应越差，这为我们理解文字在现代财务报告中的使用策略提供了参考。

主要参考文献

［1］马克 – 格兰诺维特：《镶嵌：社会网与经济行动》，社会科学文献出版社 2007 年版。

［2］孔飞力：《叫魂：1768 年中国妖术大恐慌》，三联书店 2012 年版。

［3］赵子夜、林敏华：《中文审计意见中的文字裁量权》，载于《中国会计与财务研究》2015 年。

［4］Davis, A. K., Piger, J. M., Sedor, L. M. Beyond the numbers：Managers' use of optimistic and pessimistic tone in earnings press releases. Contemporary Accounting Research, 2012, 29 (3), 845 – 868.

［5］Demers, E., Vega, C. Linguistic Tone in Earnings Announcements：News or Noise? Working Paper, INSEAD, 2011.

［6］Feldman, R., Govindaraj, S., Livnat, J. Segal, B. Management's tone change, post earnings announcement drift and accruals. Review of Accounting Studies, 2009, 15：915 – 953.

［7］Henry, E. Are investors influenced by how earnings press releases are written? Journal of Business Communication, 2008, 45：363 – 407.

［8］Loughran, T., McDonnald, B. When is a liability not a liability? Textual analysis, dictionaries, and 10 – Ks. Journal of Finance, 2011, 66 (1)：35 – 65.

［9］Nelson, K., Pritchard, A. Litigation risk and voluntary disclosure：The use of meaningful cautionary language. Working paper, Rice University, 2007.

［10］Rogers, J., Van Buskirk, A., Zechman, S. Disclosure tone and shareholder litigation. The Accounting Review, 2011, 86 (6)：2155 – 2183.

国家审计参与依法治国
存在的问题及其改进

黄贤环*

【摘要】国家审计是国家治理的重要组成部分，同时也是依法治国的重要主体和机制，直接或间接地推动实现依法治国和法治社会建设。通过分析国家审计参与依法治国的必要性和存在的问题，提出：通过加强重点改革领域法律政策措施执行审计、依法严肃审计问责、提升审计人员法治思维和严格依法审计、加强审计信息公开和安排民众参与审计、对政府行为合法性进行审计等，改进国家审计参与依法治国职能。

【关键词】国家治理　国家审计　依法治国　法治建设

一、引言

贯彻落实党的十八大和十八届三中全会关于推进依法治国，强化权力运行制约和监督体系的精神，在以"依法治国"为主题的党的十八届四中全会中提出，要形成严密的法治监督体系和有力的法治保障体系，坚持依法治国、依法执政、依法行政共同推进，坚持法治国家、法治政府、法治社会一体建设，促进国家治理体系和治理能力现代化。此后，"四个全面"的提出，即"全面建成小康社会、全面深化改革、全面依法治国、全面从严治党"，将"发展、改革、法治、党建"有机地结合在一起，进一步强调依法治国的重要性。国家审计作为国家治理的重要组成部分，是国家治理体系中的重要监督系统，也是现代民主法治的重要产物和法治建设的重要手段，国家审计在参与实现依法治国中发挥着重要作用。

当前，有关国家审计的文献主要在于研究国家审计如何参与服务国家治理。谭劲松等（2012）基于不完全契约的代理理论，构建了监督责任、评价效率、提高透明度和促进民主法治的路径。蔡春等（2012）建立公共受托经济责任报告体系，推进政府绩效审计，深化经济责任审计，构建并实施治理和权力导向审计模式服务国家治理。张立民等（2014）以审计机关在问责中的信息权为着眼点，从完善政治治理、经济治理和社会治理等方面构建了国家审计推动完善国家治理功能的路径框架。陈献东（2012）从国家审计的"免疫系统"功能出发，构建了国家审计服务文化建设的路径。孙永军（2013）基于目标定位和职能定位，从"信任"和"融合"的视角，要求形成公共利益与资源的"大财政审计"制度。彭华彰等（2013）认为国家审计在腐败治理中有其自身优势和积极作用，从法律、权利、权力和道德四方面构建了国家审计推进国家治理路径。张立民，许钊（2014）基于审计人员的视角，分析了审计结果公告制度、公众参与制度以及国家审计本身独立性建设的治理路径对国家治理的可行性和适用

---

* 黄贤环：山西财经大学

性。汪璐等（2015）认为国家审计参与国家治理应当以改善民生为立足点；探索、促进经济责任审计与绩效审计相结合。

纵观现有文献，主要从国家审计本质、职能，国家审计工作环节等方面研究国家审计参与国家治理，虽然有文献涉及国家审计推动实现依法治国（谭劲松等，2012；宋常，2015；晏维龙，2015），但极少有文献单独从实现依法治国的视角研究国家审计参与国家治理的问题。本文认为，贯彻党的十八届四中全会《决定》的依法治国精神和建设法治国家的要求，围绕国家审计参与依法治国存在的问题，提出有针对性的改进措施，推动国家审计更好地参与依法治国具有重要的理论意义和现实意义。

二、国家审计参与依法治国的必要性

（一）国家审计在依法治国中的重要职能和地位

国家审计参与依法治国是由其本质所决定的，国家治理的需要和发展决定了国家审计的产生和发展，其职能随着国家治理的需要而不断丰富和发展，经历了"经济监督论——经济控制论——免疫系统论——国家治理论"的发展过程。《宪法》和《审计法》明确了审计的地位和基本职能，规定国家审计对国务院各部门和地方国家人民政府及其各部门，国有金融机构和事业组织的财政收支和财务收支的真实、合法和效益，依法进行审计监督。国家审计对经济治理、政治治理、社会治理、文化治理、生态治理以及党的治理中存在的违法违规行为发挥监督、鉴证和评价的作用。随着国家治理体系和治理能力现代化以及依法治国的提出，国家审计作为国家治理的一项重要的制度安排，在国家治理中扮演着越来越重要的角色。通过依法审计和依法追究审计客体责任，推动实现依法治国，建设法治国家。此外，通过专司公共财政和公共权力监督，发挥权力制约和监督作用，有效推动公共权力优化配置和良好运行，实现行政法治化和民主化；通过发挥审计监督、鉴证作用，揭露违法违规问题，促整改，规范财经秩序、维护财经安全，推动建设法治政府；通过严格依法审计，直接推动实现法治政府建设。

（二）审计机关是践行依法治国的重要主体

我国《宪法》和《审计法》都明确规定国家审计机关依法开展审计，独立行使监督权。可见国家审计机关是国家法律的践行者，是维护国家法律法规权威和制裁违法行为的重要主体。善治社会建设强调多元治理，实现由单一主体向多元主体的转变，执政者及其国家机关、人民、其他经济组织和社会组织都是参与主体（许耀桐等，2014）。作为国家行政序列的国家审计机关也是国家治理的重要主体（陆晓晖，2013），是国家治理主体的重要组成部分，既作为法治建设中依法行政的主体践行着依法治国方略，又作为独立的监督机构承担着部分法律监督职能，对法治建设的效果进行监督和反馈，在推进国家治理中发挥着不可或缺的作用（朱律，2014）。国家治理大系统是一个有机的整体，由许多相互连接，密不可分的决策系统、执行系统和监督系统组成（刘家义，2012）。国家审计机关作为执法的行政主体是监督系统的重要组成部分，监督、鉴证和评价国家治理中各主体的行为，尤其是对于政府权力的使用和运行，以及对公共事务管理的合法合规性进行监督、评价，对违法违规的行为进行问责，促进依法治国。

（三）国家审计是实现依法治国的重要机制

"机制"原指机器的构造和动作原理，现已广泛应用于社会现象，指其内部组织和运行变化的规律（李嘉明等，2012）。国家治理体系是在党领导下管理国家的制度体系，包括经济、政治、文化、社会、生态文明和党的建设等各领域体制机制、法律法规安排，也就是一整套紧密相连、相互协调的国家制度（习近平，2013）。国家治理体系和治理能力的现代化要求发挥国家治理机制的作用，而国家治理机制是指国家治理系统的结构及其运行机理，包含：对公共事务进行管理、提供服务的组织、程序、方式、方法等（孙培军等，2015），本质上是国家治理系统的内在联系、功能及运行原理，是决定国家治理功效的核心要素。党的十八届四中全会要求加强党内监督、人大监督、民主监督、行政监督、司法监督、审计监督、社会监督、舆论监督制度建设，形成科学有效的权力运行制约和监督体系。国家审计作为国家治理的重要监督机制，是一种特殊的控制机制，能够协助国家治理实现控制职能（张先治等，2013），又能够促进其他治理机制发挥作用（谭劲松等，2012）。国家审计推动实现依法治国，就在于审计机关对审计客体在经济、社会、政治、文化和生态建设中的行为合法合规性进行审计，联合其他形式的监督机制，发挥鉴证、监督、评价和问责机制的作用（张文秀等，2012），依法用权力监督制约权力，对权力、利益、责任和社会心理约束，实现对国家治理系统行为的限定和修正，参与实现国家民主和法治建设。

三、国家审计参与依法治国存在的问题及改进思路

（一）国家审计参与依法治国存在的问题

党的十八届四中全会指出，我国已经建成具有中国特色的法律体系，法治政府建设正在全面推进，全社会的法治观念有所增强，但是同党和国家建设事业和人民的要求以及实现国家治理能力和国家治理体系的现代化相比，法治建设还存在许多不足的地方。国家审计参与依法治国的鉴证、监督、评价和问责功能还尚未得到充分发挥。其一，国家审计未能完全揭示出我国法治建设进程中，未能全面反映客观规律和人民意愿的法律法规，以及法律法规制定、实施的针对性和可操作性不强，立法工作部门化倾向、争权诿责等问题。其二，由于国家审计缺乏绝对的权威性，审计问责效果不明显，有法不依、执法不严、违法不究现象严重，且存在执法体制权责脱节、多头执法、选择性执法现象。其三，法治社会建设需要突出法律法规在国家事务和公共生活中的最高准则地位，一切按照法律的要求行事，同时确保执法的公平、公正、公开。当前，由于国家审计监督的局限性，未能完全审查出执法司法不规范、不严格、不透明、不文明现象，以及执法司法不公和腐败问题，制约了我国依法治国和建设法治社会的进程。其四，民主法治社会的建设需要社会公众具有法治思维和法治意识，能够利用法律的武器维护自身权利；然而，国家审计普法效果还没有达到依法治国的要求，部分社会成员尊法信法守法用法、依法维权意识不强的问题导致法律被践踏，人民合法权益受到侵害。其五，国家公职人员是国家治理的最重要的主体之一，是否具备法治思维与能否按照法律法规的规定办事是实现依法治国的重要因素，国家审计虽然是权力监督制约权力的重要机制，但是还未能完全实现对权力的监督和制约，一些国家工作人员尤其是领导干部依法办事观念不强、能力不足，知法犯法、以言代法、以权压法、徇私枉法现象依然存在，不能满足依法治国的要求。

（二）国家审计参与依法治国问题的改进思路

有效解决以上国家审计参与依法治国中存在的问题需要从国家审计的功能出发，发挥国家审计权力监督制约权力监督机制的重要作用，依据存在的问题，有针对性地提出推进依法治国的思路，如图1所示：

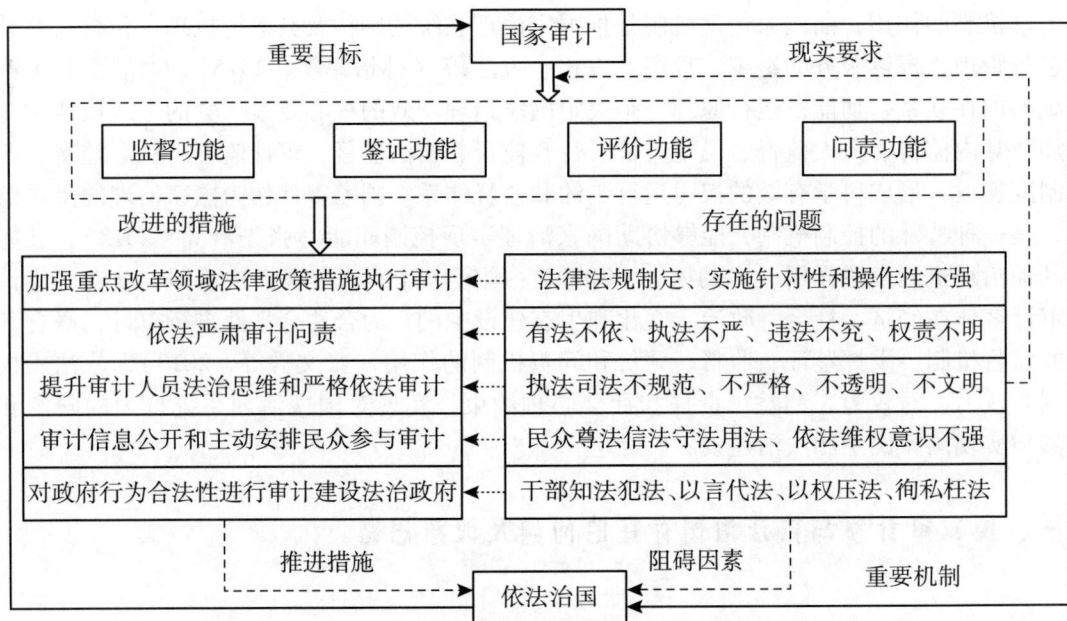

图1　国家审计参与依法治国问题的改进思路

四、国家审计参与依法治国问题的改进措施

（一）通过加强重点改革领域法律政策措施执行审计，推动建立和完善法律法规体系

全面推进依法治国，必须建立有中国特色的社会主义法治体系，建设社会主义法治国家。法治是良法之治，良好的法律是法治的关键。当前，在法制建设方面，有些领域无法可依或已出台的法律尚不完善，难以适应新形势的要求；此外，部分法规间不协调、不衔接甚至相互矛盾；在法律执行方面，人治大于法治，知法犯法、以言代法、以权压法、徇私枉法现象依然存在；在执法监督方面，监督资源分散，个别部门、领域存在监管真空。

国家审计是国家治理的重要组成部分，发挥着监督、鉴证、评价的功能，通过监督和评价国家的法律法规及政策执行情况，公共政策实施结果，发现和揭示法律法规存在的缺陷，并提出修改的意见和建议，提高国家法律法规和政策制定的科学性和合理性。着重围绕"稳增长、促改革、调结构、惠民生、防风险"的政策部署、执行力度和实施效果进行审计，及时发现和纠正有令不行、有禁不止的行为，并注重分析政策实施效果，积极关注政策执行中出现的新情况、新问题，及时提出对策和建议，进一步提高政策的针对性和灵活性（张少明，2015）。从国家发展大局出发，对国家宏观经济政策和中央决策的落实情况进行监督，重点加强国家经济安全、金融安全、资源环境、生态保护、保障民生政策执行情况以及重点资金、重点项目、重点单位、重点领域的审计，加大审查力度，对国民经济运行和社会发展"望、闻、问、切"，及时反映经济社会发展现状和存在的薄弱环节以及存在的潜在风险，建议有针对性地出台新的具有可操作性和科学性的政策措施。

政策是国家治理的重要工具，政策的科学性和有效性直接关系到国家治理的有效性和实现公共利益最大化。通过开展公共政策执行审计，考评各级政府对公共政策执行力度和落实情况，发掘政策漏洞和出现的不适应地方，及时有效的修改和完善相关的法律法规和政策。公平正义是依法治国的价值追求（肖振东，2013），国家审计对公共政策制定的合法性、科学性和民主性进行审计；对公共政策本身的公平性、科学性、可行性、协调性和持续性加以审计；对公共政策执行过程中的合法合规、民主和绩效进行监督；并且考评公共政策终结的科学性和合理性，通过公共政策制定和执行的公平正义性进行审计，促进依法治国。通过加强对宏观经济政策、社保、医疗、教育、就业、住房、安全、环保等民生问题政策进行严格审计，对于政策执行不到位、慢执行、不执行的行为依法揭露和问责；同时，依法揭示国家政策不合理、不科学、不公平、缺乏正义性的问题，并建议及时修正，逐步完善相关的政策、法规和政策。

（二）通过依法严肃审计问责，推进国家治理法治化

由于受经济利益的驱使、权力高度集中和滥用、监督机制缺失以及法律法规的不完善导致政府人员出现"不作为"、"乱作为"、腐败和违法违纪行为，并且出现"屡审屡犯"、"再审再犯"的局面。建设法治国家，实现国家治理法治化必须维护法律的权威和尊严，确立法律法规在国家治理中的至上地位，这就要求国家审计职能不能仅仅局限于发现和揭示政府及其人员违法违纪行为，更重要的是通过发现问题，依法严肃问责，强化法律法规的严肃性和权威性，避免有法不依、执法不严、违法不究的现象。依法严肃审计问责是对政府行为合法性审计的延伸，是加强政府行为监督的重要环节。通过依法严肃审计问责，加大政府人员政治违约成本，制约权力滥用的行为，使公共权力在法制轨道运行，推进国家治理法治化。

审计人员必须以法治化思维和法治方式治理腐败和权力滥用等违法违纪行为，依法严肃审计问责（崔云等，2015）；完善国家审计问责机制，加强对政府行为合法性监督，促进法治建设。在我国建设法治社会中，要求有权必有责，权责一致；政府及公职人员职能、权限、责任法定化；必须坚持法定职责必须为、法无授权不可为。审计机关对不作为、乱作为，懒政、怠政，坚决惩处失职、渎职行为进行监督。在审计问责中明确责任类型，分清直接责任、主管责任和领导责任；区分集体和个人责任、现任和前任责任、客观和主观责任、绩效和合法责任等，使审计问责权责一致，真正使违法违纪行为责任人受到法律惩罚。改变"有权无责"和"有责无权"；将个人责任推卸为集体责任；将党委决策不当责任转嫁于政府，出现问责不公的现象（马志娟，2013）。

依法严肃审计问责应该建立多主体联合问责的审计问责机制。建立"异体问责"和"同体问责"相结合的体制机制，加强审计机关与党委、行政、司法、纪检监察、政协、人大、社会公众等的联合问责，扩大监督主体；发挥网络、媒体和舆论的监督问责机制，创新问责方式和方法（马志娟，2013）；形成审计监督、党内监督、人大监督、民主监督、行政监督、司法监督、社会监督、舆论监督的问责合力。根据国家审计查出的问题和责任人，各部门各司其职，有理有据地给予责任人行政或党内处理处罚或移送司法机关处理等。通过多主体问责机制迫使违法违纪行为受到应有的制裁，使相关责任人合法配置和运用自己的权力，推动实现依法

治国。

此外，推进国家治理的法治化，要通过建立纠正整改跟踪审计制度，真正落实审计问责，做到违法必究，树立国家审计和法律的权威，使政府及公职人员"不敢腐、不能腐、不易腐、不想腐"。当前对于纠正整改的时间和程度没有做出相关规定，国家审计机关需要根据被审计单位整改的难易程度、涉案金额大小及严重程度规定纠正整改的期限；在限期内加强审计检查，对整改情况进行跟踪审计，责成相关责任单位和个人积极纠正和整改，避免"选择性整改"或"拖延整改"，使得审计问责真正有实效，有威慑力，促使相关单位和人员在法律规范内作为（赵田录等，2012）。依法严肃审计问责是维护审计权威、维护法律尊严和建设法治国家的必然要求。

（三）通过提升审计人员法治思维和严格依法审计，推动依法治国

全面推进依法治国，要求政府人员必须要有法治思维。党的十八大报告要求广大领导干部运用法治思维和法治方式深化改革、推动发展、化解矛盾、维护稳定。法治思维就是按照法治的诸要求运用于分析，解决和处理相关问题的思维方式（朱律，2014）。法治思维对于国家审计就是要求审计机关和审计人员必须以宪法和法律为准绳，依法履行审计监督职责，严格按照法定的职责、权限和程序依法进行审计。"打铁还需自身硬"，要发挥国家审计推动实现依法治国，就需要提升审计机关和审计人员自身的法治水平，就需要增强法治观念，提升审计人员学法用法能力，严格审计执法，使审计程序规范化、审计过程透明化，使审计工作在法制化轨道运行，推进法治社会建设。

实现国家审计推进依法治国的作用，需要国家审计人员掌握必要的法律知识，提升法律修养，对法律有敬畏之心。国家审计人员自身必须知法、懂法、守法，严守法律底线，秉公执法，维护法律的权威。加强国家审计人员法律教育和培训，丰富审计人员的法律知识，强化职业道德教育。审计人员在审计过程中要能够灵活运用法律知识和专业知识，依据法律规定执行审计程序，依法调查取证，并按照法规规定出具合理有据的审计意见和建议，不可逾越法律的界限。

为推进实现依法治国，建设法治国家，国家审计机关应该严格按照法律赋予的权威和责任，强化依法审计。善治是良法之治，实现依法审计，要有良法可依，良好的法律是依法审计的前提基础（王利明，2015）。适应法治社会的需求，需要不断完善审计法规，加强审计立法工作，为国家审计工作提供必要的法律保障。由于国家治理环境越来越复杂多变，出现了许多新问题和新情况，有关部门应该认真研究制定与当前环境相适应的专项审计准则，完善国家审计法和审计条例。例如制定《经济责任审计准则》、《离任审计准则》、《资源环境审计准则》、《绩效审计准则》、《廉政审计准则》等。以法律形式保障和赋予国家审计机关对审计查出的违法违纪问题的及时处理处罚权（彭华彰，2013）。当然，还需要进一步完善国家审计相关领域的法律、法规和条例。只有在法律法规和制度健全完善的社会，国家审计才能有法可依，更好地发挥监督评价作用。

有法可依是前提，而有法必依、执法必严是维护法律法规权威和依法治国的必然要求。国家审计机关要以法律为准绳确定国家审计项目、主题和被审计对象，制定审计计划，依法实施审计。审计机关不得逾越法律法规规定的审计权限和范围开展审计，要严格降低国家审计项目和审计对象确定的随意性，做到依法秉公办事。审计权力运行既不缺位也不越位，审计过程中要充分尊重被审计单位的权利，严格按照法律赋予的权力进行审计（张珊，2013）。对于发现的违法违规行为，坚持发现一起，查处一起，绝不允许任何人以任何形式和借口以言代法、以

权压法、徇私枉法，坚决维护法律法规的尊严，促进依法治国和法治社会建设。

（四）通过审计信息公开和安排民众参与审计，推进民主法治建设

党的十八届四中全会提出，"坚持法治国家、法治政府、法治社会一体建设，实现科学立法、严格执法、公正司法、全民守法，促进国家治理体系和治理能力现代化"。实现法治国家、法治社会、法治政府以及全民守法，就需要提高全民法律意识，保障民众知情权和监督权，真正发挥民众社会监督与其他类型监督的合力，实现对国家权力的制约。信息公开是实现民主监督的前提，必须完善信息公开体制机制，保障人民知情权和监督权，鼓励民众参与推进依法治国。政府信息的透明性要求包括政府行为、公共财政预算与决算、公共资金使用绩效以及其他有关的政治信息公开透明（俞可平，2001）。政府信息公开透明是打造透明政府，促进政府依法行政和实现现代民主的必然选择；同时也是保障公众知情权和监督权及参与政府决策的重要机制（陆晓晖，2013）。政府治理信息透明度越高越能够更好地反映政府部门公共受托责任履行状况，越能够有效避免"治理危机"和"信任危机"，促进国家法治建设。

政府部门作为被委托方，相对作为委托方的公众在公共活动信息方面具有优势；如果这种优势过大，形成严重的信息不对称，就可能导致政府在公共管理活动中的逆向选择和道德风险，甚至寻租腐败。国家审计监督和评价政府治理活动，既能够揭示国家经济、社会、生态、民生等建设方面取得的成就，也能反映经济运行中制度不规范、体制不健全、机制扭曲、管理漏洞以及官员腐败、社会不公等问题（张立民等，2014）。通过公布国家审计结果和公开国家审计工作信息，促进政府各部门透明公共活动信息，为党和人民监管政府提供信息资源，给政府及公职人员依法行政施加压力，促使公职人员依法履行职责。审计信息公开是社会监督审计部门依法审计的水平和审计结果的重要途径，也是间接对政府依法治国的监督。

现代国家治理强调以"合作"为前提，主张主体"多元化"管理，各种组织、各种个体以及各种组织内部的各种层级之间都有各自的权限，以此形成固定的制度安排（孙永军，2013）。人民利益要靠法律来保障，法律的权威要靠人民来维护；要增强厉行法治的积极性和主动性，使全体人民作为社会主义法治的忠实者、崇尚者和践行者，建设社会主义法治国家，就必须构建由民众参与建设的法治社会，必须鼓励民众参与到建设法治国家中。构建法治国家，坚持依法治国，实现全民守法、懂法、用法，要发挥民众在法治建设中不可取代的作用。国家审计是民众参与法治国家建设和依法治国的重要途径。

随着我国民主建设不断推进，民众权力意识逐步增强，积极要求参与到国家治理的活动中或者通过民众群体性行为影响国家决策。自2003年以来，审计署和地方审计机关通过开辟各种渠道主动安排民众参与审计，满足民众的审计诉求。通过主动向民众宣传国家审计参与治理的有关规定，强化人民"主人翁"意识，主动引导民众参与国家审计工作，加强普法宣传。社会民主监督是法治建设的重要部分，国家审计机关在确定审计项目和审计计划时，安排民众参与讨论；在审计实施过程中建立特邀审计员制度，安排民众参与审计过程；建立重大审计处理处罚人民代表听证制度和公众问责制度，安排民众参与审计处理处罚的问责过程；建立民众参与纠正整改跟踪审计制度，安排民众参与审计跟踪调查；在审计的全过程中参与审计执法和普法，强化全民法治思维，提高社会法治水平。通过改变以往依据结果讨论、说体会、谈感想的模式和依靠调查问卷、座谈、投票、举报和媒体报道的参与形式（黄丽萍，2012），顺应民主进程要求，主动创新民众参与审计的渠道和方式方法使民众参与到审计项目中，直接监督政府行政行为的合法性，促进依法行政、依法治国和法治社会建设。

（五）通过对政府行为合法性进行审计，建设法治政府

民主国家的法律是人民意志的体现，要求国家治理主体行为及结果符合法律法规的要求和规定，法治是人民管理国家的基本手段。任何个人行为都要在法治性要求下，以法律法规为准绳，不得触犯法律，否则要受到法律的惩罚。政府权力来源于人民，须接受人民的监督，合法行使权力，不可将公权用作谋取私利的工具。实现依法治国，推进法治建设，需要将社会主体的行为纳入法律法规的范围内，实现对主体行为的指引、评价、预测、激励、制裁等。

国家审计机关通过切实做好合法性审计，促进政府工作人员特别是政府官员严格依法行政，处理好人民委托管理社会公共事务。但是，在不完全契约代理关系和信息不能绝对对称的情况下，政府工作人员有可能出现权力寻租和机会主义行为，损害政府执政的合法性。要提高政府在国家治理中的合法性和法治性，就需要让人民知道政府是否在严格依照各项法律法规管理公共事务，就必须有人代表人民对政府行为的合法性和法治性进行监督。因此，加强对政府行为合法性审计，是建设法治政府，推进依法治国的重要路径。中共十八届四中全会《决定》指出，建设法治政府要强化对行政权力的制约和监督；要坚决消除权力设租寻租空间；行政机关要坚持法定职责必须为、法无授权不可为。此外，决定指出：一些国家工作人员特别是领导干部依法办事观念不强、能力不足，知法犯法、以言代法、以权压法、徇私枉法现象依然存在。因此，推进法治政府建设就应该加强对政府公共权力行使、公共事务管理和公共资源管理合法性审计。

政府公共权力配置和运行过程中，政府人员权力的自我膨胀，总试图将国家权力凌驾于国家治理结构之上（李坤，2012）。尤其是权力高度集中的领域，领导干部具备过大的自由裁量权和稀缺资源配置权，导致严重的机会主义行为（杨檄，2014）。政府职能因政府人员追逐个人利益而被异化，公共权力被滥用或被异化为少数人谋利的工具，必须发挥国家审计在国家权力制衡和监督中的作用（刘家义，2012）。加强政府权力配置和运行的合法性审计，加大依法审查力度，提高政府人员政治违约成本，减少政府部门权力寻租，建设法治政府。国家审计应围绕重点领域和重点环节的权力运行状况，从政府行政审批、财政补贴、土地补偿、业务经营、政策优惠、工程建设等容易被异化为政府公职人员谋取个人利益的环节入手，防止公共权力部门化、部门权力利益化、公共利益私人化等问题（肖振东，2013）。

为弥补市场失灵，政府运用公共权力向社会公众提供教育、医疗、文化、公共设施、行政服务等公共产品和服务，这一过程成为有些政府人员利益输送的链条，未能按照法律法规规定以及人民的意志进行公共事务管理。国家审计通过对政府部门及公职人员在公共事务管理过程中的行为进行监督和评价，使其按国家政策和法规管理公共事务。国家代表人民的意志，用法律形式把公共资源、公共财政、公有资产等的配置、管理、使用的权力和责任，授权给某些公共权力机构及其权力人，又授权另一些独立机关对公共权力的运行予以监督（刘家义，2012）。国家审计就是独立监督政府及公职人员管理公共财政资金行为，审查和揭露各种舞弊、侵占国家资财，使国家和集体资产造成重大损失浪费的失职、渎职行为（朱翠兰等，2015）。同时，对国土、海洋、森林等公共资源以及国有资产管理行为进行审计，监督政府部门在公共资源配置、管理和使用上是否严格遵循法律法规要求，推动依法行政，建设法治政府。

主要参考文献

[1] 谭劲松，宋顺林：《国家审计与国家治理：理论基础和实现路径》，载于《审计研究》2012 年第 2 期，第 3~8 页。

［2］蔡春，朱荣，蔡利：《国家审计服务国家治理的理论分析与实现路径探讨》，载于《审计研究》2012年第1期，第6～11页。

［3］张立民，崔雯雯：《国家审计推动完善国家治理的路径研究》，载于《审计与经济研究》2014年第3期，第13～22页。

［4］陈献东：《国家审计服务文化建设路径研究》，载于《审计研究》2012年第5期，第28～31页。

［5］孙永军：《国家审计推动完善国家治理的现实要求与路径研究》，载于《审计研究》2013年第6期，第57～60页。

［6］彭华彰，刘晓靖，黄波：《国家审计推进腐败治理的路径研》，载于《审计研究》2013年第4期，第63～68页。

［7］张立民，许钊：《审计人员视角下的国家审计推动完善国家治理路径研究》，载于《审计研究》2014年第1期，第9～17页。

［8］汪璐，张俊，尚璐：《国家审计推动完善国家治理的路径分析》，载于《中国审计评论》2015年第1期，第74～80页。

［9］晏维龙：《国家审计理论的几个基本问题研究》，载于《审计与经济研究》2015年第1期，第3～16页。

［10］宋常，黄文炳：《基于国家治理新动向的国家审计若干思考》，载于《审计研究》2015年第2期，第7～13页。

中国会计问题研究的国际化趋势

——来自国外权威会计期刊 1978~2012 年的数据

李百兴　张绚慧　李瑞敬[*]

【摘要】 本文根据各种学术期刊以及排名机构的排名，综合采纳了 Zeff、Glover、Reistein & Calderson 以及 Harzing 等四篇权威文章，最终确定了 45 份会计期刊作为样本来源（定义为权威会计期刊），选取其中从 1978~2012 年发表的关于中国会计研究的文章作为样本，来反映国际会计界对于中国的关注，共得到 322 篇文章。通过对国内外学者在 1978~2012 年期间在国外权威会计期刊发表的关于中国会计问题研究文章的统计分析，笔者总结出了关于中国会计问题研究的国际化趋势，包括在研究内容和研究方法上的变化，并进一步分析各期刊的特点以及作者单位、独著合著情况等相关信息。基于统计结果，本文还试图探讨趋势背后的原因，指出当今中国会计学术研究存在的一些问题，对提高中国会计研究的国际化水平提出了一些可行性的建议。

【关键词】 中国会计研究　国外权威期刊

一、引言

本文的研究主要有三个目的。第一个是评价关于中国会计的研究在国外权威期刊上的接受程度。本文将国外权威会计期刊上发表的关于中国会计研究的文章作为国际会计理论界对于中国问题了解程度的替代变量，即认为发表的文章越多，对中国问题的了解越深。为了客观评估接受程度，本文主要试图回答是两个问题：（1）从 1978~2012 年在国外权威会计期刊发表关于中国研究的论文是增加还是减少，呈现什么样的变化趋势？（2）中国大陆学者在其中扮演什么角色，哪些期刊发表的中国学者的论文数相对较多？这些期刊有什么样的特点？

第二个目的是通过对论文发表的主题、方法和作者的统计分析，总结出关于中国会计研究的趋势，反映中国会计研究的发展与变化。哪些主题比较受这些国外权威会计期刊所推崇？这些学者们所普遍采用的研究方法是什么？这些大牛们主要来自哪些地区和单位？作为世界舞台上一个新兴的经济主体，中国的经济发展为世界所震惊，关于中国会计的研究也越来越多，中国的会计也必将在国际会计理论界中扮演越来越重要的角色。2006 年新会计准则颁布以来，中国的会计发展也逐渐实现了国际趋同，从这个角度来说，本文对中国会计研究的国际化趋势的关注具有重大的时代意义。

第三个目的是对统计分析的结果进行解释，找到可能引起趋势变化的原因，并试图对原因

* 李百兴、张绚慧、李瑞敬：首都经济贸易大学会计学院

进行解释。如果发表的文章数增多，则背后的原因是什么，经济的发展究竟在其中扮演什么样的角色。同时也针对在研究过程中发现的一些问题提出建设性的意见，最终提高中国的会计研究水平，使更多的中国学者能够走出去在世界会计界发挥更大的作用，也吸引国际社会可以更多地关注中国，关注中国会计的发展。

二、文献综述

（一）国外研究现状

目前国外的研究主要可以分为两类，一类主要是关于特定期刊或特定区域（国家）的研究，一类是对特定领域的研究（即会计的各分支领域）。尽管两类文章都试图概括研究的趋势、方式等，但研究的成果却不尽相同。前者通过对某一期刊发表文章，或关于某一地区的文章的描述性统计分析，试图给读者呈现一个整体的趋势分析，概括这一期刊的特点，反映对这一地区的关注程度。后者则更关注对文章研究内容和研究方法的探讨，总结出更受编辑欢迎的研究主题，以及这些主题所通常采用的研究方法。

首先是关于特定期刊或特定区域（国家）的研究。如 Solomon 和 Trotman（2003）对 AOS（Accounting, Organizations and Society）创刊 30 年来审计方面的文章进行了统计分析。Needles（1997）对 International Journal of Accounting 发文的特点进行了归纳。Otchere（2003）对 AF（Accounting and Finance）上 590 个作者发表的 394 篇文章进行了研究。Diaz 和 Esteve（2004）对 20 世纪前 50 年关于西班牙的会计研究进行了分析。此外还有一些关于特定区域和国家会计研究的论文回顾也具有很大的影响力（Prather‐Kinsey and Rueschhoff, 2004, 1999, 1996；Needles, 1997；Germon and Wallace, 1995；Wallace and Gernon, 1991；Sands and Pragrasam, 1997；Saudagara and Meek, 1997），但很少有学者关注像中国一样的发展中国家，究其原因可能是在这些英文为撰写语言的国际权威会计期刊上，发表的关于中国会计研究的论文相对较少，因此做统计分析的意义也就不大。

另一类是关于特定领域的研究，如 Shields（1997）对在管理会计领域发表论文的情况进行了统计，Ittner 和 Larcker（2001）也对管理会计领域进行了研究；Williams 等人在 2006 年对行为会计方面发表的文章进行了统计分析。

（二）国内研究现状

中央财经大学的李爽和吴溪两位学者（2008）较为系统地整理和分析了 20 余年来国际会计与财务学术期刊发表的有关中国会计问题的 200 余篇研究成果，是国内研究中较有影响的一篇。来明敏、李魏魏和宋国民（2011）基于国际六大财会期刊 2002～2009 年的 1 499 篇论文，分析了国外期刊的期数、作者数、独著与合著以及研究领域等，此外还将国际六大期刊与国内四大财会期刊进行了对比分析。

但更多的国内学者的研究主要集中于对国内特定会计期刊发表文章的统计分析，如赵西卜等（2003）根据《会计研究》1992～2001 年的载文阐述了中国会计理论研究的发展轨迹与取向；郭华强（2005）根据《会计研究》1999～2001 年的载文对论文的作者地域及单位分布、核心作者、引文进行了统计分析；杨雄胜等（2005）根据《会计研究》1980～2002 年的载文分析了中国会计研究的成效；王勇（2008）根据《会计研究》2001～2006 年的载文观察了中国会计理论研究者在部门分布、研究偏好等方面的特征；贺成冲等（2009）根据《会计研究》2001～2009 年的载文分析了中国会计学的发展。

也有一些学者则对会计的某一领域问题进行了研究，例如葛燕等（2002）根据《会计研究》、《财经研究》、《财会通讯》等五本期刊 1991～2000 年有关管理会计的载文对中国管理会计研究进行了回顾和评述；林万祥（2008）根据《会计研究》、《财会月刊》、《财会通讯》等七本期刊 2000～2006 年 360 余篇有关管理会计的载文归纳了中国管理会计研究与应用的主要特色，并进行了未来展望；乔欢（2009）根据《会计研究》2004～2008 年 229 篇有关财务管理的载文分析了中国财务管理研究的发展趋势；张慧（2009）根据《会计研究》2000～2008 年有关内部控制的载文对中国内部控制研究进行了回顾与前瞻；方拥军（2005）根据《会计研究》、《财会月刊》、《财会通讯》等六本期刊 1993～2002 年的载文分析了中国会计教育研究的轨迹并进行了展望；傅元略等（2009）根据《会计研究》、《审计研究》1988～2007 年 73 篇相关载文分析了调查研究法在中国审计和会计研究中的应用现状；邵瑞庆等（2010）基于《中文核心期刊要目总揽》中会计类核心期刊 2001～2008 年的数据，反映了进入 21 世纪以来中国会计研究的演进特征与变化。

还有学者通过阅读国内外会计期刊进行了中外会计研究的比较，例如谭艳艳（2006）以美国《会计评论》（AR）与中国《会计研究》2001～2005 年的载文进行了中美会计研究方向的差异分析。

（三）关于中国会计研究在国际上发表论文情况的回顾

尽管近些年来关于中国会计研究的论文在国际权威会计期刊上发表的数量逐渐增多，但很少有学者对此进行整体和全面的分析。Scapens 和 Yan 对 1993 年之前关于中国大陆管理会计研究方面的文章进行了回顾，但由于其时间较早，总结出来的趋势对现在的参考意义也较小。Chan，Fung 和 Thapa（2007）回顾了发表于财务领域期刊的关于中国研究的文章。

Ji 调查了 1966～1998 年期间在 17 种西方期刊上发表的 40 篇关于中国研究的文章，对其进行了统计分析，但没有解释这些文章和期刊的选择标准，因此我们也就无从得知这篇研究的现实指导意义究竟有多大。Songlan Peng（2009）对于 1978～2007 年期间发表在西方会计期刊上关于中国研究的文章进行了系统的统计与分析，是第一篇较为全面地描述中国会计国际化趋势的文章。

而在国内，对发表在国外权威会计期刊上关于中国研究的文章进行回顾的学者更是很少。仅有上面提到的中央财经大学的李爽和吴溪两位学者发表的《中国会计理论研究的国际化：基于国际会计与财务学术期刊的初步分析》和来明敏、李魏魏等人发表的《中国会计研究国际化的回顾——来自国外期刊分析的证据》两篇文章具有一定的影响力。

本文在前文研究的基础上，不仅采用四重标准，最终采取了目前国际会计界较为权威的 45 份会计期刊，也通过对筛选出来的文章所研究主题和采用的研究方法进行分析，将两大类研究方式进行了有机的结合，既关注于中国这个最大的发展中国家和 45 份权威国际会计期刊，也对筛选出来的文章的研究主题、研究方法和作者信息进行了分类探讨，深入分析了文章的内容。而且近年来中国经济的发展，中国会计改革的进行也吸引了世界的关注，关于中国的会计研究必然会越来越多，此时对 30 多年来中国会计研究的国际化趋势进行分析就有了很好的"承上启下"的作用。

三、数据收集

（一）期刊选取

关于什么是会计研究期刊以及权威会计期刊国际上并没有普遍认可的客观的标准。Zeff（1996）将会计研究期刊定义为在会计领域被普遍认可的，同时是以学术界学者为主要读者来源的期刊。有些会计期刊可能既发表会计方面的也发表经济方面的论文，在这种情况下选择关注于会计的文章而排除经济有关的文章。在我们的数据筛选中排除了发表在其他商业期刊，例如经济、财务等有关中国会计的研究，因为他们主要针对的不是会计学者。

在期刊的选取中期刊的质量也是筛选的主要考虑因素。在如何界定国际权威会计期刊的问题上，本文首先考虑了Zeff（1996）的研究（以下简称Zeff Rank）。Zeff（1996）列出了截至1996年6月已经存在的77份英文会计期刊，并调查了这些期刊在英国（5所）、美国（5所）和澳大利亚（2所）的大学图书馆中的订阅情况。选择这些图书馆的原因Zeff在文章中并没有提到，但他将其中一家图书馆称为"也许是世界上最好的会计图书馆"（p. 164）。所以笔者推断Zeff希望通过这12家图书馆反映这些期刊在市场上（尤其是学术界）的流行和认可情况。为了保证所选期刊具有较好的国际认可度，本文只选取订阅用户在7家图书馆及以上的期刊，最终共得到29份期刊。

此外笔者根据关于会计期刊质量排名在学术界极具影响力的三篇文章，即Glover等（2006），Reistein和Calderson（2006）以及Harzing（2008）的研究，最终选取了45份国际权威期刊。这三篇研究相互补充都代表了会计期刊质量排名的相对权威的研究结果，提供了一份相对全面、综合的会计期刊质量排名。

Harzing（2008）综合考虑了18家机构对会计期刊的排名，罗列了在各种商业领域内的权威期刊，最终进入Finance & Accounting的有102份期刊，因此可以说这份排名（以下简称Harzing rank）包括了所有的被大家广泛认可的权威期刊。

Glover等（2006）（以下简称Glover rank）是基于对顶尖的75家会计研究机构（根据Trieschmann et al. 2000的排名）1995～2003年得到晋升的学者发表论文的所在期刊的描述性统计分析所得出的排名。这份排名将25份核心期刊划分为四类：前3，前6，前15以及前25，具体的排名见表1。

Reistein和Calderson（2006）（以下简称RC rank）则采用会计部门在实际评价论文质量中采用的标准，通过对美国会计学会会计领导力项目小组的295位成员的调查问卷，最终收到了145份有效问卷，做出了这份综合的排名，列出了在所有项目中被三家以上机构采用的共计99份会计期刊的综合排名。

对权威会计期刊的选择，根据在以上四种排名中其二上榜即考虑，最终筛选出了45份期刊作为样本的来源，具体见表2。

表1　　　　　　　　　　　　　　**GloverRank**

Top3 Accounting Journals	Top25 Accounting Journals
Journal of Accounting and Economics Journal of Accounting Research The Accounting Reviewp 3	包括前15 Abacus Accounting and Business Research Advancesin Accounting Advancesin Taxation Issuesin Accounting Education Journal of Accounting Education Journal of Information Systems Journal of Management Accounting Research Research inGovernmentaland Nonprofit Accounting Review of Quantitative Finance and Accounting
Top6 Accounting Journals	
包括前 3 Accounting，Organizations and Society Contemporary Accounting Research Review of Accounting Studies	
Top15 Accounting Journals	
包括前 6 Accounting Horizons Auditing：A Journal of Practice &Theory Behavioral Research in Accounting Journal of Accounting and Public Policy Journal of Accounting Auditing and Finance Journal of Accounting Literature Journal of Business Finance andAccounting	
The Journal of the American Taxation Association National Tax Journal	

表2　　　　　　　　　　　　　　**期刊选取**

期刊	缩写	Harzing Rank	Glover Rank	RC Rank	Zeff Rank
Abacus	ABA	Yes	Top 25	18	Yes
Accounting and Business Research	ABR	Yes	Top 25	27	Yes
Accounting and Finance	AF	Yes		59	Yes
Accounting Education	AE	Yes		81	
Accounting Historians Journal	AHJ	Yes		45	
Accounting Horizons	AH	Yes	Top 15	13	Yes
Accounting Review（The）	TAR	Yes	Top 3	1	Yes
Accounting，Auditing & AccountabilityJournal	AAAJ	Yes		48	Yes
Accounting，Organizations and Society	AOS	Yes	Top 6	7	Yes
Advancesin Accounting	AA	Yes	Top 25	26	

续表

期刊	缩写	Harzing Rank	Glover Rank	RC Rank	Zeff Rank
Advancesin International Accounting	AIA	Yes		31	
Advances in Public Interest Accounting	APIA	Yes		63	
Advances in Taxation	AT		Top 25	38	
Auditing：a Journal of Practice and Theory	AJPT	Yes	Top 15	6	Yes
Behavioral Research in Accounting	BRA	Yes	Top 15	9	Yes
British Accounting Review（The）	BAR	Yes		74	Yes
Contemporary Accounting Research	CAR	Yes	Top 6	4	Yes
Critical Perspectiveson Accounting	CPA	Yes		41	Yes
European Accounting Review	EAR	Yes		80	Yes
Financial Accountability and Management	FAM	Yes		60	
Financial Analysts Journal	FAJ	Yes		52	
International Journalof Accounting（The）	TIJA			21	Yes
International Journal of Accounting Information Systems	IJAIS	Yes		28	
Issuesin Accounting Education	IAE	Yes	Top 25	14	
Journal of Accountancy	JA	Yes		17	
Journal of Accounting and Economics	JAE	Yes	Top 3	3	Yes
Journal of Accounting and Public Policy	JAPP	Yes	Top 15	12	Yes
Journal of Accounting Education	JAEdu	Yes	Top 25	20	
Journal of Accounting Literature	JAL	Yes	Top 15	18	Yes
Journal of Accounting Research	JAR	Yes	Top 3	2	Yes
Journal of Accounting，Auditing & Finance	JAAF	Yes	Top 15	10	Yes
Journal of Business Finance & Accounting	JBFA	Yes	Top 15	25	Yes
Journal of Information Systems	JIS		Top 25	11	
Journal of International Accounting，Auditing & Taxation	JIAAT	Yes		35	
Journal of International Financial Management & Accounting	JIFMA	Yes		72	Yes
Journal of Management Accounting Research	JMAR	Yes	Top 25	8	Yes
Journal of Public Budgeting，Accounting & Financial Management	JPB	Yes		86	
Journal of the American Taxation Association	JATA	Yes	Top 15	5	
Management Accounting Research	MAR	Yes		32	Yes
Managerial Auditing Journal	MAJ	Yes		42	
National Tax Journal	NTJ		Top 15	15	
Research in Accounting Regulation	RAR	Yes		34	

续表

期刊	缩写	Harzing Rank	Glover Rank	RC Rank	Zeff Rank
Research in Governmental and Nonprofit Accounting	RGNA	Yes	Top 25	22	
Review of Accounting Studies	RAS	Yes	Top 6	16	
Review of Quantitative Finance & Accounting	RQFA	Yes	Top 25	90	Yes

通过查阅首都经济贸易大学国际期刊目录，发现 TAR、CAR、JAE、JAR、RAS 属于国际 A 类期刊（以下称为核心期刊，将对这五份期刊进行单独研究），AOS、AJPT、BRA、TIJA、JAPP、JAAF、JBFA、JMAR 属于国际 B 类期刊，BAR、ABR、AHori、JAL、JATA、JIS、JIAAT、RQFA 属于国际 C 类期刊。首都经济贸易大学认定的国际期刊目录中所涉及的会计方面的期刊均包括在上述 45 份期刊中，因此认为上述所选的期刊也被首都经济贸易大学认定为会计权威期刊。

（二）研究时间选择

本文将研究的期间确定为 1978~2012 年，选取这个期间是基于两个原因：一是中国的改革开放开始于 1978 年，正如在制度背景中介绍的，此后中国的会计改革才开始，国家会计系统逐步建立，会计研究水平逐渐提高并开始了国际化的进程；第二，选取的 45 份权威期刊大多创刊于 1978 年以后。少数期刊尽管创办于 1978 年之前，但早期并未发表关于中国研究的会计文章，即使发表也是关于中国香港等地区的（不属于本文的研究范围），因此可以说本文的样本库涵盖了各权威会计期刊自创刊以来发表的所有关于中国会计研究的论文。30 多年的时间跨度相对较大，能够相对准确地反映中国会计研究的国际化趋势，有助于之后对趋势的分析。

考虑到毕业论文的完成主要是在 2012 年，但为了保证数据的及时性，在 2013 年年初对 2012 年发表在这 45 份权威会计期刊上关于中国研究的论文重新进行搜索，从而对已有的样本进行补充，以反映最新的研究趋势，因此决定选取截至 2012 年底发表的论文。较长的时间跨度能更全面地反映研究趋势的变化，也具有很强的时效性。同时本文也针对前文的缺陷，对文章和期刊的选取进行了详细的说明，也对统计的结果进行了更深入的分析，希望能对未来的研究有所指导。

（三）文献来源及筛选

考虑到中国香港、中国台湾和中国澳门地区的学者与国际的接触较多，所接受的教育和对外开放程度也有所不同，在最后对中国学者在中国会计理论研究国际化进程中作用的研究中，未将这些学者发表的文章放在研究范围之内，而主要关注中国大陆学者发表的文章。来自中国大陆的就读于西方大学的学生的研究成果和就职于大陆研究机构的外国学者发表的文章也不属于中国大陆学者的贡献，仅限于就读或就职于大陆研究机构（单位）的中国大陆学者。

对于每篇文章，我们将主要收集以下的信息：出版日期、期刊名称、研究主题、主要使用的研究方法、作者和所属单位（在出版当年的）、独著和合著等。为了更好地解释关于中国的会计研究在国际上的接受程度，本文还收集了一些其他的信息，包括：每份期刊每年发表的文章总数、每份期刊每年发表的关于美国以外的国家的文章数以及每份期刊每年发表的关于发展中国家的期刊数（包括中国），以便进行很好的对比研究。

文章的筛选是在首都经济贸易大学数据库中搜索截至 2012 年 12 月底，发表于这些期刊中的文章。搜索使用的数据库主要是 ProQuest ABI、EBSCO、Business Source Premier、ScienceDirect、Economic Literature Database。此外 JSTOR、Emerald、SSRN（Social Science Research Network）、CALIS 外文期刊网、Taylor & Francis Online、WILEY ONLINE LIBRARY，American Accounting Association 和 Google 学术等也是数据的辅助来源。在搜索过程中将搜索对象设为标题和摘要，搜索关键词设定为"China"或"Chinese"，同时用"Beijing"、"Shanghai"等词进行补充搜索。

通过以上搜索程序得到的文章将进一步进行筛选：样本中剔除了书评（book review）、论文评论（discussion）、编辑信息（editors）、获奖者发言等。

文章将主要使用 Excel 软件，对最终筛选出的文献进行分析。

（四）统计分析的分类标准

在对研究内容的分类上，根据会计学科体系的特点，将研究领域分为以下大类，即财务会计与报告（用 FA 表示）、财务管理（含公司治理）（FM）、管理会计（MA）、审计（Audit）、税务会计（Tax）、政府和非营利组织会计（GA）、会计历史（Hist）、会计教育与职业发展（EDU/PRO）。同时单独列示会计准则与制度（含国际趋同）（Principle）、会计监管（Regulation）两类，以反映这两类问题在中国会计问题研究中的特殊性和重要性。财务会计与报告主要包括会计计量属性、会计报表分析等；财务管理主要包括盈余管理、管理层激励、资本市场等；管理会计主要包括信息系统、预算编制、存货管理等；审计主要包括审计质量、内部审计、审计独立性等；税务会计主要包括税收筹划、企业逃税避税等；政府和非营利组织会计主要包括政府预算、政府部门内部会计系统、非营利组织会计信息披露质量等；会计历史主要包括我国古代会计制度、会计计量的变迁等；会计教育与职业发展主要包括会计学教育方法、会计人才的培养、会计师职业发展道路等。

对研究方法的分类上，主要分为两大类即实证研究和规范研究。实证研究主要包括档案式研究（运用现成的数据库进行的研究）、案例研究、调查访谈以及实验研究等；规范研究是以介绍和评论为主要方式。

四、数据分析与研究结果

采用前述的研究方法，本文最终得到了 322 个样本。附录是这 322 篇文章的列表，以所发表文章所在的期刊分别列示出来。本文通过三个变量来衡量在国外权威会计期刊上关于中国会计研究的认可程度：数量变化趋势、期刊的质量、文章类型。在文章类型中又从研究主题、研究方法、作者所属单位等对这 322 篇文章进行进一步的分析。同时单独讨论核心会计期刊 TAR、CAR、JAE、JAR、RAS 所发表文章的主题、研究方法和作者信息。

（一）关于中国的会计研究的认可程度

1. 数量变化趋势

图 1 反映了从 1978 ~ 2012 年发表的关于中国的会计研究的数量变化趋势，将此期间以每 5 年为一个小区间进行细分以便对比分析。可见 30 多年来在国外权威会计期刊上发表的关于中国研究的论文在不断增多，特别是在 1988 ~ 1992 年期间出现了一个增长的拐点，之后增长的

速度明显加快，近 10 年来上升幅度更大。

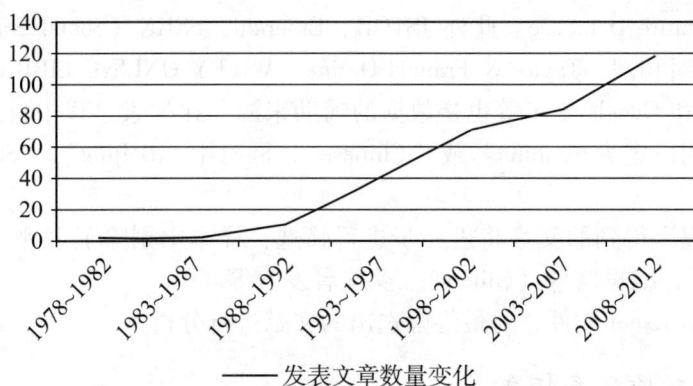

——发表文章数量变化

图 1　中国会计研究的国际化趋势——发表文章的数量

表 3　　　　　　　**中国会计研究的国际化趋势——发表文章的数量变化趋势**

五年期间	期刊数	比例	文章数	比例
1978 ~ 1982	2	4%	2	0.6%
1983 ~ 1987	1	2%	1	0.3%
1988 ~ 1992	6	13%	10	3%
1993 ~ 1997	18	40%	38	12%
1998 ~ 2002	25	56%	70	22%
2003 ~ 2007	28	62%	84	26%
2008 ~ 2012	32	71%	118	37%
合计（1978 ~ 2012）	45	100%	322	100%

　　表 3 是对各期间发表文章数量和所占比例的统计。尽管在初期发表的关于中国会计的研究相对较少，特别是在第一、二个五年期间，分别只有两份和一份期刊发表过关于中国会计研究的两篇和一篇论文，但近年来增长幅度不断扩大，2008 ~ 2012 年期间，选取的 45 份期刊中共有 32 份发表过关于中国会计研究的 118 篇文章，期刊数占样本总数的 70% 以上，可见近年来国际权威会计期刊对关于中国研究方面的文章还是具有很高的认可度，越来越多的国际权威会计期刊开始发表关于中国研究的文章，从最初的两份期刊到 2008 ~ 2012 年期间的 32 份期刊。除了涉及期刊的范围有了很大的扩大，45 份期刊上发表的文章数也有了较大的增长，最近 15 年期间发表文章的总数占到高达 85%。但另一方面我们也应该意识到，尽管趋势是可喜的，但相对这些期刊发表的文章总数来说，发表的关于中国会计研究方面的文章还是很少的。

　　在中国会计研究的国际化中，哪些因素发挥了重要的作用？经济的发展在其中扮演了什么样的角色？为此笔者选取了三个经济变量：（1）1978 ~ 2012 年中国的 GDP（衡量中国近 30 多年来总的经济发展趋势）；（2）市场的资本化程度，用上市公司的数量来衡量（因为上海交易所成立于 1990 年，深圳交易所成立于 1991 年，所以只能选取 1990 年后的数据，来衡量资本市场的发展状况）；（3）在 1978 ~ 2012 年期间外商直接投资，即 FDI（衡量国际间交往的程度以及我国市场的开放程度）。

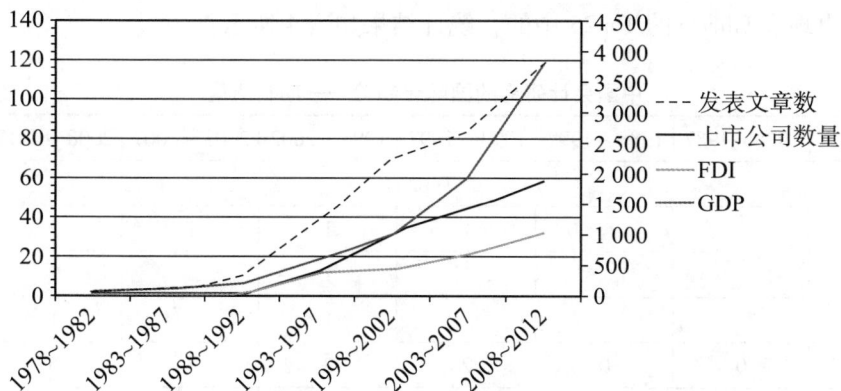

图2 中国会计研究的国际化趋势——经济因素①

从图2可以看出这些经济因素（GDP，上市公司数量，FDI）和中国会计研究的国际化趋势具有较强的一致性，特别是在1988~1992年期间四者均出现了一个拐点，且几乎同步，增长幅度均有大幅提高，而在2003~2007年期间又出现一个新的增长拐点，因此可以说中国经济的发展是推动中国会计研究国际化进程加速的重要因素之一。

除了经济因素之外，还有一些其他的因素也是不容忽视的。中国悠久的历史也使中国的会计发展与西方有所不同，从而吸引了一部分学者的关注。

正如前面制度背景中所介绍的那样，1978年改革开放以来中国的会计改革也拉开了序幕，进入20世纪90年代后，随着1990年和1991年上交所和深交所的分别成立，会计改革进一步深化。2006年新会计准则的颁布进一步加快了国际化的趋势。这些会计改革为国内外学者研究中国会计问题提供了独特的视角和很好的契机。特别是从1988~1992期间到1993~1997年期间，发表文章数从原来的10篇跃至38篇，增长率达到280%，而1993年正是我国开始进行了大规模的会计制度改革，包括制定企业会计基本准则和13个新行业会计制度，此后中国的会计准则也开始逐步和国际接轨。可见中国会计研究的国际化进程与我国国内自身的会计发展水平有很大的关系。

1978年邓小平做出了扩大派遣留学生的战略决策，教育部于1979年在全国11家高校成立了出国留学人员培训部，自此出国留学热潮开始涌现，一大批留学生走出国门就读于西方高等院校。在学习西方先进会计知识的同时，这些人的学术研究水平和语言能力都有了很大程度的提高，为在国外权威会计期刊上发表论文奠定了良好的基础。此外越来越多的国际学生和国外学者也选择中国作为继续深造的平台，增加了国内外合作撰写的机会，在和中国学者交流的过程中，对中国的会计发展有了更深的了解，推动了中国会计研究的国际化进程。

2. 期刊质量

在选取的45份期刊中，RC的Top 25和Glover的Top25有21份期刊是相同的，显示出了这些期刊的认可程度。RC（2006）的Top25名单中没有包括Review of Quantitative Finance and Accounting（RQFA），Advances in Taxation（AT），Advances in Accounting（AA）和Accounting and Business Research（ABR）。而Gloveretal.（2006）在前25名中没有包括Journal of Accountancy（JA）。因此最终的Top25则指出现在RC的Top25或者Glover的Top25中，共包含了26份期刊。同时将这26份期刊进一步分为四个层级：第一级是Top 3，第二级是Top 6，第三级是Top 15，第四级是Top25，第五级是其他，即入选这45份期刊，但既没有出现在RC的

---

① 数据来源：中华人民共和国国家统计局，http：//www.stats.gov.cn/，经整理而成。

Top25 也没有出现在 Glover 的 Top25 中的，统计结果如表 4 所示：

表 4　　　　　　　　　　中国会计研究的国际化趋势——期刊质量

期刊	1978~1987	1988~1992	1993~1997	1998~2002	2003~2007	2008~2012	合计
Top25							
TAR			1	1	1	2	5
JAE			1	1		2	4
JAR				1		1	2
第一级（合计）	0	0	2	3	1	5	11
AOS		2	2	2	6	4	16
CAR				1	1	3	5
RAS					1	2	3
第二级（合计）	0	2	2	3	8	9	24
JATA					1	3	4
AJPT				1	2	2	5
AH			2	5			7
BRA				2	1		3
JAPP					5	12	17
JAAF					2	2	4
JBFA			1	1	2	3	7
JAL							0
NTJ							0
第三级（合计）	0	0	3	9	13	22	47
ABA				1	1		2
JAEdu				1	1	2	4
RGNA			1				1
JIS							0
IAE		2	1		3	1	7
JMAR				1		2	3
第四级（合计）	0	2	2	3	5	5	17
ABR			1	2			3
AA						3	3
AT						1	1
RQFA				7	7	6	20
JA					3	6	9
第五级（合计）	0	0	1	9	10	16	36
总计	0	4	10	27	37	57	138

从表4可以看出，在最终选取的 Top 25 的26份期刊中，有23份已经发表过关于中国会计研究的文章，其中 Top 6 的期刊全部发表过相关的文章，显示出国际学术界，特别是顶尖的学术期刊对中国会计研究方面的文章还是认可的。从第一个五年的0篇到最近一个期间的57篇，发表关于中国会计研究的文章有了显著增长。但仍可以发现，第一、二级期刊发表的论文数数量没有明显变化，特别是第一级期刊，即使在最近的 2008~2012 年的五年期间发表的文章数最多也仅达到5篇（TAR 为5篇，JAE 为4篇，JAR 为2篇），即平均每年发表一篇，而第二级在发表文章最多的期间数目也不足10篇，即平均每年发表不到两篇，说明在这些期刊上发表论文仍具有很大的难度。表2的最后一行也显示出，在 TOP 25 上发表的论文总数为138，仅占样本总量的42%，不足一半，说明关于中国会计研究的文章多发表于 TOP 25 之外的期刊，所发文章的权威性仍有待提高。其中仅有11篇（3%）发表于第一级期刊（Top 3），24篇（7%）发表于第二级期刊（Top6），合计35篇，所占比例仅为10%。在 Top 6 的期刊中，AOS 对关于中国会计研究的兴趣更大，发表了16篇文章，占所有 Top 6 发表此类文章总数的近一半。而其他都只是个位数，分别是 TAR 的5篇，JAE 的4篇，JAR 的2篇，CAR 的5篇，RAS 的3篇。发表于更低等级的期刊可能使文章被不多的读者所阅读，从而作者的研究成果不被大众所知。当然并不是说不在 TOP 25 的期刊都是相对质量较低的，有很多原因解释为什么某一份期刊并没有有较高的期刊质量排名，可能是期刊创办的时间较晚；可能是期刊有自己专属的研究领域，因此目标读者群较少；可能是期刊的发行频率较低等等。比如 Accounting, Auditing & Accountability Journal（AAAJ）是学术界公认的文章质量较高的期刊，但其既没有出现在 RC 的 Top 25 中也没有出现在 Glover 的排名中。这就提醒学者们在考虑期刊质量时不要一味地只依据排名，而要考虑其在业界的认可程度。

总的来说，各级期刊所发表文章的数量从 1978~2012 年是呈增长趋势。进一步分析也可以发现，第三级期刊和第五级期刊发表此类文章的总数相对较多，但分别是由于其中的 JAPP 和 RQFA，所做贡献分别为36%和56%，说明这两份期刊还是很欢迎关于中国会计研究方面的文章的，以后学者发表文章可以主要考虑这两份期刊，JAPP 在 2008~2012 年期间发表了高达12篇文章，而 RQFA 则保持每个期间5篇以上的文章，都是相对高产的期刊。如果想要发表 Top 6 的期刊，则可以考虑 AOS。

对于 Top 25 的期刊来说，很难说哪个期刊更欢迎关于中国会计研究的文章，像 JAR 和 JAE 在 2003~2007 年都没有发表关于中国会计研究方面的论文，2008~2011 年又发表了一两篇。AH、RGNA、ABR 都是早期发表过相关论文，但近10年又没有发表过。与之相反的是，一些期刊之前没有发表过此类论文，但近10年来开始发表，这些期刊包括 RAS（Top 6）、JATA（Top 15）、JAPP（Top 15）、JAAF（Top 15）、AA（Top 25）、AT（Top 25）、JA（Top 25）。

26份期刊中的 JAL、NTJ、JIS 从未发表过关于中国会计研究的论文。JAL（Journal of Accounting Literature）为文献回顾类期刊，NTJ（National Tax Journal）为税务类期刊，主要关注美国国家内部的相关税务事宜，JIS（Journal of Information Systems）为会计信息系统方面的期刊，因此都对与中国相关的会计研究方面的文章关注较少。

（二）文章类型

对文章类型笔者主要从研究主题、研究方法和作者信息三方面来进行统计分析的：

1. 研究主题

本文将这 322 篇文章的研究主题分为十大类：财务会计与报告（FA），财务管理（FM），管理会计（MA），政府与非营利组织会计（GA），审计（Audit），税务会计（Tax），会计教育与职业发展（EDU），会计历史（Hist）。同时单独列示会计准则与制度（含国际趋同）（Prin）、会计监管（Regu）两类，以反映这两类问题在中国会计问题研究中的特殊性和重要性。

表5　　　　　　　　　　　　　　　　文章类型——研究主题

研究主题	1978～1987	1988～1992	1993～1997	1998～2002	2003～2007	2008～2012	合计
AUDIT		1	6	9	7	19	42（13%）
EDU		3	5	4	4	10	26（8%）
FA	3	2	4	19	25	32	85（26%）
FM		1		9	19	25	54（17%）
GA			3	1	6	5	15（5%）
HIST		1	1	4	1	2	9（3%）
MA		2	6	9	10	7	34（11%）
PRIN		1	12	9	4	8	34（11%）
REGU				1	5	2	8（2%）
TAX			1	3	2	9	15（5%）
合计	3	11	38	68	83	119	322（100%）

从表5可以看出传统的财务会计在所有文章中所占的比例最大（约为26%），其次分别为财务管理（17%）和管理会计（11%）、会计准则与制度（含国际趋同）（11%），这四者合计所占比重超过60%。关于会计准则与制度（含国际趋同）（Prin）的研究在1988～1992年期间突然有较大幅度的增长，从1篇增至12篇，增长了11倍，而1992年正是我国公布企业会计准则的一年。2008年美国次贷危机爆发，引发了会计学术界关于公允价值计量方式等问题的讨论，因此2008年和2009年财务会计主题的文章在原来基数较大的情况下又有所增长，这就提醒学者们在潜心做研究的同时也要用所学来指导实践，抓住学术热点，这也是为这些权威会计期刊所欢迎的。

在早期的十年期间（1978～1987年），所发表的3篇文章全部为财务会计主题的，之后研究范围越来越广。在1993～1997年期间，发表了第一篇关于税务会计的文章，在1998～2002年期间发表了第一篇关于会计监管的文章。在2008～2012年期间，审计（从7篇到19篇）、会计教育与职业发展（从4篇到10篇）、财务会计（从25篇到32篇）、财务管理（从19篇到25篇）、会计准则与制度（从4篇到8篇）和税务会计（从2篇到9篇）方面的文章均有所增长，而政府与非营利组织会计（从6篇到5篇）、会计历史（从1篇到2篇）、管理会计（从10篇到7篇）和会计监管（从5篇到2篇）方面的文章则基本保持不变甚至有所减少。但新兴的会计主题如绿色会计、人力资源会计等各权威会计期刊还没有涉及。

进一步阅读文章发现，早期的十年期间发表的三篇文章都是关于当时中国会计发展情况、会计教育和会计体系的介绍，满足了改革开放初期世界对中国会计了解的需求。随着发表文章数目的增多，研究的主题也越来越宽泛，笔者通过细细研读将出现频率较多的主题进行了如下归纳。第一类主题是对中国上市公司信息质量的探讨，包括A股、B股、H股或海外上市的，对交叉上市的关注更是相对较多。例如探讨交叉上市公司面临的双重会计标准，不同市场对同一公司行为的反应等。第二类主题关注中国会计发展的特殊国情，如政府和企业、会计师事务所的关系，特别是对国有企业的研究相对较多。此类研究往往将目光着眼于中国特殊的产权安排，关注国有企业的经营效率，事务所出具审计报告的独立性等。希望借助中国资本市场独特的数据来检验或证明一些学术观点。第三类主题是对中国会计监管的研究，以及对新制定的会计政策、会计准则等发表看法。近年来，随着中国会计的发展，中国会计准则的国际化趋同也越来越受到学者们的关注，这也是本文将此单独列为一个研究主题的原因。第四类主题可以归纳为中西方的文化差异在会计领域所造成的不同影响，如中资企业与外资企业对管理者、员工的不同激励方法；相比四大国际会计师事务所国内所的发展等。

　　根据我校的国际期刊目录，将属于国际 A 类期刊的 TAR、CAR、JAE、JAR、RAS 定义为核心会计期刊，这些核心期刊都是一年四期，一期七篇文章，较少的发文量从根本上保证了所发文章的质量，而不像国内的一些会计期刊多交所谓的版面费即可发表。在这五大期刊中，TAR 创刊于 1926 年远远早于其他四大期刊。CAR 创办于 1984 年，JAE 创办于 1979 年，JAR 创办于 1963 年，RAS 尽管创刊于 1996 年，但由于其编辑要求甚高，所发表的文章都相当严谨，已经成为除美国传统三大会计期刊外（TAR、JAR、JAE）最重要的权威会计期刊。研究核心期刊所发表文章的主题，统计结果如表 6 所示：

表6　　　　　　　　　　　　核心期刊所发表文章的研究主题统计

	TAR	CAR	JAE	JAR	RAS	合计
AUDIT	2	4	2		1	9（47%）
EDU						
FA		1		2	2	5（26%）
FM	1		1			2（11%）
GA						
HIST						
MA	1					1（5%）
PRIN						
REGU						
TAX	1		1			2（11%）
合计	5	5	4	2	3	19

　　从表 6 可以发现在核心期刊所发表文章的研究主题集中在传统会计领域：AUDIT 为 9 篇（47%），FA 为 5 篇（26%），FM 为 2 篇（11%），MA 为 1 篇（5%），TAX 为 2 篇（11%）。而 EDU，GA，HIST，PRIN，REGU 这些研究主题并未出现在核心会计期刊中，这个结果也与 Shields1997 年的研究结论相吻合。Shields（1997）提到"在六大期刊上发表的文章主题都是传统的领域，而非一些新的主题（包括研究方法也同样如此）。"（p.4）（Shields 的研究中将 AOS 也列为核心期刊，但由于国内的国际期刊目录中 AOS 并不属于国际 A 类期刊，因此本文的研究将此排除在核心期刊外）。

　　在核心期刊中，尽管 RAS 创刊较其他期刊落后了几十年，但由于其成立于 1996 年，正是中国推进市场经济体制和会计制度改革的关键时刻，和中国会计发展的时机比较相符，因此 RAS 相对对中国会计研究方面的文章关注较多，在成立不到 20 年的时间里已经发表了 3 篇文章，而 TAR 成立 80 多年的时间里仅发表了 5 篇此类文章。

不同的期刊所偏好的研究主题也有所不同。TAR 发表文章所涉及的主题较广，管理会计类主题只出现在 TAR 上；JAR 只发表过关于财务会计方面的文章，税务会计类主题只出现在 TAR 和 JAE 上，财务管理类主题只出现在 TAR 和 JAE 上。因此以后学者有意发表文章于核心期刊时，也要针对不同的主题选择合适的期刊。

令人惊讶的是，统计结果表明发表在核心会计期刊上的关于中国研究的文章主题多是 AUDIT，占到文章总数的将近 50%，而非在 45 份权威期刊上所占比重更大的 FA 和 FM，而且 5 份核心期刊中有 4 份都涉及审计的主题，因此可以得出审计方面的主题是最受核心期刊欢迎的。在发表的 42 篇审计文章中，核心期刊发表 9 篇，所占比例高达 21%。与之相反的是，发表文章中所涉及主题最多的 FA，核心期刊发表 5 篇，在总的 85 篇中所占比例仅为 5%。笔者猜测这可能与中国特殊的环境背景有关，审计质量、审计的独立性等都受到学者们的关注。另一个方面的原因可能是由于上市公司审计报告的公开，通过对比阅读审计报告和公司的财务报表往往能发现一些问题，数据的支持能够更具有说服力，近年来实证研究方法的盛行更是"助长"了这种趋势。而对于更易采用实证研究方法的财务管理类主题为什么没有更多地出现在核心会计期刊，笔者认为可能是由于一些专门财务期刊的存在这方面的文章，特别是一些大牛的文章更倾向于发表于这些期刊，而非研究领域更广的会计期刊。

2. 研究方法

将这 322 篇文章根据其研究方法的不同分为以下几类：主要分为两大类即实证研究和规范研究。实证研究主要包括档案式研究、案例研究、调查访谈以及实验研究等；规范研究是以介绍和评论为主要方式，并没有涉及数据分析。档案式研究是运用现成的数据库进行的研究，数据来自现实世界（多来自资本市场、财务报告和官方资料等）。案例研究是通过一个或多个特定案例的研究而得出结论。调查访谈是作者通过调查问卷或亲自采访而进行研究的一种方式。实验研究是作者创造特定环境进行实验，从而最终证实或推翻其假设的一种研究方法。

表7　　　　　　　　　　　　　文章类型——研究方法（年份）

研究方法	1978~1987	1988~1992	1993~1997	1998~2002	2003~2007	2008~2011	合计
档案式			4	27	45	71	147（46%）
案例研究			3	6	10	2	21（7%）
调查访谈			1	16	11	17	45（14%）
实验研究			1	1	1	2	5（1%）
实证研究合计			9（24%）	50（72%）	67（82%）	92（77%）	218（68%）
规范研究合计	3（100%）	11（100%）	29（76%）	19（28%）	15（18%）	27（23%）	104（32%）
合计	3	11	38	69	82	119	322

从表 7 可以看出在这 322 篇文章中，采用实证研究方法的文章占了大多数（68%）。在早期的 15 年期间，45 份权威会计期刊上发表的论文都采用规范研究的方法，这符合 Prather 和

Rueschhoff 在 1996 年的研究成果。在 1993～1997 年期间实证研究方法开始在国际权威会计期刊上出现，但仅占同期发表的 38 篇文章的 24%。1998～2002 年期间实证研究的方法开始兴起（占同期文章的 72%），开始超过规范研究法，这种趋势一直保留至今。与之相反，规范研究方法则经历了一个"衰退"的趋势，从最初的 100% 到如今只占 32%。规范研究法对作者的研究能力要求很高，因为其没有数据的支撑全靠作者的论述，需要作者具有很好的学术研究能力和表达能力，才能使读者信服。因此实证研究方法现在在国际会计界还是占据着绝对的主导地位。在 Top 25 上发表的文章显示出了相似但更加明显的趋势。但并不是说随着时间的推移实证研究的方法将全部取代规范研究的方法，有些研究主题只适合采用规范研究的方法，比如会计历史，因此规范研究方法一直保持着 20% 左右的比例。一直以来，会计学术界都有关于"会计研究被一种语言（实证研究）所统治"的批判。不可否认，规范研究仍然是一种理解会计对社会的影响以及解释会计理论的重要手段（Gendron，2009），笔者建议在以后的文章中针对合适的主题可以更多地考虑采用规范研究的方法而防止片面追求实证支持。

在采用实证研究方法的 218 篇文章中，档案式研究法为 147 篇，高达 67%，调查访谈研究方法为 45 篇（21%），案例研究方法为 21 篇（10%），实验研究方法为 5 篇（2%），说明档案式研究方法仍然是最受欢迎的。由于档案式研究是运用现成的数据库进行的研究，数据来自现实世界，相对容易获得，特别是对一些国外学者来说，往往可以在上市公司报表、国家统计局官网等上获得。而调查访谈需要进行大样本的调查结论才能使人信服，实验研究方法需要创造合适的实验环境才能进行，两者的操作难度较大、成本高。而案例研究需要对案例有深入的了解才能进行深刻的分析，有时还可能需要进行实地考察，对学者的研究能力要求更高。因此大家普遍青睐档案式研究法也就容易理解了。

表8　　　　　　　　　　核心期刊所发表文章的研究方法统计

研究方法	TAR	CAR	JAE	JAR	RAS	合计
档案式	3	5	4	2	3	17（90%）
案例研究						
调查访谈						
实验研究	2					2（10%）
实证研究合计	5	5	4	2	3	19
规范研究						
合计	5	5	4	2	3	19

从表 8 可知，核心期刊所发表的关于中国研究的文章全部采用的是实证研究的方法，其中 90% 是档案式研究法。CAR、JAE、JAR、RAS 所发表的文章全部采用的是档案研究的方法，仅 TAR 发表过两篇采用实验研究方法的文章，说明国际核心期刊还是比较青睐采用实证研究方法的文章，这也从另一个侧面反映了实证研究法在国际会计界还是占主流地位的。

表9			文章类型——研究方法（研究主题）			
研究主题	档案式研究	案例研究	调查访谈	实验研究	规范式研究	合计
AUDIT	20（48%）	1	7	1	13（31%）	42
EDU	0	3	9（35%）	1	13（50%）	26
FA	55（65%）	7	6	1	16（19%）	85
FM	41（76%）	2	7	0	4（7%）	54
GA	2	0	1	0	12（80%）	15
HIST	0	0	0	0	9（100%）	9
MA	5	5	10（30%）	2	12（35%）	34
PRIN	10（30%）	3	1	0	20（59%）	34
REGU	3	0	2	0	3（38%）	8
TAX	11（73%）	0	2	0	2（13%）	15
合计	147	21	45	5	104	322

表9展现了每个研究主题采用的不同研究方法的统计分析。可以看出，研究主题不同导致文章也采用不同的研究方法。会计历史全部采用了规范研究的方法，政府与非营利组织会计（80%）、会计准则与国际趋同（59%）、会计教育与职业发展（50%）也主要采用的是规范式的研究方法。审计主要采用的是档案式的研究方法（48%），会计教育与职业发展由于其学科的特殊性主要采用的是调查访谈（35%）和规范式研究（50%）。传统的财务会计和财务管理都主要采用的是档案式的研究方法，所占比例分别为65%，76%。政府与非营利组织会计则只采用了档案式研究、调查访谈和规范式研究三种形式。管理会计主要采用的是调查访谈（30%）和规范式研究（35%），税务会计主要采用的是档案式研究（73%）。可见不同的研究主题还是有各自的研究方法的倾向，这也提醒以后的学者在选定研究主题后选择适合的研究方法，往往能起到事半功倍的效果。

3. 作者信息

表10列示了每篇文章的作者位数，最初的十年期间（1978～1987年）都是独著或两位作者合写，而随着时间的推移，多数文章都是两三位作者合著，所占比例达到69%，如果考虑四位作者及以上的合著，则比例高达77%，合作撰写呈递增趋势，说明会计学术界正在摆脱"单打独斗"的方式而改向团队合作。而在1993～1997年期间首次出现四位及以上作者合著以来，到2008～2011年期间，四位作者及以上合作撰写发表的论文已经达到了13%，增长了3倍多，增长势头强劲。一方面，可能由于这些权威会计期刊对所发表论文的要求很高，现代研究水平的难度不断加大，会计实验以及会计数据的收集、整理都需要多人的配合；另一方面，会计可能涉及企业、法律、环境等各个方面，需要来自不同领域的学者们互相交流学习才能最终完成。

表10			文章类型—作者位数				
	1978～1987	1988～1992	1993～1997	1998～2002	2003～2007	2008～2011	合计
一位作者	2	4	12	16	21	20	75（23%）
两位作者	1	6	15	22	30	42	116（36%）

续表

	1978～1987	1988～1992	1993～1997	1998～2002	2003～2007	2008～2011	合计
三位作者		1	8	26	26	44	105（33%）
四位作者及以上			3	4	6	13	26（8%）
合计	3	11	38	68	83	119	322

通过进一步阅读发现样本中大多数文章的至少一个作者有中国背景，包括尽管任职于国外研究机构但是中国人或熟读中文（从作者介绍和作者的姓来推测），这也和 Lukka 和 Kasanen（1996 年）的研究结果相符合。他们认为作者的国籍和其研究的主题存在一定的相关性。对于国际会计研究来说数据的收集是一个很大的挑战，对于本土作者来说，语言方面又是一个很大的障碍，而合作撰写则解决了这两个难题，也进一步解释了合作撰写普遍存在的原因①。

表 11 和表 12 是对文章作者所属单位机构的统计分析，由于某些早期文献作者任职机构信息的缺失，最终 322 篇文章中所统计出来的产量最高的机构排名如表 11 和表 12 所示。如果文章作者所列的任职机构有多处，则仅对第一项任职机构予以统计。在此表的计算中，采用两种统计方法，即调整的和非调整的。非调整的是对每篇文章的每一位作者都记为 1 篇，而不论是独写还是合著，同一作者发表不同文章其所在机构仍可得分，具体见表 11。调整法是对合作撰写的作者进行了调整，采用 Anderson 2002 年的研究方法，即对每个独立作者的每篇文章赋予 1，而如果是两个作者合作撰写，则每位仅得 0.5，三位作者则每位只得 0.3（保留一位小数），以此类推②，具体见表 12。早期某些文章在数据库中的作者信息有所缺失，有些期刊发表论文也没有载明作者的信息（如 JA），因此在本文的计算中都将这些排除在统计范围之外，最终统计结果如表 11 和表 12 所示。

表 11　　　　　　　　　　　　文章类型—作者单位（非调整法）

机构名称	所在国家或地区	发表文章数	排名
香港理工大学	中国香港	39	1
岭南大学	中国香港	36	2
香港城市大学	中国香港	30	3
香港中文大学	中国香港	25	4
香港浸会大学	中国香港	21	5
上海财经大学	中国大陆	17	6
SanDiego State University	美国	13	7
Cardiff University	英国	12	8
中欧国际工商学院	中国大陆	11	9
北京大学	中国大陆	11	9

① LukkaKari &KasanenEero. 1996. IsAccountingaglobal oralocal discipline? Evidencefrom major research journals［J］. Accounting, Organizations andSociety, 21（7–8）: 13.

② Anderson, M. Ananalysisofthefirst tenvolumes ofresearchinAccounting, Business andFinancial History. Accounting, Business andFinancial History. 2002. 12（1）: 1–24.

机构名称	所在国家或地区	发表文章数	排名
Monash University	澳大利亚	9	11
上海交通大学	中国大陆	9	11
香港大学	中国香港	8	13
University of Southern California	美国	8	13
香港科技大学	中国香港	7	15
台湾政治大学	中国台湾	7	15
……	……	……	……

在各机构所发表的论文中，均涌现出一些学者发表过两篇以上的论文，对机构的贡献很大。如岭南大学的 Chan Hung K. 教授分别在 ABR、AJPT、JAE、JBFA、RAS、TAR 和 TIJA 上共计发表过 9 篇论文，占岭南大学所发文章总数的 25%。来自 Cardiff University 的 Xiao，Zezhong Jason 教授分别在 ABA、AH、AOS、JAPP、TIJA 上共计发表过 6 篇文章，占 Cardiff University 发表文章总数的 50%。换言之，没有 Xiao，Zezhong Jason 教授，Cardiff University 就不可能跻身高产机构的前 15 名。有些作者则在掌握了某一期刊的特点后将所写文章都发表于该期刊，如来自香港城市大学的 O'Connor，Neale G. 则将其三篇文章都发表于 AOS。

在大陆方面，来自上海财经大学的汤云为教授分别在 AH、CAR、TIJA 发表过 3 篇论文，占上财发表文章总数的 18%。研究上海财经大学的校史发现其在国际权威会计期刊上发表论文成绩斐然也是有一定的原因的。上海财经大学，作为一所专业的财经院校，会计学院是其最早成立的院系之一，也是最早进行国际化的学科之一。早在 1989 年，上财与上海外国语大学合作创办了美国会计班，之后又引进了 CGA、ACCA 等多个国外项目，不仅开拓了学生的国际视野，也推动了本校会计研究的国际化进程。1997 年，上财会计学院外聘了国外教授，为博士生全英文讲授会计课程，不仅提高了学生的英文撰写和学术研究的水平，更是"近水楼台先得月"，让本校的学者可以与洋教授互相交流学习，增加了合作撰写文章的机会。从 2005 年开始，上财更是坚持每年引进一名境外教师，加深了校际学者之间的交流与合作。也正因为如此，上海财经大学的会计学科才能在内地各高校中傲视群雄。这也启发了我后面建议中提到的，在推动会计研究国际化的进程中，高校要坚持人才培养国际化，同时要发挥学术先锋的带头作用。

进一步研究表 11 可以看到中国香港地区的学者和机构在关于中国的会计研究中产量是最高的，前 5 名机构全部都是中国香港高校。香港理工大学更是以 30 多年来在 45 份权威期刊上发表 39 篇文章而位列第一。究其原因，笔者将其概括为四点：其一，中国香港是双语（汉语、英语）地区，中国香港高校的学者由于历史和地理的原因，更加熟悉西方的理论和研究方法，语言方面就很少存在障碍，因此用英语撰写的难度就降低了很多；其二，中国香港大部分从事会计研究的学者都有在国外深造的背景，而中国香港地区各高校中也有很多国外学者任教或者访问，彼此之间的交流和合作更多，为双方合作撰写或相互指导提供了很好的机会；其三，相对于其他国家或地区的学者来说，中国香港靠近中国内地，与中国内地的交流也相当频繁，学者能够相对容易地收集到所需的数据。第四，中国香港各大学中会计研究的历史也很悠久，教师均具有很高的学术研究水平，学校对于会计的发展也很重视。此外，相对于内地过去实行计划经济，香港地区一直都是市场经济，会计研究的基础和工作环境都与国际会计具有一定的一致性。

而中国大陆学者在中国会计研究的国际化进程中贡献较小，只有上海财经大学一所大陆高校名次相对靠前。语言、理论研究的相对滞后恐怕是最主要的两个原因。语言方面的障碍是显而易见的，英语作为第二语言，对于大多数大陆学者来说用英语来撰写还是具有很大的挑战。此外，大陆的大多数学者在会计理论和会计研究方法方面还是缺少相对专业的训练，同时也无法完全地接触到国外的权威会计期刊，缺少和会计学界知名学者经常进行学习交流的机会。这些都是制约其发表文章的主要因素，也是以后需要提高和改进的地方。

令人眼前一亮的是中欧国际工商学院以总计发表 11 篇文章（非调整法）并列第 9，而击败了传统的厦门大学、中央财经大学等高校。中欧商学院作为一所由中国政府和欧洲联盟共同创办的世界顶级商学院，专门培养国际化的高级管理人才，是亚洲有史以来第一个进入《金融时报》世界排名前 10 的商学院。不同于各大高校，学院接收的都是拥有丰富工作经验的学生，更加注重理论联系实践，为学生和老师们在国际权威会计期刊上发表更多的论文创造了良好的环境。观察所属机构为中欧商学院的这些文章，其研究问题多是在实际工作中引发的一些思考，因此更受这些国际权威会计期刊所青睐。

表12　　　　　　　　　　　文章类型—作者单位（调整法）

机构名称	所在国家或地区	发表文章数（调整后）	排名
岭南大学	中国香港	16.2	1
香港理工大学	中国香港	13.7	2
香港城市大学	中国香港	10.8	3
香港浸会大学	中国香港	10.15	4
香港中文大学	中国香港	9.25	5
上海财经大学	中国大陆	7.75	6
Cardiff University	英国	4.8	7
香港大学	中国香港	4.7	8
SanDiego State University	美国	4.5	9
中欧国际工商学院	中国大陆	4.1	10
中山大学	中国大陆	3.8	11
Monash University	澳大利亚	3.6	12
北京大学	中国大陆	3.6	12
University of Texas	美国	3.1	14
清华大学	中国大陆	2.55	15
上海交通大学	中国大陆	9	15
……	……	……	……

采用调整方法计算出来的高产机构如表 12 所示，5 所中国香港高校仍然位居榜首，只不过内部排名有所变化，岭南大学已发表过 16.2 篇文章而位列第一，香港理工大学紧随其后，这两所大学的会计系均具有悠久的历史，会计专业也是学校内学科实力较强的专业之一。上海

财经大学仍然在国内高校中位居第一，显示了其深厚的学术底蕴。而不同于之前用非调整方法计算的名单，中山大学、清华大学和上海交通大学则出现在调整后的前 15 的名单中。究其原因主要是这些机构作者们所发表的文章大多是独自撰写或两位合写，因此赋予的权重较高，最后计算出来的发表文章数也就较多。

此外笔者还对 5 份核心期刊的作者所在机构进行了统计，最终共有 20 所机构上榜，采用非调整法其结果如表 13 所示。

表 13　　　　　　　　　　核心期刊所发文章的作者所在机构（非调整法）

排名	机构名称	文章数	排名	机构名称	文章数
1	香港中文大学	7	10	UniversityofColorado	2
2	香港理工大学	6	10	南洋理工大学	2
3	岭南大学	5	13	McMaster University	1
3	香港科技大学	5	13	香港大学	1
5	中欧国际工商学院	4	13	对外经济贸易大学	1
5	厦门大学	4	13	University of Texas	1
7	上海财经大学	3	13	上海对外贸易学院	1
7	University of Southern California	3	13	Monmouth University	1
9	University of Houston	2	13	香港浸会大学	1
10	香港城市大学	2	13	长江商学院	1

在核心期刊发表的 19 篇文章中，中国香港各高校还是均榜上有名，在前 10 中占了 5 席，香港中文大学位居第一，香港理工大学紧随其后。按核心期刊发表文章数统计，厦门大学超过了上海财经大学位居第五，而在之前的权威期刊发表文章数排名中，厦大并未进入前 15，说明厦大学者们虽然发表的文章数相对较少，但还是具有很高的质量。

值得一提的是，上海对外贸易学院的余玮副教授和新加坡南洋理工大学的 Bin Ke 以及中欧国际商学院的 Oliver Rui 博士合作撰写的 "Hong Kong stock listing and the sensitivity of managerial compensation to firm performance in state-controlled Chinese firms" 在 2012 年发表于 RAS 上，文章仍然着眼于中国的一类特殊企业即国有企业，研究了我国国有企业在境外和境内上市对企业高管激励机制的影响，属于前面提到的一类研究文章最多的主题，即国有企业和交叉上市，在国际上产生了很大的反响，说明这些后起之秀也开始挑战上财、厦大这些传统老大的地位。

若采用前述的调整法，其结果如表 14 所示。

表 14　　　　　　　　　　核心期刊所发文章的作者所在机构（调整法）

排名	机构名称	得分	排名	机构名称	得分
1	香港中文大学	2.45	11	University of Colorado	0.5
2	岭南大学	2.4	11	University of Houston	0.5
3	香港理工大学	2.15	11	University of Texas	0.5
4	香港科技大学	1.8	11	McMaster University	0.5

续表

排名	机构名称	得分	排名	机构名称	得分
5	中欧国际工商学院	1.2	15	上海对外贸易学院	0.3
6	上海财经大学	1.1	15	对外经济贸易大学	0.3
7	厦门大学	1	15	Monmouth University	0.3
8	University of Southern California	0.9	15	香港大学	0.3
9	南洋理工大学	0.8	19	香港浸会大学	0.25
10	香港城市大学	0.6	19	长江商学院	0.25

在这份名单中上海财经大学超越了厦门大学，说明厦大发表在国际核心会计期刊上的学者人数较多，但是多为几人合作撰写，因此每个人最终所赋予的权重就较低。厦门大学的陈汉文教授与美国科罗拉多大学的 Jeff、休斯敦大学的 Gerald 以及厦门大学的王艳艳于 2010 年在 JAR 上发表 "Association between borrower and lender state ownership and accounting conservatism" 一文后，四人在 2011 年又再度合作，在 CAR 上发表 "Effects of Audit Quality on Earnings Management and Cost of Equity Capital：Evidence from China" 一文，可见互相熟悉了解的学者合作发文章，彼此之间的配合就会更加默契，即使是在 CAR、JAR 这样国际的核心会计期刊，发文的成功率也会大大提高。上海财经大学和厦门大学在核心期刊发表文章数上在大陆各高校中是名列前茅的，这也与国内大多数机构对会计专业教学质量的排名是相吻合的。因此我们可以推断，学者发表论文的数量与其所在的机构的研究水平有明显的正相关关系，证明在给研究机构排名时使用发表的论文数作为其中一个替代变量具有一定的可取性，但不能一味地追求发表论文数而忽视基础教学，两者之间具有相辅相成的关系。

从对发表文章的作者信息的统计中发现，尽管中国香港高校发表的文章数相对较多，但从作者的分布可以发现这 322 篇文章共涉及 1000 多位作者，近 200 家机构，分布于世界各地，包括新西兰、英国、美国、加拿大、瑞典、澳大利亚等，从另一方面也说明世界对中国会计发展的关注越来越多。

五、结论、建议及局限

（一）结论

本文综合考虑了 Zeff、Glover、Reistein & Calderson 以及 Harzing 的四份权威排名，最终确定了 45 份会计期刊为权威会计期刊作为样本来源，较为系统全面地整理了从 1978～2012 年在这国际 45 份权威会计期刊上发表的关于中国会计研究的文章，最终得到了 322 篇文章作为样本。通过对样本的分析发现：（1）在过去的 30 多年中，在国际权威会计期刊上发表的关于中国研究的文章不断增多，特别是近 10 年来增长速度加快，其中中国经济的发展发挥了重大作用；（2）Top25 的期刊发表的文章总数仍然较少，且主要集中于 AOS、JAPP 和 RQFA，其他期刊很难说哪个期刊更欢迎关于中国会计研究的文章，JAL、NTJ、JIS 由于期刊研究的特殊性从未发表过关于中国研究的论文；核心期刊发表的文章数目一直较少且增长幅度不大，说明所发文章的权威性还有待提高；（3）研究主题从最初的全部为财务会计到现在逐步扩展，但主要的研究领域仍然集中在传统的财务会计、财务管理等，关于会计准则与制度（含国际趋同）的文章随着我国会计改革的进行而在某些特定期间呈现大幅增长，主要的研究主题也都是与中国特殊的国情相联系的；研究方法从最初的全部为规范研究到现在实证研究占绝对主导地位，其中档案式研究法更是占较大比例，但不同的研究主题还是有自己偏好的研究方法；核心期刊发表文章的主题也主要集中在传统会计领域，不同的期刊所偏好的研究主题有所不同，但全部采用的是实证研究的方法；（4）多数文章是两到三位作者合著，其中至少有一个作者有中国背景。大多数作者来自中国香港高校（机构），中国内地学者在中国会计研究的国际化进程中贡献有限。

（二）建议

　　尽管目前在这 45 份国际权威会计期刊上发表的关于中国会计研究的文章的数量不断增多，但随着国际会计界对中国会计研究的了解不断加深以及各高校（机构）的学术能力评价越来越转向国际权威期刊，在这些期刊上发表文章的难度必然会不断加大，因此我们不能满足于目前的成绩，在财政部的领导下，各高校机构、各行业组织、各企事业单位以及学者自身都应该努力，为推动中国会计研究的国际化进程作出自己的贡献。为此笔者希望根据本文前述的研究成果以及原因分析，有针对性地提出自己的一些建议。

　　本文的研究显示，与中国香港或其他境外的学者合作是中国内地学者在国际权威期刊发表文章的主要途径，但笔者认为，虽然学术是没有地域界限的，但在与境外学者合作（包括中国港澳台地区）撰写发表文章的同时，大陆学者应该加强自身的学术修养，提高其学术研究水平，扩大其在中国会计问题研究的国际化趋势中的贡献，只有这样才能真正地推动中国会计研究国际化进程的可持续发展。根据本文的研究成果，为了加快中国会计研究的国际化进程，总结已有的经验和教训，笔者建议主要推动三个国际化，即教学国际化，会议国际化以及人才培养国际化。

1. 高校教学国际化，夯实基础

　　在本次的研究中可以发现上海财经大学和厦门大学的学者们在国际核心期刊上发表的文章数在国内高校中居于前列。而两所高校的会计学教育水平也是公认的在国内首屈一指，较高的教学水平推动了学校整体研究水平的提升，研究水平的提升又进一步促进了本校的教学质量，二者相辅相成。因此推动会计研究的国际化还要从基础抓起，从教学授课就要注重与国际接轨。欣喜的是，从 2004 年开始，越来越多的高校专门设置了国际会计班，全英文的教材可以使同学们直接可以接触国外的知识，习惯英文的撰写方式，同时也督促着教师队伍英文水平的提高，构建了一个国际化专业课程的平台，笔者认为这不失为推动会计研究国际化一种很好的尝试，高校应继续朝这个方向努力，毕竟未来会计的研究是没有国界的。

　　为此高校要坚持和加快国际化策略，选派更多的老师和学生赴国外大学或研究机构进修学习，并给予物质和精神上的支持；邀请国外学者到国内来讲学、交流和访问；吸纳更多的优秀的国际学生，加强校际之间的交流；树立会计人才培养的国际化观念，进一步改革课程的设置和教学方法，不断充实国际化的教学内容，积极推动学生参与国际交流与竞争。在对教师职称和科研能力的评价中，将在国际权威期刊上发表论文引入体系，提高学者自身在国内会计学术研究的质量标准，引入竞争上岗机制，从而调动学者们的研究热情，督促他们提高学术研究的水平。中欧国际工商学院的上榜也使我们意识到在人才的培养中也应该注重理论与实践相结合，能够指导实践的文章才是受这些国际权威会计期刊所推崇的。2003 年国务院正式批准了

在我国设立会计硕士专业学位，着重培养应用型会计人才，这是符合我国会计研究的国际化策略的，在国家政策的有力支持下各高校更应该将这种观念贯彻到底。此外，在各高校（机构）要重视会计继续教育，使会计人员和那些渴望走上会计岗位的人有接受高质量继续教育的机会，从而提高他们的研究水平，也将他们的实践经验引入到教学中来。

在研究的过程中发现一些同学根本不知道国际核心的会计期刊更何谈阅读甚至是在其上发表，究其原因除了自身的因素外，各高校图书馆此类期刊较少，有也只是放在角落里无人问津，对这些期刊的宣传较少。为此，国内各高校图书馆一方面应更多地引进这些国际会计权威期刊，使学生和老师都能在日常生活中经常阅读，另一方面也应该经常对这些期刊进行宣传，使同学们都能感受到这些期刊上所发文章的魅力，从而揭开权威期刊的神秘面纱。教学中高校应开设专门的论文写作指导课程，可以适当地介绍中英文写作的区别，在激发学生写作热情的同时也给他们提供一定的实践指导，保证他们所写论文的规范。各高校会计学院应该与世界一流会计学院和著名学者教授建立紧密的联系，经常访问交流，共同开展国际会计学术合作。此外知名学者应该发挥其先锋带头作用，如在上海财经大学的汤云为教授的带动下，上财的后来学者们也纷纷向这些国际权威会计期刊投稿，才有了今天上财在中国大陆机构中位列第一的荣耀。

2012 年 2 月，全国会计管理工作会议提出了"从会计大国向会计强国迈进"的目标[①]，而会计强国很重要的一点就是中国会计的国际影响力，国际权威会计期刊无疑提供了一个很好的平台。不仅使更多的中国学者为世界所熟悉，使他们的观点为国际所接受，而且国际上一些学者也可以把目光着眼于中国，选取一些中国的案例，加深了他们对中国会计的了解，这是一个互相了解和进步的过程。为此各高校在对学生的培养和对教师的培训中都应该坚持国际化策略，为推动中国会计研究的国际化进程打下良好的基础。

2. 行业组织会议召开国际化，多方努力

会计行业内各组织在会计的发展中发挥了举足轻重的作用，因此在加快会计研究国际化进程中也应该继续扮演重要角色。随着世界经济的发展，会计的研究越来越需要国际化的视野，从注册会计师事务所向特殊合伙人转制开始到国际会计准则理事会新兴经济体工作组在中国成立，会计的国际化已经成为不可逆转的趋势。

在推动会计研究的国际化中，注册会计师行业要充当排头兵。经济全球化的发展使越来越多的企业选择走出去，而注册会计师作为专业的服务人员更是要时常更新专业知识，与国际接轨，将实践中发现的一些问题撰写出来呈现在学术平台上。从 2006 年起，中国注册会计师协会开展注会专业学生境外实习项目，每年选拔一批优秀学生赴境外进行为期 3 个月的实习，成为各高校本科教育中的亮点，也是行业协会与高校合作的典范。行业组织的对外交流也不失为一种很好的方式，通过国际间的合作可以充分利用国际资源，借鉴国际经验来推动中国会计研究的国际化。2005 年至今，中国注册会计师协会已经与境外 13 家会计组织签署了 17 项合作协会，派出出访团 120 多个，接待来访团 480 余批次，每年组织行业领军人才赴境外培训[②]。这些成绩都是可喜的，也是应该继续发扬的，为此中国注册会计师协会应该继续坚持举办此类活动，并且向其他行业内协会和组织介绍和推广，使每一个组织在推动中国会计研究的国际化进程中都能贡献自己的一份力量。

---

① 中华人民共和国财政部：《会计司 2012 年工作总结》，www. mof. gov. cn。
② 中国注册会计师协会国际部：《中国注册会计师协会致力服务行业国际化发展》，2011 年 11 月 8 日。

此外，中国注册会计师协会等各行业组织还要增加培训形式，长期培训与短期考察相结合，丰富培训模式，拓宽培训渠道，充分利用网络等新兴工具，加强从业人员之间的交流。要经常邀请陈汉文等在国际权威会计期刊上发表过文章的学者来举办讲座，分享经验。学者们要积极参与国际上各种关于会计问题的研讨会，加强与美国、澳大利亚等国学者的学术合作，在交流中不断学习和进步。在本文的研究中可以发现一些作者本身就是注册会计师或者现在正就职于会计师事务所，他们的存在有力地推动了会计研究的国际化进程。

2008 年 10 月 10 日，国际财务报告准则大会在北京召开，这是国际会计准则委员会基金会首次在我国举办的国际财务报告准则大会，吸引了全球 350 多名注册会计师和行业领军人物的出席①。中国已经与国际会计师联合会、国际会计准则理事会以及多个国家和地区的职业团体建立了经常性的交流和对话机制，提高了中国在国际会计界的话语权和影响力。2011 年中国会计学会开始筹办英文版的《会计研究》（《中国会计研究》），即 Journal of Accounting Studies – A Publication of the Accounting Society of China，主要发表中外学者重要的研究成果，支持国内学者在国际权威期刊上发表论文，为国内学者走向世界提供了一个很好的平台，将有力地提升我国会计研究的国际地位。从 2012 年开始，《中国会计研究》将每年举办一次研讨会，邀请国外著名学者在大会上做主题报告②。中国的会计期刊、会计人才走上国际舞台，从另一方面也推动了中国会计研究的国际化进程。这些都传递着一个讯号，中国会计研究的国际化正在加速，而经常承办召开一些高水平的国际会议无疑是推动会计研究国际化进程最直接和最快捷的方法之一。

3. 国家人才培养国际化，持续支持

人才是中国会计研究国际化进程中关键的一环，不管是学术国际化还是实务国际化都需要会计人才的推动。具有国际视野的会计人才是我国积极参与全球化的需要。一个好的会计人员，特别是一个好的会计学者，不仅要具有扎实的专业基础，更是要精通英语这门世界语言，才能和国际上一些知名学者交流学习。人才培养特别是高层次人才培养必须与国际接轨，同时也要鼓励国际性研究团体的建立，建立国际权威会计期刊的评价机制，像厦门大学的陈汉文、王艳艳与美国科罗拉多大学的 Jeff、休斯敦大学的 Gerald 的合作就可以称为一个小型的研究团体，给我们提供了一个很好的榜样。

从 2005 年开始，财政部启动了全国会计领军人才培养工程，2007 年为了加强会计领军（后备）人才的培养，财政部下发了《全国会计领军（后备）人才培养十年规划》的通知，明确提到了国有企业、会计师事务所要有国际化的发展战略，提出着力培养 350 名左右具备国际资本市场认可的专业资格的注会类领军人才，推行"走出去"战略③。但地方财政部门也要注重地方领军人才的培养，大型企业集团负责集团内领军人才的培养，只有从多渠道着手才能全面提高我国会计的国际化进程。《国家中长期人才发展规划纲要（2010~2020 年）》中明确提出了要加大财会等经济重点领域人才的培养。从 2009 年开始，国资委、国家外国专家局也联合启动了中央企业国际化人才培养计划，引进了注册管理会计师等国际顶尖管理会计人才培训体系。这一系列文件的下发为我国会计类人才培养的国际化提供了制度的保障，截至 2012 年年底，已经有 159 名学员顺利毕业，在核心期刊上发表学术论文 847 篇④。会计领军人才培养

---

① 中华人民共和国财政部：《2008 年国际财务报告准则大会在京举行》，2008 年 10 月 10 日。
② 祝继高、张晨宇：《推进中国会计研究的国际化——中国会计学会会刊〈中国会计研究〉第一届研讨会会议综述》，载于《会计研究》2012 年第 6 期。
③ 财政部：《全国会计领军（后备）人才培养十年规划》，第 7 页。
④ 罗晶晶：《将会计人才大国打造成会计人才强国》，载于《中国会计报》2012 年 12 月 21 日。

计划也为此做出了很大的贡献。2006 年以来入选全国会计领军人才培养计划的学者中，在 SCI（《科学引文索引》）和 SSCI（《社会科学引文索引》）发表论文 15 篇，占大陆学者发表总数的 21% 左右[①]。

在人才的培养中，先锋模范的带头作用还是不容忽视的，这也是我国要制定一系列人才领军计划的原因。我们要继续宣传学术界的领导者，鼓励更多的学者向他们学习。通过本文的研究发现，中国学者独立发表的论文主要集中于少数的期刊，这主要是由于前人成功在其上发表的经验鼓励了后来的学者纷纷效仿，也主要投向于这些期刊，可以说榜样的力量是无穷的。不少作者在提出研究问题时并不知道该主题已经在国际会计期刊上发表过，因此在研究的过程中，学者们在抓住热点的同时也要有所创新，避免重复和雷同。金融危机的阴霾还未退去，欧债风暴又席卷全球，在经济发展的疲软时期，各国之间更要加强交流与合作，促进世界经济的平稳发展，在这个过程中，具有国际水平的会计人才就要发挥重要的作用。各国会计界要积极行动起来，建立科学高效的应对机制，为会计服务于世界经济及资本市场的稳定与发展做出贡献。

种种迹象表明，我国会计研究已经赶上了国际化的浪潮，会计研究的国际化已经取得了一定的成绩。而实现会计研究的国际化最重要的途径之一就是中国会计学者在国际权威期刊上发表有关中国问题的论文。我们要鼓励支持更多的国内学者向这些国际权威会计期刊投稿，鼓励更多的国外学者进行关于中国会计的研究。国内学者很少向国际性刊物投稿，特别是对这些国际权威期刊更是"望尘莫及"。除了投稿意识较差外，还有对这些国际权威期刊的不了解，不知道各个刊物的特点和偏好，因而理所当然地认为这些期刊要求更高，发表论文的难度更大，产生了畏惧心理。这时相互之间的学术交流，前人成功发表的鼓励就显得尤为重要。这也是此处提出培养国际化的会计人才，宣传优秀的领军人物的意义所在。

（三）本文的局限

当然本文在研究中也存在着一些局限。第一，笔者试图收集 1978 ~ 2012 年在权威的 45 份会计期刊上发表的所有关于中国研究的文章，但是由于搜索方法、数据库的限制等原因，可能并未包括所有的文章，由于数据库的更新时间较晚等可能也并未包括所有 2012 年发表于这些期刊的文章，样本的完整性有待检验，所得出的统计结果也可能不是很精确、完整。第二，关于期刊的选择。本文只选择了 45 份权威期刊并未能包含所有的国际会计期刊，因此并不能完全地反映中国会计研究的国际化所取得的成绩。本文也只列举了会计期刊，因此排除了一些在其他非会计期刊上发表的关于中国会计研究的论文（例如：财务、管理、经济期刊等）。正如 Christensen 等（2002）所发现的，许多会计学者在非会计期刊上发表论文。还有一些中国学者有发表于国际权威会计期刊但未涉及中国会计问题的文章，也有一些国外学者任职于中国大陆机构但发表的文章并未涉及中国会计问题，尽管笔者认为这些都能反映中国会计研究的国际化进程，反映中国学者在推动会计研究国际化进程中所做的贡献，但由于时间和收集资料的局限这部分成果并未纳入本文的研究范围。第三，关于期刊的排名并没有一个公认的标准，选择这四种排名方式从而综合考虑最终确定 45 份期刊具有一定的主观性，如果选用不同的排名标准最终的结果可能会有所差异。此外，本文只是对 1978 ~ 2012 年发表在国际 45 份权威会计期刊上的 322 篇关于中国研究的文章的描述性统计分析，并没有对每篇文章的内容进行深度探讨，

---

① 中国会计报：《我国会计学术国际化进程将提速》，2012 年 11 月 16 日。

以及同一期刊上发表的其他文章进行对比分析，对其成功发表的原因以及发表后的影响力也没有进行研究。未来的研究可以针对以上几方面再继续深入探讨，并做进一步的拓展，从而能够相对准确地把握中国会计研究国际化的特征。

（四）进一步的启示

通过本文的研究发现关于中国会计研究的国际化的文章越来越多，考虑到中国经济发展的势头和中国会计发展的独特环境，这类主题也并将在未来的国际权威会计期刊上受到更多的欢迎。尽管趋势是好的，但目前多数的文章仍然主要集中在几份主要的期刊，且集中在一些期刊质量相对靠后的期刊，发表文章的质量仍需提升。在中国内地学者努力的过程中，虽然和境外一些知名学者（特别是来自中国香港地区的学者）进行合作创作可以大大提高发表文章的成功率，但大陆会计学者真正地掌握先进的研究方法，有所创新，培育自身的学术声誉才是中国会计研究的国际化能够可持续发展的根本。而且随着国际会计界对于中国会计问题了解的不断加深，以及越来越多的学术机构将学术能力的评价要求向国际权威期刊靠齐，在这些期刊上发表文章的难度也必将增长。因此可以说未来关于中国会计研究的国际化进程的研究是机遇与挑战并存。

主要参考文献

［1］Sarah E. Bonner, James W. Hesford, Wim A. Van der Stede and S. Mark Young. The most influential journals in academic accounting ［J］. Accounting, Organizations and Society, 2006, 31 (6): 663 – 685.

［2］Andreas Hoffjan, Jan Carl Plagge and Gonn Weide. A meta-analysis of international journal rankings in accounting. Working Paper, 2006: 1 – 51.

［3］Kam C. Chan a, Kam C. Chan, Gim S. Seow and Kinsun Tam. Ranking accounting journals using dissertation citation analysis: A research note ［J］. Accounting, Organizations and Society, 2009, 34 (6): 875 – 885.

［4］Songlan Peng. Acceptance of China Research in Western Accounting Journals (1978 – 2007). China Journal of Accounting Research ［J］. 2009 (2): 21 – 70.

［5］Steven M. Glover, Douglas F. Prawitt, and David A. Wood. Publication Records of Faculty Promoted at the Top 75 Accounting Research Programs ［J］. Issues in Accounting Education, 2006, 21 (3): 195 – 218.

［6］Alan Reinstein, Thomas G. Calderon. Examining accounting departments' rankings of the quality of accounting journals ［J］. Critical Perspectives on Accounting, 2006 (17): 457 – 490.

［7］Zeff, S. A. A study of Academic Research Journals in Accounting ［J］. Accounting Horizons, 1996 (3): 158 – 177.

［8］Prather, J. and N. Rueschhoff. An analysis of international accounting research in U. S. academic accounting journals, 1980 through 1993 ［J］. Accounting Horizons, 1996 (1): 1 – 17.

［9］Napier, C. J. Accounts of change: 30 years of historical accounting research ［J］. Accounting, Organizations and Society 2006 (31): 445 – 507.

［10］Harzing, A., 2008. Journal quality list 2008. www. Harzing. com.

［11］Gernon, H., Wallace, R. International accounting research: a review of its ecology, contending theories and methodologies ［J］. Journal of Accounting Literature, 1995 (14): 54 – 106.

［12］Anderson, M. An analysis of the first ten volumes of research in accounting, business and financial history ［J］. Accounting, Business and Financial History, 2002 (1): 1 – 24.

［13］Chan, K. C., Fung, H., Thapa, S. China financial research: a review and synthesis ［J］. International Review of Economics and Finance, 2007 (3): 416 – 428.

[14] Cho, C. H. , Roberts, R. W. , Roberts, S. K. Chinese students in US accounting Ph. D. programs: educational, political and social considerations [J]. Critical Perspectives on Accounting, 2008 (2): 199 – 216.

[15] Diaz, D. , Carrasco, E. , Hernandez, E. , Mattessich, R. Accounting publications and research in Spain: first half of the 20th century [J]. Review of Accounting and Finance, 2004 (3): 40 – 58.

[16] Graham, L. E. Setting a research agenda for auditing issues in the People' s Republic of China [J]. The International Journal of Accounting, 1996 (1): 19 – 37.

[17] Holthausen, R. W. , Watts, R. L. The relevance of the value-relevance literature for financial accounting standard setting [J]. Journal of Accounting and Economics, 2001 (31): 3 – 75.

[18] Ittner, C. D. , Larcker, D. F. Assessing empirical research in managerial accounting: a value-based management perspective [J]. Journal of Accounting and Economics, 2001 (32): 349 – 410.

[19] Ji, X. Evaluation of research on Chinese accounting issues [J]. Managerial Finance, 2000 (5): 41 – 62.

[20] Libby, R. , Bloomfield, R. , Nelson, M. W. Experimental research in financial accounting [J] Accounting, Organizations and Society, 2002 (27): 775 – 810.

[21] Lukka, K. , Kasanen, E. Is accounting a global or local discipline? Evidence from major research journals [J]. Accounting, Organizations and Society, 1996 (21): 755 – 773.

[22] Mingers, J. , Harzing, A. Ranking journals in business and management: a statistical analysis of the Harzing data set [J]. European Journal of Information Systems, 2007 (16): 303 – 316.

[23] Napier, C. J. Accounts of change: 30 years of historical accounting research [J]. Accounting, Organizations and Society, 2006 (31): 445 – 507.

[24] Needles, B. E. Jr. International accounting research: an analysis of thirty-two years from the International Journal of Accounting [J]. The International Journal of Accounting, 1997 (2): 207 – 235.

[25] Otchere, I. Accounting and finance at forty: a retrospective evaluation [J]. Accounting and Finance, 2003 (43): 211 – 230.

[26] Prather – Kinsey, J. , Rueschhoff, N. An analysis of international accounting research in U. S. and Non – U. S. – based academic accounting journals [J]. Journal of International Accounting Research, 2004 (1): 63 – 81.

[27] Sands, J. S. , Pragrasam, J. The perceived importance of international accounting Topics in the Asia – Pacific Rim: a comparative study [J]. The International Journal of Accounting, 1997 (3): 187 – 202.

[28] Scapens, M. D. Research in management accounting by North Americans in the 1990s [J]. Journal of Management Accounting Research, 1997 (9): 3 – 61.

[29] Soloman, I. , Trotman, K. T. Experimental judgment and decision research in auditing: the first 25 years of AOS [J]. Accounting, Organizations and Society, 2003 (28): 395 – 412.

[30] Williams, P. E. , Jenkins, J. G. , Ingraham, L. The winnowing away of behavioral accounting research in the U. S. : the process for anointing academic elites [J]. Accounting, Organizations and Society, 2006 (31): 783 – 818.

[31] Jenice Prather – Kinsey, Norlin Rueschhoff. An analysis of the authorship of international research in U. S. journals and AOS: 1980 through 1996 [J]. The International Journal of Accounting, 1999 (34): 261 – 282.

[32] Duh, Rong – Ruey. Xiao, Jason Zezhong; Chow, Chee W. An Overview and Assessment of Contemporary Management Accounting Research in China [J]. Journal of Management Accounting Research, 2008 (20): 64 – 129.

[33] Krogstad, J. Smith G. Assessing the Influence of Auditing: A journal of Practice and Theory 1985 – 1999 [J]. Auditing: A Journal of Practice and Theory, 22 (1): 195 – 204.

[34] Low, A. Locke, J. Problematising and Construction of Journal Quality: An Engagement with the mainstream [J]. Accounting Forum, 26 (1): 45 – 71.

[35] Locke, J. Lowe A. A Paradigm Sensitive Perspective on the Ranking of AccountingJournals. Working Paper Series 75: University of Waikato, New Zealand. 2002.

[36] Duh, Rong – Ruey. Xiao, Jason Zezhong; Chow, Chee W. An Overview and Assessment of Contemporary

Management Accounting Research in China［J］. Journal of Management Accounting Research, 2008（20）: 64 – 129.

［37］来明敏，李魏魏，宋国民：《中国会计研究国际化的回顾》，载于《高等财经教育研究》2011 年第 14 期，第 24 ~ 28 页。

［38］李爽，吴溪：《中国会计理论研究的国际化：基于国际会计与财务学术期刊的初步分析》，载于《会计研究》2008 年第 12 期，第 31 ~ 38 页。

［39］赵西卜，刘瑜宏，施武妹：《我国会计理论研究的发展轨迹与取向》，载于《会计研究》2003 年第 4 期，第 55 ~ 60 页。

［40］贺晓航：《关于国内期刊研究现状的实证分析与启示》，载于《青年记者》2010 年第 1 期，第 11 ~ 15 页。

［41］文善恩：《〈会计研究〉杂志三十年》，载于《财会通讯》1992 年第 12 期，第 53 ~ 54 页。

［42］李连华：《中国三十年会计理论研究的回顾与评价》，载于《会计之友》2008 年第 12 期，第 4 ~ 7 页。

［43］彭磊：《浅谈我国会计研究现状——读，2006 ~ 2010 年〈会计研究〉目录有感》，载于《财会学习》2010 年第 12 期，第 64 ~ 65 页。

［44］李婉丽，张俊瑞：《国际学术界对中国会计问题研究的状况分析》，载于《陕西师范大学学报》2002 年第 6 期，第 134 ~ 136 页。

［45］王化成，李志华，卿小权等：《中国财务管理理论研究的历史沿革与未来展望——〈会计研究〉三十年中刊载的财务理论文献述评》，载于《会计研究》2010 年第 12 期，第 17 ~ 23 页。

［46］汤云为，薛云奎：《中国会计研究评述》，载于《会计研究》1998 年第 9 期。

［47］张慧：《内部控制研究回望与前瞻》，载于《财会通讯》2009 年第 5 期，第 70 ~ 72 页。

［48］杨雄胜，张国法等：《中国会计研究成效问题分析》，载于《会计研究》2005 年第 3 期，第 76 ~ 84 页。

［49］王勇：《从〈会计研究〉看我国的会计理论研究》，载于《经济管理》2008 年第 13 期，第 93 ~ 96 页。

［50］葛燕，卓毅，张朝宓：《管理会计十年回顾》，载于《财会通讯》2002 年第 7 期，第 8 ~ 12 页。

［51］贺成冲，李赢：《从〈会计研究〉近年刊发的文章分析我国会计学发展》，载于《财会月刊》2009 年第 4 期，第 100 ~ 102 页。

［52］林万祥：《21 世纪中国管理会计研究的现状与未来》，载于《会计之友》2008 年第 3 期，第 11 ~ 15 页。

［53］乔欢：《中国财务管理研究的发展趋势》，载于《技术与市场》2009 年第 7 期，第 64 ~ 65 页。

［54］方拥军：《我国会计教育问题研究的轨迹与展望》，载于《财会通讯》2005 年第 4 期，第 104 ~ 107 页。

［55］谭艳艳：《中美会计研究方向的差异分析》，载于《财会通讯》2006 年第 12 期，第 3 ~ 8 页。

［56］郭强华：《〈会计研究〉（1999 ~ 2001）载文的统计与分析》，载于《现代管理科学》2005 年第 3 期，第 53 ~ 54 页。

［57］傅元略，曾爱民：《调查研究法在我国审计和会计研究中的应用现状研究》，载于《审计研究》2009 年第 4 期，第 35 ~ 31 页。

［58］邵瑞庆，陈春华，俞俊利，袁国栋：《〈财会通讯〉刊文特征分析与思考》，载于《财会通讯》2010 年第 6 期，第 6 ~ 10 页。

［59］邵瑞庆，陈春华，俞俊利，袁国栋：《进入 21 世纪以来中国会计研究的特征与启示》，载于《会计研究》2010 年第 2 期，第 19 ~ 27 页。

会计信息化发展历程及对会计信息化理论的影响

【摘要】 本文回顾了我国会计信息化30年的发展历程，文章认为，我国会计信息化发展大致分为起步、初步应用、推进与发展三个阶段。不同发展阶段会计信息化理论研究各有侧重。未来会计信息化在纵向延伸上将向着网络化、决策化方向发展，在横向拓宽上将向着国际化方向发展。

【关键词】 会计信息化　历程　展望

一、引言

自从 1978 年长春第一汽车制造厂计算机辅助会计核算工作试点开始，我国会计信息化工作已走过了 30 余年的发展历程。30 年来，会计电算化软件从无到有，软件类型从单一核算型到 XBRL 技术的应用；会应用电算化的也从极少数人员，普及到所有会计人员的必备技能；会计信息化规范体系逐步建立和完善。30 多年来，在政府的不懈推动和广大会计工作者的积极努力下，我国会计信息化无论是在技术应用还是在标准化建设等领域，取得了显著成绩。

本文的目的在于对我国会计信息化 30 余年的发展历程，做一个回顾，以此梳理会计信息化发展对会计理论的影响，并对我国未来会计信息化发展做一初步展望。

二、30 余年我国会计信息化发展历程简要回顾及信息化理论的影响

会计信息化的发展是伴随着信息技术的发展和自生目标的演进而不断发展的。为此，本文将会计信息化 30 余年的发展划分为三个阶段，分阶段考察会计信息化的发展对会计理论与实务的影响。

（一）会计信息化起步阶段——会计电算化（1978～1998 年）

这一时期会计信息化的发展主要经历了两个阶段：前十年主要是对会计电算化理论基础的构建，主要反映在对会计电算化的内容和会计核算软件单项应用研究上；第二个十年主要是规范了商品化会计软件的研制、评审与市场推广。

1. 会计电算化的实验探索及无序发展阶段（1978～1988 年）

这一时期各单位、组织自行开展会计电算化工作，没有统一规范的会计电算化工作规程；

各软件厂家自行开发会计软件，无统一标准，形成"各自为政"的局面。同时，由于这一时期我国计算机应用尚处于起步阶段，计算机信息处理技术还较为落后，因此对会计信息化的理论研究也少之又少。直至1987年11月中国会计学会成立了会计电算化研究组，会计电算化的理论研究才得以重视。

2. **会计电算化有序发展阶段**（1989~1998年）

随着各单位组织会计电算化工作的深入展开，会计电算化的组织和管理工作也日益得到重视。1989年，财政部颁布了《会计核算软件的几项规定（试行）》，这标志着我国第一部全国性会计电算化法规的诞生；随后财政部又颁布了《会计电算化管理办法》、《会计电算化工作规范》等，使会计电算化无论是在软件开发还是实施过程中均有法可依，会计电算化工作向着规范化和有序化方向发展。

这期间，会计信息化理论研究得到了较大的发展。主要有：在信息系统的设计上，袁数民，（1989）指出会计电算化系统设计要经过系统分析、系统设计、系统实施和系统运行与维护四个阶段的生命周期法，同时指出一个完整的会计信息系统应该包括会计核算系统、会计管理系统和决策支持系统三个子系统；在会计信息系统应用与内部控制方面，王景新（1992）提出了管理制度、授权控制、职能分离、时序控制、修改限制、管理控制、访问控制、防错纠错措施、文件属性控制、安全控制、防毒控制等十余项控制内容。这一阶段广大学者开始了会计信息系统网络环境的研究，奠定了我国会计软件由核算型向管理型延伸的研究基础。

（二）会计信息化的产生及初步应用阶段（1999~2002年）

随着市场经济的发展和各种金融衍生工具的产生，企业不再是单纯的生产经营单位，而是融物流、资金流、信息流与业务流为一体。2003年，正式提出了会计电算化到会计信息化的观点。这不仅仅只是名称上的变化，更是观念上的变迁。标志着会计处理已由单纯的数据处理，转化到会计参与企业业务全过程的数字化、网络化进程中。是我国会计信息化发展过程中一次质的飞跃。

此时，会计信息化理论研究主要集中在以下方面：一是互联网技术对会计信息化的影响，薛云奎（1999）指出网络化管理的最大特点是消灭信息孤岛，实现信息集成。王景新（2000）指出网络版财会软件必须满足企业动态管理、集中决策等方面的需要。另一方面是互联网对会计信息安全的影响。杨平波（2000）探讨了网络环境对会计信息系统的物理安全、会计信息安全、网络系统安全、人员管理安全等问题。马万民（2002）对会计信息系统硬件、软件和网络安全等三个方面的关系进行了研究。

（三）会计信息化推进与发展阶段——XBRL技术应用（2002年至今）

伴随着会计信息化的日益与国际趋同，我国会计信息化发展速度与水平与世界的差距也越来越小。2010年5月XBRL国际组织正式接受中国成为该组织的地区组织成员。2010年10月，国家标准化委员会发布了XBRL技术规范系列国家标准、财政部发布了基于企业会计准则的XBRL通用分类标准，这标志着我国以XBRL应用为先导的会计信息化时代的到来。随着XBRL从上市公司扩展到各类单位组织，会计信息化的研究领域也发生了变化。这一阶段，会计信息化研究主要集中在：XBRL标准研究；XBRL推广策略研究；XBRL行业应用模式研究；XBRL与企业内部信息集成的相互影响研究；XBEL分析工具和应用平台研究等诸多领域。易芙瑛（2002）采用实证研究方法，有针对性地对影响上市公司自愿使用XBRL技术的影响因素做了调查分析。旷彦昌（2005）通过调查问卷的形式从 XBRL 的认知度、企业管理人员对 XBRL 的重视程度等方面研究了 XBRL 在我国的应用情况，并在此基础上对 XBRL 在我国的应用前景做了综合评价。刘爱东和袁飞（2007）对现有 XBRL 应用模式的构想，提出了终端型、嵌入型和智能型三种应用方案，其中成本最低的是终端型应用方案，优点是实施成本较低，但其运用起来要花费很多的人工、时间成本，在一定程度上降低了财务信息的可靠性，限制了 XBRL 技术优势；嵌入型应用方案较于终端型的方案，减少了实施成本，提高了信息的真实性，但它也不是理想的应用方案；智能型应用方案是在原有的 ERP 系统上，接入 XBRL 转换器，使其快捷的生成 XBRL 格式的财务报告，降低了系统开发成本，是我们理想的应用方案，实施性比较强。赵现明（2010）用盈余反应系数（ERC）来代表 XBRL 披露模式所带给投资者的信息含量，指出 XBRL 技术标准仅仅停留在财务报告层面是不够的，要将其深入到整个财务信息供应链。

三、会计信息化的未来发展及展望

虽然我国会计信息化的发展存在不足，但随着会计信息化体系的不断完善及政府的大力促进，我国会计信息化将向纵横不断延伸和拓宽。主要表现在：

（一）会计信息化的纵向延伸

1. 向网络型发展

网络财务软件将以这整合现实企业的业务链为目标，提供互联网环境下的财务模式和财务工作方式，以会计核算和企业财务管理为基础，实现购销存业务处理、会计核算和财务监控的一体化管理，有效控制企业成本和经营风险，为企业决策提供有效的预测、控制的分析。

2. 会计信息系统向决策型发展

随着会计核算系统的普及和财务管理系统不断地被理解和接受，财务决策系统将成为未来会计信息化发展的方向。特别是"云"计算的开发与应用，财务决策系统所涉及的大量历史数据和非结构化问题，将得以解决。

3. 建立 SaaS 构架服务体系

我国中小企业数量占到全部企业 99% 以上，信息化过程受人、财、物瓶颈制约。SaaS 构架通过互联网技术向用户提供服务，企业通过租用基于 Web 的软件应用系统来管理其经营活动，消除企业购买、构建信息化基础设施和维护软件应用程序的过程，只需按照使用量支付租赁费用，极大减轻中小企业信息化负担，使中小企业开展会计信息化更便捷高效。

（二）会计信息化的横向拓宽

1. 建立面向企业全部业务的信息系统

随着 IT 技术的不断发展与进步，以及会计信息化应用的不断深入，会计信息化软件也不再仅限于会计核算领域，而是通过建模工具，建立有效的业务模型和数学分析模型，将企业信息化过程中的业务进行梳理和优化，使得会计数据处理、会计业务管理、财务管理相融合，实现会计预测和决策分析。

2. 网络财务报告的跨国界交流

网络技术的不断发展和推陈出新，改变了财务报告模式。借助大容量信息数据库，使用者不仅能获取企业的财务状况、经营成果、现金流量及其他重要事项，还能获得个性化的财务报告。随着 XBRL 标准制定及在我国的广泛推广应用，将极大推动我国会计信息化的发展。在可预见的未来，不仅能实现财务报告格式转换，还能使会计信息的跨国交流更为便捷，实现真正意义上的会计语言国际化。

四、结束语

展望未来，随着经济全球化和信息技术的飞速发展，会计信息化面临着巨大的机遇和挑战。经济全球化和信息技术既为会计信息化提供了舞台和先进技术，又导致了未来充满更多不确定风险。企业在走向国际化的过程中，竞争与合作共存、重组与兼并使得资本、信息、技术在全球范围内流动。企业的这些变革迫切地需要其信息系统及会计管理系统，能适应这种快速的市场变化与业务协同中对信息处理及时与共享的要求，这些都对会计领域提出了新的挑战。

主要参考文献

［1］李捷，杨周南：《如何建立现代会计信息系统》，载于《会计研究》2004 年第 4 期。

［2］刘星霞：《会计信息化的变革与发展》，载于《信息技术与信息化》2007 年第 4 期。

［3］黎雯雯：《会计电算化的发展与会计信息产业》，载于《会计研究》2006 年第 3 期。

［4］李清：《会计信息系统模式的发展历程》，载于《中国管理信息化》2006 年第 9 期。

［5］杨周南，吴沁红，续慧泓：《中国 XBRL 研讨会综述》，载于《会计研究》2006 年第 8 期。

［6］2002～2010 年会计信息化年会资料。

财务会计的第二次革命：缘起、方向与影响

朱国泓[*]

【摘要】 自 William Beaver（1988）提出会计革命以来，财务会计发展取得了丰硕的成果。IASB 的最新工作进展将财务会计的发展推向了一个新的高度。21 世纪以来，移动互联网、物联网、云计算技术的飞速发展成就了大数据。财务会计发展的量变式积累，它所面临的巨大挑战和难得的技术基础共同决定，财务会计的第二次革命成为一种历史必然。这种根本性变革的可能方向包括：财务会计向财务呈报的转变；信息观向信息竞合观的转变；专精化向大数据化的转变；确认与计量标准从严格到宽松的转变；确认与计量"两轮驱动"向确认、计量、列报与披露"四轮驱动"的转变；世界会计发展美国主导向中国主导的转变。这些根本性变革将对会计学科发展、会计研究、会计监管、会计实务与会计教育产生深远的影响。

【关键词】 财务呈报 会计革命 概念框架 财务会计数据 大数据

在大数据时代，财务会计将被功能越来越强大的大数据包围，随时有被大数据替代的可能。与此同时，正在走向成熟的移动互联网、物联网、大数据和云计算技术，也给财务会计数据的现代转型提供了难得的技术支持。财务会计只有主动打破自我封闭，才不至于被大数据替代，并因此主动融入大数据的洪流。如果将 William Beaver（1988）提出的，从 20 世纪 60 年代开始发生的会计价值观从计量观到信息观的转变的会计变革称为第一次会计革命的话，那么当下及未来财务会计的革命性突破，则构成了财务会计的第二次革命。

本文的任务是：从财务会计发展的量变式积累和大数据的兴起这两个方面分析财务会计第二次革命的主要缘起，在此基础上预测财务会计第二次革命的可能方向，最后论述即将展开的财务会计革命对会计学科发展、会计研究、会计监管、会计实务与会计教育的深远影响。

本文认为，移动互联网、物联网、工业 4.0 的发展，以及大数据、云计算技术的兴起，势必刺激财务会计的第二次革命向纵深发展。自 2010 年起的 50 年，必将是财务会计自我革命的 50 年，财务会计数据与大数据的信息竞合，会计学科与其他学科的深度融合，是财务会计再次焕发青春，谨防被大数据彻底替代的唯一出路；如果中国会计界能顺应这种历史潮流，多思考、多研究、多推动财务会计发展的大格局、大趋势，世界会计发展很可能迎来中国主导的大时代。

---

* 朱国泓：上海交通大学安泰经济与管理学院

一、主要缘起

（一）财务会计发展的最新进展

William Beaver（1988）提出，20 世纪 60 年代前后，财务会计发生了从计量观向信息观的根本性转变，并将这种根本性转变称之为财务会计革命。此后，财务会计取得的主要成果包括：（1）对财务会计本质的认识取得共识，认为财务会计是一个信息系统（ASOBAT，1966；戴维森，1977；余绪缨，1980；Scott，2003；葛家澍，1988）；（2）财务会计概念框架的研究和发布蔚然成风。1973 年 10 月，以特鲁布拉德（Trueblood）为首的财务会计目标委员会发布《财务会计的目标》，由此开启美国 FASB 财务会计概念框架研究的历程。1978 年开始，FASB 陆续发布第 1 号至第 8 号财务会计概念公告。在其示范效应下，各国准则制定机构和国际会计准则理事会陆续发布本国的概念框架（IASB，1989；ASB of UK，1999；AASB，1990；CICA，1990）。中国财政部在 1992 年发布类似于国际财务会计概念框架的《基本准则》；（3）各国会计准则体系化、会计准则国际化取得实质成果。

2012 年，在 IASB 与 FASB 概念框架联合项目的基础上，IASB 继续展开概念框架的研究，于并通过 2015 年 5 月发布《财务呈报概念框架》（征求意见稿）；同时，通过议程咨询确定个项目的范围及其轻重缓解，取得了众多积极成果。IASB 的上述工作进展，将财务会计的发展推向了一个新的高度。

1. 《财务呈报概念框架》（征求意见稿）的重要突破

2015 年 5 月，IASB 发布《财务呈报概念框架》（征求意见稿）。该征求意见稿得益于 2006 年 7 月启动的 IASB 与 FASB 的概念框架联合项目，实现了概念框架研究的诸多突破，并在列报与披露两方面填补了联合项目的不足。突破主要表现在：

（1）自始至终强调财务呈报（Financial reporting）[①] 这一包含确认、计量、列报和披露的信息沟通过程。这一点可以从该文件的标题和文件的每一处 financial reporting 中体现出来。[②] 相比 Beaver 强调的计量观向信息观的转变，该征求意见稿均衡重视确认、计量、列报与披露这四个信息沟通环节。其信息沟通目标的实现，得益于确认、计量、列报与披露的同时改进和完善。

（2）强调更广涵义上的财务信息，而非仅仅财务会计信息。其中，财务报告提供呈报主体的经济资源及其要求权的信息，以及改变主体经济资源及其要求权的各交易、事项、具体情形的信息。此外，财务报告还提供呈报主体管理层所作预期和战略的各种解释材料，以及其他类型的前瞻性信息（para. 2.2）。财务报告用文字和数字来表述各类信息（para. 2.14）。此外，财务信息还包括其他途径提供的各种财务性信息（para. 2.3）。该征求意见稿在第三部分"财务报表与呈报主体"中指出，财务报表是通用财务呈报的特定形式，财务报表包含资产负债表、利润表及其附注（chapter 3）。可见，该征求意见稿所指的财务信息是一种比较广义的财

[①] 国内不少学者将 Financial reporting 翻译为财务报告，也有学者将其翻译为财务呈报（王立彦、姜国华，2009；薛云奎，1999）。但从过程来看，将 Financial reporting 翻译为财务呈报更能反映它的过程意蕴。实际上，2015 年 5 月国际会计准则理事会发布的这份概念框架征求意见稿就非常强调财务信息的整个沟通过程，而且整个信息沟通效率的提高仰赖于确认、计量、列报、披露四个环节的改进与完善。

[②] 该征求意见稿同时用了 general purpose financial reports 和 general purpose financial reporting，但二者涵义并不相同。前者主要指通用目的财务报表及报表附注信息，后者则涵盖所有财务信息的确认、计量、列报与披露诸环节。

务信息，财务会计信息只是其中的特定部分而已。

（3）有用财务信息的质量分为基础型和增强型两大类。前者主要是相关性和如实反映，后者包括可比、可验证、及时与可理解。基础型质量特征是有用财务信息最核心的质量特征，增强型质量能进一步提高有用财务信息的质量（chapter 2）。

（4）确认标准的放松。比如，资产是呈报主体控制的因过去事项导致的现时经济资源，这种经济资源是一种有潜力形成经济利益的权利。与我们现在采用的资产定义①相比，其对资产的定义放松了不少，即不再要求资产是能产生未来经济利益的资源，只要具备形成经济利益的潜力即可构成资产（para. 4.4，4.5，4.6，4.7）。这种资产定义的放松直接导致资产确认标准的放松。另一方面，该征求意见稿还指出，尽管某些情况下与资产、负债相关的经济利益流入或流出的概率并不高，资产和负债的确认仍然能提供相关的信息，特别是资产和负债的计量能反映这种低概率，且有附有相应的披露时，更是如此（para. 5.17，5.18）。

（5）计量标准的放松和计量基础的扩展。计量的不确定性是影响财务信息相关的一个重要因素。一项资产或负债的计量无法通过直接观察获得时，计量的不确定性就产生了，这时必须依赖于估计（para. 2.12）。为提高财务信息的相关性，必须容忍一定水平的计量不确定性。这是对现有可靠计量的一种放松。另一方面，该征求意见稿还将计量基础进行了相应的扩展：基于历史成本的计量基础和基于现时价值的计量基础。基于现时价值的计量基础包括公允价值、资产的使用价值和负债的清偿价值。其中，公允价值是计量日市场参与者在有序交易中的市场报价。当公允价值无法通过直接观察获得时，公允价值需要通过相应的估值技术来获得。使用价值和清偿价值是一个与呈报主体密切相关的计量基础。使用价值是呈报主体利用该项资产产生未来现金流和处置该资产的现金流的现值。清偿价值则是呈报主体清偿债务预计所发生的现金流的现值。针对资产负债表和利润表，历史成本、公允价值和现行价值的适用情形各异，基于不同计量基础所提供的信息，具有不同的优缺点（table 6.1）。在计量基础的选择上，相关性、如实反映、其他增强型质量特征、其他与初始计量的相关因素都是有待考虑的因素，这些要素的重要性排序需结合呈报主体和相应的实际情况而定。当存在一种以上的计量基础时，比较可接受的方式是，用一种计量基础进行计量，然后在附注中披露采用其他计量基础的相关信息（para. 6.75）。

（6）强调列报与披露是极其重要的沟通工具。与IASB、FASB概念框架联合项目相比，该征求意见稿的最大突破是它对列报与披露的强调（chapter 7）。该征求意见稿认为，将信息按照结构化的方式进行分类，从而将相似的信息放在一起报告，而将不相似的信息分开报告；为了不受不必要的细节信息影响，将相关信息进行加总，在此基础上进行列报与披露，能提高财务信息的可比性和可理解性（para. 7.8）。对于符合要素定义，但没有得到确认的资产和负债，有必要在财务报表附注中加以披露，另外，计量中所采用的方法、假设、判断和模型及其变化，也需在附注中加以说明（para. 7.3）。此外，更多地强调列报与披露目标和原则，而不是相关的列报与披露规则，有助于减少纯粹的机械性规避，进而提高沟通的效率和效果（para. 7.8）。

2. IASB未来几年的工作计划

2015年8月IASB发布的《议程咨询》，透露了它未来几年的主要工作计划（见表1）。毋

---

① 我们现在对资产的定义是，"主体拥有或控制的，因过去交易或事项形成的，能够产生未来经济利益的资源或权利"。

庸置疑，随着概念框架逐渐进入尾声，"披露动议"的理论研究和披露准则的讨论稿、征求意见稿和原有披露准则的修订进入议事日程。这足见 IASB 对披露的重视。①

表 1　　　　　　　　　　　　　　IASB 拟定的 2015~2020 年工作计划

项目类型	具体工作计划
研究项目	评估阶段的研究项目： 　　企业定义 　　折现率 　　商誉与减值 　　所得税 　　排污定价机制 　　退休后福利 　　主要财务报表 　　准备、或有资产与或有负债 　　股份支付 开发阶段的研究项目： 　　共同控制下的企业合并 　　披露动议——披露原则 　　动态风险管理 　　权益法 　　具有权益特征的金融工具 未启动的研究项目： 　　钻探业务/无形资产/研究与开发 　　外币折算 　　高通胀
准则项目	保险合同、租赁将在本期早期完成 开始中小企业的 IFRS 的下一轮评估
概念框架	2016 年底发布《财务呈报概念框架》
披露动议	2015 年底形成《披露动议——披露原则》（讨论稿） 形成改进 IAS 第 7 号准则《现金流量表》的建议 形成有关重要性的实务公告（预计在 2015 年四季度形成讨论稿） 修订 IAS 第 8 号准则《会计政策、会计估计与差错变更》的建议（征求意见稿） 对现有 IFRS 披露准则的评估，以确定目标改进方案，并形成草案指南 2014 年启动的 IAS 第 1 号准则《财务报表列报》的修订
维护与执行项目	有关解释、年度改进或小范围修订的 13 个项目

　　自 20 世纪 60 年代的财务会计革命以来，财务会计的发展处在一个新的量变式积累过程。时至今日，财务会计已经冲破了既有的发展轨道，开始迈入逐步放宽确认与计量标准，更加注重列报与披露这两个长期遭受漠视的信息沟通环节。这种量变式积累为财务会计的再一次根本性变革提供了最为重要的基础。

---

　　①　2012 年 7 月，FASB 发布了《披露框架》（征求意见稿）。该文件主要就披露要求的弹性、呈报主体有关披露的相关性、披露格式、中期财务报告的披露等事项作了相应的探讨。遗憾的是，在此之后，该征求意见稿至今杳无音信，仍无下文。

（二）大数据的兴起与财务会计面临的挑战与机遇

1. 互联网发展与大数据、云计算技术的兴起

1991 年，万维网诞生，人类开启了互联网时代。互联网的诸多优点在很大程度上降低信息的搜寻与获得成本，并因此大大节约了整个社会的交易成本。2007 年，苹果公司推出以互联网为基础的智能手机，促使人类进入到移动互联网时代。移动互联网（Mobile Internet，MI）是一种通过智能移动终端，采用移动无线通信方式获取业务和服务的新兴业务，包含终端、软件和应用三个层面。终端层包括智能手机、平板电脑、电子书、MID 等；软件包括操作系统、中间件、数据库和安全软件等。应用层包括休闲娱乐类、工具媒体类、商务财经类等不同应用与服务。

由于智能手机的逐渐流行，腾讯公司的 QQ 在线用户在 2008 年 6 月突破 4 000 万，注册用户超过 8 亿。2014 年 4 月 11 日，QQ 同时在线用户突破 2 亿。2011 年 1 月 21 日，腾讯公司推出微信。2011 年底，微信用户超过 5 000 万。2012 年 3 月，微信人数突破 1 亿大关。2012 年 9 月 17 日，微信用户突破 2 亿。2013 年 1 月 15 日，微信用户突破 3 亿。2013 年 10 月 24 日，微信用户突破 6 亿，每日活跃用户超过 1 亿。截至 2015 年 6 月 30 日，微信和 Wechat 合并的月活跃用户已突破 6 亿。QQ 智能终端月活跃用户 6.27 亿，最高在线 2.33 亿。截至 2015 年 4 月 22 日，支付宝钱包实名注册用户超过 3 亿，活跃用户超过 2.7 亿。中国成为移动互联网发展最为迅速的国家。

与桌面互联网相比，移动互联网摆脱了桌面电脑的物理约束，实现了互联网用户与手机用户的完全统一。移动互联网终端使用者在享受生活和消费便利的同时，给平台公司提供了海量的数据信息，这就是典型的用户生成内容（UGC）模式。更为重要的是，随着使用频率的加快，基于移动互联网的数据越来越庞大，UGC 衍生的大数据基本形成。

随着传感器技术的发展成熟，物物相连的互联网逐步形成。物联网有两层意思：（1）物联网的核心和基础仍然是互联网，是在互联网基础上的延伸和扩展的网络；（2）其用户端延伸和扩展到了任何物品与物品之间。物联网通过智能感知、识别技术与普适计算等通信感知技术，广泛应用于网络的融合中，也因此被称为继计算机、互联网之后世界信息产业发展的第三次浪潮。物联网是互联网的应用拓展，应用创新是物联网发展的核心，以用户体验为核心的创新 2.0 是物联网发展的灵魂。与移动互联网相同的是，物联网在物物相连、人物相连的过程中也会产生出大数据。

中国当前推行的国家战略"互联网＋"是"互联网＋各个传统行业"，但这并不是简单的两者相加，而是利用信息通信技术以及互联网平台，让互联网与传统行业进行深度融合，进而创造出新的发展生态。它代表一种新的社会形态，即充分发挥互联网在社会资源配置中的优化和集成作用，将互联网的创新成果深度融合于经济、社会各领域之中，提升全社会的创新力和生产力，形成更广泛的以互联网为基础设施和实现工具的经济发展新形态。通用电气提出的工业互联网（Industrial Internet）或德国的工业 4.0 就是互联网＋工业的最好例子。工业化创造了无数的机器、设施和系统网络。工业互联网，是指让这些机器和先进的传感器、控制和软件应用相连接，以提高生产效率、减少资源消耗。毋庸置疑，"互联网＋"使得企业内部网络与外部网络无缝对接，融为一体。

以互联网为基础的移动互联网、物联网、"互联网＋"各个传统行业，最终形成一个人与人相连、物与物相连、人与物相连的信息物理系统（Cyber - Physical System）。人在信息搜索、

采购、生产、销售、消费与信息评价与反馈的过程中，不断生成大数据、使用大数据，逐步形成"用户运用大数据——用户生成数据——数据提升用户效用——用户再次运用大数据——用户再次生成大数据"的大数据生产循环。

为此，麦肯锡全球研究所给大数据作出如下定义：一种规模大到在获取、存储、管理、分析方面大大超出了传统数据库软件工具能力范围的数据集合，它具有海量的数据规模、快速的数据流转、多样的数据类型和价值密度低等四大基本特征。云计算解决了大数据的数据加工问题。它采用分布式架构，对海量数据进行分布式数据挖掘，依托云计算的分布式处理、分布式数据库和云存储、虚拟化技术，实现大数据的价值。

2. 大数据时代财务会计面临的挑战与机遇

财务会计的目标在于给投资者等提供决策有用的信息。财务会计数据的价值在于它的决策相关性。在大数据时代，云计算技术能够计算任何两组数据之间的相关关系，也能很好地刻画出两组数据在特定时间特定场景下的内在规律性，进而有效辅助相关决策。两类数据的价值都在于它们的决策相关性，但二者的主要特征存在不少差异，具体参见表2。

表2　　　　　　　　　　　　　大数据与财务会计数据的主要特征比较

比较项目	大数据	财务会计数据
数据体量及增长速度	量大、增长速度极快	体量较小，增长速度较慢
数据的价值密度	较低	较高
数据范围	主要是企业外部的各类数据	主要是企业内部的数据
数据类型	很多，包括数据、文字、图片等	主要是数据
数据的可靠性	数据主要靠物理获取，可靠性极高	数据主要靠系统生成，可靠性较高
数据的实时性	很高，无限趋近于现在	很低，主要面向过去
数据的频率	很高	较低
驱动因子的多寡	极少的关键驱动因子（在大数据中寻找）	系统生成众多的驱动因子
相关性的具体算法	云计算方法	价值相关性实证检验方法
取得成本	较低	较高
预期收益	很高	较高

表2显示，人们在探求大数据的相关性时，更多地运用无限趋近于现时的数据分析两组数据之间的相关性，而且分离出的是高频的关键驱动因子与另外一组高频数据之间的相关性。显而易见，现时与未来之间的相关性要高于过去与未来之间的相关性。因此，与财务会计数据比较，大数据的预测价值很可能高于基于过去的财务会计数据的预测价值。另一方面，在互联网背景下，大数据的获取主要通过物理方法来实现，其成本可能小于复式记账法和应计制法下人工系统生成的财务会计数据。这样一来，尽管财务会计数据具有价值密度高、可靠性较高等特点，但大数据的成本效益比有可能优于财务会计数据的成本效益比。

现实中的一些投资策略也证实了大数据的决策价值有优于财务会计数据决策价值的实力。作为一家卫星情报分析公司，美国 RSMetric 公司，通过对高分辨率遥感卫星影像、人口数据、气候信息等进行量化分析，在此基础上向企业、投资者和政府提供专业数据报告。它的客户中有很多是华尔街的对冲基金，RSMetrics 可以给这些投资机构提供零售商场的交通信息和大宗商品的产量、存货、贸易等信息。[①] 2012～2013 年这两年间，公司增加了 25 家对冲基金和货币管理机构客户，2013 年这一数字更是呈几何式增长。

国内的广发基金管理有限公司利用百度搜索的大数据，分别计算特定股票最近一个月的搜索总量和搜索增量，分别记为总量因子和增量因子；对搜索总量因子和增量因子构建因子分析模型，计算每期个股的综合得分，记为搜索因子。在此基础上结合综合财务因子和综合动量因子，计算中证全指的各股票的最后得分，找出排名前 100 的股票，构建中证百度百发策略 100 指数成分股。[②] 图 1 显示，中证百度百发基金获得的投资回报远远优于指数和仅仅基于财务基本面选股的广发稳健增长基金。由此可见，现有的财务会计数据在与大数据的竞争过程中，既存在也已形成的专精化优势，也存在不如大数据决策的时滞劣势——利用实时的大数据分离出一些关键驱动因子，最终将这些关键驱动因子与投资决策联系起来。其可能的结果是，财务会计数据的效益因此降低，财务会计数据被提供的成本效益比受到重创，财务会计面临存在合理性的巨大挑战。

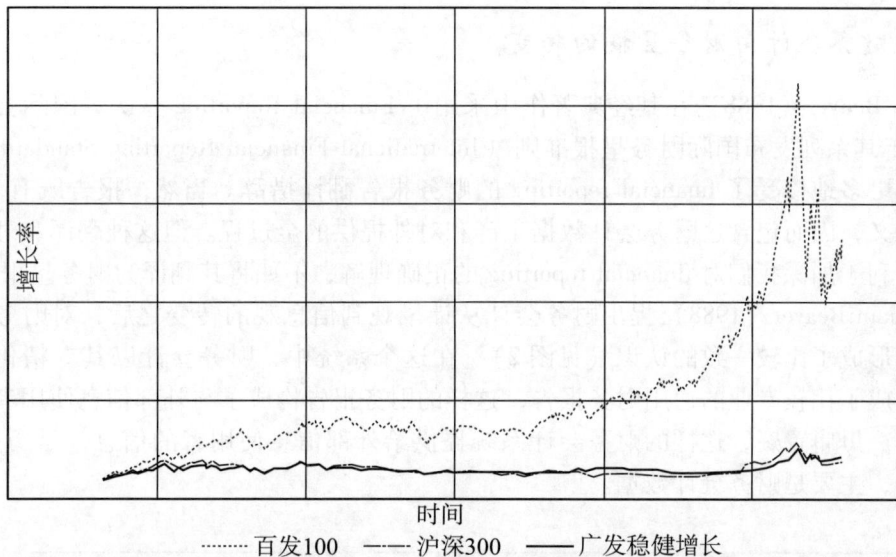

图 1　百度百发大数据基金与沪深 300 指数、广发稳健增长基金的市场表现对比

当然，大数据也可能给财务会计的系统生成提供技术上的外在刺激和自我革命的内在动力。移动互联网、工业互联网、物联网的深度融合，很可能使财务会计数据所需的原始数据的获取变得更加便捷、成本更加节约。更重要的是，它们使这些原始数据的获取变得更加实时化。另一方面，移动互联网的加速发展也有助于企业将其财务会计数据更加迅速地传递给现实的或潜在的投资者、债权人和其他利益相关者。基于这个由移动互联网、物联网、工业互联网组成的信息物理系统，企业的财务会计信息很可能自动实现其网络化实时生成，并依托移动互联网实现所有信息使用者的互联网化分享，在此基础上，财务会计完成对自身的革命与再提升。由此，企业内外部财务信息使用者就能通过各种智能终端获得实时的财务会计数据，实现

---

① https://www.rsmetrics.com/products-services/equity-research-for-investors/。
② 可参见百度百发大数据基金募集说明书。

财务会计数据的层次化、实时化和完全互联网化共享。互联网、云计算技术的发展，为财务会计的大发展注入了更加强劲的技术动力。

（三）财务会计的第二次革命：一个历史的必然

在外部理论和技术的刺激下，财务会计的量变式积累最终导致其突破性变革。William Beaver（1988）洞察到信息论、系统论和控制论对财务会计的重大影响，指出了自 20 世纪 60 年代财务会计从计量观向信息观的转变这一重大的会计革命趋势。此后财务会计的累积式发展直接导致了 IASB 各项工作的积极进展，其《财务呈报概念框架》（征求意见稿）和《披露动议》项目已经闪现着财务会计又一次革命的亮光。在移动互联网、物联网、工业互联网、大数据、云计算技术的强力刺激下，财务会计所面临的巨大挑战，以及它所承接的技术基础，使得财务会计的第二次革命成为一个历史的必然。

二、可能方向

（一）财务会计向财务呈报的转变

William Beaver（1988）在其经典著作中采用了 Financial Reporting 一次。国际会计准则理事会 2003 年其系列发布国际财务呈报准则（International Financial Reporting Standards，IFRs）。中国会计界更多地接受了 financial reporting 的财务报告翻译措辞。当然，报告既有名词意义，也有动词意义，因而包含这财务会计数据生产和对外提供的全过程。但这种翻译和理解容易产生歧义，不利于加深我们对 financial reporting 的正确理解，不如将其翻译为财务呈报。[①]

自 William Beaver（1988）提出财务会计从计量观到信息观的转变之后，对财务会计系统的内部构建形成了比较一致的认识（见图 2）。在这个系统中，财务会计以其专精化的数据生成方法，形成了比较专业的通用财务报告，这样的财务报告构成了与外部信息使用者沟通的主要信息载体。毋庸置疑，这样的财务会计系统提供给外部信息使用者的信息，是历史的信息、浓缩的信息，主要是财务会计数据。

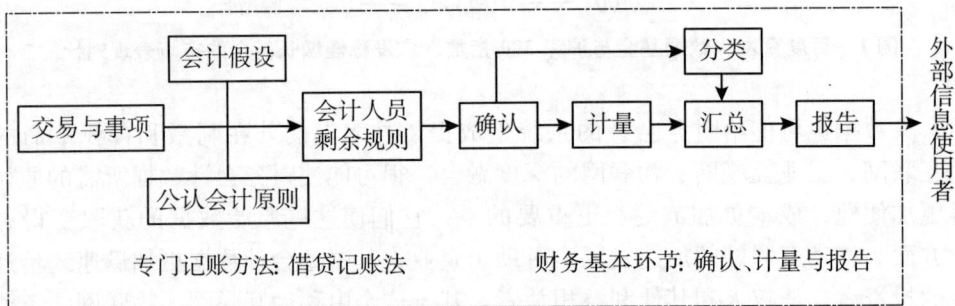

图 2　财务会计系统：会计界基本一致的认知

---

① 国内也有学者将 financial reporting 翻译为"财务呈报"（薛云奎，1999；王立彦、姜国华，2009）。具体参见威廉·比弗著，薛云奎译：《财务呈报：会计革命》，东北财经大学出版社 1999 年版；王立彦、姜国华为 William Beaver 所著"Financial Reporting：An Accounting Revolution"一书国内影印版（中国人民大学出版社 2009 年版）"导读"。

在大数据时代，图 2 所示的现行财务会计系统提供的财务会计数据无疑会面临来自大数据的巨大挑战。而要正面迎接这一挑战，财务会计系统就必须全面转变为更有信息竞争力的财务呈报系统。结合现有的大数据环境和 IASB《财务呈报概念框架》（征求意见稿），应形成如图 3 所示的财务呈报系统。该系统除了提供财务会计数据外，还能提供其他通用的、对外部信息使用者决策有用的其他财务信息，进而能提高财务呈报系统所提供数据信息的竞争力。

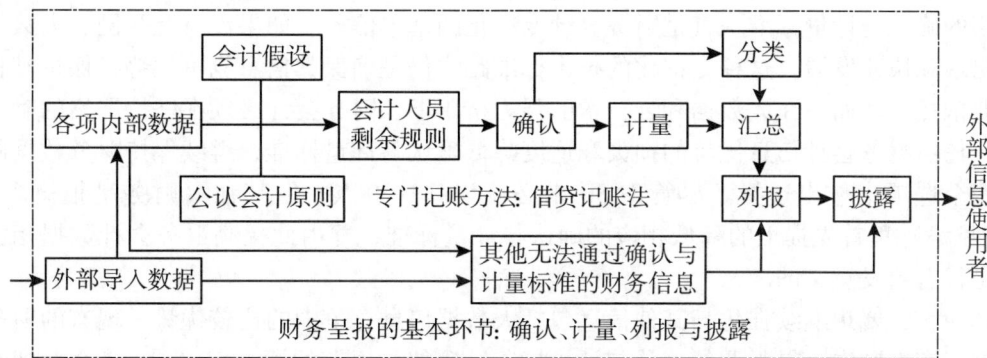

图3　财务呈报系统：初步的探讨

（二）信息观向信息竞合观的转变

表 1 表明，财务会计数据作为一种价值密度较高的数据，本身具备很多比较优势：它目前的市场接受度非常高；它具有很好的可靠性，容易被验证，具有很高的确证价值。另一方面，与大数据相比，财务会计数据存在着诸多劣势：主要是历史数据，对预测未来的价值相度较低；主要是符合财务会计确认与计量标准的数据，一些影响投资者决策的重要数据则无法提供；主要是浓缩数据，内含重要信息含量的层次化数据也无法提供。

若要保持财务会计数据在 500 多年来不断积累起来的信息比较优势，就必须借鉴和利用大数据的诸多优势，并用其武装自己。换言之，在与大数据的竞争中，财务会计必须坚持竞争与合作这一基本原则。William Beaver 倡导的信息观应进一步向信息竞合观转变。

财务会计数据与大数据信息竞合的主要内容在于：将外部大数据导入财务呈报系统，增加企业内部数据的范围与更新速度（见图 3）；借鉴大数据的物理获取方法，降低财务呈报系统所需数据的取得成本；将那些不符合财务会计确认与计量标准的、预计影响投资者决策的企业内外部数据通过列报和披露的方式，实现与外部信息使用者的更好沟通。这种与大数据的信息竞合一方面能有效降低财务呈报数据的获取与生产成本，另一方面还能提高财务呈报数据的效益，并就此显著提高财务数据的成本效益比。这恰好是财务数据保持竞争优势的根本所在。

（三）专精化向大数据化的转变

财务会计数据之所以在过去的 500 多年里，能在与其他信息竞争中确保比较优势，与会计理论界和实务界孜孜以求的专精化探索与实践高度相关。在会计界的不懈努力下，财务会计数据成为一种略带专业化色彩的专精化数据。但是在面临大数据的强有力竞争下，财务会计数据一方面应尽量保持这种专精化的合理内核，另一方面，则需要合理吸收大数据的诸多精髓，活用大数据，并逐步实现财务数据的大数据化。

互联网技术的飞速发展，使得数据的规模越来越大，数据的物理化获取越来越普遍。如果能将企业内部物理网络与外部物理网络进行有效的管制性链接，企业就可以实现数据的物理化挖掘、物理化生产、物理化传输、物理化对外传递。如果进一步优化财务会计的核算系统，使之模型化、系统化，各项财务数据的高频化、实时化、多层次化和互联网化则成为可能，各项财务数据就此成为大数据的一部分，由此融入大数据的洪流。

（四）确认与计量标准从严格到宽松的转变

严格的确认与计量标准一直是财务会计专精化的基本信条。如果没有互联网、大数据和云技术的出现和快速发展，这种专精化的技术标准路线仍是确保其信息竞争优势，保持其权威地位的重要依托。然而，在大数据和云技术的强力挤压下，财务会计必须在坚持严格的确认与计量标准，任由财务会计信息优势的损失和适度降低确认与计量标准，继续保持财务数据的比较优势这两个选项中作出选择。尽管 IASB 未必认识到这一点，但其在《财务呈报概念框架》（征求意见稿）里首先提出的降低相应的确认与计量标准，并由此提高财务会计数据相关性的倡议还是很有启发意义的。

总体而言，要想继续强化与其他信息包括大数据信息竞争中的比较优势，现有的财务会计必须降低现有准则中一贯强调的确认与计量标准。比如，现有的资产定义是，"企业拥有或控制的，因过去交易或事项形成的，能够带来未来经济利益的资源或权利"。按照这个标准，现有的互联网平台企业所积累的庞大数据就无法进入企业的资产负债表。IASB（2015）认为，某项资源或权利只要有带来未来经济利益的潜力，就应认定为资产。若启动这一标准，腾讯和阿里巴巴积累起来的大数据无疑是它们最核心的资产。

现有的财务会计系统在资产的确认与计量过程中应同时满足三个标准：符合资产的定义；与资源有关的经济利益很可能流入企业；该资源的成本或者价值能够可靠地计量。按照这些标准，影视公司知名导演和演员显然无法进入现有的财务会计系统，但导演和演员显然是影视公司业绩和成长的根本保证。投资者完全可以根据他们能够获得的企业导演和演员的相关大数据来预测企业的业绩和成长情况，财务会计数据的预测价值将大大降低，财务会计数据的比较优势荡然无存。IASB 在《财务呈报概念框架》（征求意见稿）中提出，可根据不同的可能性及可靠程度来确认和计量资产。可以预见，如果适当降低财务会计的确认与计量标准，未来的资产负债表将会是表 3 所示的既见人，又见物，还见数据的决策有用型资产负债表。

表 3　　　　　　　　未来资产负债表：一个大胆的猜测

资产	20×5 年 12 月 31 日	20×4 年 12 月 31 日	负债及所有者权益	20×5 年 12 月 31 日	20×4 年 12 月 31 日
流动资产：			流动负债：		
货币资金			银行借款		
以公允价值计价且其变动计入当期损益的金融资产			以公允价值计价且其变动计入当期损益的金融负债		
应收账款			应付票据		
预收账款			应付账款		
应收利息			预收账款		
其他应收款			应付职工薪酬		

续表

资产	20×5年 12月31日	20×4年 12月31日	负债及所有者权益	20×5年 12月31日	20×4年 12月31日
存货			应交税费		
短期人力资产			应付利息		
其他流动资产			其他应付款		
流动资产合计			一年内到期的非流动负债		
非流动资产：			流动负债合计		
发放贷款及垫款			非流动负债：		
可供出售金融资产			长期借款		
持有至到期投资			应付债券		
长期应收款			预计负债		
长期股权投资			长期应付人力负债		
投资性房地产			其他非流动负债		
固定资产			递延所得税负债		
在建工程			非流动负债合计		
工程物资			负债合计		
生产性生物资产			所有者权益：		
油气资产			实收资本（股本）		
无形资产			其他权益工具		
开发支出			其中：优先股		
			永续债		
商誉			资本公积		
			减：库存股		
长期待摊费用			其他综合收益		
数据资产			盈余公积		
长期人力资产			未分配利润		
递延所得税资产			归属于母公司股东所有者权益合计		
其他非流动资产			少数股东权益		
非流动资产合计			所有者权益合计		
资产总计			负债与所有者权益总计		

（五）"两轮驱动"向"四轮驱动"的转变

现有的财务会计系统更偏重于确认与计量。这使得那些无法满足现有确认与计量标准的信息无法传递给外部信息使用者，这在一定程度上降低了财务会计数据的应有效益。为克服这一窘境，IASB 在 2015 年 5 月发布的《财务呈报概念框架》（征求意见稿）中建议，对于那些无法满足确认标准的会计要素，应通过相应的披露来显示相应的信息，并以此促进财务信息的传递，达成与外部信息使用者之间的良好沟通。

为继续保持或增强财务信息的比较优势，一种可行的选择是：针对企业内部数据和外部导入数据生成的内部数据，凡是能够满足确认与计量标准的信息，经过财务会计系统的数据生成、列报与披露，将这些信息传递给外部信息使用者；针对无法达到财务会计系统确认与计量标准的企业内外部，则通过恰当有效列报与披露，传递给外部信息使用者。这种结合可以做到专精化数据和其他财务信息的相互佐证，共同服务于外部信息使用者的决策。总起来看，财务呈报系统是一个内含专精化财务会计系统的"确认、计量、列报与披露"的"四轮驱动系统"。相比于现在重点强调"确认与计量"的两轮驱动模式，"四轮驱动系统"有助于财务数据的高频化、实时化、多层次化与互联网化，因而更能充分发挥财务呈报系统的如下信息比较优势：既不丢弃专精化数据的合理内核，又能充分吸收大数据的养分。

总体而言，如果当前的财务会计系统如能向财务呈报系统转变，保持与大数据的信息竞争与合作，逐步实现财务数据专精化向大数据化的转变，在确认与计量标准的放松与信息质量的损失中寻求动态平衡，实现财务会计数据生成中的算法模型化，并确保确认、计量、列报与披露的均衡配合，凭借由移动互联网、工业互联网、物联网组成的信息物理系统（Cyber – Physical System，CPS），企业各类财务信息将依自动实现其网络化实时生成，并依托移动互联网实现所有信息使用者的互联网化分享。企业内外部信息使用者就能通过各种智能终端获得实时的财务会计数据，真正实现财务数据的层次化、实时化和完全互联网化共享。未来的财务信息必将成为一种互联网信息，终将汇入大数据的洪流。

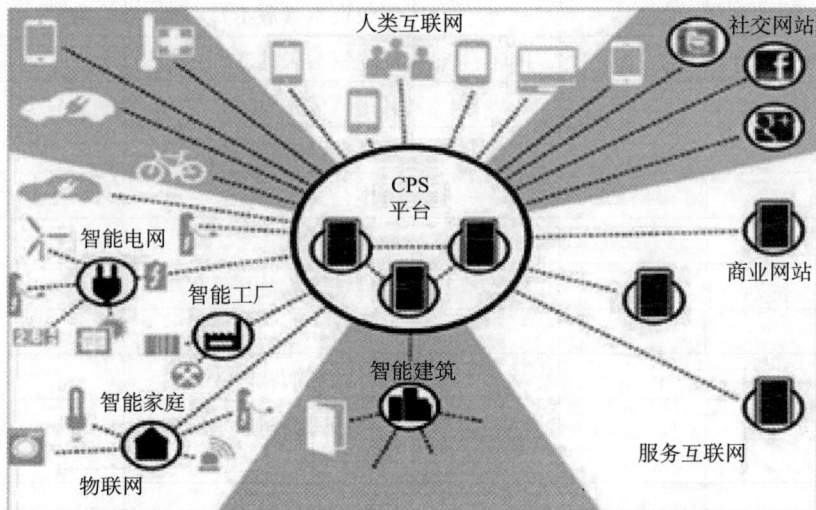

图4　企业财务信息的互联网生成与共享：基于 CPS 网络的展望

三、深远影响

（一）学科发展

任何一门学科都是科学研究发展成熟的产物。一门学科获得独立的标志是，必须有独立的研究内容、成熟的研究方法、规范的学科体制。毋庸置疑，会计成为一门独立学科，财务会计成为会计学科中非常重要的一个学科分支，无疑是理论和实务专精化的必然结果。

然而作为多学科的综合产物，大数据已经受到理论和实务界的高度关注，多学科交叉与融合成为大数据学科的重要前奏。2014 年 4 月 26 日，清华大学宣布成立数据科学研究员，并推出依托信息学院、经管学院、公管学院、社科学院、交叉信息研究院、五道口金融学院等 6 个院系协同共建的多学科交叉培养的大数据硕士项目。2015 年 10 月 8 日，复旦大学大数据学院、大数据研究院揭牌成立。新成立的大数据学院将在数学、统计学、计算机、生命科学、医学、经济学、社会学、传播学等多学科交叉融合的基础上，聚焦大数据学科建设、研究应用和复合型人才培养。

在与大数据的信息竞合中，会计学科必须从致力于自我标识到主动与其他学科融合，尤其是要与即将形成的多学科交叉的大数据学科深度融合，充分吸收大数据学科的养分，实现大数据和财务数据的优势互补。否则，会计学科的学科地位将不可避免地走向式微，甚至被新兴的大数据学科所替代。[①] 与其他科学尤其是大数据学科展开深度融合，无疑是会计学科得以继续发展的必要条件。

（二）会计研究

不可否认的是，当前的财务会计研究越来越细节化，越来越自我娱乐化。其对学科引领、会计实务的边际贡献不断降低。面对大数据的强力竞争，会计界有必要展开如下领域的研究：财务会计发展趋势研究；大数据背景下的财务呈报概念框架研究；财务数据与大数据决策有用性的赛马测试（horse race test）；财务数据与大数据技术衔接的可行性研究；大数据背景下的财务会计实务研究；财务会计算法模型化研究；大数据背景下准则理论研究；大数据背景下会计教育研究等。当前会计界最需要摒弃的就是为了职称和工作量评定的"饭碗研究"，转而关注大数据背景下的财务会计研究。否则，现在"饭碗研究"，以后研究如何找"饭碗"。

（三）会计监管

财务会计系统向财务呈报系统的转变，要求我们的准则制定机构必须转变观念，坚持从会计准则向财务呈报准则的转变，将准则制定的重心合理配置到确认准则、计量准则、列报准则和披露准则上来。应该说，IASB 的《披露动议》已经显示 IASB 对披露的重视。但仅仅关注到这个层次是不够的，必须结合大数据的趋势和影响，开展、优化财务呈报准则的制定、修订与完善。

会计监管从分部门监管向整合监管转变，应是会计监管的必然趋势。美国 FASB 更加强调确认与计量，与其分类监管的历史分不开。在美国，SEC 负责信息的列报与披露，而 FASB 接受 SEC 的授权，主要关注确认与计量。我国的情况更特殊，我们的体制是一行、三会和一个国资委，外加一个财政部。财政部负责准则的指定，证监会、银监会、保监会、国资委负责各自富有特色的信息列报与披露。IASB 作为一个非政府组织，开启了确认、计量、列报与披露并重的"四轮驱动模式"，在一定程度上揭示了财务呈报的内在规律性。在大数据时代，分类监管模式已不符合监管的实际要求，容易导致信息的彼此割裂、相互排斥、重大遗漏，有必要由此开启整合型会计监管模式。唯有如此，财务呈报数据才能真正发挥它的比较优势，与大数

---

① 在数学和计算机科学来看，财务会计系统不过是一系列假设、原则下的算法。针对特定行业的特定企业，该算法完全可以实现模型化处理。若财务会计止步于故步自封，无异于自取灭亡。

据一起共同服务于投资者的决策，进而提高整个社会的资源配置效率。

（四）会计实务

在大数据时代，财务数据计算机化、互联网化、大数据化，是其发展的基本趋势。可以预见，会计实务的变化将随着会计理论的快速变化而发生快速的变化。这要求会计实务工作者不断接受新的理论、新的准则、新的技术。否则，现有会计实务工作者的工作机会将拱手让与那些精于大数据获取、清洗、运算与应用的数学、统计、计算机专门人才。

（五）会计教育

可以想象，随着财务会计理论的转变，以及财务数据与大数据的竞争与合作的深入展开，当前的会计学历教育与继续教育都将发生深刻的变化。会计学历教育除了调整现有的教育内容外，还必须增加相应的算法，数据的获取、清洗、运算、应用技术的相关内容。会计学历教育的知识化和技术化将成为以后学历教育的重点。会计学历教育的上述改变要求，从事会计学历教育的教师要么自身提高自身的知识素养、技术水平，要么新的技术人才在学习相关的理论后充实现有学历教育的师资队伍。在会计继续教育方面，更多的其他学科专门人才，将加入到会计继续教育的行列，数学、统计学、计算机科学的相关内容将不断填充会计继续教育的内容，其教学时数占比也因此不断提高。

（六）世界会计发展主导国家的更替

世界会计发展的历史经验表明，特定时代的经济强国，必定是世界会计发展的中心，世界会计发展中心一旦转移，该经济强国将在很长一段时间内主导世界会计发展的主导权。2010年，中国GDP一举超过日本，成为全球第二大经济体。据官方智库测算，2020年中国有可能成为全球第一大经济体。更为重要的是，由于中国人口规模大，人口密度高，加上互联网企业的创新推进，中国互联网产业成为领先世界的战略产业，"互联网＋"已成为国家战略。根据世界会计发展的基本规律，结合世界互联网技术的发展趋势，中国很可能成为下一个世界会计发展的中心，并主导未来50～100年的世界会计与大数据的融合与相生发展。

四、结论与讨论

财务会计发展的量变式积累与大数据的兴起共同决定，财务会计的第二次革命即将打响。财务会计的第二次革命的基本内涵包括但不限于如下重要变革：财务会计系统向财务呈报系统的转变；信息观向信息竞合观的转变；专精化向大数据化的转变；确认与计量从严格向宽松的转变；确认与计量"两轮驱动模式"向确认、计量、列报与披露"四轮驱动模式"的转变。

财务会计的第二次革命对会计学科发展、会计研究、会计监管、会计实务与会计教育都将产生极为深远的影响。中国会计界应顺应会计发展的历史趋势，敞开胸怀，加强与其他学科的深度融合，主动拥抱大数据，迎接中国会计引领世界会计发展的大时代。

主要参考文献

［1］ Accounting Standards Board of UK, Statement of Principles for Financial Reporting, 1999.

［2］ Australian Accounting Standard Board. 1990.

［3］ Beaver, William H. , Financial Reporting：An Accounting Revolution. （Third Edition）. Prentice Hall College Div, 1988.

［4］ Canadian Institute of Chartered Accountants, Accounting Handbook. General Accounting-section 1000, 1999.

［5］ Davidson, Sidney. , Handbook of Modern Accounting. Mcgraw – Hill, 1977.

［6］ IFRS, 2015 Agenda Consultation. London, 2015.

［7］ IFRS, Conceptual Framework for Financial Reporting （ED）. 2015, London.

［8］ Scott, William R. Financial Accounting Theory. Prentice Hall, 2003.

［9］ 葛家澍：《会计学导论》，厦门大学出版社 1988 年版。

［10］ 威廉·H·比弗：《Financial Reporting：An Accounting Revolution （Third Edition）》，中国人民大学出版社 2009 年版。

［11］ 威廉·比弗著，薛云奎主译：《财务呈报：会计革命》，东北财经大学出版社 1999 年版。

［12］ 维克托·迈克尔 – 舍恩伯格，肯尼思·库克耶著，盛杨燕，周涛译：《大数据时代：生活、工作与思维的大变革》，浙江人民出版社 2014 年版。

［13］ 乌尔里希·森德勒主编，邓敏、李现民译：《工业 4.0》，机械工业出版社 2015 年版。

［14］ 余绪缨：《要从发展的观点，看会计学的科学属性》，载于《中国经济问题》1980 年第 5 期。

［15］ 中华人民共和国财政部：《企业会计准则——基本准则》，1999 年。

自发秩序、理性建构与
会计制度变迁

李连军[*]

【摘要】本文主要以亚当·斯密和哈耶克等人的社会哲学思想为理论基础，梳理了新中国成立以来近 60 年的会计制度变迁过程。一方面，由于主管会计工作的政府财政部门一直努力制定和完善统一会计制度，新中国成立至今的会计制度变迁主要体现出理性建构的特征；另一方面，学习和模仿国外成熟市场经济国家的会计惯例，使我国 1978 年以来逐渐从会计制度过渡到会计准则的过程又体现为自生自发的会计秩序形成过程。

【关键词】自发秩序　理性建构　会计制度变迁

会计是一个不断演进的系统，主要外在表现形式为一系列的会计制度变迁。随着经济、政治、文化和社会环境"四位一体"的变化，会计也在反应性地随之共舞。无论是把目前的会计实践还是会计理论与新中国成立之初的会计实践或会计理论进行比较，我们都发现前者与后者之间呈现出巨大的差异，而且这些差异不是一蹴而就的，是随着经济和政治体制等社会环境的变迁而不断演进的。

回顾新中国成立以来的会计制度变迁，一方面体现为疾风暴雨式的会计改革，比如 1950 年、1957 年和 1992 年的会计改革（张佑才，1999）；另一方面又体现为和风细雨、日积月累式的会计改进，比如从 1992 年开始的、到 2006 年基本结束的会计准则的逐步完善过程。会计制度变迁本质上是有"破"有"立"的会计秩序形成过程。这些制度变迁是自生自发形成的会计秩序呢，还是人们理性建构（或者说人为设计）的结果？本文主要基于亚当·斯密和哈耶克等人的社会哲学思想，试图从哲学的角度对这一问题进行理论阐释。

本文的创新主要体现在是从社会哲学而不是从经济学的角度和高度来梳理新中国成立以来近 60 年的会计制度变迁过程，有助于从不同视角来理解我国会计改革的逻辑演变过程。会计制度的不断演进作为人类文明演进的一部分，两者之间的互动一直是会计学术界不断进行探索的领域。李连军（2007）以新制度经济学为理论基础来阐释我国 1978 年以来的会计制度变迁行为，并提出了相关理论假说：会计制度变迁行为背后的逻辑关系是政府财政部门为了履行法律所赋予的职责，完善政府治理结构，明晰利益相关各方的产权关系而做的努力；会计准则或会计制度作为一种政府治理工具，其经济后果是降低了政府的监管成本以及节约了企业的交易成本。本文研究的时间跨度更长，对新中国成立以来近 60 年的会计制度变迁历史进行梳理。除了从经济这一维度外，还从政治、文化和社会环境这三个维度来分析相关史实及其对会计制度变迁的影响。

＊ 李连军：南京财经大学会计学院

一、文献回顾与研究命题的提出

由各种风俗习惯与形形色色的制度构成的人类文明是如何演进的？哲学上有两种观点。一种哲学观点认为是人类理性建构的结果，这种观点的代表人物包括笛卡尔、霍布斯、卢梭、伏尔泰、黑格尔、马克思等人；另一种哲学观点是人类社会的进步是自生自发的社会秩序，这种观点的代表人物有曼德维尔①、孟德斯鸠、休谟、亚当·斯密、哈耶克、弗里德曼等人。

理性建构观认为，一项制度存在的事实，恰恰证明了它是为了实现某个目的而被创造出来的。比如，道德观念、宗教、法律、货币或市场，都被认为是由某人经由刻意思考而建构出来的，至少它们所具有的各种制度的完备形式被认为是经由某人刻意思考而设计出来的。也就是说，人类凭借自己理性的力量创造了各种社会文明制度，那么人类也就必定有能力根据自己的意志改变这些社会文明制度以满足自己的愿望。这种自信使我们感觉到在实现人类的愿望方面拥有着无限的力量（哈耶克，1973；邓正来、张守东等译，2000）。

在人类文明的历史上，理性建构观越来越占上风。"人们越来越相信，按照刻意的方式调整所有的社会事务肯定要比任由独立的个人在他们之间发生明显杂乱的互动关系能够取得更大的成功。于是，在当今的世界上，几乎所有的政治群体都主张，在实现某个目的的过程中，必须由中央政府对人们的大多数活动进行指导。人们似乎认为，改进自由社会中的制度乃是一件轻而易举的事情……要把（社会）混乱状况变得井然有序，用理性来组织社会，并根据人们的愿望和共同的正义观念事无巨细地刻意建构人类社会，亦就成了唯一值得理性的人类所奉行的行动纲领（哈耶克，邓正来译，2003）。"哈耶克（冯克利等译，2000）认为，由于人们拥有的知识是分散的，没有一个人或一个组织拥有全社会的知识，因此由中央政府制定统一的计划来建构社会是"致命的自负"。

哈耶克的理论贡献之一是指出人类文明体现为一种自生自发的社会秩序。哈耶克（邓正来译，1997）认为："……协调利益间的冲突，需要依靠各种制度和传统的人为设置。"但是这些制度或人为的设置是人类演变过程中自生自发形成的，不是某个人或组织刻意设计的产物。哈耶克（冯克利译，2007）在总结曼德维尔的思想时，对这种自生自发的社会秩序理论解释到："在复杂的社会秩序中，人们的行为结果同他们所设想的非常不同。个人在追求自己的目标时，无论是出于自私还是利他，都会产生一些他们并未预料甚至一无所知的对他人有用的结果；……整个社会秩序，甚至我们称之为文化的全部现象……并非是有意发明得来的，而是因为能够成功生存下来而发展起来的各种制度、习惯做法和规则，它们用来服务于个人目的。"

亚当·斯密也是持有自生自发的社会秩序观而反对理性建构观的哲学家之一。在其著作中，对自生自发的社会秩序观点的经典论述是学术界耳熟能详的关于"看不见的手"的理论（亚当·斯密，郭大力、王亚南译，2004）："每个人都会尽其所能，运用自己的资本来争取最大的利益。一般而言，他不会意图为公众服务，也不知对社会有什么贡献。他关心的仅是自己的安全、自己的利益。但如此一来，他好像被一只看不见的手牵引着去促进一个他全然无意追求的目的。在一般的情形下，一个人为求私利而无心对社会做出贡献，其对社会的贡献远比有

---

① 曼德维尔的思想惊世骇俗，曾长期遭到查禁。国内翻译出版了曼德维尔的著作《蜜蜂的预言——私人的恶德社会的利益》（肖聿译，中国社会科学出版社 2002 年版）。哈耶克对曼德维尔的思想非常推崇：见《曼德维尔大夫》一文，收录于《哈耶克文选》，冯克利译，江苏人民出版社 2007 年版，第 501～518 页。

意图做出的大。"而反对理性建构观的论述出现在亚当·斯密的另一本著作《道德情操论》（蒋自强等译，2004）中："在政府掌权的人……似乎认为，他可以像在棋盘上用手摆弄棋子那样容易地安排一个大社会中的不同成员。他没有考虑到，棋盘上的棋子除了人手赋予它们的运动规则之外，并无其他规则，但是在人类社会这个大棋盘上，每一个棋子都有它自己的行动规则，它们完全不同于立法机关挑选出来施加于它们的规则。如果两种规则配合默契，人类社会的游戏便会顺畅运行，并且很可能带来幸福和成功。如果它们相互对立或有所不同，这盘棋就会下得很艰苦，人类社会必定会始终处在极大的混乱之中。"

弗里德曼（胡骑等译，1982）也认为："一个社会的价值准则，它的文化、它的社会习俗，所有这些都是通过自愿的交换和自发的合作发展起来的。其复杂的结构是在接受新东西和抛弃旧东西，反复的试验和摸索的过程中不断演变的……自愿的交换产生的结构，不论是语言、科学发明、音乐风格，还是经济制度，都有其自己的生命。它们能够在不同情况下采取许多不同的形式。自愿的交换能够在某些方向产生一致，而又在其他方面产生不同。这是一个难以捉摸的过程，它的总的运行规律不难掌握，但它所产生的具体结果却很少能被人预见到。"

现代会计作为人类文明的一个组成部分，是从复式簿记发展起来的。歌德把复式簿记称为"人类头脑最精妙的发明"。米塞斯（冯克利等译，2007）认为：现代簿记和会计学的精密方法为企业家提供了一幅描述其全部经营活动的可靠画面。他能够知道自己的每一笔交易是否成功。借助于这些描述，他能够监督他的所有部门的活动，无论他的生意规模有多大。簿记和资金平衡表是商业活动的良心。会计作为一个信息系统，是一个衡量、评价与考核工具，一方面有助于商业交易的实现；另一方面，会计提供收入、成本以及利润等数据，有利于对一个组织内部各个部门的考核以及履行激励合约。会计提供的数据也有利于人事管理，为公司创造利润的人得到升迁，亏损的人则可能失去工作。

会计发展史告诉我们，会计职能的实现需要依靠各种各样的会计制度。对于具有不同国情的国家来说，随着经济、政治、文化和社会环境的不断变化，导致会计制度也在不断演进。回顾新中国成立以来的会计制度变迁，到底是像自然界的生命有机体一样自生自发形成的呢，还是人为设计的结果？对这一问题的回答，只有通过把会计制度变迁放在社会经济、政治、文化变革的宏观背景之中，才能看得清楚。我们发现，在相当长一段时间内，人为设计的理性建构观占上风。尤其在计划经济时代，一切经济活动都由计划安排，而国家的经济计划就是理性建构的产物。会计要服务于经济体制，因此，从记账方法到会计核算科目，再到会计报表，无一不打上计划经济的烙印。人为设计的会计制度是为特定会计目标服务的。在计划经济时代，我国的会计目标是为财政"统收统支"服务，体现的是政府的意志。

当我们逐渐认识到计划经济体制并不是社会主义制度的唯一形式，只有市场经济体制才能使国家富强、人民富裕时，整个社会思潮在转变。我国开始从计划经济体制转轨到市场经济体制。由于市场经济是由"看不见的手"——价格体系来指引，资源的配置和收入分配都围绕价格传递的信号而进行调整。而价格体系，或者进一步说市场，就是一种自生自发的社会秩序。"人类最初是在并不理解的情况下偶然发现了某些惯例和制度的，只是在后来才慢慢学会了如何运用他们，尽管人类直到今天还远远没有学会如何充分运用它们；需要指出的是，价格体系只是这些惯例和制度当中的一种而已。正是通过这种价格体系的作用，劳动分工和以分散知识为基础的协调运用资源的做法才有了可能。"（Hayek，1945）。既然市场就是一个自生自发的演进系统，那么服务于市场经济体制的会计制度也随之自然而然地变化演进。本文对新中国成立以来的会计制度变迁提出如下命题：

命题 1：因为主管会计工作的政府财政部门一直努力寻求、制定和完善统一会计制度，从新中国成立至今的会计制度变迁主要体现出理性建构的特征。

命题 2：由于"摸着石头过河"的经济改革思想，允许改革在不断试错过程中积累经验，所以，与之相对应，学习和模仿成熟市场经济国家的会计惯例，使我国 1978 年改革开放以来逐渐从会计制度过渡到会计准则的过程又体现为自生自发的会计秩序形成过程。

二、新中国成立以来"统一会计制度"的演变逻辑：理性建构观的解释

从 1949 年新中国成立至今，会计工作的目标随着时代的发展而不断变化，但是会计改革的目标却从没有变过，那就是，不论是理论界还是实务界，都在寻求和完善能完成会计目标的"最好的"会计制度——统一会计制度。从 1985 年的《会计法》，再到 1993 年和 1999 年的《会计法》的两次修改，我们从《会计法》第一条内容的措辞变化中发现，在计划经济时代，会计目标服从于财政和财务制度；在市场经济时代，会计目标要服务于社会主义市场经济制度。

既然会计改革，或者说一系列会计制度变迁的目标是为了寻求和完善最好的会计制度。那么，对于会计制度的制定者来说，建立和完善"最好的会计制度"这一目标的背后，其逻辑起点在哪儿呢？他们认同如下假设前提（陈信元，2002）：（1）会计收益与物品价值能够精确计量；（2）存在一个确定的"真实利润"，这个真实的利润体现了公司价值；（3）会计信息的使用者与资本市场是按照同一逻辑理解会计数字的；（4）只要加强监管，企业管理层必定会完全遵守会计制度（或会计准则）。

新中国成立至今，对"统一会计制度"的自始至终的一贯坚持可能是我国会计演变中的一大特色。1950 年 3 月 9 日政务院财政经济委员会发布"关于草拟统一的会计制度的训令"，中央各主管部门开始着手制订各类企业的统一会计制度。为什么要建立"统一的会计制度"？已故的会计学家杨时展教授（1998）认为："中央人民政府成立以前，中国的企业以私营为主，企业的会计制度是不统一的，有的采用西式簿记，有的采用中式簿记，有的又采用改良中式簿记。会计基础也不统一，有的采用应计基础，有的又采用现金基础。即使是同一行业，会计制度也各行其是，彼此的数据，没有可比性，也无法据以合并。这种情况，不能不影响中央的宏观控制。因此，中央人民政府成立以后，在会计上的第一项工作，就是把各企业的会计制度统一起来。"

何谓"统一的会计制度"？自新中国成立以来，基本做法是统一会计科目、统一会计报表格式、统一登记会计簿记与填列凭证办法，以及统一成本核算规程等内容（郭道扬，1999）。郭道扬（2005）认为，统一会计制度之举是人类进入文明社会之后各历史阶段的一致行为。统一性制度建设取决于最高统治者实行政治、经济集权统治的需要，是为强化中央集权统治服务的。新中国成立初期的统一会计制度是为财政的预算、税收和金库三方面建设服务的。会计隶属于财政是计划经济时代的主要特征。张佑才（1999）认为：新中国成立之初，为了更好地为恢复国民经济和有计划地进行经济建设服务，建立统一会计制度是我国会计管理工作的突破口，到 1950 年底，就迅速恢复建立起了正常的会计秩序。

统一会计制度一直是由财政部门组织制定的。1949 年 12 月 12 日，财政部设立了会计制度处，1950 年 9 月，会计制度处调升为会计制度司，负责统一会计制度的建设工作。1985 年颁

布的《会计法》第六条规定："国家统一的会计制度，由财政部财政部门根据本法制定"，在1993 年和 1999 年修改后的会计法也一直坚持此条规定。这样，财政部门管理全国的会计工作就有了法律依据。

统一会计制度是逐渐演变的。从新中国成立初期的分行业、分部门，单一所有制（国有制）下的统一会计制度，到 1992 年"两则两制"的出台，再到 2006 年"38＋1"会计准则的推出，几经变迁。这些变迁都是围绕着经济体制、企业所有制形式，会计服务的目标等变化而变化。比如，1992 年颁布的十三个行业会计制度，就是转轨经济的产物，2000 年颁布的《企业会计制度》又是一次会计改革回归。

促进会计制度变迁的因素是多方面的。从会计的发展史看，经济发展是促进会计发展的主要因素。除此之外，政治体制、文化传统以及社会环境都影响了会计的发展。在某一特殊时期，政治因素可能起到了主要作用（薛云奎，1998）。陈信元等（1999）认为："新中国会计学的发展过程，同其他经济学分支学科一样，既由经济和会计的发展状况所决定，又在相当大程度上受到社会和政治演变的影响。尤其是在新中国成立后到 1978 年这一段时期，会计学受到政治、经济和社会背景变迁的影响非常强烈，甚至可以说会计学的发展进程主要受到这些因素的制约。与此相适应，会计学理论发展阶段的划分不得不打上深刻的社会、政治和经济变革的烙印。"

由于统一会计制度的改革次数和改革内容自新中国成立以来非常频繁，每一次改革背后都有相关的经济、政治、文化和社会环境等因素在推动。本文选取自新中国成立以来每一时期的会计制度变迁引起的会计报表的变化来说明会计制度变迁背后的理性建构特征[①]。

表 1 简要选取和归纳了自新中国成立以来各个时期需要报送的会计报表。从该表中我们发现新中国成立以来的财务报表从名称到报送的数量和种类都有很多变化。一个显著变化是，20 世纪 50 年代初的资产负债表，到了随后的三十年中变成了资金平衡表[②]，1992 年后又变为资产负债表。这是因为，从意识形态上，认为社会主义制度下的会计有阶级性，自然与资本主义制度下的会计不论是形式上还是内容上都要有所区别，于是会计界刻意建构会计报表，使之与资本主义国家不同。1952 年将资产负债表的公式从 1950 年的"资产 ＝ 净值 ＋ 负债"，改为"资产的应用 ＝ 资金的来源"（杨时展，1998）。这一改动，与"社会主义有资金而无资本"这一观点有关。总之，刻意与资本主义制度下的会计有所不同。从表 1 会计报表的变化还可以看出，成本报表从新中国成立初期就有了，直到 1992 年会计改革后，才不要求企业呈报。这是因为 1950 年后我国的会计报表以供上级主管部门使用为主，主要反映经济计划的执行情况，并不向社会公开，不存在成本保密的问题。从 1992 年起，财务报表采用国际通行的格式，即资产负债表、损益表和财务状况变动表（1998 年改为现金流量表），并沿用至今。总之，无论是在计划经济时代还是在社会主义市场经济时代，会计报表随着每一次会计制度的改革在不断变化，理性建构观占据上风。

---

① 除了本文的会计报表变化外，用来说明我国会计制度变迁体现出理性建构特征的例子，还有我国记账方法的轮回。新中国成立初期采用借贷记账法，1964 年增减记账法取代了借贷记账法，到 1992 年会计改革又变为借贷记账法。记账方法之争折射出当时社会的意识形态。相关资料可参见葛家澍、刘峰（1999）。

② 1959 年，我国的资产负债表正式由资金平衡表代替（杨时展，1998 年）。

表1　　　　　　　　　　　　　　　新中国成立以来会计报表的历史变迁概况

	1952 年	1966 年	1973 年	1980 年	1992 年	2006 年
主要报表	资产负债表 损益表 成本计算表 生产费用表 固定资产增减表 政府资金增减表 国库拨款及特种基金增减表	财务成本主要指标表	资金平衡表 利润表 成本表 流动资金表 固定资产表 专用资金表	资金平衡表 利润表 成本计算表 生产费用表 基建借款和专项借款表	资产负债表 损益表 财务状况变动表（或现金流量表）	资产负债表 利润表 现金流量表
辅助报表	企业管理费及车间经费明细表 解缴基本折旧基金明细表 解缴固定资产变价收入明细表 解缴利润明细表 拨入弥补亏损明细表	利润表 成本表 流动资金表 固定资产表 专用资金表		产品销售利润明细表	利润分配表 报表附注	所有者权益（或股东权益）变动表 报表附注

说明：本表只是从各个时期选取了比较有代表性的年份需要呈报的会计报表，并不全面。就以 20 世纪 50 年代为例，会计报表就有多次变化，具体变化可以参见郭永清（2003）和杨时展（1998）的著作。

资料来源：1952 年来自郭永清：《新中国企业会计核算制度变迁研究》，东北财经大学出版社 2003 年版，第 44 页；1966 年、1973 年和 1980 年来自杨时展：《1949～1992 年中国会计制度的演进》，中国财政经济出版社 1998 年版，第 125、140 和 148 页；1992 年来自财政部发布的《企业会计准则》；2006 年来自财政部发布的《企业会计准则第 30 号——财务报表列报》。

三、从会计制度到会计准则：自生自发秩序的理论解释

回顾自 1978 年以来的会计改革，我们发现一个重要的现象，即统一会计制度的形式逐渐从会计制度过渡到会计准则。随着 2006 年 2 月 15 日财政部发布"38 + 1"项具体会计准则以来，我国已经步入会计准则主导会计核算工作的新时代。一项制度取代另一项制度，一般是因为其优越性，那么会计准则与会计制度相比，优越性主要体现在哪儿呢？另外，在会计准则逐步取代会计制度的过程中，是理性建构的结果还是自生自发秩序的形成过程？

自从 1978 年改革开放以来，会计改革的主旋律是逐渐与国际会计惯例趋同。会计准则取代会计制度的根本原因在于用会计准则来指导会计工作是成熟市场经济国家的惯例。由于对外开放政策，需要我国会计制度与国际惯例协调，回复其商业语言的本色。当我们把国门打开，与外国人做生意，不论是招商引资，还是进出口贸易，只要是生意，都要签订合同。签订合同，就要明确资产定价，而进行资产定价就需要会计提供信息基础。会计提供的信息要取得交易双方的信任，前提是按照基本相同的会计标准（Accounting standards）来提供。对于着眼于国际协调的会计改革，国际会计准则理事会（IASB）主席戴维·泰迪爵士给予了充分肯定："中国进行会计改革的益处是明显的。中国企业会计准则吸纳了国际投资者所熟悉的会计原则，这将使投资者更加信任中国资本市场和财务报告，也将进一步刺激国内和国际资本投资。对于正在全球经济中扮演越来越重要角色的中国企业来说，企业会计准则获得国际认可有助于降低

企业在海外经营时遵循不同国家或地区会计标准的成本①。"我国会计制度与国际会计惯例协调的步伐始于1985年财政部发布实施的《中外合资经营企业会计制度》，从该会计制度的主要内容来看，其所规定的会计核算原则、记账方法、会计科目和会计报表均在相当大的程度上采用了市场经济条件下通用的会计处理方法与程序。

自1992年邓小平南方谈话以来，中国确立了建立社会主义市场经济体制的目标。在市场经济体制下，指导生产、分配、交换与消费的游戏规则与计划经济体制下明显不同。在计划经济体制中，以中央计划部门制定的几乎无所不包的计划来指导从生产到消费的整个过程；在市场经济体制中，是以"看不见的手——市场价格"来引导从生产到消费的过程。各个企业都在市场中受价格传递的信号指引而相互竞争，力求以低成本、高产出的产品或服务来获得竞争优势。另外，在市场经济体制中，有资本市场可作为企业融资的平台。"会计对社会的发展有重大的影响是很明显的。从损益表看，这一点尤其清楚，因为，有关获利能力的可靠信息，是引导资本流向的重要指针，它会使资本从不需要它的产业部门流出，而奔向长袖善舞者的手中（Paton and Littleton，1940）。"但是，新中国成立以来的"统一会计制度"服务于传统的计划经济体制的需要。原有的分行业、分所有制形式的统一会计制度明显不适应建立市场经济体制的需要。会计制度服务于经济制度，当经济体制变化了，原有的会计制度自然而然地跟着改变。

从1992年11月30日财政部发布《企业会计准则》以来，会计准则的完善是曲折迂回的，直到2006年，会计准则才基本取代会计制度，获得领导地位。我们认为这其中的曲折不只是来自技术上的，主要是来自指导思想上的束缚，即文化层面的约束。自新中国成立以来，在历次制定和修改"统一会计制度"时，总是强调中国特色。关于这一问题，杨时展教授（1998）语重心长，值得会计理论界和实务界深思：中国的会计是会有中国的特色。不但过去有，今天有，甚至以后，一个两个世纪，也许还会有。也不是中国如此，世界各国，莫不如此。要指望世界各国的会计都按照一个模式来办，短期间看，是不现实的。问题不在于特色的有无，而在于如何对待这一特色。是强调这些特色，欣赏这些特色，死抱着这些特色，乃至要把它"建立"到会计制度中去，让制度坚决地表现这些特色，坚决让有意和你打交道的人看不懂，最后，孤芳自赏，让它成为发展生产力的障碍好？还是把这些特色只认为是中国目前一时还无法避免，得有一些时日来慢慢加以淡化，因此，逐步地，有意识地让它和国际接轨，让它有利于国家生产力得发展好？

对于会计准则的建设和完善，会计界有"原则导向"还是"规则导向"理念之争。本文认为，对会计制度变迁到底是自生自发形成的会计秩序，还是理性建构的产物这一问题的回答，是"原则导向"还是"规则导向"理念之争的认识论根源。从国际上看，一般认为，美国"公认会计原则"（GAAP）是规则导向的，作为对比，国际会计准则是原则导向的。规则导向的会计准则更具体、更复杂；原则导向的会计准则相对简单、明了，它主要是一些基础性的原则（underlying principles），执行过程中更多依赖职业判断。发生安然事件以来，美国开始向"原则导向"复兴。倾向于"规则导向"观的人其哲学基础是理性建构观，认为需要事无巨细的会计准则来规范会计行为；倾向于"原则导向"观的人，其哲学基础是自生自发的社会秩序观，认为人的理性不足以应付不确定的未来以及不断新生的经济事项，不可能存在完美的会计准则，会计准则总是随着社会经济的发展而不断调整。

---

① 引自董大胜等：《中国会计审计准则建设的历史丰碑——中国会计审计准则体系发布会上的发言摘要》，载于《会计研究》2006年第2期，第13页。

会计准则作为反映经济活动、确认产权关系、规范收益分配的专业技术标准，是市场经济规则和国家经济法规的重要组成部分。我国财政部门一直根据经济发展的要求，循序渐进推进会计改革。1992 年发布了"两则两制"，实现了我国会计模式由计划经济向市场经济的转换；1998 年，修改完善了股份公司会计制度，制定了 16 项具体会计准则；自 2000 年起，又建立起了包括《企业会计制度》、《金融企业会计制度》和《小企业会计制度》在内的国家统一的会计制度，取消了我国分行业、分所有制的会计制度模式。这些会计改革举措，对于规范企业会计行为，维护市场经济秩序、促进改革开放都发挥了十分积极的作用。在这种情况下，我们为什么还要制定企业会计准则体系？这是因为我国市场经济已经发展到一个新的阶段，经济全球化已经进入到一个新的时期，建立企业会计准则体系是时代的要求，发展的必然；是大势所趋，潮流所向（王军，2006）。这说明由财政部推动的会计改革，不是谋定而后动，而是顺势而为。

回顾从 1992 年至今的会计准则完善过程，我们清晰地发现一个引人注目的现象，即每一个会计准则制订或修订的背后都有一项或多项事件在推动。广为人知的典型事件有：琼民源案件引发了我国第一个具体会计准则《关联方关系及其交易的披露》的出台；世纪星源案件引发了《债务重组》准则。2001 我国加入 WTO 时承诺将于 2006 年底结束对我国会计市场的保护，为了履行这一承诺，直面国际市场的竞争，财政部于 2006 年 2 月推出 1 项基本会计准则和 38 项具体会计准则。还有，公允价值（Fair value）计量模式先是被允许在相关会计事项处理中使用，后来准则制定部门担心企业利用公允价值计量工具进行利润操纵，近而在 2000 年颁布的《企业会计制度》中又严加限制。但随后在经济逐步发展以及经济全球一体化的过程中，发现要提供决策有用的会计信息，公允价值计量模式不可或缺，于是在 2006 年颁布的新会计准则中，又开始广泛使用。

如果把 2006 年 2 月颁布的会计准则与国际会计准则或与美国会计准则相比较，我们发现，从格式到内容，从会计政策到会计报表呈报，学习、模仿和趋同的痕迹明显，也就是说，2006 年 2 月颁布的一整套会计准则，是一系列会计制度变迁的结果，这一结果无论是放在 1978 年改革开放之初，还是放在 1992 年邓小平南方谈话之际来看现今的结果，都是没有人可以设计甚至想象到的。因此，我们认为，政府财政部门在会计改革过程中，既有主动性地改革，体现出理性建构的特征，又有被动性地适应社会经济和政治等环境的转变，体现了一种自生自发的会计秩序形成过程。

四、结束语

中国有句民谣："有心栽花花不开，无心插柳柳成荫"。制度的形成也是这样，它是人类行为演化的产物，而不是人类理性设计的产物。自新中国成立以来，不论是理论界还是实务界一直都在努力完善会计制度，但最后修成正果的却是会计准则。根据哈耶克的观点，理性不足和知识分散使社会呈现出一个自生自发的社会秩序形成过程。从这一理论来认识新中国成立以来的会计制度变迁，我们发现会计不是一个抽象的、恒定不变的系统，而是一个具体的、不断变化的系统，会计的演进具体体现为一系列的会计制度变迁。这些会计制度变迁是为了适应和满足会计目标的变化。当然，会计目标的变化又随着社会经济、政治、文化和社会环境"四位一体"的变化而变化。我们生活中一个不争的事实是，我们并非全知全能，我们每时每刻都要根据自己过去不了解的新事实来调整自己（哈耶克，冯克利译，2007）。

面对变化无常的环境，人们需要抽象规则来协调自己的前后行为，所以重要的是完善那些指导个人的抽象规则。统一会计制度就是指导会计工作的一系列规则和章程。我国统一会计制度的表现形式，先是会计制度，后是会计准则。我国会计制度变迁的过程，既是理性建构的结果，也体现为一种自生自发的社会秩序，两者难以泾渭分明地加以区分开。一方面，无论是在计划经济时代还是社会主义市场经济时代，会计理论界和实务界一直致力于寻求满足会计目标实现的统一会计制度，理性建构观占上风；另一方面，新中国成立以来，我国会计制度总是随着社会潮流而转变，尤其是 1978 年改革开放以来，学习、模仿和逐渐接受成熟市场经济国家的会计惯例是我国会计改革的主旋律，从而使我国逐渐从会计制度过渡到会计准则的过程又体现为自生自发的会计秩序形成过程。

主要参考文献

［1］［奥］路德维希·冯·米塞斯著，冯克利、姚中秋译：《官僚体制反资本主义的心态》，新星出版社 2007 年版。

［2］陈信元：《财务会计研究：演进、现状与方向》，上海财经大学博士生课程讲义，2002 年。

［3］陈信元、金楠：《新中国会计思想史》，上海财经大学出版社 1999 年版。

［4］董大胜等：《中国会计审计准则建设的历史丰碑——中国会计审计准则体系发布会上的发言摘要》，载于《会计研究》2006 年第 2 期，第 9～13 页。

［5］葛家澍、刘峰：《新中国会计理论研究 50 年回顾》，载于《会计研究》1999 年第 10 期，第 7～14 页。

［6］郭道扬：《二十世纪会计大事评说（九）——20 世纪中国的会计改革》，载于《财会通讯》1999 年第 9 期，第 7～14 页。

［7］郭道扬：《论统一会计制度》，载于《会计研究》2005 年第 1 期，第 11～24 页。

［8］郭永清：《新中国企业会计核算制度变迁研究》，东北财经大学出版 2003 年版。

［9］［荷］伯纳德·曼德维尔．肖聿译：《蜜蜂的预言——私人的恶德　社会的利益》，中国社会科学出版 2002 年版。

［10］李连军：《会计制度变迁与政府治理结构》，载于《会计研究》2007 年第 6 期，第 31～39 页。

［11］［美］米尔顿·弗里德曼、罗斯·弗里德曼，胡骑等译：《自由选择》，商务印书 1987 年版。

［12］王军：《学习好　宣传好　贯彻好新会计准则　全面提升会计工作在经济社会发展中的服务功能》，载于《会计研究》2006 年第 8 期，第 3～9 页。

［13］薛云奎：《论当代会计学科的发展与变革》，载于《会计研究》1998 年第 1 期，第 11～19 页。

［14］［英］亚当·斯密，郭大力、王亚南译：《国民财富的性质和原因的研究［下卷］》，商务印书馆 2004 年版。

［15］［英］亚当·斯密，蒋自强等译：《道德情操论》，商务印书馆 2004 年版。

［16］［英］弗里德希利·冯·哈耶克．邓正来、张守东、李静冰译：《法律、立法与自由（第一卷）》，中国大百科全书出版社 2000 年版。

［17］［英］F·A·哈耶克，邓正来译：《个人主义与经济秩序》，生活读书新知三联书店 2003 年版。

［18］［英］F·A·哈耶克，冯克利、胡晋华译：《致命的自负》，中国社会科学出版 2000 年版。

［19］［英］弗里德希利·冯·哈耶克，邓正来译：《自由秩序原理［上卷］》，生活读书新知三联书 1997 年版。

［20］［英］弗里德里希·冯·哈耶克，冯克利译：《哈耶克文选》，江苏人民出版 2007 年版。

［21］张佑才：《会计改革与发展的光辉历程》，载于《会计研究》1999 年第 10 期，第 2～6 页。

［22］《中华人民共和国会计法》，1985 年，1993 年，1999 年。

［23］杨时展：《1949～1992 年中国会计制度的演进》，中国财政经济出版 1998 年版。

［24］Hayek. F. A. , The use of knowledge in society. The American Economic Review. 1945, No. 4 519～530.

［25］Paton, W. A. and Littleton, A. C. An Introduction to Corporate Accounting Standards. Monograph No. 3. Sarasota. F1. American Accounting Association. 1940. 3.

会计发展的社会与文化环境研究

张瑞青[*]

【摘要】会计既是一门自然科学，又是一门社会科学。任何一门科学的发展，都离不开其所处的环境。环境变化的过程，也是会计发展的过程。会计的发展，是众多因素相互作用的结果，社会的、经济的、政治的以及文化的等各个方面都在会计的发展中发挥着不可忽视的作用。会计作为经济活动中的重要组成部分，也只有随着这些因素的变化而变化，才能更好地发挥其功能与效用，为市场经济注入活力，为资源的有效配置指点方向，实现社会资源的优化配置，实现整个社会的健康友好发展。

【关键词】会计发展　社会环境　文化环境

一、引言

为适应社会的发展，会计必须对社会中日益改变的信息需求做出反应，同时反映它所运作的经济、法律、文化以及政治关系。会计史和会计人员也显示出了不断地变化。最初，会计只不过是为特定银行以及税收服务的一个报告系统，随着时间的推移，为满足交易风险的需要，复式记账法逐步得到了发展，工业化以及劳动分工也使成本性态分析和管理会计的出现成为可能。此外，现代股份公司的出现，也促进了定期财务报告和审计的发展。现在的社会，人们对环境和企业诚信表现出了日益担忧，为了有效地解决这一问题，会计研究者一方面正在找寻测量和报告环境治理责任的方法，另一方面也为揭示洗钱行为和其他欺诈挪用公款等犯罪行为做出了巨大的贡献，同时也向国内国际证券市场提供了决定性的信息。会计的业务范围已扩展至管理咨询，同时也将越来越多的信息技术包含在其系统和程序中。时代的发展与变迁，使得会计得到了飞速的变化和发展。

那么，是怎样的一种驱动机制又将以一种怎样的逻辑阐释这一变动呢？经济发展水平决定着是否需要会计，需要什么水平的会计，以及需要会计干什么，怎么干。不同的经济发展水平，对会计的要求也不一样，正是经济的这种发展，逼着会计一步步的发展壮大，指引着会计发展的方向，并使其逐步走向规范化。进一步的，会计的发展主要表现在与会计相关的理论和事物的出现，具体的则表现在会计原则的制定，会计方法的运用和改进以及会计原则的遵循等等，而这需要会计研究者和从业人员以及相关政府机构人员的共同努力，献计献策，以保证所出台的政策适应经济发展的需要。由于这些人员的文化素养的不同，无论是来自于生活这个大环境的文化还是微观的小范围的工作环境的文化，使得人们的价值观念、道德修养以及思维信念等也表现出了显著的不同，从而对政策的制定产生了不同的后果。只有那些反映了与特定发

---

* 张瑞青：广东财经大学

展阶段文化相适应的会计理论和实践才能推动会计的发展，相反，则会阻碍的会计的发展。

二、社会环境与会计发展

同其他领域的发展研究一样，对会计发展的潜在因素的研究可以更好地明白一个国家的会计学。全世界的会计是不一样的，对发展因素的了解可以帮助人们明白会计为什么会得以发展。换句话说，通过对其的研究，可以明晰会计在不同发展阶段之间的显著差异以及相似之处。因为会计会对它所处的环境作出反应，不同的文化、经济、法律和政治，会产生不同的会计系统，而相似的环境则会产生相似的会计系统。

世界各个国家的会计标准和会计实践，源于经济、历史、政府和文化等因素的复杂的交互作用而有所差异，那些影响国家会计发展的因素，同样解释了会计的多样性。概括地说，诸如社会、历史以及制度等七个因素对会计的发展发挥了重要的作用，也引起了会计研究者广泛的注意，以下具体的阐释各因素是怎样影响会计发展的。

（一）融资渠道

像美国、英国等股票市场比较成熟的国家，通常用会计利润来衡量公司运转的管理水平。会计帮助投资者评估未来现金流量及相关的风险，进而评估企业的价值。广泛的披露满足了普遍持股的公众的需要。相反的，在以信任为基础的系统中，银行作为决定性的资金来源，会计更多的关注债权人保护，通过保守的盈利化措施以最小化股利分红，保留更多的资金以保护资金借出者。

（二）法律体系

法律体系决定了个人和机构之间的交互作用。在西方国家有两个基本的法律方向，民法和普通法。民法主要来源于罗马法和拿破仑法典，在修订民法的国家中，法律是包括一切要求和程序。会计标准和程序的编撰是自然而恰当的。因此，在民法的国家中，会计规则和条例是国家法律的一部分，日益成为高度说明性的程序。相反，普通法是基于个别案例具体分析，虽然法律包括一切内容，但是并不包括所有个例，相比于代码法制度下，成文法没有那么具体，但却更加的灵活。这一点促进了实验法的发展以及对判断方法的运用。普通法起源于英国案例法。在许多使用普通法的国家，会计法规由专业性的组织建立。让他们发挥了随机应变能力和创新能力，除了广泛的法定要求，绝大多数的会计规定并不直接的包括在成文法中。民法会计学趋向于关注法律形式，然而普通法会计学趋向于关注经济主体。例如，租赁在民法中一般不会涉及其相关的内容，相反的，在普通法中，当租赁实质上是房产权时，则会大篇幅地进行说明描述。

（三）税收

在许多国家，税法有效的决定着会计准则，因为基于公司税收的存在，则公司必须要在报表中记录利润和费用。换句话说，财务会计和税务会计是一样的。德国和瑞典就是这样的，而在其他的国家，像在荷兰，税务会计和财务会计是分开的，应纳税利润是会计利润按照税法的规定进行调整得到的。即使在财务会计和税务会计分开的国家，可能有时候也需要掌握特定会计准则的运用。比如说后进先出法的存货计量方式在美国的应用。

（四） 政治和经济的纽带

会计思想和技术方法通过战胜商业以及其他相似势力得以转移。复式记账法，起源于13世纪的意大利，同文艺复兴时的其他思想一起，传遍了整个欧洲，英国殖民主义者在帝国里输送了许多会计人员和与会计有关的概念。德国在第二次世界大战时的统治地位，使得法国采用了它的会计规定，美国则在第二次世界大战后，极力地将美国风格的会计法规体系施加给日本，许多发展中的经济体采用着在发达国家普遍运用的会计体系，这种做法可能像印度一样被迫接受使用，也可能是出于自己的选择。东欧国家在制定了欧洲联盟条例后，将其会计系统模式化，随着国际贸易的发展和资金流转的全球经济一体化，也极大地促使了世界上各个国家会计标准的趋同。

（五） 通货膨胀

通货膨胀通过低估资产的价值和相关的费用以及高估利润，使历史成本会计计量属性失真。高通货膨胀水平的国家，经常要求公司会计要反映价格的变动。墨西哥和一些南美国家的特定公司因处于恶性通货膨胀中已采用了一般物价水平法，早在20世纪70年代的后期，英国和美国也曾为了应对高利率水平的通货膨胀，采用了反映价格变动的会计报告系统。

（六） 经济发展的水平

这个因素影响经济中交易的类型，同时也决定了热门的经济类型。交易的类型，反过来又决定了所要面对的的会计问题，例如，高管薪酬中的股权部分以及资产的证券化，在不发达的资本市场中，研究这一问题意义并不大。现在，许多工业经济逐步向服务经济转化，使得与生产相关的会计问题，诸如评估固定资产、计提折旧等变得越来越不重要，如今的会计面临着日益增多的新的挑战，比如评估无形资产以及人力资源价值这样的问题，似乎显得更加的复杂。

（七） 教育水平

高度复杂的会计标准和会计实践，如若不能被理解和使用，也变得没有任何意义可言。例如，有关于成本性态分析这样复杂的技术报告，在使用者不懂成本的情况下将毫无意义；对衍生证券风险的揭露，如若不能被有效地理解，也变得没有意义。在教育水平比较低的情况下，很难接受到专业化会计教育。现阶段墨西哥已经克服了这一问题，而在其他大多数的国家中，只能采取进口会计培训或者派遣职员到拥有这一教育水平的国家学习。目前中国则处于这种状态中。教育水平的高低直接影响到公司管理人员、会计工作者的职业素质和职业道德，而会计人员的素质状况和工作积极性的调动，直接影响会计工作水平的提高和会计改革的顺利进行。因此，应全面丰富会计文化，提高会计教育质量，加强会计职业道德建设，大力开展诚信教育。

以上七个因素的部分是相互联系紧密相关的。例如，普通法起源于英国，但后来被诸如澳大利亚、加拿大以及美国等国家所用。这四个国家都有着较成熟的资本市场，决定着财务报告的发展方向，在这些国家中，财务会计和税务会计是相互分开的。相反的，日本和部分欧洲大陆的国家使用民法，企业资金的来源也主要是银行等金融机构及政府部门，所以他们的会计准则通常与税法的规定相一致。从另一个层面，法律的类型也许可以使一个国家偏向于其金融体系，普通法体系比成文法更强调股东权益，给予最高程度的投资者保护，其结果是执行普通法的国家中股市发展十分迅速，而在执行成文法的国家中股市发展则相对缓慢。在任何缴纳企业所得税的国家中，税收在经济的发展中发挥着很大的作用。税收是否会决定会计的发展方向，可能取决于会计是否有较大的竞争目的，是否向外部股东服务，因为税务会计不适用于这种目的。正是因为财务会计和税务会计的存在，使得存在两套会计准则：一种是为税收而存在，另一种则是服务于财务报告。税收在成文法或基于信用的国家中占主导地位，此时，对税收和财务报告来说，会计是一样的。由于这些情形，会计演变出两种基本的方向，一种是反映真实公允的财务状况和损益状况，另一种则是符合法律规定和税法。

三、文化环境与会计发展

纵观中外会计史的研究者们对会计发展影响因素的研究成果，可以了解到，在文化与会计发展上的成果少之又少，但近些年来，研究者们也逐步地意识到文化在会计发展中所起到的举足轻重的作用，尤其是会计理论的形成与会计实践方面，值得欣慰的是，目前研究的视角正逐步地转向了文化。

文化包括社会价值观念和态度、伦理道德等。文化变量是国家法律和其他制度安排的基础。Hofstede（1980）分析了不同的文化环境系统是如何影响到与行为方式相关的文化价值观，并提出一套能反映不同文化环境特点的文化价值观模式，指出国家文化由四个参数组成：（1）权力距离；（2）个人主义与集体主义；（3）对不确定因素规避度；（4）男性度与女性度。他的观点是建立在对美国跨国公司的雇员进行分析的基础之上，这些公司在其他约四十个国家中均有分公司。具体来说，个人主义与集体主义，前者更偏向于一种松散的社会结构；权力距离，则表示人们对机构组织权力分配的接受程度；男性度是指人们在社会中的男性特点或女性特点的差异度；不确定因素的规避，则表示人们对不明朗情况不安的程度。在总结了 Hofstede 的分析后，Gray（1988）提出了一个有关于会计和文化的框架，并指出四个会计价值维度影响着一个国家的财务报告，分别是以下几个方面：（1）专业导向与法例管制。则表示在会计管理工作中是依据会计职业判断还是法律规定和约束。相对于规定的法定要求的合规性，独立的专业化判断与松散的社会结构相一致，更加地强调独立性、公平竞争以及尽可能少的规则，同时职业判断也具有多样性，这些因素使其更容易被人们所理解。再者，在权力距离较小的社会中，职业判断也更可能被接受，因为在这样的社会中，人们更多的是关心平等的权利，而不同等级的有权力的人却不会觉得被威胁到，相反会选择彼此信任。（2）灵活性与统一性，则表示在会计规范的制定和遵守中是强调灵活还是一致。统一性与高度的不确定规避存在一致性，从而引起了对法律秩序行为准则的关注，对成本规则和规定的需要，对一致性的尊重，以及对绝对真理和价值的追求，统一性也与集体主义的偏好相一致，在紧密的社会结构中，源于人们对组织和规则的信念，对群体规范的尊重，使得统一性也更适合于有着较大权力距离的社会，因为在这样的社会中，法律和法规比较容易实施以及被人理解和接受。（3）乐观与保守，表示在会计的确认和计量中是采用大胆创新的方法还是传统谨慎的方法。最保守的获取利润的方法，出于安全和需求，采取了一种谨慎的态度，以应付未来事件的不确定性，其与高度的不确定性规避显示出了一致性。（4）透明与保密，表示在会计信息的揭示中是倾向于对外公开还是对外保密。当披露严格的会计信息时，为避免冲突竞争以及保证安全，会计信息会越加的具有保密性，此时不确定性规避的程度会越高，权力距离也会更大。Hofstede 和 Gray 的研究成果为会计与文化的研究奠定了一定的基础，也提供了一定的方向。

四、结语

在当今，全球经济一体化不断深化，市场环境也在不断地变化，企业经营面临着诸多的挑战与机遇，使会计赖以存在的内外环境发生着深刻的变化，这必然会对会计的发展产生极大的冲击。随着不同国家间贸易往来的增多，各个国家的会计为发挥其在经济中的作用，增加企业财务信息的可比性，为企业创造更多的价值，为国家增加更多的财富，对影响会计发展的各种因素的研究，将是一件意义重大的亟待研究的课题。只有探究了某些特定因素会对会计发展产生影响，明晰了其如何影响会计发展的作用机制，我们也才能通过或制定更多相适应的法律制度作为保障，或提出改进方法和策略以完善会计规则，最终让会计更佳的服务于经济社会，更好地融入国际惯例。

主要参考文献

［1］《会计环境文化与会计文化问题研究》，载于《四川会计》1998 年第 9 期。

［2］劳秦汉：《文化环境·会计人·会计实务与理论——兼论中西文化环境对会计的不同影响》，载于《会计研究》2001 年第 1 期。

［3］哈斯木努尔. 买买提，依不拉音. 玉买尔：《论会计发展的影响因素》，载于《财税与会计》2001 年第 2 期。

［4］刘翠英. 曹禺：《文化环境对会计的影响》，载于《财会天地》2004 年第 15 期。

［5］尹苹：《浅析会计发展影响因素》，载于《中国市场》2010 年第 52 期。

［6］潘爱玲，李彬，林亚囡：《文化对会计的影响：文献述评及未来研究展望》，载于《会计研究》2012 年第 4 期。

［7］孙长新：《我国会计产生、发展及其规律》，载于《财会通讯》2013 年第 3 期。

［8］张忠慧，辛鸿健：《浅析会计发展及其与经济环境的关系》，载于《会计与审计》2014 年第 2 期。

［9］Hofstede G，Hofstede G J，& Minkov M. Cultures and organizations：Software of the mind，3rd ed ［M］. McGraw – Hill，2010.

［10］GrayS J. Towards a theory of cultural influence on the development of accounting systems internationally. ［J］. Abacus，1988，24（1）：1 – 15.

后　记

　　为总结会计发展的历史规律，促进会计史学术研究与交流的广泛开展，由中国会计学会会计史专业委员会主办、广东财经大学承办的第九届会计史学术研讨会于 2015 年 12 月 17 日在广州隆重举行。本次会议的主题是"革命根据地会计史与新中国会计发展研究"。来自海内外 50 多所高等院校，10 多家科研机构、学术团体、企事业单位、出版社及杂志社的代表参加了本次会议。与会代表共计 130 余位，我国著名会计史学家郭道扬教授、中国会计学会副会长刘玉廷教授、张龙平教授，中国会计学会副秘书长田志心女士，中国会计学会会计史专业委员会主任付磊教授，广东省会计学会会长黎树源先生，广东财经大学校长王华教授出席了本次会议。会议由开幕式、主题报告会、专题报告会、闭幕式等四个环节组成。围绕会议主题，与会代表分别就革命根据地会计史、近代会计史、会计史料收集与整理、会计未来发展与管理会计、审计历史与未来等五个分议题展开了充分而热烈的演讲和讨论。本次会议共收到学术论文 50 余篇，本书筛选其中 28 篇优秀论文编辑成集。在本书编辑出版之际，特向对本次会议提供支持的广东财经大学会计学院表示感谢。

中国会计学会会计史专业委员会

2016 年 8 月 18 日